Le 5.2.2010

D1331759

A Frederic

Bonne route sur les
piste du monde.

Sapho

Le monde

en scooters

Un couple, trois ans, 70 000 km à

la rencontre des enfants du globe.

Sophie et Jérôme MAURICE

Table des matières

Table des cartes

A propos des interviews d'enfants

Dans ce récit de voyage, vous découvrirez quelques « Regards et Paroles d'enfants ». Ce sont des interviews d'écoliers rencontrés sur notre route.

Ces témoignages ne rentrent pas dans le cadre d'une étude, au sens scientifique du terme, mais sont simplement des clichés, des instantanés dont nous ne souhaitons pas généraliser la portée.

Dans ces paroles d'enfants, vous découvrirez certaines spécificités de leur vie liées à la religion, à la culture ou à la région du monde dans laquelle ils vivent. Au fil de nos rencontres avec ces élèves d'une douzaine d'années, nous avons pu constater le caractère universel de l'enfance. Que ce soit dans les pays développés ou dans les pays du Tiers monde, en Amérique du Sud, en Asie ou au Moyen-Orient, tous les enfants aident leur maman dans les tâches ménagères, aiment jouer après l'école ou aller au cinéma… Leur bonheur est très souvent lié à l'ambiance familiale qui règne chez eux.

Tous ces enfants ont un idéal en commun : un monde meilleur avec moins de pauvreté, moins de saleté, plus d'éducation et surtout un monde en Paix.

Sophie et Jérôme

Carte du monde

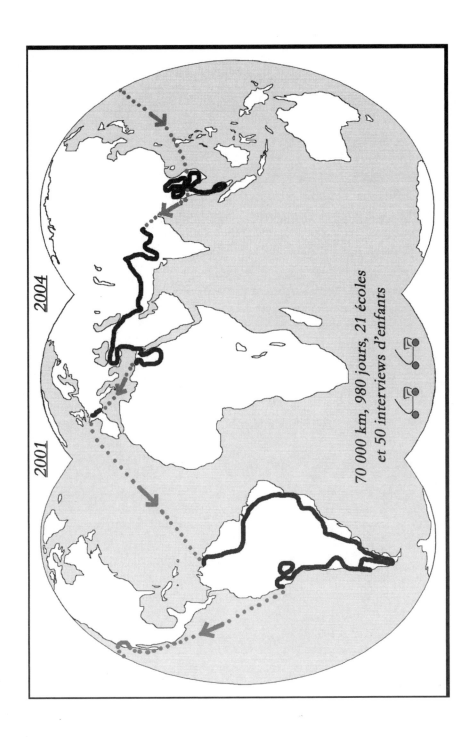

2004

2001

70 000 km, 980 jours, 21 écoles et 50 interviews d'enfants

Introduction

Je déclenche le chronomètre. Sophie, sur son destrier, s'engage dans le slalom. Elle franchit la ligne : 41 secondes… *« Il y a du boulot ! »*. Pour le permis moto, 22 secondes sont requises. Nous sommes le 20 mars 2000, notre décision est prise depuis cinq mois. Nous ferons le tour du monde en scooters.

Depuis, nous traçons l'itinéraire, planifions, cherchons des informations, prenons des contacts, mettons de l'argent de côté, démarchons des sponsors… Le soir après le travail, les week-ends, nous ne faisons plus que ça !

Chaque week-end, nous revenons sur le parking de ce supermarché. *« 30 secondes. C'est mieux ! »*. Sophie prouve qu'elle gagne en assurance. Elle n'était jamais montée sur un deux roues il y a six mois encore. Pourtant comme moyen de locomotion, le scooter s'est imposé : faible poids, grandes roues, mécanique simple. Il nous permettra en outre d'être libres, de rencontrer plus facilement les populations, de sortir des sentiers battus. *« 20 secondes, tu as réussi ! »*. Je suis fou de joie. Ce jour-là, en regardant Sophie, je sais que nous partirons, que les obstacles nous les surmonterons. Que c'est dans notre couple que nous trouverons la force d'avancer.

Voyager est notre rêve. Partager, notre moteur. Nous décidons donc d'associer à notre projet les élèves de sixième du collège Jean Macé de Suresnes (Hauts-de-Seine). Enthousiastes, ils réalisent une présentation de la France et un questionnaire sur la vie des enfants dans le monde. Avec leurs documents nous pousserons les portes des écoles, au hasard de notre parcours, pour faire connaître notre pays.

Tente, duvets, pharmacie, vêtements, pièces détachées, outils… en quelques semaines, le matériel s'amoncelle dans notre salon. Il ne nous reste plus qu'à faire nos sacs.

Le jour J approche. Les scooters et tout l'équipement embarquent au Havre à destination du Venezuela. Enfin le départ ! Sophie termine son contrat chez Brime Technologies tandis que je démissionne de chez Renault. S'enchaînent ensuite la remise des clés de notre appartement, une interview radio, un pot de départ à Suresnes, les derniers repas avec la famille et les amis. Tous ces visages que nous ne reverrons pas avant trois ans…

C'est un choix que nous avons fait, en rupture avec des carrières toutes tracées, un confort de vie acquis. Un choix que nos proches n'ont pas toujours compris. Un choix critiqué : sortir des rails, prendre des risques, cela dérange. Envers et contre tout, ce choix est pour nous une évidence, un besoin.

Nous avons décidé de partir. De l'émotion des autres nous ne nous chargerons pas. Nous franchissons la porte de l'Airbus et prenons place sur nos sièges : que l'aventure commence !

Première Partie

Quatorze mois en Amérique du Sud

« Je ne voyage pas pour aller quelque part mais pour voyager ; je voyage pour le plaisir du voyage. L'important c'est de bouger ; d'éprouver d'un peu plus près les nécessités et les aléas de la vie, de quitter le lit douillet de la civilisation et sentir sous ses pas le granit terrestre avec par endroit, le coupant du silex. »

Robert Louis Stevenson

Carte d'Amérique du Sud

408 jours

33 100 km

8 écoles

25 interviews

Chapitre premier

Sous les tropiques latinos

Septembre – Novembre 2001

Caracas, la dangereuse… (par Sophie)

Le 10 septembre 2001, nous atterrissons à Caracas à la tombée de la nuit. L'excitation et l'émotion nous submergent. Nous avons tellement entendu de choses sur cette ville : *« capitale la plus dangereuse du monde », « plusieurs dizaines d'assassinats chaque week-end »*…

Malgré notre visa en bonne et due forme, le douanier s'étonne que nous n'ayons qu'un aller simple. Heureusement, son supérieur est plus accommodant et accepte de croire que nous quitterons le pays par la route et en scooters !

La nuit tombe et aucun bus ne rejoint le centre-ville situé à environ 30 km. Nous prenons donc un taxi, un 4x4 américain aux vitres teintées. Jérôme entame une discussion avec le chauffeur… *« Vous êtes Brésiliens ? »* demande ce dernier. *« Heu ! Non, Français … »* Ce ne sera pas la dernière fois que cette remarque nous sera faite. Le « portugnol[1] » de Jérôme a le grand avantage de nous rendre sympathiques aux yeux de nos interlocuteurs.

De chaque côté de l'autoroute, des milliers de petites lumières brillent dans la montagne : ce sont les lampions des favelas de la banlieue de Caracas. Nous arrivons dans un quartier moderne et calme de la capitale pour passer la première nuit de notre tour du monde.

« Ca y est, nous y sommes, c'est vraiment le début de l'aventure ». Nous avons du mal à y croire, la tension des derniers préparatifs commence à retomber. Nous nous endormons vite mais sans savoir comment, le lendemain, nous ferons pour récupérer nos scooters.

---

[1] Portugnol : mélange de portugais et d'espagnol

Petit-déjeuner dans la rue : café et beignet au fromage. Nous rejoignons le métro. Superbe ! Construit par les Français, il est climatisé, propre et on y écoute de la musique classique…

Arrivés à Parque Centrale, nous sommes victimes d'une bousculade ayant pour seul but de nous faire les poches… Heureusement que nous connaissions l'arnaque et déjouons la ruse de ces malfaiteurs : *« Bienvenidos a Caracas ! »*

Nous nous rendons à l'office du tourisme qui se trouve dans l'une des deux tours jumelles de la capitale. Tours jumelles mais surtout tours infernales, où un ascenseur sur huit fonctionne, où un étage sur deux est à l'abandon, visiblement pillé, les autres abritant une partie des ministères du gouvernement vénézuélien… Grandeur et décadence : ces tours sont à l'image du pays. Le Venezuela, qui connut ses heures de gloires dans les années 60-70 et qui rivalisa en développement et luxe avec les Etats-Unis, ne se remet toujours pas de la crise de l'or noir, principale ressource naturelle du pays.

Lors de notre passage à l'office de tourisme, nous voyons en direct à la télévision que deux avions viennent de se crasher sur les « Twin Towers » de New York. Nous sommes le 11 septembre et vivons ici l'émotion de nombreux « Caraqueños » qui ont des amis et de la famille aux Etats-Unis. Dans les rues, tout le monde a les yeux rivés sur les télévisions des magasins. Avec notre espagnol hésitant, nous avons du mal à comprendre les informations. Début déconcertant pour un tour du monde…

Pour tenir dans notre budget, nous trouvons une autre chambre d'hôtel assez correcte à Sabana Grande, le quartier populaire du centre de Caracas. Quartier réputé dangereux, nous évitons donc de sortir de l'hôtel après le coucher du soleil, mais nous apprécions néanmoins son côté très animé.

La course pour récupérer nos scooters commence lorsque nous allons chercher la « bill of lading[2] » chez Eculine, correspondant local de notre compagnie maritime. Bruno nous paraît sympathique et semble très intéressé par notre voyage. Il nous met en confiance et nous explique que nous n'avons pas d'autre solution que de passer par une agence de dédouanement pour récupérer nos caisses au port. Difficile pour nous de ne pas le croire. Surtout qu'il passe plusieurs coups de fil pour nous aider à trouver l'agence la moins chère.

---

[2] Bill of lading : facture de chargement

Dès le lendemain matin, nous nous rendons chez Equixpress, l'agence de dédouanement, qui se trouve dans un quartier éloigné et très peuplé. La circulation dans cette ville est infernale, les bus d'une autre époque sont totalement déglingués, comme la majorité des véhicules. Les rues sont sales et bruyantes mais elles sont pleines de vie. Sur les trottoirs sont installés des marchands ambulants avec des beignets, des jus de fruits et des objets de pacotilles. Ces petits boulots sont devenus les seuls emplois possibles pour la grande majorité des habitants de cette ville et la police ferme l'œil sur ces vendeurs illégaux.

Chambre d'hôtel à bas prix, utilisation de nos jambes plutôt que du métro, repas sur le pouce avec des brochettes de poulet et des fruits achetés sur le trottoir : nous limitons aux maximum nos dépenses dans cette capitale. Chaque soir nous notons tous nos achats : alimentation, bus, Internet… habitude que nous garderons pendant tout le voyage.

Cette route pour aller chez Equixpress, nous la faisons des dizaines de fois. Il manque toujours un papier, un tampon, une autorisation… Bref nous attendrons 15 jours pour récupérer nos deux roues et en profitons pour découvrir Caracas.

L'insécurité est réelle. Les hautes grilles surmontées de barbelés qui encerclent chaque habitation, mais aussi les nombreux gardes armés devant et dans les banques, administrations, sièges de société et hôtels, en attestent. Toutefois, pendant nos visites, jamais nous ne rencontrons de regards hostiles ni sentons une quelconque tension.

Cette société « caraqueños » fonctionne à deux vitesses. La classe aisée vit dans des villas de prestige concentrées dans des quartiers huppés, roule en 4x4 dernier modèle et fait ses courses dans des centres commerciaux très luxueux, aux boutiques de grands couturiers plus chères qu'à Paris. Quant à la classe défavorisée, elle vit dans les bidonvilles qui ceinturent Caracas et vend des fruits sur les trottoirs.

Au bout de deux semaines d'attente, nous exigeons de l'agence de nous accompagner au port. Arrivés au bureau des douanes, Jérôme discute avec le personnel qui nous explique que les formalités se font habituellement en trois jours et que passer par une agence est recommandé mais pas obligatoire. Notre première leçon est comprise : ne pas faire confiance aux intermédiaires !

Excédé, Jérôme fait se rencontrer notre agent et le responsable de la douane. D'interminables discussions administratives s'en suivent pour aboutir, enfin, à l'engagement de faire sortir nos deux roues le lendemain. Inquiets, nous demandons néanmoins à voir nos caisses. La mauvaise réputation de cette ville nous fait craindre un pillage. Nous les découvrons au fond d'un hangar et, stupeur, l'une d'entre elles a reçu un choc et est légèrement ouverte... Plus de peur que de mal, le scooter n'est pas abîmé et les affaires sont toujours là.

Mardi 25 septembre, le grand jour est enfin arrivé. Le responsable du magasin dépose nos caisses dans un coin tranquille pour les ouvrir. C'est totalement irréel de découvrir nos montures, ici tels que nous les avions laissés au Havre plus d'un mois auparavant. Les gardes et ouvriers nous observent étonnés. Après leur avoir expliqué ce que nous faisons, ils délaissent leurs occupations pour venir nous aider. Dévisser les planches, enlever les barres, monter la roue avant, le pare-brise, les rétroviseurs et voilà ! En un tour de clé, nos deux *Piaggio Liberty* sont sur « roues » et démarrent du premier coup... Nous sommes fous de joie ! Trois heures auront suffi pour préparer les scooters et réorganiser les bagages. A midi, nous sommes prêts à partir. Restent les papiers de douanes à récupérer ! Il nous faut attendre encore 4 heures pour obtenir les deux tampons et les deux signatures manquants... La patience est le maître mot de l'administration douanière.

Premiers kilomètres et premières chutes ! (par Jérôme)

A la sortie du port, deux choix s'offrent à nous pour rejoindre Ciudad Bolivar. Remonter vers Caracas ou longer la côte Caraïbe. Nous choisissons cette deuxième option, plus sécurisante à nos yeux ! Pourtant, dès la première station essence, le pompiste nous met en garde : *« Cette route est en mauvais état, vous ne pourrez pas passer »*. Peu enclins à rouler dans Caracas, nous décidons malgré tout de tenter notre chance.

Dès les premiers kilomètres, cette route nous offre un spectacle de désolation. En 1999, un torrent de boue a dévalé les pentes du Mont Avila, rasant sur son passage les « stations balnéaires » de la côte. Des voitures, dont émerge le capot et des maisons à moitié ensevelies témoignent de cette catastrophe qui a emporté 10 000 personnes. Dans ces villes fantômes, tout semble figé, comme si le temps s'était arrêté il y a deux ans.

C'est sur cette route dévastée que commence notre tour du monde. Des automobilistes roulent à vive allure, malgré un asphalte parsemé d'ornières. Heureusement, au fur et à mesure, la circulation se fait moins dense.

Au dernier poste de contrôle, nous laissons des policiers étonnés de voir deux « gringos à scoot » et nous entamons notre première piste. Celle-ci se faufile entre la forêt dense qui recouvre les pentes du Mont Avila et la côte bleu azur de la mer Caraïbe. Un régal pour les yeux, mais il se mérite ! Pierres, crevasses, cours d'eau… un véritable baptême du feu pour les scoots et leurs pilotes qui se soldera par trois chutes pour Sophie et une pour moi. Chargement compris, chaque scoot pèse 200 kg, ce qui le rend peu maniable à faible allure.

Pour notre premier campement sauvage, et faute de mieux, nous nous arrêtons près de la piste. Nous dissimulons tente et scooters dans les hautes herbes et, au moindre, bruit éteignons les lampes. Nos sens sont en alerte mais quelle joie après deux semaines d'hôtel dans cette capitale bruyante, de retrouver notre tente, savourer un dîner cuit sur le réchaud et contempler les étoiles de notre premier bivouac.

Le lendemain, nous nous réveillons avec le soleil, excités à l'idée de prendre la route. Les 50 km de piste se font à 20 km/h de moyenne. Nous sommes fourbus par les vibrations et c'est avec plaisir que nous retrouvons la douceur de l'asphalte. Grisés par le plaisir de rouler nous sommes pris de cours par la nuit. Notre recherche de campement se solde par la rencontre d'un voyou qui s'intéresse un peu trop à notre porte-monnaie. Devant mon refus, il se saisit d'une pierre et nous menace. Une voiture providentielle nous évite d'en venir aux mains et c'est à l'hôtel que nous finissons cette journée. La seconde leçon est vite apprise : nous ne nous laisserons plus surprendre par la nuit.

Forts de cet avertissement, le lendemain dès 15 heures, nous cherchons un lieu pour la tente. La route est bordée de plantations de canne à sucre et nous tentons donc notre chance dans une ferme.

L'accueil que nous réserve la famille Roso est sans limite. Sans même avoir eu le temps d'expliquer le pourquoi de notre présence, Cipriano, le père, nous ouvre ses portes et nous fait visiter son jardin, ses élevages de chirigues (sorte de gros hamsters), de pato negro (sangliers), d'oies, etc. Olga, sa femme, nous offre un jus de corossol frais et très savoureux. A peine leur avons nous demandé si nous pouvions planter la tente que déjà nous sommes invités à dîner et dormir chez eux. Souhaitant ne pas trop les déranger nous nous installons sous leur abri mais c'est avec plaisir que le soir nous partageons leur repas composé de nos pâtes et des légumes du jardin.

Les Roso vivent dans une maison simple avec une pièce principale qui permet d'accéder aux chambres occupées par les parents, leur fils David et Manoel, un ouvrier qui les aide aux champs.

Ils possèdent une petite télévision noir et blanc dont l'image déformée donne au présentateur un visage qui prête à rire. Ils ont également un frigo et une machine à laver. Tous ces appareils ne sont pas récents mais leur bon état témoigne d'un entretien régulier.

Cipriano est fier de nous expliquer qu'il creuse des puits sur des sources qu'il trouve grâce à une baguette de sourcier. Il nous parle également de la situation des agriculteurs, de l'insécurité grandissante... En revanche, il reste discret sur Chavez, l'actuel président ! Apparemment, il ne le porte pas dans son cœur...

A notre tour, nous leur expliquons notre voyage et le projet avec les enfants. Nos documents de présentation de la France obtiennent un véritable succès. Ah... la France !

Un lien très fort se crée avec cette famille. Ils nous proposent de rester une autre journée pour découvrir la région. Nous acceptons et c'est avec plaisir que le lendemain Ti-Bout (alias Sophie) prépare les « arepas [3] » avec Olga tandis que David me laisse parcourir leur champ sur son cheval.

Après ces deux jours, les mots « échange », « partage », « découverte » deviennent lourds de sens et revêtent une dimension humaine nouvelle dans notre voyage. Nous continuons notre route mais cette petite ferme, près de Rio Chico, reste pour toujours gravée dans nos têtes et nos coeurs.

Au Venezuela, nous empruntons différents axes routiers : de la piste en terre à l'autoroute en passant par les petites routes de campagne. Trous, bosses, gendarmes couchés, poules, chiens, iguanes, serpents et villageois sont autant d'obstacles à éviter.

Même si, d'une région à l'autre, leur entretien est variable, les routes ont toutes en commun un revêtement dégradé et des marquages au sol souvent inexistants.

Des péages officiels ponctuent certaines portions de routes ou d'autoroutes. D'autres, artisanaux, sont constitués d'un fil tendu en travers de la chaussée que tiennent deux paysans. *« C'est pour l'entretien »,* nous expliquent-ils pointant du doigt leurs compères qui débroussaillent les bas-côtés ou rebouchent les trous. Je salue

---

[3] Arepas : galette de maïs frite

l'initiative jusqu'à ce que, dans mon rétroviseur, j'aperçoive ces escrocs se coucher dans l'herbe jusqu'au prochain véhicule… Là où il y a de l'argent à prendre, il n'y a pas de honte !

A l'entrée et à la sortie des villages, ce sont souvent de véritables dépotoirs qui bordent la route. Notre premier réflexe d'Européens est de critiquer cette pollution, ce non respect de l'environnement. Mais avec quel argent détruire ou enfouir ces ordures ? Ici, cela relève du luxe.

Trouver un bivouac est loin d'être simple. Il faut être, si possible, loin des habitations, trouver un terrain plat, pas trop exposé et tant qu'à faire, au bord de la mer pour profiter du coucher de soleil sur l'horizon.

Nous campons successivement sur la plage, dans un hangar pour bateaux, dans une vieille usine désaffectée, près d'une cabane de pêcheur. Nous y restons une nuit, parfois plus quand nous nous y sentons bien. Contrairement aux idées reçues, la mer sur cette côte n'est pas idyllique. Pas de baies de sable blanc, pas d'eau turquoise. Mais elle nous offre des baignades et des poissons que nous préparons sur un feu de bois. Parfois des pêcheurs nous apportent un seau de sardines. Nous en profitons pour discuter. Ils nous proposent souvent de nous rendre chez eux. Un abri fait de planches de bois, un toit couvert par des plastiques, des filets qui sèchent aux murs… tout ici est simple.

Nous quittons le littoral et roulons vers le sud. La voie que nous empruntons est rétrécie par une végétation non entretenue qui envahit la moitié de la chaussée. Très peu de circulation, un cadre pittoresque… Cette route est idéale, et pourtant…

En face de moi dans un camion, les occupants se mettent à gesticuler, l'air affolé ! Suivant la direction de leur doigt, je regarde dans mon rétroviseur et aperçois en plein milieu de la route, Sophie à terre, son scoot couché à côté d'elle !

Le temps de faire demi-tour, je rejoins les lieux de l'accident. *« Je vais mourir, je vais mourir ! »* me crie t-elle le visage rouge d'un sang qui ne cesse de couler. Sans retirer son casque, je constate que l'arcade sourcilière est ouverte. Consciente, Sophie se plaint d'une forte douleur au buste et d'éraflures sur les bras et les jambes.

Je la conduis dans une maison qui se dresse à 50 mètres de là. Son occupante nous accueille. Après avoir allongé Sophie et dégagé les scoots, j'endosse ma « blouse blanche » et saisis un livre qui nous servira plus d'une fois dans ce voyage : « Le guide médical des espaces sauvages »[4]. Raser les sourcils, dégager les corps étrangers, désinfecter, rapprocher les bords et poser les stéril-strips. Un véritable jeu d'enfant… Il manque juste une dose de cognac pour redonner des couleurs à Sophie. Pendant l'intervention, ma patiente me raconte sa chute.

En passant devant la maison, son regard a été attiré par un chien sur le bord de la route. Suivant son regard, la roue avant s'est prise dans le bas-côté entraînant la chute du scoot et de son occupant. Il faut dire qu'à cet endroit, la route surplombe le bas-côté de vingt centimètres ! À 60 km/h, la chute a été rude et le scoot a basculé d'un côté sur l'autre. Pourtant les dégâts matériels sont faibles. Un rétroviseur fêlé, un pare brise rayé, une direction légèrement tordue et un sac étanche… qui ne l'est plus ! Nos sacs *Ortlieb* ont joué le rôle d'airbags, protégeant le scoot et son pilote.

Sophie et moi assis à l'ombre, notre hôtesse nous apporte un repas avec de la viande et de l'eau. Ses attentions et sa gentillesse nous réconfortent. Sa maison est rudimentaire : deux pièces aux parois faites de lattes de bois qui enserrent un mélange d'argile et de paille ; une cuisine dont les murs et le plafond sont noirs du feu de bois qui lui sert à cuire les aliments ; de l'eau qu'elle va chercher à l'extérieur dans un fût en tôle de 200 litres qu'approvisionne un camion, une fois par semaine. Aucun signe extérieur de richesse et pourtant cette femme en est remplie !

Après une bonne pause nous reprenons les scoots et, au pas, rejoignons la prochaine ville. Arrivés devant l'hôpital, je laisse Sophie et pars me renseigner. De retour, je demande à ma malade : *« Tu es sûr que ça va ? », « Tant mieux, on file à l'hôtel ! »* Les conditions d'hygiène, l'absence de médecin et la motivation du personnel présent m'ont vite découragé.

Avec une arcade sourcilière ouverte, une côte cassée et des éraflures superficielles, Sophie s'en tire bien. Cet accident nous rappelle toutefois, qu'au-delà des aléas de la route, nous pouvons nous-mêmes nous mettre en danger.

---

[4] Guide médical des espaces sauvages de Isabelle Philippe Editions Olizane

Première rencontre avec des écoliers (par Sophie)

Sur la route de la Grán Sabana, nous arrivons à El Callao. A l'entrée de cette petite ville se trouve une école qui nous séduit. Pour la première fois du voyage, nous tentons notre chance et expliquons le thème de notre tour du monde sur les enfants. En l'absence de la directrice, les professeurs sont indécis. Heureusement, en apprenant que nous sommes Français, ils nous proposent d'aller voir en ville l'administrateur de l'école : José, un compatriote qui est arrivé au Venezuela en 1967. Il a consacré sa vie à aider les agriculteurs vénézuéliens. Marié, quatre enfants, il vit maintenant à El Callao où il travaille pour l'école agricole « Luis Morillo Conmenares ». Très enthousiasmé par notre projet, il nous ouvre les portes du collège et nous autorise à y dormir. Nous profitons ainsi d'une chambre pendant trois nuits et partageons nos repas avec les internes de l'école. Nous sommes traités comme des rois ! Le premier matin, nous rencontrons la directrice qui nous présente son établissement. C'est une école technique dans laquelle sont enseignés, en plus des disciplines classiques, l'agriculture et l'élevage. Poussins, lapins, cochons, vaches et pisciculture servent aux travaux pratiques des élèves et sont également sources de revenus pour l'école. Avec 300 élèves et seulement cinq salles de classe, nous comprenons vite pourquoi certaines leçons sont données dans la cour sous les arbres. Nous sommes étonnés de croiser dans cette petite école un Américain et un Canadien venus perfectionner leur espagnol dans le cadre d'échanges scolaires. La directrice nous laisse ensuite avec une classe et c'est sous un arbre et devant une vingtaine d'étudiants de 15-16 ans que nous réalisons notre premier « cours » sur la France. Les élèves, bien que sceptiques au départ, apprécient les documents et photos de ce pays tricolore dont ils ne connaissent pas grand-chose, si ce n'est Zidane ou la tour Eiffel que certains ont pu voir sur leur télé câblée...

Nous en interrogeons ensuite trois, malheureusement ils ne nous semblent pas assez représentatifs des enfants d'ici. En effet ils ont chacun un ordinateur avec Internet et reçoivent chaque mois environ 45€ de leurs parents... Par souci de nous donner une bonne image de leur école, la directrice et les professeurs ont sélectionné les meilleurs éléments pour l'interview. Une situation que nous essaierons dorénavant d'éviter.

La quête de l'or (par Sophie)

Le lendemain, José se propose de nous faire découvrir les mines d'or de la région. El Callao a été, dans les années 1870, une ville très développée où s'est construit le premier stade de foot du pays et d'où partait la première ligne de chemin de fer du Venezuela. La raison de cette prospérité : l'or.

En effet la région possède de nombreux gisements d'or qui ont fait la richesse des premiers mineurs. Aujourd'hui des exploitations industrielles et « manuelles » existent toujours.

Nous partons donc dans la *Lada* de José. Voiture sans âge, au pare-brise lézardé et aux vitres baissées pour toujours… Nous visitons un « molinos » mis à disposition des petits mineurs par le propriétaire. Dans les « molinos », tout un équipement permet de broyer et tamiser les cailloux remontés des mines. L'or est ensuite fixé à l'aide de mercure pour former une sorte de boule. Chauffé, le mercure s'évapore et il ne reste dans le récipient que le métal précieux. Procédé ingénieux mais un bref regard à la nature environnante nous permet de constater les dégâts écologiques causés par l'utilisation du mercure.

Nous visitons également une mine ouverte à même la montagne. Les mineurs l'ont creusée au marteau et à la dynamite jusqu'à ce qu'ils rencontrent une « veine de quartz » : *« Là où il y a du quartz, il y a de l'or ! »,* nous annonce fièrement un mineur. Nous sommes impressionnés par les quantités de rochers dégagés pour, parfois, ne rien trouver du tout. José nous emmène ensuite dans une autre zone où les mineurs font des trous d'un mètre de large sur une profondeur pouvant aller jusqu'à 80 mètres. Du fond de ces puits, ils creusent des galeries horizontales pour suivre les veines de quartz. Non seulement ils ne sont pas assurés de trouver un bon filon, c'est dangereux, mais surtout lorsqu'un mineur finit par en découvrir un, des compères rappliquent et creusent tout autour pour lui « piquer » une partie de son filon ! Ce n'est pas de veine... façon de parler !

La Grande Savane (par Sophie)

Trois jours dans cette école m'ont permis de me remettre un peu de ma chute et nous reprenons la route en direction de la Grande Savane. Nous sommes à 500 km de la frontière brésilienne et nous avons hâte de découvrir une région réputée pour ses paysages sauvages.

Le seul lieu de ravitaillement sur cette route se trouve à 130 km et se nomme El Dorado, ville de chercheurs d'or et de bagnards. Nous y arrivons et installons notre bivouac au bord du fleuve Yuruàn. L'eau courante est quasi-inexistante dans cette région. Celle du Yuruàn, chargée de limon, est couleur café au lait. Pourtant n'ayant pas le choix, nous y faisons la lessive, la vaisselle et surtout nous nous y baignons ! Ici, le fleuve est source de vie et toutes les femmes de la région viennent y puiser l'eau pour leur usage domestique et pour se laver.

Nous profitons des quelques commerces pour faire le plein en nourriture : quelques tomates, oignons, piments doux, du riz, des sardines, du thon et une noix de coco verte. Ce ravitaillement doit nous faire tenir environ deux semaines, le temps d'arriver à la ville frontalière avec le Brésil. Nous remplissons également les deux jerricans d'essence car il n'y a pas de station service pendant les 300 prochains kilomètres.

En pleine forêt tropicale, nous entendons des cris stridents, de plus en plus violents et proches. Sur l'autre rive se trouvent de grands singes roux, des singes hurleurs que nous apercevons grâce aux jumelles. Au loin, le ciel s'obscurcit et nous comprenons que ces cris angoissants sont avant-coureurs d'un bel orage : notre premier orage sous la tente.

Rafales de vent violentes, arbres secoués dans tous les sens, eaux du Yuruàn qui moutonnent… un véritable déluge s'abat sur notre frêle abris. Je reste fascinée par cette nature qui subitement se déchaîne mais aussi par ces animaux qui, longtemps avant, ont senti cette tempête arriver.

Réfugiés sous la tente, nous sommes heureux de constater qu'elle résiste bien au vent et que rien n'est mouillé à l'intérieur.

Le lendemain, nous partons rendre visite à une Française, installée dans la région depuis plusieurs années. La piste est totalement trempée suite à l'orage de la veille et ces 20 km de balade se transforme pour moi en une véritable épreuve. Il nous faut cinq heures pour arriver à ce « molinos » dont Daniela est propriétaire. Cela fait à peine une semaine que j'ai chuté et ma côte et mes mains me font terriblement souffrir. Têtue, j'ai décidé de continuer à rouler mais les petites chutes s'accumulent sur cette piste et la peur de retomber gravement me paralyse. C'est finalement Jérôme qui franchit à ma place les passages difficiles. Il passe d'abord avec son propre scooter puis revient à pied chercher le mien pour traverser les ornières boueuses, les côtes pentues et caillouteuses…

Cette piste en latérite rouge, bordée de chaque côté de forêt vierge, est néanmoins splendide et nous avons l'impression d'être au bout du monde. Nous passons à côté de campements de mineurs. Quasiment nus, sans casque ni lunettes de protection, ces hommes creusent des puits de 30 mètres de profondeur d'où partent des galeries d'un mètre de large, juste de quoi ramper. Sous les 50 degrés que nous supportons à l'extérieur je ne sais comment ces hommes peuvent survivre dans ces trous à la recherche d'or. Nous nous arrêtons et, immédiatement, les mineurs proposent à Jérôme de descendre dans le puits. Il profite de cette occasion pour mieux se rendre compte de la difficulté de leur travail. Mais, loin de se plaindre, c'est avec fierté et le sourire aux lèvres que ces mineurs nous font découvrir leur vie. Daniela nous accueille à bras ouverts et nous explique qu'elle vit au Venezuela depuis 20 ans. Elle a démarré en achetant des diamants dans des zones reculées de la frontière brésilienne, puis a ouvert une mine d'or et enfin un moulin, qu'elle loue à des mineurs. Vivant au fin fond de la forêt dans une maison en bois, gardée par une quinzaine de chiens qui assure leur protection, elle et son mari sont de véritables aventuriers. Daniela nous raconte le commerce de l'ivoire qu'elle réalisait en Afrique avant qu'il ne soit interdit, ses voyages en bus les poches pleines de diamants qu'elle allait vendre à Ciudad Bolivar… mais aussi les difficultés actuelles liées à la crise économique que connaît le pays depuis l'arrivée du Colonel Chavez au pouvoir. Pourtant rien ne lui fait peur : un autre filon, une autre exploitation est en vue, à une centaine de kilomètres de là, en pleine jungle… tous les espoirs sont donc permis !

Nous reprenons la route et parcourons les cent premiers kilomètres dans la forêt vierge qui parfois envahit la route au point de ne laisser qu'une voie, parsemée de trous bien sûr, mais surtout de serpents.

Le parc national de Canaima s'ouvre à nous au kilomètre 100. Quelques 30 km plus loin, nous quittons la jungle pour découvrir la Grande Savane.

Enfin un horizon illimité de terres vierges avec au loin, le profil de montagnes aplaties : les Tepuys ! Nous revivons. En effet, cette forêt dense nous étouffait, et nous nous sentons bien dans ces espaces infinis. Les couleurs sont superbes, le rouge de la terre et des roches se marie au beige doré de la savane avec, de temps en temps, des taches vertes de galeries forestières bordant les torrents et les cascades. Parmi les beautés de ces paysages figurent de merveilleuses chutes d'eau dans lesquelles nous nous baignons chaque jour. L'eau est fraîche certes, mais il fait bien 35°C à l'extérieur ce qui rend encore plus agréables ces baignades.

Nous empruntons quelques pistes pour bivouaquer loin de tout et nous retrouver seuls au monde. Nous profitons de cette eau et de ces immensités. Dans ce paradis terrestre, nous devons néanmoins supporter les « puri-puri » sorte de petits moucherons qui laissent des piqûres rouges et des démangeaisons persistantes. Littéralement attaqués au coucher du soleil nous devons dîner plusieurs fois dans la tente ! Pour effectuer la maintenance des scooters, Jérôme est obligé de s'abriter sous la moustiquaire. Bien que ridiculement petits, leur nombre et leur acharnement nous rendent fous !

Des rapides de Kamoiran, en passant par le salto Kama (chute d'eau de 70 mètres de haut), nous découvrons à quelques kilomètres de Santa Elena, la quebrada de jaspe, une roche rouge et jaune, pierre semi-précieuse sur laquelle glisse une chute d'eau : une vraie merveille. De là nous voyons le mont Roraima, le plus haut des Tepuys qui culmine à 2810 mètres d'altitude.

Deux semaines en pleine nature et en autonomie, le voyage commence tel que nous le rêvions. C'est magique ! Cependant, il faut bien avouer que cette période est une épreuve pour notre couple. En effet, chaque après-midi, nous empruntons des pistes sablonneuses afin de dénicher le lieu de bivouac idéal. Et qui dit piste de sable, dit chute en ce qui me concerne. Avec ma côté cassée qui ne cesse de me lancer, il m'est impossible de tenir mon scooter tellement le poids est lourd. Je finis toujours par tomber et c'est la crise de larmes d'épuisement et de rage qui commence. Il me manque l'assurance que Jérôme a sur les pistes. Il est donc très souvent obligé de partir chercher le lieu de bivouac seul, puis de revenir me chercher à pied et conduire ainsi mon scoot jusqu'au sien. Evidemment, ce genre de situation, nous amène à nous disputer fréquemment. Il est très difficile pour Jérôme d'accepter que je ne peux pas aller n'importe où, que j'ai des limites… Parti à l'aventure, il ne veut pas se restreindre.

Jamais lors de cette période je ne souhaite abandonner le voyage. Toute ma vie est tournée vers la réalisation et le succès de ce projet. Cependant, il nous faudra plusieurs semaines pour nous caler…

Nous arrivons à Santa Elena, petite bourgade du bout du monde et ville frontalière avec le Brésil. Comme dans toutes les villes d'Amérique du Sud, les enfants jouent sur la « Plaza de armas » à la sortie de l'école. Nous profitons de cette halte pour refaire le plein en nourriture, en eau et en essence. Deux petites épiceries, en tout et pour tout, se partagent la grande rue, mais nous y trouvons tout le nécessaire dont nous avons besoin : savon, dentifrice, cahier, stylo, biscuits, pâtes…

De l'autre côté de la frontière, l'inconnu nous attend. En effet, nous ne savons pas si la route qui mène de Santa Elena à Boa Vista au Brésil est asphaltée. Notre carte, assez ancienne, la trace comme piste. Nous nous renseignons et sommes soulagés d'apprendre que cette partie au moins est goudronnée. Pour la suite, entre Boa Vista et Manaus, personne ne peut nous répondre. Nous sommes au début de la saison des pluies et envisager de traverser l'Amazonie sur 1000 km de piste, et donc de boue, nous semble impossible… Nous improviserons !

Brésil : traversée de l'Amazonie (par Sophie)

Après avoir fait une dernière fois le plein d'essence côté vénézuélien et chargé les jerricans afin de profiter du prix particulièrement bas (0,15 € / litre), nous passons la frontière, sans réellement nous en apercevoir.

Malheureusement (ou heureusement ?) il est midi et la barrière de la douane est levée, personne pour nous contrôler… Jérôme n'hésite pas et nous entrons au Brésil sans aucune formalité ! Au bout de 100 km une voiture de la police fédérale nous arrête.

« Vous n'êtes pas en règle, vous ne pouvez pas circuler ! ».

Les policiers, très sympathiques et peu enclins à nous ennuyer, nous demandent nos passeports et nous prient de bien vouloir les récupérer 100 km plus loin, à Boa Vista, la prochaine ville. Un peu désarçonnés de nous retrouver ainsi dans l'illégalité, nous leur laissons nos passeports et reprenons la route en nous dépêchant tout de même. *« Et si c'était de faux policiers ? »* me dit Jérôme, inquiet.

A Boa Vista, nous nous rendons au poste. Nous apprenons qu'ils ne peuvent rien faire et que nous devons retourner à la frontière vénézuelienne (400 km aller-retour) pour faire tamponner nos passeports ! Nos différentes tentatives restent infructueuses face à la bureaucratie brésilienne et nous devons repartir vers le Venezuela.

Le comble de l'ironie dans cette histoire c'est qu'à la frontière, le tampon en question ne donne qu'une autorisation temporaire pour nous permettre de nous rendre jusqu'à Boa Vista ! Et là, contre cette autorisation, on nous remet un certificat valable trois mois.

Il est des fois où l'on aimerait dire que de leur autorisation, on s'en « tamponne » !

Le bon côté de cette mésaventure sera la rencontre à Boa Vista de Fabrice, un Angevin, parti il y a trois ans parcourir le monde sur sa moto 600 Ténéré. Installé depuis trois mois dans cette ville, Fabrice nous fait profiter de ses connaissances sur place. Nous passons quelques jours avec lui avant de prendre la fameuse route Boa Vista - Manaus. 750 km en pleine Amazonie !

Nous ne savions pas si la route était bitumée, si nous pouvions faire le plein d'essence en chemin… Bref, de nombreuses questions auxquelles notre imagination apportait des réponses plus aventureuses que la réalité… La route est en fait asphaltée depuis trois ans. Cependant, malgré son peu d'ancienneté, cette deux voies, construite par une société chinoise, est parsemée de trous, parfois aussi larges que la chaussée elle-même et il n'est pas rare de faire plusieurs centaines de mètres sur de la piste. Dans ces conditions, chacun cherche le meilleur passage même s'il est sur l'autre voie ! Nous imaginions rouler entre deux murs de végétation dense. En fait, hormis dans la réserve des Indiens Waimiri Atroari, nous ne voyons la forêt que de loin. En effet, celle-ci a été repoussée par les fermiers et agriculteurs. Ce paysage nous fait penser à une météorite qui aurait atterri de Boa Vista à Manaus, brûlant et arrachant tout sur une bande de plus de 4 km. Il ne reste que des pâturages sur lesquels de grands troupeaux de vaches paissent une herbe verte d'où émergent des troncs calcinés.

Nous sommes surpris par cette moiteur constante qui nous tient du matin au soir. Nos vêtements sont mouillés. Au réveil, la tente et les affaires sont trempées. Décidément, nous ne sommes pas faits pour vivre avec un taux d'humidité de 98 %.

A mi-chemin, nous arrivons à l'entrée d'une réserve indigène. Cette route, ouverte de 6 heures à 18 heures, traverse sur une centaine de kilomètres la réserve des Indiens Waimiri Atroari. Cette réserve, comme d'autres en Amazonie, a été concédée à des tribus, leur donnant l'exclusivité des ressources qu'elle contient. Il est ainsi fortement déconseillé de s'arrêter et interdit de photographier, filmer ou toucher à la faune et à la flore locales.

Ces 125 km sont les seuls où nous avons l'impression de rouler en Amazonie. De chaque côté de la route, c'est un rempart vert ! Il est constitué d'arbres de différentes tailles, les plus hauts atteignent 40 mètres, les feuilles sont larges et la base est ceinturée par une broussaille dense et confuse. Nous voyons de nombreux oiseaux et sommes souvent survolés par des aras aux couleurs éclatantes. Bien évidemment, des Indiens, nous n'en verrons pas un seul, à l'exception de ceux qui, à l'entrée de la réserve, vendent des objets artisanaux pour touristes en quête de souvenirs...

Nous bivouaquons à de nombreuses reprises au bord de la route, essentiellement dans les clairières creusées lors de la construction de cet axe. Nous plantons notre tente en lisière de forêt, suffisamment cachés de la route. Même si nous croisons peu de véhicules, il y a quand même un certain trafic lié au commerce avec le Venezuela. Nos nuits ne sont pas si paisibles et nous avons recours aux *boules Quiès*, tellement le tintamarre de la jungle est fort. C'est un concert qui n'en finit pas. Chaque oiseau chante en canon avec un singe hurleur. Chaque espèce semble avoir son « temps de chant ». Et, malheureusement pour nous, dans cette forêt, il y a beaucoup d'espèces nocturnes !

Nous arrivons à Manaus un dimanche pour éviter de tomber dans le trafic intense de la semaine. Malgré ces précautions, c'est dans un flux important de motos, bus, voitures, camions, que nous entrons dans cette ville mythique. La capitale du caoutchouc au XIXe siècle est devenue aujourd'hui une zone franche où de nombreuses industries multinationales se sont implantées pour profiter de ce « paradis fiscal ». Les maisons sont colorées, les bâtiments coloniaux sont magnifiquement restaurés et entretenus. Les rues sont pleines de vitrines de magasins vendant aussi bien de l'électroménager, des articles de cuisine que des vêtements. Nous y découvrons même, dans un immeuble datant du siècle dernier un supermarché *Carrefour*, installé sur deux étages et achalandé comme en France : mêmes rayonnages, mêmes produits.

Nous nous éloignons du centre-ville pour rejoindre un quartier populaire de la ville. Les rues ne sont pas toutes goudronnées, les maisons ressemblent plutôt à des baraquements ; un quartier vivant où nous sommes attendus par la mère d'une jeune femme rencontrée à Boa Vista. Carmen nous accueille dans sa maison en construction. Institutrice, désormais à la retraite après 20 ans d'activité, elle vit seule entourée de ses dix chiens qui lui assurent sa sécurité. Nous nous installons dans la chambre de sa fille : un grand lit et une salle de bain avec une douche toute neuve, un vrai luxe que nous n'imaginions pas trouver ici. Il fait tellement humide et chaud, près de 50 degrés, que nous nous douchons plusieurs fois par nuit pour pouvoir dormir un peu. D'ailleurs, nous profitons de l'eau la nuit, car de 7 heures du matin à 17 heures, elle est coupée dans le quartier… restriction imposée pour cause de sécheresse. Pour palier à ces coupures, Carmen remplit chaque matin une cuve de 100 litres pour pouvoir faire les lessives, la vaisselle et boire pendant la journée.

Autant le centre-ville nous a séduits par son charme colonial, autant le quartier du port nous étonne par sa saleté et sa vétusté. Le port est installé sur une plage en sable et terre où les vautours se régalent des poissons morts et détritus jetés par les passagers. Trois barges servent à amarrer les bateaux en bois à deux ou trois étages sur lesquels attendent des passagers qui se balancent dans leurs hamacs. Toutes les marchandises débarquées, comme les sodas, bananes, riz, manioc, sont portées à dos d'homme jusqu'à la rue se trouvant à plus de 200 mètres du bord de la rivière. Des charges à vous casser le dos. Et pourtant, dans cette ville ou le chômage est important, les porteurs sont légions.

Manaus – Belém : croisière sur le Rio Amazone (par Jérôme)

Pour rejoindre Belém, nous décidons de faire une « cruzeiro pelo Rio[5] ». Arrivés sur les docks avec nos scooters, je commence à prospecter. Aujourd'hui, un seul bateau pour Belém. Après discussion, le capitaine me propose un prix exorbitant pour les scoots. Gringos en Amérique du Sud est synonyme de dollars ! Il est donc normal, pour ce « flibustier », d'en tirer le maximum !

Je décline l'offre et poursuis mes recherches. Des bateaux en bois, sont amarrés à une barge flottante. Je tente ma chance. L'un d'entre eux va à Santarem, à mi-chemin de Belém. Je sympathise avec le capitaine et sa femme et comme pour me faire mentir, leur prix est acceptable. Nous descendons les scooters et les poussons jusque sur la barge. De celle-ci au bateau, une simple passerelle en bois de 30 cm de large et de 1,5 mètre de long. Sous cette planche, le fleuve…

Devant mon hésitation, le capitaine désigne trois matelots qui, sans se poser de question, font franchir l'obstacle aux deux scoots. Sans câble de sécurité, ni rien… Je réalise plus tard que notre voyage aurait pu se

[5] cruzeiro pelo rio : croisière sur l'Amazone

terminer au fond de l'Amazone… Descendre les scooters dans la cale du bateau n'est qu'une formalité pour ces hommes d'équipage, alors que moi, je stresse à les voir manipuler nos montures sans protection. Et pourtant pas de casse : un miracle !

Pendant l'enregistrement de nos passeports, un homme, casquette sur la tête, m'interpelle : *« Vous devez payer la taxe de la barge »*. Suspicieux, je fais semblant de ne pas comprendre. S'engage alors un dialogue de sourds qui s'éternise jusqu'à ce que le capitaine, d'un signe discret, me fasse comprendre que je n'ai rien à payer. Fort de cet appui, je renvoie cet arnaqueur sur le pont d'un *« não vou pagar nada*[6] *! »* Le capitaine m'explique plus tard qu'il n'est pas intervenu car cet homme est bien un employé du port mais sa soi-disant taxe est bidon !

Le bateau en bois comporte trois niveaux.

En bas, la deuxième classe. Les passagers dorment dans des hamacs et sont bercés toute la journée par les « teuf-teuf » d'un vieux moteur diesel.

Au-dessus, la « first » classe. Les passagers dorment toujours dans leur hamac mais profitent moins du moteur. Pour les plus fortunés, quelques cabines sont disponibles. Enfin plutôt des « cages à poules », sans aération et aux odeurs... douteuses.

Sur le pont supérieur on peut boire un verre et prendre le soleil. Pour les fans de la *« Croisière s'amuse »*, je vous déconseille celle-ci !

Nous installons nos hamacs en bas, suffisamment à l'avant pour profiter du vent et ne pas trop subir le moteur. Il faut dire que, dans le désordre existant, le pont des premières classes est envahi par tout les passagers et les hamacs sont installés dans une promiscuité digne du métro parisien un jour de grève et aux heures d'affluence.

La traversée de Manaus-Santarem dure deux jours et, à notre grande surprise, nous ne voyons pas le temps passer. Installés dans nos hamacs avec une légère brise qui chasse les insectes, nous n'avons rien d'autre à faire que profiter du paysage et nous reposer. Sur ce trajet, l'Amazone est très large (environ 2 km) et nous ne voyons les rives que de loin. Nous profitons du spectacle de la rencontre des eaux entre le Rio Negro, aux eaux noires, et le Rio Salimoes, aux eaux chargées de limon, du coucher de soleil sur l'Amazone et admirons à plusieurs reprises des dauphins roses.

---

[6] não vou pagar nada : je ne paierai rien

Arrivés à Santarem, nous patientons deux jours jusqu'au prochain bateau. Cette étape improvisée nous réserve une bonne surprise puisque nous restons à Alter do Chao, un petit village de pêcheurs au bord du Rio Tapajos. Plages de sable blanc, lagon aux eaux turquoises… un paradis en pleine Amazonie.

Nous embarquons pour Belém sur un navire en tôles qui ressemble plus à une bétaillère qu'à un bateau. Les deux ponts sont remplis de hamacs et avec le roulis du bateau, ceux-ci s'entrechoquent. Les Brésiliens ne semblent pas incommodés par cette promiscuité même s'ils profitent de l'absence de leurs voisins pour déplacer les hamacs et gagner quelques centimètres d'espace vital ! Nous regrettons notre premier bateau, plus typique et à l'ambiance plus familiale. Le soir, nous arrivons à dormir, mais nous passons la journée sur le pont supérieur au grand air.

Cette croisière est rythmée par des repas qui se suivent et… se ressemblent. Viande et riz : midi et soir c'est le même menu ! Certains se sont mutinés pour moins que ça !

Plus on se rapproche de Belém et plus le bateau emprunte de petits bras de rivières. Les berges sont proches et nous voyons des villages de pêcheurs qui n'ont d'autre accès que le fleuve.

Leurs habitants, à chaque passage de bateau, chargent des petits enfants sur les pirogues et s'approchent au plus près pour récupérer tee-shirts, biscuits, casquettes… lancés par les passagers. Parfois les pirogues s'approchent trop près, c'est ainsi que nous voyons une mère rattraper de justesse son bébé déséquilibré par les vagues de notre navire !

Des adolescents plus téméraires n'hésitent pas, à l'aide de cordes, à cramponner leur pirogue à notre bateau sans que ce dernier ralentisse ! Ce qui nous paraissait un jeu dangereux est en fait un moyen de vendre, pour quelques reals[7], des crevettes, coeurs de palmiers et fruits. Un vrai salaire de la peur.

Après deux jours et demi, nous voyons enfin Belém. Le niveau de l'Amazone est bas et le pont du bateau se trouve deux mètres sous le ponton. Bien sûr, pour sortir nos deux *Liberty*, nous devons faire appel aux dockers qui savent profiter de la situation… D'où le proverbe local : « plus les eaux de l'Amazone sont basses, plus les revenus des dockers sont hauts… ».

---

[7] Reals : monnaie brésilienne

Nous sommes dimanche matin, tous les magasins sont fermés et il n'y a personne dans les rues. Nous trouvons un petit hôtel et parquons nos scoots dans le couloir d'entrée. Après une bonne douche, je sors de la chambre et découvre que les lanières qui maintiennent nos pneus de rechange sont cisaillées. Heureusement un câble en acier nous évitera leur vol. Belém n'est pas réputée pour la sécurité. Nous décidons quand même de parcourir cette ville au passé colonial encore très présent. Dans les années 1900, la ville a connu une période très prospère grâce à l'exportation du caoutchouc. De cette prospérité ne subsistent que les maisons coloniales à l'architecture typique et grandiose, le théâtre, la basilique… et une culture riche, héritée des « hommes de la forêt ».

Regards et paroles d'enfants : Venezuela

Bineska - 15 ans – El Callao - Guyana

« Je vais au collège agricole de El Callao. Mes matières préférées sont les mathématiques et le sport, j'apprends l'anglais et le castillan. J'aime beaucoup l'école car ici on apprend tout, l'Histoire, la culture, l'éducation et l'agriculture.

Ce qui est important pour moi c'est la vie, ma famille et l'école.

Ici nous avons une nourriture très variée : poulet, viande, poisson, riz, pâtes, manioc mais mon plat préféré c'est le cochon frit avec des spaghetti. Tous les matins je mange des « arepas », fourrées avec du poulet. Ce sont des galettes de maïs et c'est notre plat de base, on peut en manger toute la journée.

Tous les mois, ma mère me donne 30 000 bolivars (45 €) et avec cela j'achète mes vêtements et je sors. J'aime beaucoup porter des vêtements de marques comme *Calvin Klein, Sebago, Nike* car cela dure plus longtemps. Par contre à l'école nous portons un uniforme, polo bleu ciel et jeans.

Pendant mes temps libres, je fais du volley-ball avec mes amis et je vais sur Internet. A la maison, nous avons un ordinateur avec Internet. Pendant les vacances, je vais au cinéma et je visite les autres régions du Venezuela.

Mon père est mort il y a 4 ans. J'ai trois frères et trois sœurs et maman est institutrice. Nous vivons dans une maison qui nous appartient et nous avons chacun notre chambre. Bien sûr, nous avons l'eau courante, la machine à laver et la télévision.

Je suis chrétienne évangéliste. Je lis la Bible et vais à l'église tous les jours. C'est très important pour moi.

Je ne me sens pas vraiment en sécurité car il y a beaucoup de délinquance dans ce pays, par contre, à l'école, il n'y a pas de problème.

Plus tard, je voudrais aller à l'université et devenir ingénieur dans le pétrole. Je souhaite habiter dans une plus grande ville comme Maturin. »

Regards et paroles d'enfants : Venezuela

Hernandez - 13 ans – El Callao - Guyana

« Je suis en 7ème, c'est la première année du collège. J'habite dans la ville de Guasipati à 20 km et je viens donc en bus à El Callao tous les matins. Mes matières préférées sont les travaux pratiques (travaux des champs et s'occuper des animaux comme les poulets, les lapins, les vaches...) ainsi que l'étude de la nature. J'apprends l'anglais.

J'aime beaucoup l'école car je peux étudier la nature, les animaux et choisir ce que je ferai plus tard.

Mes parents me donnent 5000 bolivars par semaine (7 €) comme argent de poche.

Mes plats préférés sont les bananes frites, le poulet frit et les salades. Quand je ne vais pas à l'école, je vais faire du football avec mes copains, je joue avec ma Nintendo et j'aide ma mère dans la maison. Toutes les deux semaines, je vais au cinéma.

A Noël et pour mon anniversaire, nous faisons une fête avec la famille et les amis et nous recevons des cadeaux (bijoux, vêtements, jeux vidéos).

J'ai un frère et une sœur et je partage avec eux un ordinateur. Je connais la France grâce à Encarta que nous avons à la maison mais nous n'avons pas Internet. Je suis déjà allé dans la Grande Savane, jusqu'à la frontière brésilienne.

J'aime beaucoup la musique, la salsa, le merengue. Nous vivons dans une maison avec mes frères et sœurs, mes parents et mon grand-père. Maman ne travaille pas et Papa est le conducteur du camion qui distribue l'eau dans les petits villages.

J'aimerais devenir ingénieur en biotechnologie et j'aimerais aller étudier en France. Je ne pense pas rester vivre dans cette région car j'aimerais vivre dans une ville plus développée comme Maracaibo. »

Chapitre 2

Le Brésil, un pays-continent

Novembre 2001 – Janvier 2002

Nordeste (par Sophie)

Nous quittons Belém dans une circulation dense. Les bus roulent n'importe comment. Ils nous doublent des deux côtés, n'hésitant pas à utiliser la bande d'arrêt d'urgence. Cependant, dès la sortie de la ville, les routiers sont plutôt sympas et, soit nous klaxonnent soit nous font un signe amical. Certains s'arrêtent même pour nous prendre en photo ! La route est en bon état et bien large. Elle est bordée de chaque côté de propriétés agricoles à perte de vue : « les fazendas ». Nous traversons de petites villes où tous les commerces sont fermés à 15 heures. Nous rentrons ainsi dans le rythme spécifique et particulièrement tranquille de cette région, le Nordeste. Une ambiance « bon enfant », des personnes à l'accent mi-traînant, mi-chantant, pour qui demain est un autre jour. L'essentiel c'est aujourd'hui d'avoir l'Alegria (la joie de vivre). Un mode de vie que nous apprécions beaucoup, où un simple pouce levé, accompagné d'un « todo bom[8] ? » suffit à déclencher un sourire accompagné en retour d'un « todo bem ! ». Une Alegria qui se mesure également au volume des postes de radio. Samba, Axe, Pagode… des musiques plus entraînantes les unes que les autres et qui rythment notre route.

Cette région vit à plusieurs vitesses. Les commerces sont assez modernes, surtout dans les grandes villes, les produits vendus aussi, mais les hommes se promènent à cheval ou en charrettes, les vélos sont plus nombreux que les scooters qui sont eux-mêmes bien plus nombreux que les voitures. Nous roulons pendant près de 1000 km à travers des plantations de cocotiers, des prés où paissent les zébus, et surtout, des champs brûlés. Cette méthode du brûlis, bien qu'interdite,

---

[8] Todo Bom ? : ça va bien ? / Todo Bem : oui, ça va !

est pratiquée par tous les fermiers pour régénérer leur sol. Nous avançons ainsi, chaque début d'après-midi, à travers un nuage de fumée.

Le soir, toutes les « fazendas » étant clôturées, il nous est impossible de faire du camping sauvage. Nous demandons alors l'autorisation aux fermiers de planter notre tente dans leurs champs. Nous sommes toujours très bien accueillis et à peine installés, nos hôtes nous offrent des noix de coco, des oranges, des jus de fruits maison… et parfois même, nous avons la possibilité d'utiliser leur douche. Salle de bain rudimentaire, où un baquet avec de l'eau installé au fond du jardin près du puits, est pour nous une source de joie immense. Quel plaisir de pouvoir s'endormir propres après une ou plusieurs journée à rouler dans la chaleur et la fumée. En effet, nos douches ne sont pas journalières car soit nous n'avons pas la possibilité d'utiliser celle des fermiers, soit nous ne pouvons nous laver devant la tente par manque d'intimité. Nous avons ainsi recours plus d'une fois à la bassine installée sous l'auvent de la tente. A l'abri de celui-ci, nous empêchons les moustiques de nous attaquer. Mais il faut bien dire que ces premiers mois sont assez durs pour notre peau qui se retrouve rougie par les piqûres d'insectes. Chaque soir, ça me démange pendant des heures. Quant aux coups de soleil, nous ne les comptons plus. Notre peau est tannée au bout de trois mois sous ces tropiques. Il fait tellement chaud que je roule en tee-shirt sans manches, mes bras sont noirs et les traits de mon visage marqués. N'ayant pris aucun produit cosmétique dans notre trousse de toilette, pour limiter le poids des sacoches, je me passe finalement aisément des laits apaisants et autres crèmes hydratantes, par contre nous nous aspergeons le soir de répulsif anti-moustiques, seule protection que nous adoptons contre le paludisme.

Chaque matin nous nous levons avec le soleil vers 6 heures. Le temps de prendre un petit-déjeuner composé de biscuits et confiture, de ranger la tente et de charger les scooters, nous entamons notre journée de route. Nous roulons jusqu'à midi, nous déjeunons d'un peu de pain et d'une boîte de sardines, puis nous reprenons la route jusqu'à 16 heures pour chercher un lieu de bivouac. Dans cette vie nomade, nous découvrons l'essentiel des besoins de l'être humain. Etre sur ses gardes, trouver de la nourriture, s'installer un lieu de campement pour dormir à l'abri des hommes et des animaux, trouver et transporter de l'eau pour boire, faire la cuisine et se laver. Ce sont là nos réelles préoccupations quotidiennes.

Nous traversons de nombreux villages où les maisons sont faites de bois et de terre. Les toits sont recouverts de feuilles de palmiers, les rues sont en terre battue et il n'y a visiblement pas d'électricité : les groupes électrogènes sont allumés à la tombée de la nuit.

La chaleur est telle que nous avons besoin de boire énormément. Jérôme invente un « Camelbak » artisanal. Des bouteilles plastiques fixées sur nos caisses sont reliées à nos lèvres par un tuyau, fixé lui-même au casque. Cette trouvaille nous permet de boire régulièrement et d'être nettement moins fatigués par les heures de route. De temps à autre, nous passons devant des vendeurs ambulants qui proposent des « Coco frio » (noix de coco vertes fraîches) ou des jus de cannes à sucre. Chacune de ces pauses nous procure un vrai plaisir : fraîcheur et délice d'un jus sucré.

Pour laver notre linge, nous installons une bassine dans le pneu de rechange qui se trouve sur ma caisse. Le matin, j'y mets nos vêtements sales, ajoute de l'eau et du savon et referme le couvercle. Pendant la journée, les vibrations du scoot font office de machine à laver. Sur route asphaltée, le linge ressort blanc et sur piste avec tôle ondulée il ressort plus blanc que blanc. Le soir, je n'ai plus qu'à rincer et à étendre : c'est propre.

La population du Maranhao n'est plus la même que vers Belém. Ce sont visiblement des descendants des esclaves africains qui ont peuplé cette région lors de la colonisation portugaise. La culture change également. A chaque arrêt, une foule d'enfants et d'adultes nous encercle pour nous regarder et nous poser des questions. Le sourire aux lèvres et la joie de vivre, malgré la pauvreté des lieux, caractérisent bien la culture très chaleureuse de cette région.

Un camping « très » sauvage ! (par Jérôme)

Voilà une heure que nous cherchons un coin pour poser la tente. Fatigués par la journée de route et par la chaleur, nous nous décidons pour un bois qui, bien que près de la route, nous semble suffisamment abrité. Nous montons la tente et nous installons. La route que nous venons de quitter est à 500 mètres derrière les buissons et nous entendons faiblement les quelques villageois qui passent à vélo. Tandis que je prépare la douche, un 4x4 nous fonce dessus. Il s'immobilise à 30 mètres de nous et deux hommes armés en descendent. Pris dans une discussion avec Sophie, et aussi incroyable que cela puisse paraître, nous n'avons pas entendu approcher ce gros véhicule. Sans trop comprendre ce qui se passe, j'essaie de garder mon calme et me dirige vers le chauffeur. *« Qui êtes-vous ? Que faites-vous là ? »* me lance t-il sur un ton méfiant. Je lui explique que nous sommes français et que nous campons pour la nuit. Après un regard aux scooters, à la tente et à Sophie, il baisse son arme. Visiblement nous n'avons pas l'air dangereux. *« Des villageois ont vu votre campement et nous croyions que vous étiez des braconniers »* m'explique ce responsable de la police. Nous discutons et lui demandons si nous pouvons rester. *« Pour moi, pas de problèmes »* nous répond-il avant de remonter dans son 4x4, suivi par son acolyte. Nous qui pensions avoir été discrets. Tout le village va savoir que deux gringos campent dans les broussailles… Mais notre fatigue est telle que nous décidons de rester. Un choix que nous regretterons !

C'est au moment de la douche que commence notre enfer. Attirées par une eau devenue rare dans la région, des abeilles et des guêpes nous disputent notre « bassine baignoire ». Lutte inégale au terme de laquelle je me prends un coup de dard dans les fesses (en tout bien tout honneur) dont je n'ai été soulagé qu'au bout de dix heures…

Le deuxième acte de ce cauchemar arrive pendant le dîner. Assis sur notre bâche, où nous finissons notre gamelle de riz, je remarque derrière Ti-Bout une forme mouvante noire. Le temps de braquer nos lampes, nous découvrons une colonie de magnans (grosses fourmis noires très voraces) dont la réputation est loin d'être bonne. La tente se trouve à trois mètres de deux nids et les magnans, sorties à la tombée de la nuit, ont commencé à nous encercler. Tandis que je pars brûler les nids pour limiter leur action, Sophie saute courageusement dans la tente ! Ces bestioles sont tellement nombreuses et hargneuses que je finis par rejoindre Sophie dans notre « bunker de toile » laissant nos nouveaux voisins nous inspecter. Nous trouvons le sommeil difficilement et c'est vers 3-4 heures du matin qu'arrive le dernier acte. Poussé hors de la tente pour satisfaire un besoin naturel, je vérifie que la voie est libre. Toujours un peu somnolent, je me surprends à uriner à deux mètres d'un serpent qui, bien que superbe, avec des anneaux rouges, jaunes et noirs n'en reste pas moins un serpent...

Il est des fois où l'on se demande ce que l'on « campe » là !

Parnaïba (par Sophie)

Après cinq jours de traversée à l'intérieur du pays, nous arrivons en fin de journée au bord de l'océan atlantique à Parnaiba. Accueillis par des dunes de sable et un vent très fort qui nous fouette les jambes, nous découvrons les rouleaux de l'océan, la lagune qui abrite des oiseaux magnifiques et le delta. Séduits par l'accueil de ses habitants et par les différentes rencontres que nous y faisons, nous restons une semaine dans cette ville. Le charme de la vie nomade, c'est aussi de savoir s'arrêter pour profiter des rencontres que le hasard provoque.

Le deuxième soir, nous dégustons, dans un super petit resto, un poisson aux fruits, pour trois fois rien. Le propriétaire du restaurant, enthousiasmé par notre périple, nous invite même pour le lendemain. C'est là que nous rencontrons Fernando et Gisèle, professeurs de théâtre et de langues, qui nous ouvrent les portes de l'école publique Frei Rogerio de Milão.

Accueillis par un petit-déjeuner composé de gâteaux confectionnés en notre honneur par la directrice et les professeurs, nous passons près de deux heures à discuter du système scolaire brésilien, les problèmes de l'éducation dans ce pays et surtout le grand projet instauré en 1996 par le gouvernement pour mettre à niveau les professeurs (certains enseignent sans diplôme) et lutter contre l'analphabétisme.

Puis nous rejoignons tous les élèves, réunis dans la plus grande salle de l'école, pour faire notre présentation. Nous avons dans nos affaires une carte du monde et nous y traçons au marqueur notre route depuis le départ. Nous démarrons donc par la présentation du voyage puis à l'aide des documents préparés par les élèves de Suresnes, nous présentons la France : sa géographie, son Histoire, ses monuments, ses peintres et stars du moment. Les feuilles avec les cartes postales, photos et dessins circulent à travers les rangs des enfants qui les dévorent des yeux. A la fin de l'intervention de Jérôme en brésilien, un flot de questions jaillit. Questions sur la France, sur les enfants français, sur leur vie et sur notre voyage bien sûr. Ces écoliers âgés de 7 à 14 ans, sont très vivants et pas timides. Ils sourient et rient, on les sent très à l'aise et heureux. Comme le Brésil est constitué de descendants de colons européens et d'esclaves africains, il y a dans cette école du Piaui, des petites filles blondes au teint clair, des garçons bruns aux yeux bleus et des enfants métisses au teint café au lait. Un melting-pot très vivant qui ne demande qu'à apprendre et progresser.

Nous visitons également trois écoles privées dans cette ville et constatons qu'au Brésil, l'éducation est à deux vitesses. Même si en France, nous avons des écoles publiques et privées, le niveau entre celles-ci est équivalent. Ici, étudier dans une école privée, c'est déjà avoir plus de chance de bien réussir le « vestibular[9] » et donc d'intégrer l'Université.

Ces écoles particulières, comme ils les appellent, bénéficient de professeurs d'un meilleur niveau et utilisent des méthodes pédagogiques occidentales, avec le matériel adéquat. Alors que, dans les écoles publiques, les enfants ne travaillent qu'une demi-journée, n'étudiant que les matières basiques, dans les écoles privées, les élèves sont gardés toute la journée et bénéficient, en plus des matières basiques, d'enseignements tels que l'anglais, l'espagnol, le sport, le théâtre et la musique. Ces écoles, bien évidemment, ne sont pas gratuites et les inscriptions vont de 44 à 345 euros par mois (à Sao Paulo). Avec un salaire minimum de 83 euros par mois, on comprend que l'égalité devant l'éducation est une utopie au Brésil.

Parnaiba est la deuxième ville de l'Etat du Piaui, le plus pauvre de ce pays continent. Nous y voyons également des enfants de 8-10 ans « gagner leur pain » dans la rue en surveillant des voitures ou en vendant des objets de pacotille. De même dans les campagnes, nous croisons des « meninhos » qui semblent passer plus de temps à aider leurs parents qu'à étudier.

Cette ville est située à l'embouchure du Delta Parnaiba, troisième plus grand delta du monde. Très proches de cette ville se trouvent également différents lagons ceinturés par des dunes qui plongent dans des lagunes, endroits privilégiés pour le windsurf.

La région est très ventée, surtout à cette période de l'année, et il n'est pas rare que les routes soient recouvertes par le sable.

Un hasard nous fait rencontrer Otavio, secrétaire de l'Agriculture de la ville, qui, fasciné par notre aventure, nous met en relation avec un journaliste (notre premier article à l'étranger). Il nous propose aussi de présenter notre projet devant des enfants lors du festival de voile organisé au Lagon de Portinho le week-end suivant. En échange de cette « prestation », Otavio nous fait héberger dans un chalet face au lagon et nous permet de visiter le delta de Parnaiba. Entre l'océan et le fleuve, des dunes gigantesques côtoient une forêt aux différentes espèces de mangroves qui héberge une avifaune importante. Sur un bateau de « privilégiés », nous découvrons cette nature splendide. Cela ne nous ferme toutefois pas les yeux sur la pauvreté des habitants de ce delta. Ils vivent dans des cabanes le long du Rio, au milieu des

---

[9] vestibular : baccalauréat brésilien

cochons sauvages, des chiens, des poules et des chèvres. Ils n'ont aucune commodité et tous les enfants ne vont pas à l'école.

Pousada « Volta ao Mundo » (par Jérôme)

En route vers Fortaleza, nous décidons un après-midi d'aller poser notre tente en bord de mer. Tandis que nous faisons le plein à la station-service de Taiba, la pompiste, qui lit sur nos caisses « Vuelta al Mundo », nous apprend qu'il y a, un peu plus loin, un restaurant qui s'appelle « Volta ao Mundo » (Tour du monde). Il n'en faut pas plus pour exciter notre curiosité. Nous rencontrons un couple de Français, Jean-Luc et Nadia ainsi que leurs deux enfants, Lana et Dilan, dans leur restaurant décoré de photos et d'objets ramenés de leur périple… Cela fait 14 ans qu'ils sont au Brésil. Jean-Luc et Nadia ont tout d'abord commencé par acheter un terrain et construire une pousada[10] vers Jericoacoara. Après avoir développé leur fonds de commerce, ils ont décidé de tout vendre pour tenter l'aventure en camping-car. C'est ainsi que nos quatre bourlingueurs (Lana avait 2 ans et Dilan 4 mois), ont débarqué à Miami aux Etats-Unis, ont acheté un camping-car d'occasion, l'ont aménagé puis sont partis autour du continent américain. Tout cela en un an. *« C'était une aventure fabuleuse, pleine de rencontres et de découvertes. Surtout pour Lana »,* reconnaît Nadia. Lors de leur remontée sur le Nordeste au Brésil, leur rythme s'est ralenti et c'est à Taiba que Jean-Luc et Nadia ont flashé sur un terrain. *« J'ai essayé de choisir un coin peu développé mais avec du potentiel »,* précise Jean-Luc qui, en quatre mois, a construit une maison et un restaurant, avant de revendre son camping-car. *« Tout de suite, le resto a eu du succès, cela a été plus facile à démarrer qu'à Jericoacoara ! ».* Jean-Luc profite de ses rentrées d'argent pour construire quelques petits appartements qu'il loue le week-end ou pendant les vacances aux habitants de Fortaleza, située à 40 km de là.

Nous restons deux jours avec eux, gâtés par les îles flottantes et les crêpes au chocolat de Nadia. Nous découvrons surtout, pendant ces deux jours, un autre mode de vie où la création d'une activité dans un pays étranger alterne avec le voyage : de quoi alimenter nos réflexions sur la route pour un après Globe-Reporters…

---

[10] Pousada : hôtel familial

Poussée d'adrénaline ! (par Jérôme)

De Fortaleza à Salvador, nous passons par l'intérieur du pays, traversons des régions arides et plus isolées. Bien que l'essentiel des routes soit asphalté, nous sommes confrontés, à Ibimirim, à deux voies possibles. Soit nous continuons sur le goudron, soit nous prenons une piste de terre qui nous fait gagner 80 km.

Nous hésitons, prenons des renseignements puis optons pour « l'aventure ». Dans ses premiers kilomètres, cette piste s'avère agréable. Nous nous retrouvons isolés avec, devant nous, un ruban rouge qui s'étend à perte de vue et de chaque côté une végétation semi-aride. A partir du dixième kilomètre, nous commençons à traverser des zones de sable et les *Liberty* chargés peinent. Plus nous avançons, plus la difficulté augmente. La roue avant se plante dans le sable déséquilibrant les scoots. Même si Ti-Bout a pris de l'assurance sur ce type de piste, je suis obligé de conduire son scoot sur quelques portions de sable. Il fait chaud, très chaud ! L'horloge tourne tandis que le compteur kilométrique reste figé. Cinq kilomètres en une heure c'est déprimant !

La tension monte entre Sophie qui avance prudemment et moi qui m'impatiente de plus en plus. Nous hésitons à faire demi-tour. Difficile après ces 20 km d'efforts de faire machine arrière.

Au 25e km et après trois heures de piste, nous arrivons dans un village d'Indiens. Notre salut ! Là, nous apprenons qu'il reste 100 km à parcourir et que la piste est, comme nous le constaterons, encore plus difficile. Nous nous avouons vaincus et après négociation, chargeons les scoots dans un pick-up. Dans la voiture, le chauffeur nous explique que dans ces régions isolées et sur ces pistes, les attaques ne sont pas rares. Effectivement, depuis le village, nous ne croisons plus aucune maison et la piste se dégrade de plus en plus, obligeant le pick-up à rouler doucement. Nous manquons également de nous ensabler trois fois ! Notre chauffeur semble nerveux et jette régulièrement un coup d'œil dans son rétro !

Tout d'un coup, celui-ci stoppe la voiture et très lentement tourne la tête vers nous avec un regard ambigu... A ce moment, je ressens une émotion peu agréable : la peur ! Il nous propose de vérifier si les scoots n'ont pas bougé. Tandis que nous descendons, je demande à Sophie de rester dans la voiture et de prendre sa bombe anti-agression, réflexe dérisoire. Pendant que nous vérifions les scoots et que je surveille le chauffeur, mille pensées traversent mon esprit :

nous sommes partis du village, au moins une vingtaine de personnes nous ont vu embarquer... Mais alors pourquoi cette attitude étrange ?

En fait, notre chauffeur, par timidité, n'a pas osé nous demander d'utiliser l'essence de nos jerricans. Son voyant allumé depuis un certain temps, il craignait de tomber en panne sur une partie sablonneuse. C'est soulagé, mais les mains tremblantes, que je lui verse les six litres de gazoline.

Nous reprenons la route : sable, ornières et le tout sur un terrain vallonné. La tension est forte. Celle-ci monte d'un cran lorsqu'au loin nous voyons deux hommes sur une moto rouler en sens inverse. Plus ils se rapprochent et plus l'atmosphère dans la cabine est tendue. Personne ne parle. La moto se rapproche, puis nous dépasse. Ouf ! Un soupir s'échappe de chacun de nous.

Nous terminons les derniers kilomètres et c'est avec un plaisir immense que nous voyons apparaître les premières maisons.

Cette piste aura été riche en émotions et ces 100 km gagnés nous auront valu une bonne dose d'adrénaline.

Salvador de Bahia, Capital da Alegria (par Sophie)

Cité historique de plus de deux millions d'habitants, Salvador est l'ancienne capitale de l'empire colonial. Ses habitants sont principalement les descendants des esclaves africains « importés » pour développer la culture de la canne à sucre entre le XVIe et le XVIIIe siècle. C'est donc le coeur de la culture afro-brésilienne qui vibre dans les ruelles pavées de cette ville classée au Patrimoine Mondial de l'UNESCO.

Nous arrivons à Salvador par une autoroute qui d'un côté est bordée par les « favelas », maisons en briquettes rouges sans fenêtres ni électricité, et de l'autre par des grands buildings qui nous rappellent ceux de La Défense à Paris. Un peu plus loin et vers les plages, ce sont les grands centres commerciaux avec des enseignes comme *Mc Donald's*, *Pizza Hut*, *Iguatemi*... Plus modernes et plus richement décorés qu'en Europe, ceux-ci regorgent de boutiques de vêtements, chaussures, librairies, photographes, parfumeries, pharmacies, etc.

Nous découvrons tout d'abord la ville basse qui s'étend près du port avec ses quartiers d'affaires et ses anciens bâtiments coloniaux non restaurés. Puis la ville haute, qui est perchée sur un rocher où fleurissent des dizaines d'églises du XVIIe siècle restaurées pour la plupart et des vieilles maisons de toutes les couleurs.

Ce centre historique est vraiment superbe et très vivant. Dans ce coeur touristique de Salvador, la police militaire veille à la sécurité des visiteurs. Des milliers de boutiques de souvenirs et de cafés restaurants attirent les étrangers grâce aux groupes de musiciens qui jouent sur les terrasses : musique afro-brésilienne, capoeira, chanteurs... A tous les coins de rue, à n'importe quelle heure de la journée ou de la soirée, les rythmes se déchaînent.

Nous passons cinq jours à visiter cette ville, à correspondre avec nos familles et amis via Internet, à essayer de retrouver et récupérer les colis envoyés de France par nos parents (en vain malheureusement pour l'un d'eux).

Pendant ces journées, nous sommes sans cesse sollicités par des enfants et adultes qui ont visiblement la faim au ventre... La pauvreté est flagrante dans cette cité. La ville haute et la ville basse sont séparées par un bidonville. Des familles y vivent dans la misère la plus totale, en regardant passer des milliers de touristes descendus des paquebots, qui vont dépenser sans compter dans les restaurants et les bijouteries. Certes, cette ville est superbe mais elle nous apparaît comme une gigantesque scène de théâtre où le spectacle seul attire le tourisme, la réalité étant trop dure à voir.

C'est dans cette ville que nous faisons le bilan des trois premiers mois de voyage. Les crises de larmes liées à l'épuisement, à la douleur de ma côte et au mauvais contrôle de mon scooter reviennent à chaque passage de piste ensablée ou caillouteuse. La dernière piste qui nous a valu une bonne poussée d'adrénaline a été le lieu de disputes violentes et nos mots ont sans doute dépassé nos pensées mais ils exprimaient réellement la frustration de chacun. Jérôme se sent ralenti et freiné. Quant à moi, je me trouve en situation d'échec permanent et je passe mon temps à chuter. Triste constat... Nous nous découvrons l'un l'autre et pas vraiment sous notre meilleur jour. Après de longues discussions, nous décidons de changer le rythme du voyage, pour un temps. Jérôme réalise que vouloir aller à son rythme, c'est à très court terme continuer le voyage seul. Or ce que nous souhaitons, c'est partager ce voyage, le vivre ensemble et pas chacun de son côté. Nous décidons donc de ne plus faire de pistes et de limiter les accès difficiles pour les bivouacs sauvages. Je m'engage à refaire un essai en Argentine, sachant pertinemment que les routes de Patagonie sont des pistes difficiles et je n'envisage pas de ne pas les faire. Ce serait un échec que je refuse d'assumer. Voilà donc la première grosse crise du voyage résolue mais cela ne fut pas si simple. En effet, il a fallu concevoir le voyage avec la réalité de nos possibilités communes et non plus le concevoir comme dans un rêve. Il nous aura donc fallu ces trois mois pour nous caler et trouver notre rythme, vitesse, type de routes et apprendre surtout à s'écouter et à s'accepter mutuellement.

Le Minas Gérais et le premier Noël du voyage (par Sophie)

Après le folklore de Salvador et les longues plages vers Morro de Sao Paulo, nous décidons de rentrer à l'intérieur des terres pour découvrir le Minas Gérais. Cet état, grand comme la France, est très désertique au Nord, puis de plus en plus vallonné voire montagneux et certains de ses sommets atteignent environ 2000 mètres d'altitude. C'est donc dans un paysage très escarpé, sur des routes sinueuses et magnifiques que nous découvrons les richesses du Minas Gérais. On y extrait plus de fer, d'étain, de diamant, de zinc, de quartz et de phosphate que partout ailleurs au Brésil.

Lors d'un bivouac dans la région de Diamentina, nous partons découvrir les alentours. Dans la montagne, les mineurs vont chercher des cristaux de quartz translucides. En creusant des puits de parfois 20 à 30 mètres de profondeur à la dynamite puis, à la main, les mineurs extraient de la roche rouge et sableuse des cristaux parfois de très belle taille. Vivant dans des baraques en bois et bâches en plastique noir, ils passent leur vie à espérer trouver le meilleur filon. Parfois les femmes creusent aussi et descendent dans les puits, sans aucune sécurité, tête nue, en short, sans casque ni lunettes... Dynamite, éboulements, pluies diluviennes... les risques sont grands et permanents.

Le Minas Gérais a connu son essor au XVIIIe siècle grâce au boom de l'or. Des cités magnifiques sont nées de ces richesses. Les villes de Diamantina et Serro ont gardé intacte leur architecture coloniale : grandes demeures colorées, églises baroques et rues pavées sur lesquelles les cavaliers côtoient les voitures. Aujourd'hui encore, ces villes non entachées par le tourisme gardent le charme d'un autre âge.

C'est à Ouro Preto, dans les monts reculés de la Serra dos Espinhaço, que nous passons Noël. Il nous faut deux heures pour dénicher un petit hôtel local, très sympa, pas cher et avec kitchenette. Après cela, nous partons faire quelques courses : des œufs, du lait, du sucre, de la farine.... Le tout pour nous concocter une petite soirée crêpes ... de

Noël ! Du pur bonheur, un petit dîner à deux dans le confort d'un hôtel charmant.

A 1000 mètres d'altitude, sur un rocher, les rues pavées d'Ouro Preto sont très abruptes mais ses maisons colorées et ses églises restent superbes. Nous découvrons d'ailleurs lors de la messe de minuit, l'une des plus riches églises du Brésil, avec ses 430 kg d'or et une collection d'oeuvres d'art remarquable. Les Portugais puis les Anglais, les Allemands, les Français et les Brésiliens ont exploité les mines d'or de cette région et en ont fait l'une des villes les plus riches du nouveau monde. Nous en profitons pour visiter la mine de Passagem, la plus grande mine d'or au monde accessible au public. Elle fut exploitée de 1819 à 1985 et a donné 35 tonnes de ce précieux métal. 1600 personnes y travaillaient en quatre équipes. En empruntant le wagonnet, autrefois utilisé par les mineurs, nous descendons 400 mètres plus bas vers des galeries de plusieurs kilomètres de long, soutenues par des piliers à part entière, taillés dans la roche.

Malgré la pluie, le brouillard et la fraîcheur, Ouro Preto reste pour nous l'une des plus remarquables merveilles de ce si grand pays.

Nous reprenons la route vers Parati, sur la côte entre Rio de Janeiro et Sao Paulo. Mais nous sommes le 28 décembre et l'afflux des vacanciers brésiliens sur cette côte ainsi que le mauvais temps nous incitent à passer notre chemin et à rentrer dans l'intérieur des terres. C'est en nous dirigeant vers Curitiba, que nous rencontrons sur la route un couple de Français expatriés, Emmanuel, Sophie, et leurs trois enfants, qui nous invitent à réveillonner avec eux.

Sophie me passe des bijoux, du maquillage et des vêtements pour la soirée, autant vous dire que la globe-trotteuse faisait un peu « Sophie-stiquée » !

C'est donc dans une ambiance française, très chaleureuse, entourés de huit couples d'expatriés, que nous débutons cette nouvelle année, et avouons-le, cet accueil de nos compatriotes, accompagné de champagne et foie gras, nous fait vraiment chaud au cœur.

Un après-midi, Sophie organise une réunion d'enfants brésiliens et français de son entourage pour nous permettre de leur présenter la France et d'en interviewer quelques-uns. Grâce à ces rencontres nous constatons la différence de niveau d'éducation entre les élèves de cette ville, riche et développée et les enfants de Paranaiba dans le Nordeste.

Après quelques jours, nous quittons Curitiba sous le soleil, le cœur un peu gros de quitter cette famille si accueillante, mais avec quand même l'irrésistible envie de reprendre la route… Nous nous dirigeons vers Foz d'Iguaçu et notre premier bivouac de l'année 2002, nous le faisons dans un orphelinat tenu par des familles et des volontaires allemands. La richesse de la culture brésilienne tient, notamment, à ce peuple venu de partout s'installer ici pour tenter sa chance dans le nouveau monde. Des communautés allemandes, hollandaises, françaises sont ainsi présentes sur tout ce continent.

Le sud du Brésil ne ressemble en rien au Nordeste et nous découvrons une agriculture similaire à celle de chez nous, intensification et rentabilité sont de mise. Nous avons donc plus de mal à être accueillis dans les fermes. Après avoir essuyé plusieurs refus, nous arrivons chez un fermier, qui ne peut nous recevoir mais qui téléphone à son patron et nous invite à aller le voir. Ce soir-là, nous sommes accueillis par un couple d'origine allemande également, propriétaire de plusieurs hectares de terre, il cultive notamment du raisin. Nous plantons la tente à côté de leur maison et le lendemain, avant de reprendre la route, il nous offre le petit-déjeuner et nous donne les coordonnées de l'ancien consul de France à Iguaçu. C'est donc comme cela que nous passons deux jours à visiter les chutes et la région en laissant nos affaires et notre tente chez Monsieur Le Bourlegat, petit-fils d'immigrants français. Ancien consul de France, il n'y a pourtant jamais été ! Sa femme allemande et lui-même nous offrent une hospitalité chaleureuse.

Iguaçu : 275 chutes d'eau s'étalent sur plus de 3 km de large et tombent d'une hauteur de 80 mètres. Nous admirons leur grandeur du côté brésilien et ressentons leur force et leur mélodie du côté argentin. Ces chutes sont réellement un spectacle unique, d'autant plus majestueux qu'elles se trouvent dans un parc national qui conserve à ce lieu tout son côté sauvage.

Regards et paroles d'enfants : Brésil

Louisiane – Parnaiba – Piaui (Nordeste)

« Je vais à l'école publique à 10 minutes à pied de chez moi. Mes matières préférées sont le portugais et l'art. Je suis en 4ème section (équivalent à notre 6ème). J'apprends l'anglais le mercredi après-midi dans un cours privé, car ce n'est pas obligatoire à l'école. Je suis heureuse car je me sens libre et parce que j'ai le droit d'étudier. Pour moi ce qui a le plus de valeur, c'est le respect.

 J'ai deux frères, deux chiens, des game-boys et je trouve ma vie familiale harmonieuse. Mon père est déménageur, ma mère fait de la vente à domicile de produits cosmétiques. Chez nous, il y a l'eau courante mais froide et l'électricité. Il n'y a pas de machine à laver, ma mère lave le linge à la main.. A la maison, il n'y a pas d'ordinateur car cela coûte très cher, mais il y a une télévision. J'ai ma propre chambre et quand je ne vais pas à l'école, je regarde la télévision, je lis, j'aide ma mère et surtout j'aime aller chanter à la chorale catholique de Parnaiba. Chanter est ma passion, j'aimerais en faire mon métier.

A l'école il n'y a pas d'uniforme mais tous les enfants portent un jean et un tee-shirt aux couleurs de l'établissement.

Tous les jours, j'écris mon journal intime sur ce qui se passe à l'école. Je suis très fière de mon pays car il a une grande culture et tous les étrangers disent que c'est un beau pays ! Je suis surtout très fière de l'abolition de l'esclavage. Je n'ai jamais quitté le Brésil et le plus loin où je suis allée c'est à Santana ma ville natale (environ 100 km de Parnaiba). Si je n'arrive pas à être chanteuse, je serai secrétaire. J'aimerais me marier vers 21/22 ans et avoir au moins deux enfants. »

Si j'étais présidente :

1. Je ferais en sorte qu'il n'y ait plus d'enfants qui travaillent dans les rues.

2. Je distribuerais tous les mois de la nourriture aux pauvres.

3. Je veillerais à ce que tous les enfants puissent aller à l'école gratuitement.

Regards et paroles d'enfants : Brésil

Pedro – 10 ans – Curitiba – Parana (Sud Brésil)

« Je vais dans une école privée où je suis content de retrouver mes copains et de faire du sport. Mes matières préférées sont les sciences et l'art. En plus du portugais j'apprends l'anglais, mais ce n'est pas facile. Je mets 15 minutes à pied pour me rendre à l'école mais je n'hésite pas à prendre le bus quand il pleut. Je suis heureux surtout quand je suis entouré de mes amis et de ma

famille. Ces derniers ont pour moi autant de valeur que la paix et le bonheur.

L'argent que me donnent mes parents je le gagne en les aidant à la cuisine, en nettoyant ma chambre… Tous ces travaux me rapportent environ 500 reals par an (200 €/an). En général je mange de la salade, du riz avec du fejao (haricots rouges) et de la viande. Mais j'avoue avoir un faible pour les pizzas ! La tenue vestimentaire est importante pour moi. Casquette (réajustée pour les photos !), tee-shirt, short et baskets… uniquement des vêtements de marque car les autres ne durent pas… Fils unique, j'habite une maison avec un petit jardin. J'ai ma propre chambre, une super Nintendo et un ordinateur avec Internet pour toute la famille. Mon petit canari aura bientôt un chien comme compagnon. Pour mon anniversaire, maman organise une fête avec la famille et quelques amis. Généralement, on m'offre des vêtements, des jeux vidéos, des jeux de société… Avec mes amis, je vais au ciné 1 ou 2 fois par mois.

Avec mon père, psychologue, et ma mère, femme au foyer, j'ai une vie heureuse. Pour les vacances nous visitons le Parana et allons sur la côte à Florianopolis. Plus tard, je voudrais mieux connaître le Brésil et visiter d'autres pays. Pourquoi pas d'ailleurs m'installer à l'étranger. De toute façon je compte me marier entre 23 et 27 ans et avoir 2 à 3 enfants. Quant au Brésil c'est un pays dont je suis fier, d'ailleurs si c'était un sentiment ce serait le bonheur. Mais je sais qu'il existe des problèmes d'injustice et de corruption. »

Si j'étais président :
1. J'arrêterais la corruption.
2. J'arrêterais les luttes internes du peuple brésilien.
3. Je ramènerais l'harmonie et la paix.

Chapitre 3

Rude mais magique Amérique Australe

Janvier – Mars 2002

L'Argentine... (par Sophie)

Ah ! l'Argentine, j'en rêvais ! Toute petite je me suis souvent demandée pourquoi certains de mes ancêtres avaient quitté la France pour cette destination.... Qu'y a-t-il donc là-bas ? Sûrement un Eldorado !

J'y trouve surtout un pays splendide et fascinant par ses paysages, son climat, sa faune... Que c'est féerique la pampa ai-je envie de crier en permanence ! C'est surtout mystérieux... des centaines de kilomètres sans rien, à part des arbustes et des animaux : des cigognes, des autruches, des brebis, des chevaux, des guanacos[11]... Le ciel prend des couleurs magiques, les nuages sont sculptés par le vent. Et les sites naturels comme les chutes d'Iguaçu, la Péninsule Valdès, le glacier Perito Moreno... sont de toute beauté.

L'Argentine est fortement touchée par une crise financière qui a démarré un mois avant notre arrivée. Malgré une forte pression familiale nous demandant de ne pas y aller, nous décidons tout de même de passer la frontière.

Le 1er janvier 2002, un dollar équivalait à un Peso argentin, le 9 janvier, date de notre entrée, il vaut 1,7 peso et le 15 mars 2,5 pesos ! Cette dévaluation a été bénéfique pour nos dépenses car, auparavant, l'Argentine était le pays le plus cher d'Amérique Latine (plus cher que la France).

Fuite des capitaux, restrictions sur les retraits d'argent, les Argentins ont du mal à comprendre et donc à expliquer les raisons de cette crise

---

[11] Guanacos : espèce de lama sauvage de la Péninsule Valdès

alors que leur pays possède de nombreuses richesses naturelles. Une seule expression revient en permanence : corruption de la classe politique et des financiers ! Cependant, malgré les quelques manifestations pacifistes vues à Buenos Aires et à Bahia Blanca, nous passons près de trois mois dans ce pays sans voir de violence. Comme si ce peuple résigné acceptait son sort ! Mais de toutes façon, que faire, quand les banques sont vides ?

Ce pays est grand comme cinq fois la France avec moitié moins d'habitants et dont un tiers vit à Buenos-Aires. Et dans l'immense région de Patagonie, il y a moins d'un habitant au kilomètre carré !

Les Argentins, quant à eux, nous laissent perplexes. Très bien éduqués, élégants, plus « Européens » que les Européens. Ils sont tous descendants d'immigrés italiens, français, espagnols, allemands, et beaucoup parlent de « rentrer » un jour. Leur sentiment d'appartenance à l'Argentine nous semble faible, plus encore en cette période de crise.

Chutes Mocona : ça passe ou ça casse ! (par Sophie)

En quittant Iguaçu et en traversant la frontière argentine, nous décidons de rejoindre San Pedro, un petit village d'où part une piste menant aux chutes Mocona. Ces chutes sont encore peu visitées car elles se trouvent au bout de 80 km d'une piste praticable uniquement par temps sec. Attirés par le côté sauvage de ces cascades mais aussi par l'aventure d'y aller en scooters, nous nous lançons. Bien sûr, c'est pour moi une grande décision. J'accepte de reprendre une piste difficile, ce sera le test pour savoir si je peux désormais rouler partout sans encombre. Pour ma nouvelle tentative, nous décidons de laisser une partie de notre chargement (pneus de rechange et sacs latéraux) à San Pedro, chez Olga, qui nous a hébergés dans son jardin. Nous partons donc avec uniquement les sacs à l'avant et la caisse remplie du minimum pour trois jours de bivouac. Le matin, le ciel est gris et lors des premiers kilomètres une bruine commence à tomber. Nous hésitons mais confirmons notre choix, l'attirance est trop forte. La piste est caillouteuse mais praticable. Au début de celle-ci, un panneau indique « interdit de circuler pour les voitures et camions les jours de pluie et 24 heures après celle-ci sous peine de forte amende », pas très rassurant !

Sur les dix premiers kilomètres, la piste est bordée d'habitations et de champs de tabac. Les 70 autres sont un ruban de latérite rouge à travers la forêt dense. Montées et descentes se succèdent, certains passages humides nous font glisser et nous chutons tous les deux dans des montées trop raides où la terre se dérobe sous nos roues. La piste est globalement sèche et nos scooters soulèvent une poussière rouge et fine qui s'infiltre dans le moteur et se dépose aussi en minuscules particules sur nos sacs et sur nous-mêmes.

A chaque arrêt pour nous reposer, nous sommes assaillis d'insectes et nous ne pouvons pas terminer notre boîte de thon, à midi, tellement les guêpes en sont friandes. Nous sommes presque seuls sur cette piste, une seule voiture nous double, aucune ne nous croise… mais des centaines d'oiseaux nous survolent et notamment des aras et des toucans. Magique !

Au bout de six heures de route, nous arrivons au campement à 7 km des chutes. Une pelouse verte au milieu de la forêt nous permet de monter notre tente. Nous sommes quasiment seuls.

Totalement épuisée par cette journée de test…. (réussie !) je prépare le dîner et nous nous couchons.

Le lendemain, nous laissons nos scoots et parcourons à pied les quelques kilomètres qui séparent le refuge des chutes. Celles-ci sont constituées par une faille, longue de 2,8 km et haute d'une vingtaine de mètres, sur le Rio Uruguay. Pour les admirer, il faut marcher 400 mètres dans l'eau ! Arrivés par un accès plus en aval des chutes, nous décidons de les remonter par un chemin de traverse, dans l'espoir de trouver un meilleur point de vue.

Notre sentier nous emmène malheureusement dans des parties plus profondes du fleuve où l'eau m'arrive au niveau du cou. Une pierre glissante et hop, Jérôme se retrouve sous l'eau ! Il ne reste de lui à la surface que deux bras tendus avec, dans l'un, l'appareil photo et dans l'autre notre sac avec les passeports et l'argent. Nous avons eu chaud ! Malheureusement, lors d'une deuxième chute, le sac est complètement immergé et nous devons revenir sur la berge faire sécher nos papiers !

Forts de cette mésaventure, nous décidons d'être plus raisonnables et de traverser le fleuve à un endroit balisé par des piquets blancs. Ce passage, tout aussi difficile, a l'avantage d'être moins profond. Nous finissons par arriver sur un point de vue dominant l'ensemble de ces chutes. Et comme toute chose qui se mérite, nous apprécions doublement ce spectacle d'un mur qui s'étend sur près de trois kilomètres de long, blanc d'écume et qui scinde le fleuve en deux. Ce site est d'autant plus fabuleux qu'il est resté vierge de passerelles et d'aménagements touristiques. Mais, il faut le reconnaître, pour le contempler, il faut savoir se mouiller !

Rencontre chaleureuse (par Sophie)

Sur la route de Buenos-Aires nous visitons la province de Misiones où était installée, dans les années 1750, une trentaine de missions jésuites. Les pères convertissaient les indiens Guarani et organisaient leur vie en communauté autour de la culture du coton, de l'herbe à maté[12] et de l'élevage. Il reste des vestiges splendides à San Ignacio Mini où l'on découvre les ruines du monastère, des cuisines, des logements, des ateliers de travail mais aussi la cathédrale, magique bâtisse en pierre rouge au milieu de la forêt dense.

A quelques kilomètres de là, nous faisons une halte dans la petite ville de Paso de los Libres et pendant que je fais les courses, Jérôme surveille les scooters. En sortant, il m'annonce que nous sommes invités à boire un coca chez le libraire d'en face. Carla, 15 ans, nous a repérés lors de notre arrivée dans la rue principale et souhaite nous rencontrer. Charmante jeune fille, très vive et souriante, elle convainc ses parents de nous inviter à dîner et de passer la soirée avec elle… Après m'avoir attirée dans sa chambre pour me prêter une jupe et un haut à paillettes, des talons hauts et du maquillage, Carla nous emmène faire le tour de la ville en voiture puis dans une soirée étudiante. Ayant pris l'habitude depuis ces quatre derniers mois de nous coucher vers 21 heures, la soirée étudiante de trois à six heures du matin nous paraît épuisante… mais néanmoins très sympa et dans une ambiance très européenne !

Nous restons le lendemain également dans cette famille, où Térésa et Olga m'apprennent à faire des « empenadas[13] » tandis que Rodolphe fait découvrir à Jérôme sa collection de billets du monde entier et lui parle de la crise financière actuelle. Nous quittons cette famille, la caisse pleine d'empenadas pour le dîner, de deux nouveaux tee-shirts sérigraphiés à nos noms et avec un adorable « maté[14] » miniature, sculpté et verni par Rodolphe le matin-même. Notre cœur est gros de les quitter et cette rencontre reste vraiment inoubliable.

---

[12] Maté : boisson à base de feuilles de l'arbuste maté
[13] Empenadas : petits chaussons fourrés à la viande
[14] Maté : calebasse dans laquelle se boit la boisson chaude, favorite des argentin, appelée aussi Maté

La capitale du Tango (par Sophie)

Très grande ville cosmopolite, Buenos Aires compte 12 millions d'habitants soit 33% de la population totale d'Argentine.

Arrivés par une autoroute à huit voies, puis roulant sur un immense périphérique à péage, nous allons directement chez « Piaggio Argentine » où nous sommes attendus. Toute l'équipe se met à notre disposition et le Directeur, Roberto Rosso, nous prend en charge pour nous faire découvrir cette capitale.

Cet accueil si chaleureux nous touche, d'autant plus que la crise frappe de plein fouet Piaggio qui importe les scooters d'Italie.

Nous laissons donc nos *Liberty* à l'atelier pour une révision mécanique et nous nous déplaçons dans cette ville à pied, en bus et en voiture avec chauffeur, prêtée par Monsieur Rosso ! Cette attention nous permet de visiter facilement les quartiers de la Bocca avec ses maisons d'artistes colorées, de la Recoletta avec son cimetière type « Père Lachaise », en passant par les jardins immenses de Palermo, le nouveau quartier chic de Puerto Madero et les petits canaux de Tigre. Nous avons ainsi une vue complète de cette si belle ville.

Nous trouvons un petit hôtel « cosy » et peu cher à San Telmo, le quartier du tango ! Nous avons d'ailleurs la chance d'assister à la comédie musicale « Tanguiera », invités par Piaggio. Ce spectacle de tango est inoubliable tant par la qualité de la danse, que par la musique et l'Histoire des « Porteños » (habitants de Buenos Aires) au début du XXe siècle.

La ville est organisée en damiers, à l'américaine, avec ses immeubles en pierre de taille, ses beaux bâtiments publics comme le Congrès et la Casa Rosada[15], ses petits cafés, ses grands restaurants chics, ses boutiques d'antiquaires, ses habitants élégants et cultivés. Buenos-Aires nous éloigne soudainement de l'Amérique Latine que nous côtoyons depuis cinq mois.

A notre arrivée fin janvier, quelques semaines après la dévaluation, les conséquences de cette crise nous sautent aux yeux : banques barricadées derrière des grilles ou des panneaux en bois, queues interminables aux distributeurs d'argent et bureaux de change, produits indisponibles dans les magasins à cause de l'arrêt des importations, barricades mobiles devant la Casa Rosada...

---

[15] Casa Rosada : Siège du gouvernement

Malgré ces signes évidents de grand désarroi et une manifestation pacifiste croisée devant la Casa Rosada, nous nous sentons en sécurité dans cette ville et ne ressentons aucune tension particulière. La réalité est souvent loin de ce que nous présentent les médias.

Vidange, nettoyage des carburateurs, changement des courroies et un bon nettoyage général pour enlever la poussière : ce sont deux scooters remis à neuf que nous récupérons chez Piaggio Argentine. Nous pouvons continuer notre route !

Péninsule Valdés (par Jérôme)

La Péninsule Valdés, 97 km de large sur 63 de long, est reliée au continent par un isthme de 7 km. Nous sommes en permanence étonnés par la beauté de ce site : paysages de pampa, où seulement trois estancias[16] se partagent le territoire. Brebis, nandous[17], guanacos, tortues, lièvres seront nos amis quotidiens sur les routes de terre. Nous passons deux jours à bivouaquer sur une plage de galets et de sable, au bord d'un océan bleu marine à l'eau limpide. Un matin, au réveil, j'ouvre la tente et me retrouve nez à nez avec un adorable pingouin… pas très sauvage ; il va nager quelques fois dans la journée mais revient se faire dorer sur la plage à côté de nous… Nous profitons également du spectacle donné par les dauphins, les otaries, les phoques nageant juste sous nos yeux…

Nous y rencontrons Fernando et Carla, deux Argentins de Bariloche, qui remontent jusqu'au Mexique sur un scooter 80cm³ Honda. Pêche, barbecue, discussions tard dans la nuit en admirant les étoiles... la vie rêvée !

La Péninsule, c'est aussi et surtout l'occasion de découvrir des colonies de phoques, énormes animaux de 4 tonnes pour 6 mètres de long, vivant, jouant et se reproduisant sur les plages. Nous observons également des colonies d'otaries ou lions de mer, animaux plus petits mais suffisamment impressionnants (350 kg pour 2,5 mètres) pour que l'on n'ose pas trop s'en approcher. Nous choisissons nos lieux de bivouac assez à l'écart des chemins et en essayant de surplomber la

---

[16] Estancia : grande ferme
[17] Nandou : espèce de petite autruche

plage afin de passer nos soirées à les admirer en cachette. Spectacle inoubliable !

Un serpent dans le moteur ! (par Jérôme)

Nous quittons Punta Norte sur la Péninsule Valdés en direction de Puerto Pyramides. 80 km de piste sous un vent très fort qui déporte les scooters en permanence. Pour maintenir le cap nous roulons à 40 km/h sur de la terre, des graviers, du sable et nous nous faisons quelques frayeurs ! A 10 km de Punta Norte, je m'arrête devant une forme longiligne qui barre la route. *« Encore un serpent écrasé ! »* Pas du tout, celui-ci a la tête relevé et semble se dorer la pilule au soleil. Bonne âme, je tente de le pousser hors de cette piste où sa durée de vie serait fortement réduite par les 4x4. *« Ne joue pas avec le feu ! »* me crie Sophie peu rassurée par ce reptile.

Sans tenir compte de son avis, je saisis mon pied d'appareil photo et déloge le serpent. Au début hésitant, celui-ci se met subitement à ramper vers… mon scooter ! Il grimpe tout d'abord sur le moteur, puis, trouvant l'endroit trop chaud à son goût, se faufile à l'intérieur du carénage. Je ne me doutais pas que le scoot recelait autant de cachettes et malgré la longueur (1 mètre) de ce squatter, je le perds de vue ! Après 30 minutes à enlever les sacoches, soulever la selle, soulever la jupe de protection… rien à faire ! Impossible de localiser ce clandestin. Il faut dire que, ne sachant pas s'il est venimeux, nous évitons de trop mettre nos mains dans les recoins ! Trop stressée par la situation, Sophie a le ventre qui se tord dans tous les sens et est obligée d'aller se réfugier derrière un arbuste… Pour une fois ce ne sera pas à cause de la tourista !

En désespoir de cause, nous décidons de reprendre la route jusqu'à la prochaine ville. Rouler en compagnie de ce reptile ne me plaît guère mais nous n'avons pas le choix ! 70 km de piste où nous battons notre record de vitesse malgré le vent, la tôle ondulée, les cailloux et les vibrations. Derrière moi, Sophie guette la chute éventuelle de mon passager, tout aussi malmené que nous par cette allure. Nous arrivons à Puerto Pyramides et allons directement à la station-service espérant déloger l'intrus avec un jet d'eau ou d'air. Finalement, le pompiste me prête une bombe insecticide que je pulvérise dans le scoot. Mais rien. Aucun mouvement, aucun signe de vie de ce trouble-fête ! Nous en déduisons qu'il a dû tomber en cours de route…

Je raccroche donc les sacoches et, tout à coup, aperçois un corps marron se glisser le long de mon amortisseur ! Incommodé par l'insecticide, il vient prendre l'air. A l'aide d'un bâton, je le fais sortir. Autour de nous c'est l'attroupement et chacun y va de sa technique pour capturer ce « rampeur ». Après plusieurs tentatives, ce dernier finit dans un bocal. *« No es peligroso »* (il n'est pas dangereux) me dit le pompiste. *« Heureuse de l'apprendre »,* lui répond Sophie doublement soulagée !

Je prends le bocal et m'éloigne de la ville pour aller remettre ce compagnon d'infortune dans la nature. Avertis par email, mes parents me déconseillent de prendre à l'avenir n'importe qui en auto-stop et surtout pas un « serpent globe-rampeur » !

La Patagonie (par Jérôme)

Depuis Bahia Blanca, nous roulons en pleine pampa. Un paysage plat avec une végétation composée de petits buissons secs. Rien devant, rien derrière. Et pourtant, ce « rien » nous attire. Nous passons des journées complètes à rouler sur un ruban d'asphalte qui scinde ce tapis jaune en deux. Des journées où nous nous perdons dans nos pensées, où nous ne sommes même plus conscients que nous roulons, tant la monotonie de la conduite est grande. Pas de virages, très peu de trafic et quand il y en a, nous voyons les camions ou voitures arriver à 10 km… cela nous laisse le temps de nous ranger. Parfois, au loin, un relief. Nous l'apercevons 20 km avant et plus nous nous approchons, plus celui-ci s'élève. Comme si nous voguions sur la pampa. Une route monotone et pourtant pas ennuyeuse. Il émane de cette région une sérénité, une immensité qui nous fascine. Le soir, difficile de trouver un bivouac non exposé. Il nous faut pour cela nous éloigner de plusieurs kilomètres de l'asphalte. Température douce, coucher de soleil magnifique, silence… nous nous régalons de ces campings sauvages.

Mais la pampa, ce n'est pas une région isolée. Elle est constituée d'une succession de propriétés dont les dimensions nous surprennent. Parfois, c'est sur plus de 10 km que nous longeons la même clôture. Des champs où paissent, quelque part, des vaches et des moutons. Tôt le matin, nous surprenons souvent une faune qui se fait discrète dans la journée. Renards, autruches, nandous, guanacos, nous voient venir de loin. Parfois, cependant, nous les surprenons et alors s'engage avec les scoots, une course en parallèle. Ce sont des moments très intenses tout comme ce troupeau de chevaux « sauvages » qui nous suit sur plusieurs kilomètre dans une cavalcade digne des plus grands westerns. Du pur bonheur !

Après Comodoro Rivadavia, changement de climat : le vent se lève !

Déjà, vers Bahia Blanca, sans savoir ni pourquoi ni comment, nous nous sommes retrouvés, à lutter contre des rafales qui inclinaient sévèrement nos montures. Sournois, cet adversaire nous a même pris en traître un soir sur la Péninsule Valdés, molestant durement notre tente et renversant le scooter de Ti-Bout. Mais ces « avertissements » ne duraient jamais plus d'une journée et le lendemain, au calme, nous en rigolions.

Mais ce rugissant-là ne faiblit pas. De face ou de côté, cet adversaire nous harcèle du matin au soir et du soir au matin. Dans les petits jours, il atteint 30 à 40 km/h et quand il est en forme, il souffle à 80 km/h avec des rafales à 110. De face, il freine les scooters qui, manette en butée, ne dépassent pas les 40 km/h (contre 90 km/h normalement). Notre autonomie se réduit considérablement elle aussi. Avec un plein, nous ne faisons plus que 140 km là où nous en faisions 200 par temps calme. De côté, les rafales nous projettent dangereusement vers le fossé, notamment sur les pistes en terre où les *Liberty* deviennent incontrôlables. Devant nous, nous apercevons de gros nuages sombres s'avancer à grande vitesse. Une tornade ! Il ne manquait que cela ! Nous faisons demi-tour et nous réfugions dans une auberge aperçue 2 km plus tôt. Nous posons nos scoots à l'abri et tandis que nous nous dirigeons vers l'auberge, j'entends Sophie hurler. Je me retourne : elle est à terre. *« Il m'a mordu ! »* me dit-elle en désignant la chienne du propriétaire. Celle-ci vient d'avoir une portée et devant notre accoutrement de « patagonaute » (casque, cagoule, blouson, pantalons étanches), elle a pris peur et a attaqué ! Sophie a une belle entaille au mollet et nous pensons tout de suite à la rage. Avec la première ville à 60 km et la tornade, nous voilà bien ! Je remarque que le pantalon étanche n'a heureusement pas été déchiré, donc il n'y a pas de risque d'infection. Nous en serons quitte pour une belle frayeur et plusieurs semaines de cicatrisation… Décidemment, en Patagonie, il n'y a pas que le vent qui agresse !

Les arrêts photos sont rares car notre ennemi profite de ces moments pour plaquer au sol nos deux roues. Imaginez également les « pauses-pipi » où il nous faut tenir notre scooter tout en choisissant une bonne orientation pour éviter... les flux et reflux !

Sans pitié, ce « sans-sommeil » nous provoque également le soir. Monter la tente devient très physique et une fois dedans, impossible de se reposer car ce monstre s'acharne sans relâche contre notre abri de tissu. Il réussira même à nous casser net un arceau ! Faire la cuisine devient source de stress avec des flammes qui virevoltent dans tous les sens. La force de cet infatigable, c'est sa puissance et surtout sa constance. Il s'attaque ainsi à nos nerfs, à notre moral, sans trêve, jour après jour. L'amusement du début a vite laissé place à l'agacement puis au dégoût et enfin à la haine pour ce rugissant invisible (dire qu'au Cap Horn ils sont 40 !).

Nous refusons pourtant de battre en retraite. Nous le bravons car nos objectifs sont au sud, le Parc Torres del Paine et le glacier Perito Moreno.

Torres del Paine se situe sur la partie chilienne de la Patagonie. Nous y effectuons un trek de sept jours. Sept jours où, compte tenu des tarifs exorbitants des camping et lodges, nous ferons du camping sauvage. Sept jours sans douches et avec des repas « allégés » par manque de place. Sept jours surtout avec nos sacs étanches, transformés pour l'occasion en sac à dos. Nos épaules et nos dos, plus habitués à rester assis sur une selle, souffrent ! Enfin sept jours pendant lesquels nous subissons également ce vent dont la force redouble jour après jour. Nous ne manquons toutefois pas d'être subjugués par la beauté de ce parc, de ces sommets, de ces nuages étirés par le vent. L'image la plus forte reste néanmoins le glacier Grey au-dessus duquel nous plantons notre tente pour un bivouac exceptionnel.

En route pour le Perito Moreno. Nous croisons Roberto et Anita un couple de Suisses en Honda 750 cm^3 qui arrive de El Calafate, dernière ville avant le Perito Moreno. Ils nous parlent d'une Hospedaje très accueillante et d'un restaurant, où pour trois fois rien, on mange viande, frites et légumes à volonté. Il ne nous en faut pas plus pour parcourir, malgré les cailloux et le vent, les 380 km restant. Un record pour nous, mais la « faim » justifie les moyens ! Arrivés de nuit, nous nous ruons vers ce restaurant et nous nous empiffrons. Mais après une semaine de diète forcée à Torres del Paine, nos estomacs s'avouent vaincus et nous serons malades toute la soirée ! Ah, la gourmandise !

De El Calafate, 80 km nous séparent du glacier Perito Moreno. Toujours de la piste, toujours du vent mais l'attrait de ce glacier est trop fort. Et nous ne regrettons pas nos efforts.

Long de 15 km, large de 5 km et haut de 60 mètres, ce géant de glace s'étend à 300 mètres devant nous avec des nuances de couleurs allant du blanc au bleu... glacier ! Nous sommes impressionnés par la vision de cette mère de glace mais nous sommes complètement fascinés par le spectacle de sons et d'images qu'elle nous offre. En effet, les fortes pressions qui s'exercent au coeur de celui-ci, provoquent la fissure de certains blocs et la chute d'autres, situés en périphérie. Imaginez, vous entendez un craquement sec (identique à celui du tonnerre) puis vous voyez une tour de 60 mètres de haut qui, très lentement, se détache du glacier pour s'enfoncer avec un bruit sourd dans les eaux du lac, créant par son immersion, un « mini raz-de-marée ». Puis quelques dizaines de secondes plus tard, vous voyez ce même bloc ressurgir à la surface et dériver lentement, poussé par le vent. C'est vraiment un spectacle à vivre !

Après deux jours à contempler ce glacier nous décidons de quitter cette région qui, malgré sa beauté, nous épuise. Fatigués, physiquement et moralement par ce vent, nous nous installons sur le parking d'une station essence en quête d'une camionnette vers le nord. Diego et sa famille se proposent de nous charger avec les scooters et c'est à l'abri, dans son camion, que nous fuyons vers des latitudes plus calmes...

Méditation sur les routes de Patagonie (par Sophie)

Des jours et des kilomètres durant nous roulons sur des routes rectilignes et traversons des étendues immenses où ciel et terre se rejoignent sans limite. La difficulté du climat, nos conditions extrêmes de vie me portent naturellement à la réflexion. Une fois l'aventure engagée, le rythme pris, les tripes mises à nu, je dresse un bilan au bout de six mois de voyage :

« Si j'avais su en 1999, quand j'ai suggéré à Jérôme l'idée du scooter pour un tour du monde, que trois ans après je m'en mordrais les doigts ! En effet, je me croyais bien maligne en proposant ce moyen de locomotion ! J'étais loin d'imaginer la difficulté de manier un engin de 190 kg face à un vent de Patagonie !

J'avoue aujourd'hui que la préparation de ce grand périple, assise bien confortablement, au chaud, devant un apéro, dans notre nid douillet de Suresnes, ne me laissait rien présager de la réalité quotidienne que nous vivons aujourd'hui.

Il a fallu tout d'abord m'habituer aux bleus permanents dus aux chutes de ma monture : à l'arrêt, dans le sable, sur l'asphalte... et bien sûr à cause du vent ! M'habituer aux trous sur les routes, aux pierres et au sable, aux pavés des rues pentues du Minas Gérais (très pentues !), aux pistes de terre en forêt tropicale... Mais cela n'était rien face au vent et au froid de Patagonie !

Il a aussi fallu faire une croix sur les petits plats mijotés, sur la « grasse mat » dans un lit douillet, sur la douche chaude quotidienne, seule dans une salle de bain. Renoncer ou presque à son intimité n'est pas toujours facile : se laver devant la tente, de nuit, pour que les gens autour ne nous voient pas. Autre habitude à prendre : subir les attaques de moustique. La vie en plein air, ce sont des piqûres d'insectes en permanence !

C'est aussi prendre des risques quotidiens en faisant chauffer l'eau sur le réchaud, sous l'auvent de la tente, car dehors il pleut ou le vent (toujours lui) est trop fort... et moi je tremble !

C'est prier la Vierge Marie à « tue-tête » sur mon scoot pour me donner la force physique et morale de continuer, de ne pas lâcher...

C'est aussi s'habituer à vivre avec le minimum, à compter chaque centime, à renoncer à tel ou tel produit car ce n'est pas essentiel et qu'aller au bout du tour du monde, c'est rester « dans » le budget !

Après six mois de voyage, c'est aussi découvrir Jérôme tel qu'il est et que notre vie commune de « jeunes cadres dynamiques » n'avait pas laissé paraître...

C'est aussi s'accepter soi-même avec ses défauts et ses limites et ça c'est, peut-être, le plus dur. Notre vie de couple a totalement changé, 24 heures sur 24 ensemble, quand l'un avance facilement sur son scoot et que l'autre rame, rame… (devinez qui ?), quand l'un parle espagnol, portugais, anglais et que l'autre est pleine de complexes linguistiques (devinez qui encore ?).

Bref, parfois je me demande ce qui m'est passé par la tête en mentionnant le mot « scooter ».

Eh bien ! je pense que, malgré tout cela, au bout de ces six mois, je commence à relever un défi physique inimaginable à mes yeux et, je pense, aux yeux de tous ceux qui m'ont connue avant.

Toujours derrière mes bouquins, puis derrière mon ordinateur, en chaussures à hauts talons et en tailleur, maquillée et tirée à quatre épingles, dans les « business-centers » et les « meetings politiques », je n'avais jamais pris de risques physiques, je n'étais jamais montée sur

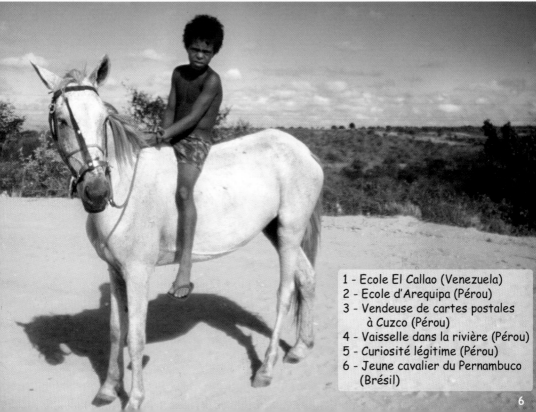

1 - Ecole El Callao (Venezuela)
2 - Ecole d'Arequipa (Pérou)
3 - Vendeuse de cartes postales
    à Cuzco (Pérou)
4 - Vaisselle dans la rivière (Pérou)
5 - Curiosité légitime (Pérou)
6 - Jeune cavalier du Pernambuco
    (Brésil)

1 - Sous les feux de la lune (Brésil)
2 - Vue sur le glacier Grey (Chili)
3 - Lago Portillo (Chili)
4 - Plaisir d'un couché de soleil (Bolivie)
5 - Bivouac sauvage (Bolivie)

1 - Repas frugal (Brésil)
2 - Lessive à la main (Chili)
3 - Scoots multifonctions
    (Venezuela)
4 - "- 10°C... (Chili)
5 - Petite douche (Venezuela)
6 - Toasts grillés au feu de bois
    (Bolivie)

1 - Nuage sur l'Atacama (Chili)
2 - Un pingouin de Valdès (Argentine)
3 - Formation rocheuse multicolore (Bolivie)
4 - Désert d'Atacama (Chili)

1 - Parc Torres del Paine (Chili)
2 - Orage sur l'Altiplano (Pérou)
3 - Salar d'Uyuni (Bolivie)
4 - Cerro del Alcazar (Argentine)

1 - Piste dans la forêt de nuages
    (Pérou)
2 - Mieux vaut rester sur la piste
    (Venezuela)
3 - En route pour les chutes
    Mocona (Argentine)
4 - Immense Patagonie (Chili)

1 - Retour des champs pour cette
    famille (Brésil)
2 - La chute d'un arbre bloque la
    piste pour Boca Manu (Pérou)
3 - Embarquement sur l'Amazone
    (Brésil)
4 - Paso San Francisco à
    4750 m d'alt. (Chili)
5 - Dépannage vers Arica
    (Chili)
6 - En altitude, il faut pousser !
    (Chili)
7 - Silence, on tourne ! (Bolivie)

7

1 - Cabalheros du Pernambuco (Brésil)

2 - Bouchers à Oruro (Bolivie)

3 - Mineur à Potosi (Bolivie)

4 - Chercheur d'or (Venezuela)

5 - Femme queshua (Bolivie)

6 - Famille et amis pour le jour J (Pérou)

7 - Unis dans la Vallée Sacrée (Pérou)

8 - On reprend la route (Pérou)

un deux-roues avant de rencontrer Jérôme, je n'avais jamais vraiment fait de sport (j'avais toujours mal au dos !) et j'en passe...

Mais je n'avais jamais non plus été vraiment heureuse ! C'est cela le plus étonnant pour moi. Toutes ces difficultés s'effacent littéralement face à ce que j'ai gagné : une paix intérieure. En quittant la France j'ai mis un terme aux lamentations sur mon enfance difficile et de loin je regarde enfin cette période de ma vie avec indulgence.

Chaque jour, je suis plus autonome sur mon scooter et je progresse en espagnol et en anglais. Je m'accepte enfin telle que je suis.

Tout cela, je le dois au voyage, aux rencontres, mais surtout au regard que Jérôme porte sur moi chaque jour, à sa manière de vivre notre aventure ensemble, à son amour ! »

Collège San Patricio de Bariloche (par Sophie)

Au pied de la cordillère, nous roulons sur une piste qui traverse le parc Los Alerces, dans la région des lacs. Nous installons nos bivouacs au bord d'une eau turquoise dans laquelle les montagnes se reflètent. La région est très verte et le style des maisons nous fait penser aux chalets suisses. Cette impression est confirmée à notre arrivée dans San Carlos de Bariloche : chalets en bois, vitrines de luxe, belles voitures... Nous sommes dans la station chic argentine.

En 2001, nous avions envoyé un email au collège San Patricio, sélectionné sur Internet, pour demander si la direction était intéressée par notre projet et si nous pouvions rencontrer les élèves. Mariella, la directrice, nous avait alors gentiment répondu : *« On vous attend ! »*. Il y a un mois, elle nous a de nouveau contactés pour savoir où nous étions et si nous venions toujours à Bariloche !

Le 18 mars, nous découvrons donc ce collège privé bilingue, où les enfants de 5 à 17 ans étudient le matin en espagnol et l'après-midi en anglais. Les élèves sont tous en uniforme bleu marine et bordeaux, on se croirait dans un collège britannique !

Durant deux après-midis, nous présentons la France et notre voyage aux élèves de 8 à 13 ans. Nous faisons, à la demande des professeurs, ces exposés en anglais, et sommes agréablement étonnés par l'excellent niveau des élèves, ainsi que par le nombre et la qualité des questions posées. Nous sommes cependant assez surpris par l'une d'entre elles, posée tant par les élèves que par les professeurs, à savoir le moyen de financement de notre voyage et son coût ! Cette question est évidemment le reflet de l'énorme crise économique que l'Argentine traverse aujourd'hui.

L'une des classes, la 6ème (élèves de 11 ans) réalise en 24 heures une présentation de l'Argentine et de la Patagonie, que nous envoyons au collège Jean Macé. Ces élèves fabriquent également un panneau dans la cour de l'école, avec nos emails, notre parcours, l'adresse de notre site. Tant de motivation à nous suivre nous touche énormément.

Ce collège compte 300 élèves (environ 18 par classe). Il est évident que ces enfants sont privilégiés car leurs parents peuvent se permettre de payer 200 pesos par mois. (environ 125 euros). Les parents exercent essentiellement des professions libérales (médecin, avocat) ou sont ingénieurs au centre nucléaire de Bariloche.

Les cours se déroulent de 8h30 à 13 heures pour l'enseignement obligatoire en espagnol puis de 13h30 à 16 heures ce sont les cours en anglais. Depuis 1997, une nouvelle loi sur l'éducation a été mise en place et rend obligatoire l'école jusqu'à 14 ans (avant c'était 12) et a également imposé l'étude de l'anglais à partir de 9 ans.

Comme au Brésil, les cours obligatoires durent 4 à 5 heures par jour. L'après-midi est libre dans le public et est consacré au sport, aux langues, et à la musique dans le privé. Les grandes vacances se déroulent de début décembre à début mars pour l'été et deux semaines en juillet pour l'hiver.

Le système scolaire est décentralisé et ce sont les gouvernements de provinces qui donnent les directives et paient les professeurs du secteur public. Nous interviewons quatre enfants et discutons avec les professeurs et la directrice sur le système scolaire et sur la crise économique.

Une rencontre très enrichissante ! (par Sophie)

Gabriel, l'un des élèves du collège San Patricio, vient nous proposer de téléphoner à son père. C'est ainsi que nous rencontrons Jean, pasteur protestant, et sa femme Victoria, qui s'occupent d'une fondation pour les enfants défavorisés.

En effet, dans ce pays à l'apparence développée et « riche », 70% de la population vit avec le minimum, voire au-dessous du seuil de pauvreté. Le salaire minimum, avant la crise, était de 200 pesos par mois (200 €).

Nous allons rencontrer les enfants de cette fondation qui apprennent la menuiserie et la boulangerie avec Jean. Ayant entre 8 et 14 ans, ils sont tous dans des familles où le chômage, l'alcool, la malnutrition et l'insalubrité de la maison sont leur quotidien. La fondation leur permet, au-delà d'apprendre un métier, de trouver le réconfort et l'encadrement qu'ils n'ont pas dans la rue. Drogue et criminalité sont très répandues et il n'est pas rare que ces enfants aient déjà connu la prison.

Le système scolaire public argentin est également en pleine crise à cause de l'absence d'argent. Les locaux ne sont pas entretenus, la sécurité des enfants devient précaire, et les professeurs ne sont plus payés depuis décembre 2001. Ces facteurs ont finalement empêché les écoles d'ouvrir début mars et la date de la rentrée, un mois plus tard, n'est toujours pas fixée. Les enfants sont donc livrés à eux-mêmes.

Mais pour nous c'est une grande joie de voir ces têtes brunes, aux yeux écarquillés devant la carte du monde sur laquelle nous présentons notre parcours. Les enfants passent un temps fou avec Jérôme devant les scooters, à les regarder, à monter dessus, à poser des questions techniques.

Quant à moi, je présente la France aux filles qui découvrent ainsi la Tour Eiffel, les parfums Dior, les stars françaises... mais finalement ce qu'elles préfèrent c'est essayer mon casque, mes lunettes de soleil, mes gants et mon blouson !

Pour ces enfants qui, à 12 ans, ne savent pas qu'il y a cinq continents et que la France est un pays, nous sommes une fenêtre sur le monde, sur un ailleurs possible... Pour nous, c'est un moment fort de partage, de chaleur et d'étonnement.

Avant de quitter San Carlos de Bariloche, nous filons à la poste pour récupérer lettres et colis envoyés par nos familles. Chaque lettre est lue et relue et nous apprécions mille fois plus qu'en France, les petits pâtés, saucissons et babas au rhum envoyés par nos parents... tant de petites attentions nous touchent beaucoup.

Comme à chaque arrêt dans une grande ville, nous passons quelques heures dans un cybercafé pour mettre à jour notre site, envoyer les dernières nouvelles et le carnet de route bimensuel. Cette fois-ci, nous avons eu la chance de pouvoir utiliser la salle informatique du collège San Patricio pour taper nos articles ce qui nous a permis d'économiser quelques heures de connexion.

Passage de la frontière Argentine - Chili (par Sophie)

Nous partons en direction de la frontière par la route qui traverse la Cordillère des Andes. Belle route, à travers la montagne et les lacs.

La sortie d'Argentine se passe sans encombre, nos passeports sont tamponnés... mais le scooter de Jérôme fait des siennes et il faut vingt minutes pour le démarrer ! La route qui rejoint le poste frontière chilien fait environ 40 km, un « no man's land » peu entretenu où la piste côtoie quelques rubans d'asphalte. La végétation change, se diversifie. Nous passons d'une forêt de conifères « barbus » sur les branches desquels des lichens pendent, à une végétation plus tropicale.

A la douane chilienne, nous nous faisons confisquer les oignons et pommes que j'avais dans la bassine au dessus de ma caisse... Heureusement nous avions caché dans nos poches tous les pâtés et friandises reçus de France !

Quelques tampons sur les passeports, change des derniers pesos argentins (environ 2 €) en espérant trouver un distributeur dans une ville proche, et nous prenons la route en direction des volcans.

40 km plus loin, nous trouvons de l'essence mais pas de distributeur. Nous sommes obligés de puiser dans notre réserve de dollars pour régler le pompiste. Nous déjeunons dans une boulangerie d'empenadas fourrés à la viande et aux olives. Il fait nettement moins froid de ce côté-ci de la frontière mais le climat est plus humide. La route passe à travers des pâturages, des champs et à l'horizon se dressent des volcans enneigés. Nous ne trouverons pas de banque acceptant notre carte Visa et il est difficile de trouver un endroit isolé pour planter la tente. Nous finissons par nous installer devant un lodge pour routards. Le propriétaire, Armin, qui a fait un tour du monde avec sa femme Nadia, ne voit pas d'inconvénient à ce que l'on mette la tente devant son portail. Le lendemain matin, ils viennent discuter avec nous et nous offrent un café. Nous sommes contents d'avoir pu camper là car le prix de leur chambre pour routards est de 6000 pesos par personne soit plus de 20 euros pour deux. Un tarif qui nous donne un avant-goût des prix pratiqués dans ce pays.

L'île de Chiloé (par Sophie)

Nous descendons un peu plus au sud afin de visiter Chiloé. Cette île, située à 30 minutes de ferry du continent, nous charme par ses petits villages de pêcheurs, ses maisons en bois et tôles colorées, ses « palafitos » de Castro (maisons sur pilotis), ses églises en bois peint (classées depuis l'an 2000 au Patrimoine Mondial de l'Humanité), sa cuisine à base de poissons et de fruits de mer et surtout ses paysages côtiers très découpés et rendus féeriques par une brume omniprésente.

L'élevage et la culture sont les activités principales de l'île avec la pêche bien sûr. Les chars à bœufs sont beaucoup utilisés. Ces animaux servent également à une coutume locale : le déplacement des maisons. En effet, ici on a tendance, lorsque l'on change de village, à emporter sa maison avec soi. Celle-ci, après avoir été renforcée, est tirée par des bœufs sur des rondins de bois. Parfois même elle est mise à la mer et tirée par les bateaux des pêcheurs. Bien que cette pratique soit de moins en moins courante, les Chilotes perpétuent cette tradition lors de fêtes locales.

Nous sommes déçus par l'accueil des Chilotes. Ceux-ci nous apparaissent froids et renfermés, peut-être un peu à l'image de la rigueur du climat. Lorsque nous faisons nos courses, il est difficile voire impossible d'obtenir un sourire ou un début de conversation. Leur confiance se gagne peut-être avec beaucoup de temps... mais ce n'est pas toujours compatible avec notre vie de nomade.

Même si nous bénéficions d'une superbe journée ensoleillée, la semaine passée sur cette île est dans l'ensemble froide et humide. C'est d'ailleurs cette pluie fine et régulière qui nous décourage de continuer la visite de Chiloé. Après sept jours, nous prenons le ferry pour le continent et remontons, via Pucon et Villarica, vers le nord et la chaleur.

Une étape réconfortante à Chillan (par Sophie)

L'accueil peu chaleureux des Chiliens du sud et le mauvais temps, nous dépriment un peu et c'est donc avec cet esprit morose que nous arrivons à Chillan (400 km au sud de Santiago) pour faire quelques courses. Soudain, je suis abordée par Juan-Carlos, un casque à la main, qui nous propose de venir déjeuner chez lui. Nous n'en revenons pas, mais quel réconfort ! Nous acceptons bien volontiers.

C'est dans une petite maison très « cosy », à la décoration recherchée que Jacqueline, Juan-Carlos et leurs trois enfants nous accueillent. L'employée de maison a préparé un repas que nous partageons. Au menu, soupe, poulet, riz, crudités, raisin et une boisson étonnante, un coca mélangé à du vin… Juan-Carlos et sa femme dirigent un atelier de mécanique automobile et font donc partie de la « bonne » classe moyenne du pays. L'équipement électroménager de la maison est le même qu'en France, les enfants vont dans des écoles privées. La famille possède une voiture, deux motos et même une moto pour leur fils de 10 ans. Au cours du déjeuner, nous sommes invités à rester quelques jours pour nous reposer, discuter, bricoler à l'atelier et visiter l'école de Sébastien, l'aîné des enfants.

Sébastien se rend chaque matin en minibus au collège privé Padre Urdato, très réputé dans le sud du Chili car très exigeant. Nous avons rendez vous à 15 heures avec la directrice qui nous accueille en nous demandant de lui expliquer notre démarche et de lui montrer les documents que nous souhaitons présenter aux élèves. Nous réalisons notre « cours » sur la France devant une classe d'élèves de 11 ans, tous en uniforme bleu marine et rouge. Spontanés et curieux sont les qualificatifs que nous utilisons pour les décrire. Ces 40 élèves sont d'un très bon niveau, notamment en géographie et en Histoire. Ils ont déjà une bonne connaissance de la France, grâce essentiellement aux reportages de la télévision câblée et ils savent situer l'Europe sur le planisphère. Ils nous interrogent beaucoup sur la France et sur notre voyage. Toutefois, le côté très matérialiste de leurs questions, essentiellement tournées sur le prix du voyage et son financement, nous surprend. Comme à Bariloche en Argentine, ces enfants de classes moyenne ou aisée, ont l'argent comme principale préoccupation. C'est également la première fois que les élèves nous collent littéralement en nous demandant quelles sont les coutumes françaises. Jérôme s'en sort en décrivant un repas français avec entrée, plat, fromage, dessert et vin… mais nous sommes pris de cours. Une multitude de questions fait suite à notre exposé et nous signons même des autographes !

Dans ce collège, environ 500 élèves, « triés sur le volet » par leurs résultats, étudient dans des bâtiments modernes et lumineux, avec laboratoires de physique chimie, médiathèque, salle informatique, terrain de sport, piscine, cantine… Nous avons rarement vu une telle infrastructure même en France. Chaque élève paie environ 100 euros par mois. Les langues enseignées sont l'espagnol bien sûr et l'anglais. Quant au français, il n'est plus enseigné depuis quelques années…

C'est donc avec beaucoup de plaisir que nous partageons la vie de la famille Foster-Ruiz. Nous dînons avec Juan-Carlos et Jacqueline d'un menu traditionnel : thé ou café, puis tartines avec de la charcuterie et du fromage. Les enfants ne mangent pas avec nous, ils ont dîné avant avec l'employée de maison, et sont dans leurs chambres en train de réviser ou de regarder la télévision. Dans la soirée, nous interviewons Sébastien sur sa vie et somme très surpris de constater qu'il affirme ne pas avoir de jeux, alors que sa chambre est remplie de jeux vidéo, ordinateur, télévision, maquettes d'avion… Nous avons vraiment l'impression d'être en France tant le mode de vie et les préoccupations de cette famille nous semblent familiers. Ce moment de repos et l'accueil chaleureux des Foster-Ruiz nous remontent nettement le moral. Et lorsque Juan-Carlos téléphone à l'un de ses amis à Santiago pour lui demander de nous accueillir, alors-là nous sommes aux anges !

Santiago (par Sophie)

C'est donc dans l'atelier mécanique de Patricio et de son père que nous plantons notre tente à Santiago. Habituellement, notre budget explose dans les grandes villes à cause du logement ; là, nous avons la chance de profiter de cette ville à moindres frais. Nous partageons souvent les repas et discutons de longues heures avec le père de Patricio.

C'est un passionné de mécanique qui, à près de 70 ans, essaie d'inventer un nouveau procédé pour améliorer le moteur Diesel ! Ancien haut fonctionnaire sous le gouvernement Allende, puis mis à l'écart et surveillé sous le régime Pinochet, il nous donne sa vision de la dictature. D'après lui, Allende a été accusé à tort de communisme. En effet, d'origine bourgeoise, Allende aurait eu une vision politique de type "socialisme à la française". Par contre il aurait été manipulé par son entourage. L'adage « Dis-moi qui sont tes amis et je te dirai qui tu es » semble tout à fait approprié… *« En 1973 le pays était dans un tel état de délabrement économique et connaissait une telle tension interne que seule une dictature pouvait remettre de l'ordre ».* Jusqu'en 1989, un couvre-feu obligeait tous les habitants du pays à être chez eux à 19 heures ! La jeunesse n'a pas eu l'opportunité de se « délurer » et tous les jeunes de 35-40 ans nous sont apparus très stricts dans leur comportement et très travailleurs. Le père de Patricio nous parle également de l'influence omniprésente des Etats-Unis dans ce pays depuis l'avènement de Pinochet jusqu'à aujourd'hui, tant au niveau économique que culturel. Il est cependant difficile et délicat de retraduire plusieurs heures de conversation sur ce thème. Une chose est sûre, même s'ils dénoncent les maltraitances et disparitions de l'après coup d'état de 1973, les Chiliens que nous avons rencontrés sont unanimes : si le Chili est aujourd'hui le pays le plus développé d'Amérique du Sud c'est grâce à Pinochet.

Santiago est une grande ville, coincée entre la cordillère de la côte et la cordillère des Andes. Cette situation génère en permanence une couche nuageuse accompagnée d'une forte pollution et ce, malgré le soleil. C'est à Vitacura, dans l'un des quartiers résidentiels chics, que Piaggio Chili a ouvert ses locaux il y a huit mois. Nous sommes très bien reçus par Enzo Fantinati, le directeur, et par toute son équipe. Cet accueil nous donne l'occasion de réaliser un entretien général. Entretien d'autant plus nécessaire que Jérôme a parcouru les 200 km avant Santiago, avec des roulements à bille avant défectueux. Les scoots remis en état, nous repartons en direction de la Cordillère, avec en chemin un col à 3000 mètres d'altitude.

Regards et paroles d'enfants : Argentine

Sofia - 12 ans – San Carlos de Bariloche – Rio Negro

« Je vais au Collège San Patricio qui se trouve à 2 km de chez moi. C'est un collège privé bilingue. Le matin, les cours sont en espagnol et l'après-midi, en anglais. Mes matières préférées sont l'anglais et les mathématiques. J'aime beaucoup aller dans ce collège, car c'est le meilleur !

Je suis de nature heureuse. Ici comme à la maison, je suis toujours contente.

Ce qui a de la valeur pour moi c'est ma famille mais aussi mes vêtements. A l'école, je porte un uniforme avec une jupe de flanelle grise, mais à l'extérieur, je porte des pantalons et de préférence des marques car c'est plus solide.

Pour mon anniversaire, je fais une fête à la maison avec des amis et je reçois des cadeaux comme des Barbie, des jeux de société, des vêtements.

Je ne suis pas très fière des problèmes économiques de l'Argentine. J'aime beaucoup mon pays, mais il est en train de chuter et je ne suis pas sûre que cela va s'améliorer.

Je fais du sport, notamment du tennis en club. A la maison, nous avons deux ordinateurs avec Internet, des machines à laver le linge et la vaisselle, une télévision... J'ai un frère et nous avons chacun notre chambre.

J'ai vécu un an aux Etats-Unis et l'année prochaine je pars pour trois ans en Australie car mon père a trouvé, là-bas, un poste d'ingénieur nucléaire.

Si la situation en Argentine ne s'améliore pas, moi aussi, plus tard, je vivrai dans un autre pays. Je ne connais pas la France, mais ma grand-mère est française et elle m'a raconté que les Français n'aimaient pas apprendre d'autres langues... »

Si j'étais présidente :

1. Je donnerais de l'argent aux pauvres, leur construirais des maisons et leurs donnerais du travail

2. Je profiterais des richesses du pays comme le vin et la viande. Car avec toutes les richesses que recèle ce pays, les Argentins n'en profitent pas. Ils cherchent toujours ce qu'ils n'ont pas.

3. J'écouterais les gens, car les politiciens n'écoutent pas le peuple.

Regards et paroles d'enfants : Argentine

Marcelo - 12 ans - San Carlos de Bariloche – Rio Negro
Fondation pour l'enfance

« Je vais à l'école publique qui se trouve à 5 minutes de chez moi. Mes matières préférées sont les mathématiques et les sciences naturelles. J'aime beaucoup l'école car j'aime beaucoup apprendre.

A la maison, nous avons cinq chiens et l'un d'entre eux est le mien.

Je suis très heureux car je peux faire ce que je veux. Mes parents ne me donnent pas souvent de l'argent, uniquement quand ils en ont un peu.

En général, à la maison nous ne mangeons que de la soupe. Mais ce que je préfère c'est l'assado (viande au barbecue). Pour mon anniversaire, nous faisons un repas familial et quand les parents ont de l'argent j'ai des cadeaux comme un ballon de foot.

Je vis avec mes parents et mes cinq frères et sœurs dans un quartier populaire au nord de Bariloche. Nous dormons tous dans la même pièce. Mon père est maçon et ma mère, cuisinière. Je ne suis jamais allé au cinéma et je n'ai pas de jeux vidéos

Je trouve que Bariloche est une ville sûre sauf la nuit où c'est dangereux.

Je suis protestant (adventiste) et je vais à la messe tous les samedis. Quelques fois dans la semaine je vais à la Fondation pour l'enfance, pour prier avec le pasteur et manger un bon repas.

Plus tard, je voudrais être charpentier, me marier et avoir deux enfants. »

Si j'étais président :

1. Je gouvernerais bien et je ne volerais pas l'argent du peuple.
2. Je créerais des emplois pour que les gens puissent subvenir aux besoins de leur famille.
3. Je construirais des maisons pour loger les gens.

Chapitre 4

Féerie de la cordillère des Andes

Avril – Mai 2002

Retour en Argentine (par Jérôme)

A notre arrivée à Santiago, nous apprenons qu'un de nos colis expédiés de Patagonie se trouve toujours en Argentine. Nous pestons après la douane argentine qui a sûrement bloqué le paquet et décidons de repartir vers ce pays pour récupérer notre envoi. Nous étions alors loin de nous douter que ce contretemps nous permettrait de découvrir une région magnifique.

Au nord de Santiago les paysages verts du sud font place à des zones plus arides parsemées de cactus. Nous prenons la route du paso « Christo Redemptor ». Celle-ci longe la rivière des Incas et kilomètre après kilomètre, nous nous élevons dans la Cordillère.

Le paysage est magnifique avec des sommets à plus de 5000 mètres d'altitude. Les scoots avancent bien malgré des vallées encaissées qui, par endroits, donnent à la route un aspect très tortueux !

A 3000 mètres, nous arrivons à Portillo, une station de ski composée d'un seul et unique hôtel. Celui-ci domine le lac des Incas, vaste étendue d'eau entourée de montagnes aux sommets enneigés. Nous demandons l'autorisation et plantons notre tente face à ce spectacle embelli par un coucher de soleil qui embrase les nuages.

A cette altitude, la nuit est froide, très froide ! Collants, tee-shirts thermiques, polaires, nous n'avons pas trop de ces couches de vêtements pour faire face à une température proche des -10°C. Notre nuit est agitée par ce froid qui nous harcèle, d'autant plus que le vent s'est levé.

Le matin, c'est donc sans effort que nous nous levons avant le soleil pour profiter du spectacle. L'aube et le crépuscule sont des moments privilégiés dont nous ne nous lassons jamais. Chaque jour c'est un émerveillement. Ce sont surtout des instants aussi éphémères qu'intenses. Les couleurs évoluent à vue d'œil, les ombres s'animent, les nuages se parent de leurs plus belles couleurs. Un spectacle pour lequel cette vie nomade nous place aux premières loges !

Nous plions la tente et parcourons les quelques kilomètres menant au poste douanier. Une fois les formalités accomplies : tampons sur les passeports et inscriptions des numéros de plaques et de châssis, nous continuons notre ascension jusqu'au tunnel « Redemptor », point de passage vers l'Argentine. A hauteur du tunnel, nous croisons de nombreuses plaques de neige. Après 4 km dans ce couloir sombre, nous débouchons sur la vallée Mendoza, sous un soleil magnifique.

Au poste argentin, tampons d'entrée sur les passeports et autorisation de circuler pour les scooters en mains, nous prenons une petite heure de repos puis commençons notre descente vers Mendoza.

Le versant chilien est magnifique, mais ce que nous découvrons côté argentin est encore plus féerique. Jaune, vert, rouge, pourpre, nos yeux restent écarquillés devant cet arc-en-ciel de montagnes colorées, mis en valeur par un ciel bleu azur. Nous passons au pied de l'Aconcagua, le plus haut sommet des Amériques avec 6959 mètres d'altitude et posons notre tente près du « puente del Inca ». Cette arche construite par les Incas est recouverte d'un dépôt de soufre et de sel qui la colore d'une robe ocre et orange.

Nous profitons encore plus de cet endroit car nous sommes hors saison et les touristes sont rares.

A 2500 mètres, la nuit est froide. Nous devons une fois de plus dormir habillés. Au matin, les bidons d'eau sont gelés et il nous faut prendre notre mal en patience pour préparer le petit-déjeuner.

La route longe la rivière Mendoza encaissée dans des gorges et surplombe une voie de chemin de fer désaffectée. Des points historiques balisent cette route empruntée par le Général José de San Martin lorsqu'il traversa les Andes pour libérer le Pérou en 1821.

Au fur et à mesure de notre avancée, la vallée s'élargit. Nous arrivons dans le petit village d'Uspallata. Celui-ci est noyé dans une forêt de peupliers, abris très utiles dans cette région ventée. En cette saison, les arbres revêtent une couleur verte - jaune d'or qui se détache magnifiquement sur le ciel bleu.

Un peu plus loin, nous découvrons le « Cerro Tunduqueral ». Ce site comporte des pétroglyphes réalisés en l'an 600 de notre ère qui représentent des nandous, des guanacos et des villages. Nous apprenons également au cours de la visite que cet endroit a servi au tournage du film « 7 ans au Tibet ».

Charmés par cette région, nous rejoignons San Juan par une piste de terre qui, entre la vallée d'Uspallata et la vallée Callingasta, nous fait cheminer de la Cordillère à la pré-Cordillère. Nous nous régalons au « Cerro del Alcazar », formation géologique superbe, perdue au fond d'une gorge. Nous prenons un plaisir immense à nous baigner dans le « rio Callingasta ». Bref nous traversons une région paradisiaque. Puis la réalité nous rattrape, la route est bloquée et nous ne pourrons passer qu'à 15h30. En effet, celle-ci est coupée, à plusieurs endroits, par des coulées de boue et son tracé sinueux dans les gorges Callingasta ne permet pas une circulation à double sens.

Nous récupérons finalement notre colis à San Juan. La ville est calme en apparence mais nous apprenons que, la veille, elle a connu des manifestations violentes. Dans les rues, nous ne voyons que quelques pneus brûlés qui terminent de se consumer. Cette démonstration des employés publics est compréhensible. Cela fait quatre mois qu'ils n'ont pas reçu leurs salaires. De plus, les banques sont fermées depuis une semaine suite aux incertitudes des décisions politiques. Impossible de retirer de l'argent avec notre carte bleue. Nous devons à nouveau piocher dans notre réserve de dollars. La crise argentine est loin d'être résolue, faute du manque de confiance de son peuple et des investisseurs étrangers dans sa politique.

De San Juan, nous remontons au nord pour rejoindre le Chili via le Paso San Francisco et faisons un détour pour visiter le Parc Ischigualasto ou vallée de la Lune. Classé au Patrimoine Mondial de l'Humanité, les paléontologues ont trouvé dans ce site de nombreux fossiles de dinosaures de l'époque Trias (environ 235 millions d'années avant le Jurassique). Lors du soulèvement des Andes il y a 65 millions d'années, les couches de sédiments ont été projetées à la surface et les fossiles qu'elles contenaient avec.

Arrivés en fin de journée, nous plantons notre tente à l'entrée du Parc. La visite ne s'effectuant qu'avec un guide, nous devons suivre le lendemain un bus de touristes argentins. Lors des arrêts, nous étouffons, noyés dans cette foule.

Nous prenons donc nos distances et visitons, seuls et à notre rythme, cette vallée. Tout au long du chemin, nous sommes éblouis par les formations qui nous entourent. Essentiellement sédimentaire, cette roche a été sculptée par le vent et la pluie, laissant apparaître des formes aussi étranges que chiens couchés, champignons, champs de boules... Les fossiles de dinosaures ayant été emmenés dans les musées, nous ne voyons essentiellement que des fossiles de végétaux (fougères). Le parcours nous fait traverser trois périodes de cette époque Trias, identifiables à la différence de couleurs des roches (jaune, grise, rouge) disposées en couches. Au vu du spectacle qui s'offre à nos yeux, nous essayons d'imaginer les forces colossales qui ont propulsé ces formations vers la surface en donnant naissance à la Cordillère. Fascinant !

Deux heures après le car, nous ressortons du parc devant un guide qui, « compréhensif », ferme les yeux !

Le Paso[18] San Francisco : un défi à 4750 mètres d'altitude ! (par Sophie)

Ce nouveau passage d'Argentine au Chili est pour nous le premier réel défi à relever. En effet, de Mendoza au nord du Chili, les Andes sont très hautes.

Conscients que le plus simple serait de reprendre la route entièrement asphaltée, Mendoza-Santiago et qui ne dépasse pas les 3200 mètres d'altitude, nous décidons néanmoins de ne pas prendre le même itinéraire qu'à l'aller. Nous nous renseignons sur le passage au-dessus de San Juan, mais il est fermé à cause de la neige.

Sans trop de renseignements, car d'une province à l'autre les Argentins ne connaissent pas l'état des routes, nous tentons le passage au-dessus de la Rioja.

L'Automobile Club de la Rioja nous informe qu'il n'y a pas de station-service sur près de 550 km, mais nous précise que le Paso San Francisco est ouvert et qu'il n'y a pas de problème pour passer.

Arrivés à Tinogasta, ville du bout du monde, dernier poste d'essence avant la frontière chilienne à 200 km, nous préparons notre expédition en chargeant 40 litres d'essence (20 litres dans les jerricans, 8 litres dans des bouteilles de soda et 12 litres dans les réservoirs), puis évidemment, 24 litres d'eau et des réserves alimentaires pour plus d'une semaine. Les scooters n'ont jamais été aussi chargés ! Dans cette ville du fin fond de l'Argentine, il n'est vendu qu'un seul type d'essence, la plus chère ! Nous avions prévu juste assez de pesos pour ne pas en avoir trop à changer au Chili, mais nous n'avions pas réalisé que les dépenses en essence seraient si élevées. Après avoir fait les pleins, nous nous retrouvons avec l'équivalent d'un euro en poche... Impossible de retirer de l'argent car il n'y a pas de distributeurs et l'unique banque accepte de nous changer nos dollars à un taux de 1,4

---

[18] Paso : col

au lieu de 3 ! Nous refusons l'arnaque et partons sans un sou en poche.

Nous commençons l'ascension sans trop d'inquiétude, car, côté argentin, la route est asphaltée jusqu'au col. Nous montons doucement à travers une vallée splendide, entre des « millefeuilles » de plaques rocheuses rouges, des gorges très hautes, puis à 3000 mètres d'altitude, nous découvrons l'Altiplano, immense plaine entourée de volcans enneigés, couverte de petites herbes jaunes. Nous plantons la tente à 3300 mètres et partons nous balader.

Nous nous regardons étonnés. Nous sommes tout jaunes ! L'altitude nous coupe déjà le souffle mais le spectacle est tellement beau !

Le 1er mai, nous reprenons la route sous un vent très fort. A peine 30 km plus loin se trouve le premier poste de contrôle où nous devons faire les papiers de sortie du territoire. C'est là que les douaniers nous apprennent que le paso est fermé à cause de la neige et que la route non asphaltée, côté chilien, est impraticable ! Nous insistons et ils acceptent de nous laisser monter au moins jusqu'au dernier poste douanier à 4100 mètres, en espérant que le lendemain le col soit ouvert. Nous constatons que peu de personnes empruntent cette route : seules dix passagers sont enregistrées sur le livre de douane en 15 jours ! Effectivement nous n'avons pas encore croisé un seul véhicule...

Sous un vent de face de plus en plus fort, la pente monte doucement et la puissance des scooters est réduite par l'altitude. Il nous faut quatre heures pour faire 100 km jusqu'au poste « La Gruta » ! Nous trouvons au bord de la route une bouteille de soda remplie d'essence. Le hasard fait bien les choses car avec le vent et la forte montée nos scooters consomment plus que d'habitude.

Paysages splendides de l'Altiplano, guanacos et ânes sauvages, montagnes à moitié ensevelies par des dunes de sable, petit Salar[19]... Il fait très froid et les ruisseaux sont gelés !

A la Gruta, le douanier nous confirme la fermeture du col et nous confisque nos passeports pour décourager toute tentative de passage !

Heureusement pour nous, il y a un refuge qui accepte de nous héberger à l'abri du vent. Après avoir posé les affaires, Jérôme ressort bricoler les scooters. Pour leur donner plus de puissance, il essaie

---

[19] Salar : désert de sel

d'enlever le filtre à air et de régler le carburateur. Mais rien à faire, nos fidèles montures ne peuvent aller plus vite.

Nous passons la soirée devant la cheminée avec les responsables du refuge. Ils sont visiblement plus préoccupés à chasser le guanaco et mâcher leurs feuilles de coca qu'à entretenir le refuge !

Le soir, après le repas, nous sentons que notre présence gêne ! Nous allons donc nous coucher. Ayant oublié de prendre de l'eau, Jérôme part leur en demander et revient hilare mais bredouille. Bredouille car il n'a pas osé déranger ces hommes. Hilare, car il les a surpris devant un film X. Ah ces hommes !

L'altitude se fait sentir, on est à 4100 mètres. Les bouteilles d'oxygène sont présentes dans le refuge et au poste douanier.. Nos têtes cognent et nous avalons aspirine sur aspirine.

Réveillés par un fort mal de tête et par le vent qui souffle encore plus fort que la veille, Jérôme est pessimiste sur notre passage.

Moins gênée par l'altitude et déterminée à passer, je prépare tout pour le départ. Après l'accord du douanier, nous demandons aux hommes du refuge de monter nos sacs et jerricans dans leur voiture jusqu'au col, afin d'alléger les scooters. A 10h30, nous quittons le refuge et entamons la dernière montée. 1h30 pour faire 20 km avec le vent de face. La côte est raide mais la vue sur la vallée et le Salar, puis sur la montagne enneigée est inoubliable. Nous zigzaguons, sur cette route en lacet, pour éviter le vent de face et slalomons entre les plaques de neige !

A midi, nous sommes fous de joie d'être arrivés à 4750 mètres d'altitude mais le froid très rigoureux et le stress de la piste à venir côté chilien, ne nous laissent pas vraiment la possibilité d'en profiter.

Nous rechargeons nos scooters de leurs bagages. La frontière est clairement indiquée par l'asphalte argentine qui s'arrête net devant la piste chilienne ! Apparemment, les intérêts commerciaux ne sont pas les mêmes de part et d'autre de la frontière !

Eblouis par les volcans qui nous entourent, nous commençons la descente sur cette piste encore partiellement enneigée. Au détour d'un virage, nous découvrons un lac bleu turquoise au milieu de cet univers blanc de neige et de sel, la « laguna verde ». Nous restons stupéfaits par tant de beauté et en profitons pour faire des photos.

Au bord de la laguna, se trouve le poste douanier chilien à 4350 mètres d'altitude. A notre arrivée, les « carabiñeros » nous accueillent avec une mauvaise nouvelle : la route est fermée pour cause de neige !

Ils nous demandent de repartir en Argentine. Fermement décidés à ne pas rebrousser chemin, nous négocions afin de rester avec eux jusqu'à l'ouverture de la piste. Nous sommes jeudi 2 mai et la voie devrait être ouverte samedi. Les « carabiñeros » nous accueillent vraiment chaleureusement dans leur petite maison où il n'y a ni eau courante, ni électricité dans la journée. Le groupe électrogène est mis en route dès la tombée de la nuit et jusqu'à 23 heures environ.

C'est à l'infirmerie que nous nous installons, à l'abri du vent et avec vue sur la Laguna Verde... Il fait un temps splendide. Ciel bleu pur et volcans enneigés, lagune turquoise, piste couleur beige... On a rarement vu plus beau ! Nous sommes ravis d'être obligés de rester là car nous pouvons en profiter pleinement. L'après-midi, à 1 km de notre petite maison, nous allons prendre un bain chaud dans des thermes naturels. Une cabane a été aménagée sur ce bassin pour le protéger du vent. Premier bain depuis très très longtemps (on a dit bain, pas douche !).

Nous profitons du lever du soleil sur la laguna qui change de couleur à chaque heure de la journée (du bleu marine au bleu ciel, en passant par le turquoise et le vert). A midi, nous déjeunons avec Luis, douanier de garde, qui nous cuisine un plat typique : maquereaux mijotés avec des carottes, pommes de terres, tomates... Un régal ! L'après-midi nous entamons une balade, écourtée par la venue de très gros nuages gris, du vent et du froid... Nous rentrons et Luis est assez pessimiste sur le temps et sur notre départ prévu le lendemain.

Le soir, en guise de dîner : chocolat chaud, tartines puis quelques parties de dominos. Le chocolat en altitude rend malade même les personnes acclimatées, mais nous n'y avons pas pensé. Luis et moi serons bien malades toute la nuit. Jérôme, sans être en pleine forme, résistera mieux. Pendant ce séjour en altitude, c'est jusqu'à six comprimés de paracétamol par jour que nous avalons pour soulager nos maux de tête !

Samedi matin, malgré le mauvais temps, nous préparons nos sacs et chargeons les scooters. Les douaniers sont vraiment embêtés car la route n'est praticable que pour les 4x4, il y a plusieurs zones de boue et la tempête de neige menace ! Hébergés gentiment mais sans permission, notre présence gêne les douaniers car le lendemain ils doivent recevoir la visite de leur général ! C'est donc forcés, qu'ils décident de nous accompagner sur la piste jusqu'à ce qu'elle ne présente plus aucun risque.

Nous chargeons bagages et jerricans dans la jeep des carabiniers et prenons la route. Rapidement, nous voyons que l'état de cette piste est mauvais et nous devons pousser les scooters sur quelques côtes. Roulant prudemment entre neige, verglas, boue et fortes rafales de vent, nous mettons trois heures pour faire les 60 km les plus risqués. A 30 km du « complejo San Francisco » situé à 3500 mètres d'altitude et passage administratif de la douane chilienne, les carabiñeros nous laissent continuer seuls.

En effet, la tempête de neige a commencé en haut et ils ne veulent pas se faire coincer sur la route du retour. Par radio, ils préviennent leurs collègues du « Complejo » afin qu'ils nous attendent. C'est épuisés et frigorifiés, que nous arrivons à la douane, une demi-heure avant la tempête de neige.

Ne pouvant continuer par ce temps, c'est donc la deuxième fois que les carabiniers nous viennent en aide et nous accueillent dans leur maison, en nous préparant un repas. Je passe l'après-midi à me réchauffer devant la télévision, notamment TV5 en français. Jérôme quant à lui discute dehors avec les douaniers.

Bien qu'étant à 3500 mètres d'altitude, les deux jeunes douaniers (25-30 ans) sont bien installés. Electricité, douche avec eau chaude, chauffage électrique, machine à laver... Rien à voir avec la précarité des conditions des carabiñeros de la « Laguna Verde » qui restent en poste 30 jours d'affilée.

C'est donc après une bonne nuit au chaud que nous reprenons la piste le 5 mai. Le soleil est à nouveau au rendez-vous.

Nous commençons la route à travers l'Altiplano, puis nous longeons un immense Salar et ensuite entamons la descente : nous perdons 1000 mètres de dénivelé en 10 km à travers un canyon dont les couleurs chaudes nous éblouissent. En très peu de temps, nous passons d'un désert enneigé et froid, à un désert rocailleux et chaud. Nous déjeunons en tee-shirt au fond du canyon. Nous arrivons ensuite dans la vallée qui nous mène à l'océan. C'est un désert de pierres, traversé par une voie de chemin de fer qui transporte des minerais. De part et d'autre, des villes fantômes de mineurs côtoient des mines de cuivre encore en activité. Le lendemain, soit 550 km après notre départ, nous entrons dans une petite ville de mineurs et trouvons notre premier poste à essence chilien : il était temps car il ne reste que l'équivalent de la bouteille d'essence trouvée par hasard sur la piste !

A midi, l'arrivée à Chañaral au bord de la côte pacifique, nous surprend. Alors que nous étions sous un beau ciel bleu, 5 km avant la ville, une couverture de nuages voile la cité. Les brumes créées par l'humidité du Pacifique restent bloquées par la Cordillère qui, ici, se jette dans l'océan. Nous pensons avoir de la pluie l'après-midi, mais non, c'est le climat habituel, une côte brumeuse. Nous longeons le littoral très sauvage parsemé de rochers noirs sur lesquels se reposent les pélicans, pour arriver au parc « Pan de Azucar » où nous campons.

Quelques jours plus tard à Antofagasta, nous croisons deux motards qui souhaitaient prendre le Paso San Francisco pour aller en Argentine, mais ils ont dû y renoncer, les carabiñeros ayant fermé le col à cause de la neige ! Nous avons eu « chaud » !

La tête dans les étoiles (par Jérôme)

Sur la route, entre Taltal et Antofagasta, un site m'attire comme un aimant. Impossible de ne pas y passer, même si pour cela nous devons prendre une piste de 250 km en mauvais état.

Dans un premier temps, nous longeons la côte sous une couche de nuages persistants. Puis nous obliquons à droite et attaquons une montée qui en 25 km nous fait passer du niveau de la mer à 2200 mètres d'altitude. Spectacle et vues magnifiques, même si les scoots ont les courroies qui chauffent et si le soleil nous brûle la peau !

Sur les pistes de la cordillère, nous croisons de petits campements de mineurs. L'un d'eux nous attire et nous faisons une pause pour le découvrir de plus près. Des bouts de tôles, des planches de bois, des bâches plastiques constituent un abri précaire pour ces hommes qui passent leur temps à creuser la terre. Un mineur nous conduit à son chef. Celui-ci est accroché à un treuil qui le sort d'un trou large d'un mètre. Le visage dur, un casque sur la tête et une lampe à pétrole pendue autour du cou, Roberto nous explique qu'il vient d'allumer une mèche de dynamite. Calmement, il nous demande de nous éloigner. Deux minutes plus tard, une explosion étouffée, soulève un nuage de poussière. *« Nous attendons trente minutes avant de redescendre. Le temps que les gaz nocifs disparaissent »* nous dit-il.

Trente minutes ! Cela me semble bien court. Cette mine artisanale est constituée par un goulot d'un mètre de diamètre qui s'enfonce à vingt mètres de profondeur. De là partent plusieurs galeries horizontales.

L'objet de convoitise de ces hommes : le cuivre. Un minerai qu'ils extraient dans des conditions de travail précaires. Nous laissons ces mineurs redescendre dans leur galerie et reprenons la route.

Dans ce désert, le vent a formé des « vaguelettes » sur la piste. Cette tôle ondulée malmène les scoots et leur équipement. Une sangle de jerrican d'essence cède sous les vibrations et je dois faire demi-tour pour aller le chercher. Notre passage soulève de la poussière et nous en sommes totalement recouverts, tout comme nos sacoches.

Encore plusieurs dizaines de kilomètres sur cette piste de « tôle ondulée » et nous arrivons au pied du Cerro Paranal d'où, tel un mirage, une route asphaltée nous mène à son sommet.

Pendant la montée, des panneaux nous préviennent « N'utilisez que vos codes » !

Au terme de cette route. nous avons l'impression d'arriver sur une base lunaire dominée par un sommet décapité, sur lequel trônent quatre tours blanches. A l'Est, une mer de nuages couvre le Pacifique, spectacle grandiose.

Le VLT (Very Large Telescope), cet observatoire de l'ESO (European Southern Observatory) sera, lors de sa mise en service définitive en 2003, le plus grand télescope au monde. Cette région a été choisie pour la pureté de son air et son faible taux d'humidité. Un lieu idéal pour observer l'univers. Pas de lumière pour ne pas « polluer » l'atmosphère, une route asphaltée pour limiter la poussière… Tout est prévu pour permettre à cette merveille de technologie d'observer l'univers dans les meilleures conditions.

Devant la barrière, un garde nous indique que les visites n'ont lieu que les deux derniers week-ends de chaque mois. C'est donc de l'extérieur que nous admirerons ce site, très impressionnés par le symbole technologique et scientifique qu'il représente.

Nous plantons notre tente, non loin du centre pour profiter, nous aussi, du ciel exceptionnel. Dans notre contemplation nous ne pouvons nous empêcher de penser au fossé qui sépare ces mineurs chiliens, des scientifiques du VLT mais aussi à ce qui les caractérisent. Cette soif de découverte !

Le désert d'Atacama (par Sophie)

Désert mythique ! Il nous a faits avancer depuis le sud, ne pouvant résister à son appel. Grands espaces, horizons infinis, soleil, paysages lunaires, volcans enneigés et Salar. Notre imagination est à des années lumières de la réalité, tant cette beauté est imposante. Pour moi ce désert est irréel, si vaste et si varié.

En quittant Antofagasta, nous choisissons de ne pas prendre la route pour San Pedro de Atacama, mais de tenter la piste qui passe au sud du désert et de traverser le Salar. Nous décidons de vivre quelques jours dans cette immensité aride

Les 100 premiers kilomètres sont parcourus dans un désert rocheux où aucune végétation n'existe, puis petit à petit nous commençons à grimper. Nous franchissons la Cordillère de Domeyko à plus de 3000 mètres d'altitude et devant nous s'étend le Salar. Il fait un temps splendide, soleil, ciel bleu pur et pas loin de 35°C, on roule en tee-shirt.

Nous sommes étonnés, le Salar n'est pas totalement blanc et encore moins plat. Il est constitué de blocs de sel blanc de 20 à 30 cm de haut colorés de traînées brunâtres. Jérôme goûte... C'est bien salé !

Impossible de camper, aucune zone plane... Nous continuons et nous arrivons sur le côté est du Salar en fin d'après-midi, là où la lumière est la plus belle. Juste avant l'oasis « Peine », de petites étendues d'eau reflètent majestueusement les volcans.

Nous décidons de nous installer pour la nuit dans l'oasis où quelques centaines d'habitants vivent dans de petites maisons en pierres blanches. Ici, une petite rivière coule depuis la Cordillère et permet à des plantes de pousser et aux habitants de cultiver quelques champs. Ce n'est cependant pas l'activité principale. En effet, la majorité des hommes travaillent dans des mines de sel, de lithium et de borax au milieu du Salar. Nous faisons quelques courses de pâtes et sardines dans l'épicerie et nous nous installons à côté de la piscine naturelle du village. Le bruit de l'eau et le chant des oiseaux nous perturbent. En effet, la nuit précédente dans le désert, c'était le pur silence !

Le lendemain, nous prenons la route de la laguna Miscanti située à plus de 4000 mètres d'altitude. La piste est très difficile et parfois ensablée. Jérôme crève, première crevaison du tour du monde. Mais heureusement, avec le kit de réparation des pneus Tubeless et la pompe à main, remettre le pneu en état ne prend que quelques minutes.

Les paysages changent, au-dessus du petit village de Socaire, nous retrouvons la végétation de l'altiplano, petites herbes jaunes au pied des volcans. Environ 1 km avant le dernier col qui surplombe la laguna, les scooters calent. Jérôme dépose ses bagages et continue seul pour voir si nous sommes encore loin. Mais il revient en m'annonçant qu'il faut faire demi-tour rapidement. Le froid, le vent très fort et les nuages menaçants nous obligent à redescendre et à nous mettre à l'abri dans le village avant le coucher du soleil.

Lorsque nous demandons un endroit pour camper, les habitants nous conduisent chez l'instituteur. Eh oui ! Coeur de ce village d'Indiens, l'école est notre maison pour la nuit... Nous dormons sur des matelas de gymnastique à l'abri du vent. Bien nous en a pris, car, dans la nuit, la neige est tombée sur la laguna et sur les volcans. Le matin, il tombe des grêlons dans le village, pour le plus grand bonheur des écoliers.

L'école San Bartolome de Socaire (par Sophie)

A l'opposé du collège visité à Chillan dans le sud du Chili et en plein désert d'Atacama, à Socaire, nous découvrons donc l'école « San Bartolome ». Trente enfants indiens y sont scolarisés. L'école est le lieu de rencontre et de vie de ce village de 300 habitants où l'activité économique est basée sur l'élevage du mouton et la culture des pommes de terre.

Tous les enfants y prennent leur petit-déjeuner (lait chaud saveur café, pain chaud, oeuf) et leur déjeuner (plat de viande, céréales, légumes).

Le directeur, emballé par notre projet, accepte que nous fassions un cours sur la France. La classe regroupe différents niveaux d'élèves de 9 à 12 ans. Les écoliers poussent un *« Oh ! »* d'étonnement quand nous sortons la carte du monde et à la pause, ils se ruent sur elle ! Cependant, ils ne savent ni où se trouve la France ; ni situer l'Europe où l'Amérique du Sud sur cette carte. Ils étudient l'espagnol et la langue atacamienne (Cumza). Assez timides et visiblement peu ouverts sur le monde extérieur, ils ne nous ont quasiment pas posé de questions. Par contre, ils nous jouent de la musique traditionnelle locale, un vrai concert, avec des instruments comme la « zampoña » (flûte de Pan), le « Palo de Agua » (bâton d'eau), le « Bambo » (tambour) et la « Caja » (caisse).

Deux professeurs dirigent cette école publique et ont comme principale préoccupation pédagogique d'apprendre aux élèves à travailler en groupe afin qu'ils puissent plus tard s'insérer dans la communauté rurale. Ils apprennent aussi aux enfants, l'utilisation des plantes médicinales, la culture de la pomme de terre, du maïs et du haricot, enseignement pratique et nécessaire à leurs besoins futurs.

Néanmoins pas si éloignée des réalités de notre époque, cette école est équipée d'une salle informatique avec dix ordinateurs très performants. Seule petite contrainte, il n'y a pas d'électricité dans le village et les ordinateurs ne fonctionnent qu'avec le générateur de l'école. Et comme il n'y a pas non plus de ligne téléphonique ils n'ont pas Internet. C'est le poste émetteur radio de l'école qui permet aux villageois de communiquer avec l'extérieur.

Le contraste, entre cette école et celle de Chillan, est tout à fait représentatif de la diversité du pays.

San Pedro et Le Licamcabur (par Sophie)

C'est emmitouflés dans nos polaires, que nous prenons la route de San Pedro en début d'après-midi. D'un côté de la route, le Salar. De l'autre, l'Altiplano et ses petites herbes jaunes, le volcan Licancabur, des arbres et le village, tout en adobe, mélange de terre et de paille. San Pedro nous étonne et nous ravit.

Nous avions prévu de ne rester qu'une nuit, mais mon scooter a un problème électrique et il faut à Jérôme beaucoup de patience pour le réparer. De plus, le village est très calme, nous nous y sentons bien et décidons d'y écrire notre carnet de route. Nous y croisons de très nombreux voyageurs européens et américains. Nous n'avons jamais vu autant de routards au mètre carré !

En fin d'après-midi, nous prenons nos scooters pour assister au coucher du soleil sur la vallée de la lune (encore une !). A peine 10 km après San Pedro, nichées au creux de la « Cordillère de la Sal » des dunes de sables côtoient d'immenses pics rocheux couleur ocre recouverts de sel, quels fabuleux assemblages !

Cette région très riche en Histoire, faisait partie de l'empire Inca. Y ont également été retrouvées de nombreuses traces des chasseurs de l'ère paléolithique. Un petit musée abrite des merveilles retraçant toutes ces époques et notamment de très belles momies Incas.

Fabuleuse région où la nature est reine. Nous nous y sentons tout petits. Sensation encore plus vraie lorsque, voulant reprendre la route, nous nous retrouvons à lutter contre un vent d'une violence rare. A 3000 mètres d'altitude nos scooters peinent et nous gravissons chaque côte à 10 km/h. Une vitesse insuffisante et chaque rafale nous déséquilibre dangereusement A bout de force, je craque et reste pétrifiée sur mon scoot. Impossible d'avancer et je dois lutter pour que le scoot ne tombe pas. Jérôme me rejoint et, devant ma détresse, décide de faire demi-tour. Bien nous en a pris car, le lendemain, nous lisons dans le journal local qu'à Calama, des toitures ont été arrachées et deux camions renversés par la tempête de sable.

Le Chili est situé sur une zone sismique très active et c'est à San Pedro que nous connaissons notre premier tremblement de terre. Une secousse très légère, qui nous a tout de même réveillés en pleine nuit ! Y a-t-il une relation entre ces secousses et le vent violent ?

Ayant réussi à quitter San Pedro, nous retrouvons le désert, l'un des plus arides au monde, rocheux et sans végétation pendant plus de 500 km, jusqu'à Arica. Nous admirons les immenses géoglyphes[20] dessinés sur les collines il y a environ 1000 ans.

Ces dessins représentent des animaux, des humains ou « extra-terrestres », des formes géométriques et le « géant d'Atacama » dessin de plus de 90 mètres de haut qui représente un chef Inca. Les derniers 150 km avant Arica, nous font passer par d'immenses canyons où roches et sable se côtoient avec au fond quelques oasis. Jusqu'à Arica nous traversons cette région à bord d'un poids lourd, sur la plateforme duquel nous chargeons les scoots.

Le pneu de Jérôme est doublement percé par un clou. Impossible à réparer car notre pompe à air vient de nous lâcher et coup de malchance, nous sommes le 21 mai, jour férié qui commémore la bataille d'Iquique.

A bord de ce camion nous dévalons une route impressionnante par ses forts dénivelés et ses ravins profonds. Sur cette route escarpée, avoir nos vies entre les mains du chauffeur ne nous rassure pas, surtout vu l'état du camion. Heureusement, tout se passe bien et nous arrivons à Arica, sains et saufs !

Une volonté de fer (par Jérôme)

C'est dans cette ville de l'extrême nord du Chili que nous rencontrons Anthony. Anglais vivant à Manchester, il a décidé un jour de prendre sa moto et, comme nous, de parcourir le monde. Quoi d'exceptionnel à cela ? Rien, sinon qu'à 19 ans, Anthony a perdu l'usage de son bras gauche suite à une chute. Une volonté de fer lui a permis de laisser de côté son handicap et de continuer à vivre sa passion : la moto.

---

[20] Géoglyphes : signes tracés sur la terre.

Et comme si cela ne suffisait pas, à 30 ans, Anthony décide d'embarquer avec son fidèle deux roues pour l'Amérique du Sud : « *Un jour, après quatre mois de pluies incessantes, j'ai décidé de me bouger les fesses et d'aller chercher le soleil* ».

Et c'est ainsi que depuis deux mois, il parcourt le Chili et l'Argentine. Il avoue que, même si en Patagonie, le vent et les cailloux l'ont fait chuter plusieurs fois, il n'en reste pas moins décidé à continuer son périple.

Pour nous, ces trois jours passés ensemble, nous prouvent à quel point une forte détermination peut compenser certains handicaps, donnant toute sa réalité à l'expression : « When there is a will, there is a way ! ». « A cœur vaillant, rien d'impossible »

« Arrivée au Pérou » (par Sophie)

- *Avez-vous rempli le papier d'entrée temporaire de vos motos ?* nous demande le douanier.
- *Non. Pouvez-vous nous le donner ?* répond Jérôme
- *Désolé, vous devez l'acheter au marchand de beignets derrière vous,* nous déclare ce douanier péruvien !

Papiers achetés et remplis nous nous re-présentons au guichet.

- *Parfait, avez-vous une copie de vos passeports et des documents des motos?* nous demande à nouveau le douanier.
- *Non !* rétorque Jérôme
- *Vous pouvez en faire chez le marchand de journaux derrière vous !* nous signale-t-il tout naturellement.

Jérôme hésite à lui demander si ces marchands « providentiels » font partie de sa famille ?

Enfin deux heures plus tard c'est avec, pas moins de six tampons et soulagés de quelques soles[21] que nous repartons.

«Bienvenido en Peru !»

Dès la frontière, nous nous rendons compte du fossé qui existe entre le Chili et le Pérou. D'un côté une organisation parfaite, des postes douaniers informatisés, de la rigueur, de l'autre un fouillis, des employés qui nous font remplir une tonne de papiers (sans toujours

---

[21] soles : monnaie péruvienne

savoir nous en expliquer le contenu), des files d'attentes où, si nous ne nous faisons pas notre place à coups de coude, nous risquons de prendre racine… Ce désordre nous le retrouvons partout au Pérou : dans les rues, les marchés, les bus, et pourtant nous devons l'avouer, il nous plaît.

Après la traversée du désert d'Atacama, côté péruvien, nous arrivons à Tacna : notre première ville péruvienne. Que d'émotions… Ce pays nous l'avons tant imaginé et attendu. La ville est très sympathique, très vivante et bâtiments et églises ont du caractère. La ville est organisée autour d'une « plazza de armas » où les Péruviens discutent, sourient et nous interrogent…

Nous téléphonons à Eric Droulez, un Français vivant à Arequipa et dont nous avons eu les coordonnées dans une revue de voyage. Il nous attend le lendemain chez lui.

Nous reprenons la route, toujours dans le désert, puis nous traversons des vallées cultivées qui contrastent avec ces étendues beiges. Les voitures, chargées d'au moins six passagers, et les camions nous klaxonnent pour nous saluer. Cela nous change du Chili où les réactions étaient plus froides.

Nous dormons dans la ville de Moquagua qui a été détruite un an auparavant lors d'un tremblement de terre. Toute la ville est en reconstruction et les gens nous montrent les fissures, cicatrices de leurs maisons… Nous nous promenons sur le marché où les « mamitas » vendent des fruits, des légumes et des herbes à cochon. Leurs multiples jupons de couleur, leurs longues nattes noires et leurs visages burinés aux joues rouges mettent de la vie dans cette ville.

Nous trouvons un petit hôtel, le seul de la ville. Les draps n'ont pas été changés et sont sales, la salle de bain n'est pas propre non plus et la couleur de l'eau de la douche est marron. D'emblée, nous comprenons que l'hygiène dans ce pays n'est pas la priorité de ses habitants. Ce n'est pas grave nous dormons dans nos propres draps et je récure la salle de bain. Ce qui nous plaît c'est justement ce côté « non aseptisé », la découverte d'une culture différente ayant d'autres valeurs.

Le lendemain matin, les hôteliers nous offrent un verre de « Quinoa con Manzana », jus de pommes chaud mélangé à la céréale Quinoa. Un délice qui nous tient bien au corps.

En direction d'Arequipa, le désert change de couleur, le sable devient rouge, puis nous découvrons successivement des montagnes arides et des vallées luxuriantes dans lesquelles de nombreuses femmes, aux jupons colorés, travaillent.

Arequipa, située à 2000 mètres d'altitude est entourée de cultures en terrasses. Nous arrivons chez Eric, qui vit dans un quartier résidentiel avec sa femme péruvienne et leurs enfants. Passionné de voitures anciennes, il remet en état de vieux 4x4, une Cadillac, une Buick. Il a restauré une Ford de 1936 avec laquelle il est parti six mois avec sa famille jusqu'en Patagonie. Accueil très sympa. Il nous fait découvrir sa ville et nous donne des tuyaux pour notre périple dans ce pays. Conseils d'autant plus avisés, qu'il tient une agence de voyage.

Nous sommes séduits par Arequipa, la ville blanche. Sur la magnifique place d'armes bordée d'arcades, nous découvrons la belle et grande cathédrale qui a été endommagée lors du tremblement de terre de 2001. Les tailleurs de pierre sont d'ailleurs installés sur la place pour entamer sa restauration. Nous adorons visiter le couvent Sainte Catherine et les très belles églises à l'architecture Mestiza qui datent de l'époque coloniale.

Nous découvrons les petits restos péruviens où nous mangeons pour trois fois rien, des mets cuisinés comme le rocoto relleno, piment farci de viande, riz et légumes.

Le fils d'Eric, André, nous demande de venir dans son collège pour y faire une intervention. C'est ainsi que nous présentons, en français, notre pays aux élèves du collège franco-péruvien d'Arequipa.

De Arequipa à Cuzco, traversée de l'altiplano. (par Sophie)

Après quelques jours dans cette région, nous prenons la route en direction de Cuzco. Nous nous lançons dans l'ascension du col à 4600 mètres d'altitude La route est en bon état, le paysage magnifique avec le volcan Misti en toile de fond Les troupeaux de vigognes et guanacos nous émerveillent.

Les scooters peinent un peu mais ils avancent. Nous traversons un petit village avec un marché où nous achetons notre premier sachet de feuilles de coca. Nous sommes bien décidés à faire comme les Péruviens, mâcher ces feuilles pour ne pas avoir le mal de l'altitude. Nous tentons l'expérience mais nous y prenons mal. Au lieu de coincer les feuilles entre nos dents et notre joue, pour laisser les substances agir, nous mâchons comme des vaches. Au bout de cinq minutes, les feuilles se sont désagrégées et nous en avons plein la bouche. Nous crachons tout, peu convaincus par notre expérience !

A 150 km d'Arequipa, nous sommes arrêtés par une longue file de véhicules stationnés, moteurs coupés. Nous la doublons et découvrons que la route est barrée pour cause de travaux. On nous dit que le barrage sera levé à 18h30, c'est-à-dire à la nuit tombée ! Hors de question pour nous de rouler de nuit. C'est une règle de sécurité que nous nous sommes imposés. De plus, nos sacs situés sur le porte-bagages avant, empêchent le phare avant d'éclairer la route.

C'est donc sous l'œil amusé des Péruviens que nous déchargeons nos bagages et que nous portons nos scooters par-dessus le talus en terre de 3 mètres de haut, servant de barrage. Nous rechargeons les six sacs et repartons pour finalement recommencer la même opération 200 mètres plus loin. Là, la situation est plus délicate. Jérôme doit passer les scooters dans le fossé. Opération rendue peu évidente par la présence de grosses pierres. Tout à coup, la béquille percute l'une d'elles. Le scoot et Jérôme sont projetés à terre. Je le vois bouger mais il n'arrive pas à se dégager. Je pique un sprint pour le secourir. En fait, sa jambe est coincée sous le scoot et sa position lui rend tout mouvement douloureux. Je soulève le *Liberty*, libère sa jambe, puis m'écroule à côté de lui. A 4000 mètres d'altitude l'oxygène est rare et un sprint n'est pas conseillé ! Je suis blanche et il me faut plus de dix minutes pour récupérer, sous l'œil inquiet de Jérôme.

Requinqués, nous enfourchons nos montures et roulons sur la route en construction sous les *« Hola ! »* amusés des ouvriers. Alternance de pistes à gros cailloux, de pistes en terre non tassées, de routes au goudron frais sur une soixantaine de kilomètres.

Sur cette route en construction, certains tronçons sont totalement déserts et nous longeons la lagune « Lagunilla » à 4300 mètres d'altitude en ayant l'impression d'être totalement seuls. Nous décidons de planter notre tente au bord de ce lac sur un terrain peu plat mais qui offre une vue grandiose.

Avant de nous coucher, nous recevons la visite d'un berger (nous n'étions donc pas si seuls !) qui vient nous voir de manière très gentille avec son chien. Après une petite discussion et sur le point de partir, il nous interpelle : *« Elles sont belles vos motos, elles valent combien de dollars ? »*.

Ne sachant que répondre, nous le remercions juste de les trouver jolies… Mais j'avoue que dormir dans cet endroit perdu sachant qu'un berger savait que nous étions là avec de « *belles* » motos ne m'a pas rassurée… Est-ce cette angoisse de se faire attaquer de nuit ou l'altitude qui me donne des maux de tête, en tout cas je n'ai que peu dormi cette nuit-là !

Enfin le matin arrive et nous ouvrons la tente dès les premières lueurs du jour pour profiter du lever de soleil sur la lagune. Moment magique où tout est calme et où la nature se réveille.

Nous prenons notre petit-déjeuner assis devant la tente, en extase devant ce panorama. Nous profitons de ce bivouac et discutons du sujet qui nous occupe le plus l'esprit en ce moment : notre mariage !

En effet, quelques mois avant notre départ de France, nous avons décidé de nous marier pendant notre tour du monde.

Nous souhaitions un mariage original, dans un lieu unique et à la montagne. Très attirée par l'Amérique latine depuis mon enfance, j'ai proposé à Jérôme de choisir un pays qui se trouve sur ce continent et plus précisément dans les Andes. Emballés par l'idée, nous avons choisi le Pérou et avons écrit à l'ambassade de France à Lima pour en connaître la faisabilité administrative. A peu près sûrs de pouvoir réaliser ce projet, nous l'avons annoncé à nos familles, soit quinze jours avant le départ et leur avons donné rendez-vous au Pérou en septembre 2002.

Nous avons donc comme projet d'organiser la venue d'une quinzaine de personnes pendant une dizaine de jours à Cuzco et dans la vallée sacrée. Nous ne connaissons absolument pas cette région et allons enfin découvrir ce que nous avons tant imaginé à travers la lecture des guides.

Regards et paroles d'enfants : Chili

Cinthia - 11 ans - Socaire – Atacama

« J'habite à Socaire dans le Désert d'Atacama. A l'école il n'y a que deux classes et nous sommes 30 élèves en tout. J'étudie le Castillan et surtout le Cumza qui est la langue atacamenia c'est-à-dire des indigènes vivant dans le désert d'Atacama. J'aime beaucoup l'école car il y a des jeux. A la maison nous avons des cochons, des ânes et des moutons.

Mes parents me donnent quelques fois de l'argent pour acheter ce qui me manque. Mon plat préféré c'est la « Cazuela » de viande (sorte de pot au feu) mais ce que je mange le plus souvent ce sont des pâtes. Je porte toujours une blouse bleue par-dessus mon pantalon et mon pull. Toutes les filles portent cette blouse à l'école. Pour mon anniversaire, nous faisons une fête en famille mais je ne reçois pas de cadeaux.

Je suis très fière de mon pays car il y a des animaux et de l'herbe. Après l'école je joue avec mes amies et souvent au football. Je n'ai pas d'ordinateur chez moi mais je sais m'en servir car il y en a à l'école. Comme musique j'aime surtout la chanteuse Christiana Castra qui est très romantique. Le voyage le plus long que j'ai fait c'est quand je suis allée à Calama à 200 km d'ici.

Je vis avec mes parents, ma tante, ma grand-mère, mon frère et mes deux sœurs. Mon père est professeur à Camara, un autre petit village, et ma mère est cuisinière. Nous vivons dans une maison et je partage ma chambre avec mon frère et mes deux sœurs. Nous avons la télévision, l'eau courante, une machine a laver et l'électricité le soir. Je suis catholique et je vais à la messe chaque dimanche.

Je ne veux pas me marier mais je voudrais vivre ici plus tard et être professeur. »

Si j' étais présidente :

1. Je supprimerais le vin car quand les gens boivent, ils se battent.
2. J'interdirais la chasse des animaux sauvages.
3. J'empêcherais les gens de voler les animaux des autres.

Regards et paroles d'enfants : Chili

Sebastian – 12 ans – Chillan - Nubble

« Je vais dans un collège privé très réputé dans le sud du Chili car très exigeant. J'y vais en minibus organisé par les familles de ma résidence.

Mes matières préférées sont les sciences naturelles, l'Histoire et l'espagnol. J'apprends l'anglais depuis 5 ans. J'aime beaucoup apprendre et à l'école j'y ai tous mes amis.

Ce qui a de la valeur pour moi c'est l'amitié, l'amour et la famille. Mes parents me donnent occasionnellement de l'argent de poche (environ 1000 pesos = 1.5 euro). Ce que je mange le plus souvent c'est du riz avec des œufs et mon plat préféré c'est le beignet de pommes de terre. Je prends tous mes repas à la maison. Nous avons une employée de maison qui s'occupe de préparer tous nos repas. Je vis dans une grande maison avec mes parents, mon frère (10 ans) et ma sœur (7 ans). J'ai une chambre avec salle de bain pour moi tout seul et j'ai un ordinateur avec Internet. Nous avons deux oiseaux ce sont des « inséparables ». Notre maison est bien équipée avec lave-linge et sèche-linge, cuisinière, four à micro ondes, trois télévisions et magnétoscopes. Ce que j'aime porter comme vêtement ce sont des vêtements amples et décontractés mais pour l'école, je porte un uniforme, avec chemise blanche, cravate, pull et pantalon bleu marine.

Pour mon anniversaire nous ne faisons pas de fête car la maison est trop petite mais j'ai des cadeaux comme mon ordinateur ou ma super Nitendo. Je fais du vélo et du roller skate dans la résidence et je joue au Baseball au collège. Je vais très souvent au cinéma et le dernier film que j'ai vu c'est Harry Potter. Je n'ai jamais visité d'autres pays mais je suis déjà allé à Santiago, Viña del Mar et Pucon. Mes parents dirigent un atelier mécanique et ils ont 16 employés. Je suis catholique et je pratique à l'école.

Plus tard, je souhaite être médecin et vivre aux Etats-Unis car j'aime beaucoup l'anglais et en plus aux Etats-Unis il n'y a pas de chômage. »

Si j'étais président :

1. Je tiendrais mes promesses.
2. J'améliorerais les conditions de santé en créant de nouveaux hôpitaux.
3. Je donnerais du travail aux pauvres.

Chapitre 5

L'Altiplano de nos rêves

Juin – Octobre 2002

Cuzco : « notre » ville mythique (par Sophie)

La route qui nous mène de Juliaca à Cuzco longe une vallée encaissée dans laquelle est cultivée le maïs. Nous observons des femmes et des hommes pliés en deux, une serpe à la main et formant des gerbes à leurs côtés. Un peu plus loin, sont assis des femmes et des enfants, sur des plastiques noirs en train de séparer le maïs des épis. Nous traversons plusieurs petits villages aux maisons en adobe[22] où les cochons, chiens, poules vivent en liberté et traversent la route sans regarder bien sûr ! Les sommets des montagnes sont enneigés. Nous passons un col à 4700 mètres d'altitude. C'est un décor d'altiplano totalement grandiose. Sur les côtés de la route nous voyons des briques d'adobe en train de sécher. Nous croisons quelques minibus qui nous klaxonnent pour nous saluer.

En arrivant dans la banlieue de Cuzco, ville située à 3100 mètres d'altitude, la route est en très mauvais état : nids de poules, parties non asphaltées, circulation dense et archaïque. Le soleil est rasant et situé dans l'axe de la rue. Eblouis, il nous est difficile d'anticiper les trous et les queues de poisson des minibus qui roulent très vite et mal. Enfin, après un dédale de ruelles pavées, nous arrivons sur la Plaza de Armas : nous n'avons pas de mots pour décrire notre émotion. Cette étape marque un jalon important de notre voyage. Elle marque l'aboutissement de notre première année de voyage. Nous sommes heureux.

Nous garons les scooters sur la place, même si le stationnement y est interdit. Jérôme va voir les policiers et leur explique que je reste là

---

[22] Adobe : briques de terre et paille

pour garder les scooters, le temps de trouver un petit hôtel. Les policiers assurent donc ma tranquillité… du coin de l'œil !

En effet, depuis notre arrivée au Pérou, nous sommes sans cesse accostés par des Péruviens qui mendient ou nous proposent de les prendre en photo moyennant quelques « dollars ! ». Nous refusons toujours, préférant « perdre » un bon cliché que d'entretenir cette mendicité touristique. Ces personnes, ces enfants en habits déchirés, sont dans le besoin. Mais nous estimons que leur donner de l'argent pour rien ne sert qu'à soulager la conscience. Entretenir la mendicité, c'est avant tout faire perdre à ces personnes, ce qu'ils ont de plus précieux, leur dignité.

J'admire cette place bordée d'arcades coloniales avec balcons en bois et deux splendides églises du XVIe et XVIIe siècle. La pierre utilisée pour ces bâtiments est rose et, au centre de la place, trône une fontaine où les enfants viennent s'asperger.

Pendant ce temps, à l'aide de notre guide Lonely Planet, Jérôme fait le tour des hôtels bon marché et finit par en trouver un raisonnable. Chambre avec salle de bain intégrée : un vrai luxe ! Enfin presque… l'eau est froide comme dans tout le pays et les murs de la chambre suintent d'humidité…

Nous profitons de la soirée pour trouver un petit resto pour dîner, deux soles (0,5 €) par personne avec une soupe, un « lomo saltado » (émincé de bœuf fris avec des oignons, tomates et pommes de terre) et un entremet en dessert, un repas de roi Nous déambulons dans la ville avec plaisir. Les nombreuses églises sont illuminées, les petites rues pentues et pavées sont magiques. Cuzco est certes un lieu très touristique, mais de cette ville se dégage une atmosphère qui nous conquiert dès le premier jour.

« Cusqueños » pour deux mois (par Sophie)

Dès le lendemain de notre arrivée, nous nous mettons à la recherche d'un appartement. En effet, nous prévoyons de rester au moins deux mois ici pour organiser notre mariage. Trouver un lieu de réception, remplir les formalités administratives auprès du consulat français et des autorités locales, faire faire une robe de mariée, des alliances et surtout organiser le séjour de 15 personnes, familles et amis, qui viennent nous rejoindre pour l'occasion en septembre.

Nous passons donc une semaine à visiter des appartements dans tous les quartiers de la ville. Nous découvrons vite le Cuzco caché aux touristes : taudis humides et sales, sans douche ou avec un robinet d'eau froide installé au-dessus de la cuvette des toilettes.

Pauvreté, manque d'hygiène, les gens vivent au milieu des animaux sans nettoyer. Leur habitat, qui donne souvent sur une cour intérieure, est très sombre. Les rues sont en terre et après les averses, celles-ci se transforment en bourbier.

Vivant depuis des mois au grand air, nous avons besoin, de clarté, de vue dégagée et de propreté ! Nous trouvons finalement notre bonheur dans un quartier résidentiel très agréable, au dernier étage d'un petit immeuble avec une vue magnifique sur la ville et les montagnes : une chambre, une salle de bain avec douche chaude et une terrasse véranda. Pas besoin d'état des lieux, de caution, de garantie, d'assurance, de feuille de salaire ou de papiers à signer. Ici, on choisit le logement, on négocie, on paye et on s'installe. Cela laisse rêveur.

Nous aménageons notre « chez nous » pour passer quelques semaines. Nous apprécions de dormir dans un vrai lit, même si nous utilisons toujours nos duvets car il fait assez froid. Chaque matin, nous nous levons avec 7 degrés dans l'appartement. La douche est équipée d'un embout en plastique dans lequel l'eau est chauffée par une résistance. Un système simple et que nous voyons depuis le Brésil. Au-dessus de notre douche circulent deux fils électriques tenus par des morceaux de scotch. Lorsque, sous la douche, on lève les bras, on reçoit une légère « châtaigne », de quoi ne pas s'éterniser. Par contre, l'ensoleillement de Cuzco est intense et réchauffe suffisamment notre véranda où nous passons l'essentiel de notre temps.

Avoir un « petit chez soi » au bout de neuf mois de nomadisme nous fait beaucoup de bien. Après les petit restos péruviens, nos intestins, assez malmenés, sont ravis de profiter de la cuisine maison !

Nous retrouvons le plaisir de faire les courses, de lier connaissances avec les voisins. Au marché du quartier les commerçants nous connaissent et ne nous appliquent plus le tarif réservé aux « gringos ! ».

De notre « mirador », nous pouvons voir les patios intérieurs de plusieurs maisons, et j'observe toutes les femmes passer des heures à laver le linge à la main et à l'eau froide, dans des bassines en plastique. La machine à laver n'existe pratiquement pas chez les particuliers, même chez les gens un peu aisés. Et ce qui n'existe nulle part c'est le chauffage ! Pendant ces deux mois, nous avons entre 6 et 15 degrés dans notre appartement ! Cependant, avec le temps, on doit s'habituer au froid car les femmes ont les jambes nues et marchent en sandales.

Au marché, les étals sont organisés par produits. Fruits, légumes (tomates, oignons, poivrons, aubergines), féculents, graines dans des sacs de jute (riz, pâtes, maïs, lentilles), fromages, oeufs, miel puis bien évidemment les viandes, volailles et poissons. Ici ni frigo, ni glace pour conserver ces aliments, les morceaux de viandes, côtoient les têtes de boeufs ou de moutons à même le sol. L'hygiène alimentaire n'est pas à l'ordre du jour et malgré ma vigilance, nous sommes victimes de désagréments intestinaux.

Les « mamas » qui vendent leurs produits sont pratiquement toutes habillées en costume traditionnel, portent de longues nattes noires et un chapeau « haut-de-forme ». On trouve à l'entrée du marché, la « chicha », boisson fermentée à base de maïs, vendue au verre et présentée dans des seaux en plastique. Elle est également vendue, le soir, à un prix dérisoire (1 sol par litre) dans les restos où les Péruviens aiment s'y soûler ! Dans le grand marché de Cuzco, nous aimons aller boire des jus de fruits frais, pressés à la demande. Dans les rues, nous nous régalons de jus d'oranges au miel vendus par des marchands ambulants. De quoi reprendre des forces ! Les fruits et légumes sont peu chers et sont la base de l'alimentation. Quant au pain, délicieux, il est fait soit avec de la farine blanche, soit avec de la farine complète et se présente sous forme de petites galettes individuelles. On en trouve à chaque coin de rue, vendues dans des grandes corbeilles en osier recouvertes de tissus.

Dans la ville, il n'existe aucun centre commercial, aucun grand supermarché, et nous faisons nos courses dans les épiceries de quartiers, bien souvent tenues par des femmes dans leur garage. Il y en a partout et on y trouve les produits de base pour l'hygiène, de la lessive ou du savon, quelques conserves, des pâtes et des boissons. Tout est vendu à l'unité ou en petite quantité. Sans réfrigérateur, il est difficile de conserver les aliments.

J'achète donc quasiment chaque jour des petits pains, des avocats, des tomates et des oignons mais aussi du fromage de vache frais, des fruits (fruits de la passion, bananes, mangues, ananas et autres fruits tropicaux). De temps en temps, nous prenons des oeufs sur le marché. C'est malheureusement à cause de l'un d'entre eux que je me retrouve avec 39,5°C de fièvre pendant quatre jours, des vomissements et diarrhées. Probablement une salmonellose que je diagnostique grâce à mon bouquin et soigne avec les antibiotiques de notre boîte à pharmacie. Je resterai très sensible du foie pendant plusieurs mois.

Nous aimons également fouiner dans les ferias artisanales multicolores où sont vendues toutes sortes de vêtements en alpaga, ponchos, pulls, bonnets, gants, mais aussi des objets tissés, nappes, tapis… L'artisanat péruvien, très coloré, fait vivre de nombreuses familles. Nous en profitons pour trouver des petits cadeaux pour nos invités au mariage. Je suis au début gênée, voir énervée, par les appels « plaintifs » des péruviennes me demandant *Mamita, compra me una causita* ! (Maman, achète-moi une petite chose). Mais c'est leur façon d'être. Un petit sourire, une réponse négative et elles n'insistent pas !

Pendant ces deux mois, nos guidons nous démangent et nous ne tenons pas en place. Dès que nous le pouvons nous prenons nos scooters et partons visiter les environs de la ville : Vallée Sacrée, ruines de Moray, Pisac, Ollantaytambo, Salineras de Marras, Rio Urubamba. Nous ne nous lassons pas de parcourir cette région, dense en paysages grandioses et en sites Incas.

Cependant, c'est le premier pays depuis le départ, où je trouve que les automobilistes roulent très mal. Il n'est pas certain que le permis de conduire soit obligatoire et de toute façon il ne coûte que 100 soles ! Il y a très peu de voitures individuelles, mais énormément de taxis et combis (minibus collectifs) qui conduisent très vite, sans respecter les priorités, sans regarder dans leurs rétros, sans anticiper. Une main levée sur le trottoir et c'est le déboîtement, suivi d'un coup de patin ! Ici, le klaxon régit la circulation. En ville, il signifie : *« Poussez-vous, je passe ! »*. Les piétons ne sont pas prioritaires il est donc vital de regarder en traversant.

Sur les routes sinueuses des Andes, nous croisons quelques taxis mais surtout des camions et minibus surchargés, qui coupent systématiquement leurs virages. Il n'est pas rare non plus de doubler une voiture ou un camion en haut d'une côte sans visibilité ou même sciemment quand un autre véhicule arrive en face ! Bref, je serre les fesses et continue, comme les chauffeurs de camions sud-américains, à prier la Vierge Marie !

Accueillis très gentiment par Eneko, le directeur de l'Alliance française, nous profitons de cette pause dans notre voyage pour monter un diaporama présentant notre première année en Amérique du Sud. 35 minutes de projection et questions-réponses devant une vingtaine de personnes (Français et Péruviens). C'est la première fois que nous partageons notre aventure devant un public. Quelle expérience enrichissante !

Pendant ce séjour à Cuzco, nous apprenons beaucoup sur la vie quotidienne des Péruviens : petits boulots, pauvreté, climat rude et conditions de vie difficiles. Nous apprenons aussi à nos dépens que le Péruvien n'a pas souvent de parole. Nombreux sont les rendez-vous où l'on nous « pose un lapin ». Le travail demandé, sera souvent fourni avec beaucoup de retard. Les engagements sont rarement tenus. L'organisation de notre mariage sera le reflet de *« tout est possible, c'est facile, venez demain »* et le lendemain, la semaine suivante, toujours rien. Patience, les Péruviens vivent ainsi !

Pour obtenir l'autorisation de l'ambassade de France de nous marier ici, nous devons faire publier les bans de notre mariage à la mairie de Paris pendant trois semaines. Une fois que la mairie renvoie l'accord à l'ambassade, elle nous délivre une lettre que nous devons faire traduire par un traducteur assermenté puis légaliser par le consul honoraire de Cuzco. Parallèlement, nous devons obtenir l'autorisation de l'Eglise de France pour que le prêtre d'Urubamba puisse nous marier. Nous avions emmené avec nous nos certificats de baptême mais il fallait une lettre officielle d'un prêtre de chez nous... Heureusement que ma mère en connaissait suffisamment un, qui a accepté d'écrire cette lettre.

Dans la série des papiers, nous devons également faire établir un certificat médical attestant de notre bonne santé. Nous nous rendons au centre de santé municipal de notre quartier à Cuzco, où après avoir acheté deux ordonnances pour le certificat de santé, nous entrons dans le dispensaire. D'abord, pesée obligatoire et prise de température, dans une salle publique où l'on fait la queue. La pesée se fait tout habillé avec les chaussures et le blouson. Et la prise de température, sous le bras. Ensuite, nous attendons plus d'une heure dans la salle d'attente devant une série télévisée type « Les feux de l'amour » à la péruvienne. Le médecin nous reçoit et commence à rédiger le certificat. Avant de le signer, il nous examine à tour de rôle : auscultation de la respiration dans le dos et prise du pouls. Il signe ensuite le certificat et nous déclare : *« Normalement, il faut faire un examen sanguin, mais vous êtes Européens, tout va bien ! »* Et voila comment nous obtenons la preuve de notre bonne santé !

Nous passons l'essentiel de nos journées à organiser le mariage. Nous visitons plusieurs endroits dans Cuzco et les environs pour organiser la réception de 15 personnes pendant au moins une semaine. Nous visitons des hôtels, testons des restos, rencontrons différents loueurs de bus et passons notre temps à négocier pour permettre à nos amis de bénéficier de prix corrects. Nous préparons ensuite un programme et un budget que nous leur envoyons et attendons impatiemment leurs retours. Vont-ils aimer ce que l'on propose ? Le budget est-il adapté même aux petites bourses ?

Nous recevons de France le cahier de préparation du mariage à l'église. Nous passons plusieurs soirées à discuter sur notre engagement mais aussi sur le choix des prières, des textes et des chants. Séquences émotions assurées… Ma mère réalise à distance et en français le livret de messe pour que l'assistance puisse suivre même si la cérémonie se déroule en espagnol.

Dans Cuzco, il y a deux petites boutiques de robes de mariée. Décidée à ce que Jérôme ne voit ma robe que le jour J, je vais donc seule, voir ce que ces commerçants proposent. Pas grand-chose, à vrai dire ! Je feuillette les catalogues de mariage américains que me tendent les vendeuses ; je regarde et touche l'unique tissu blanc cassé disponible dans la ville… Finalement je dessine un croquis rapide de ce que j'imagine m'aller. Une semaine plus tard, je reviens essayer ma robe coupée et quelques jours après je la récupère terminée. Emballée dans un carton, elle voyagera en scooter jusqu'au lieu du mariage. Je n'imaginais pas que se faire faire une robe de mariée, puisse être aussi simple, rapide et surtout si peu cher ! Je file ensuite au marché dans l'allée des chausseurs et trouve un spécialiste en chaussures blanches où je dégote la paire de mes rêves.

Quant au lieu même du mariage, c'est grâce à Steven et Thérèse, des amis venus nous rejoindre en juillet, que nous trouvons le lieu idéal. *« Et là, vous avez été voir ? »* nous demande Thérèse, alors que nous en étions à notre dixième visite. Elle désigne une belle propriété du nom de Rumichaka, que nous avions aperçue, mais que nous imaginions être trop luxueuse pour notre bourse. Nous décidons quand même d'aller y jeter un coup d'œil et de demander un devis. Reçus par Irène, la propriétaire, nous tombons sous le charme de cette maison familiale, très coquette et bien entretenue. Irène est américano-péruvienne et son mari José est un architecte originaire de Cuzco.

Assez rapidement, nous recevons leur premier devis, le plus cher de toutes nos propositions en cours, mais nous nous laissons un peu de temps pour réfléchir. Finalement après moult négociations avec Irène et José, nous décidons que notre mariage aura lieu à Rumichaka dans le village de Urubamba au cœur de la vallée sacrée.

Enfin décidés sur le lieu et le programme quasiment bouclé pour l'arrivée de nos invités le 8 septembre, nous décidons de faire un break et de partir en forêt amazonienne et en Bolivie pour un bon mois de pérégrinations. L'envie de bouger est toujours latente et devient de plus en plus irrésistible.

Nous rendons notre appartement aussi simplement que nous l'avons pris, chargeons les scoots et quittons Cuzco.

L'Amazonie : la face cachée du Pérou (par Jérôme)

Les Andes, les Incas, le lac Titicaca, Cuzco, Arequipa, Nazca, Lima. Ce sont les images qui nous viennent à l'esprit lorsque l'on parle du Pérou.

Pourtant le Pérou c'est également, et pour plus de la moitié de son territoire, l'Amazonie, la forêt dense, la moiteur, la chaleur.

Après deux mois à Cuzco, nous voulons connaître la face peu connue de ce pays. Nous traversons les Andes avec un col à 4300 mètres d'altitude pour rejoindre le parc Manu. Soleil, pluie, grêle alternent avec des paysages dans les nuages. Cette route de terre est splendide et nous fait longer des vallées avec des à-pics vertigineux, traverser des villages aux maisons en adobe. Que Cuzco nous paraît loin d'ici ! Mais comme nous nous sentons bien dans ces montagnes avec ces champs à pertes de vue et ces sommets enneigés.

Notre piste nous mène à « Tres Cruces ». De ce point situé à 3500 mètres d'altitude, s'étale devant nos yeux et 2000 mètres plus bas, le tapis vert de l'Amazonie. Vue imprenable, réputée pour son lever de soleil. Nous plantons notre tente, l'ouverture dirigée vers cet horizon sans limite. Après le repas, des nuages apparaissent léchant les parois de la Cordillère et rapidement nous enveloppent. Pas de chance ! Nous nous couchons et la pluie qui vient de tomber nous berce… Le lendemain matin nous sommes levés à 5 heures. A nos pieds, un tapis de nuages recouvrent l'Amazonie, qui au fur et à mesure se pare de couleur orangée, sous les rayons du levant : magnifique.

Nous chargeons les scoots et entamons une descente de 100 km. Absorbés par cette piste et ces paysages nous avons oublié de faire le plein d'essence hier à Paucartambo. Faire l'aller-retour c'est perdre une bonne demi-journée. Nous décidons donc d'avancer et profitons de cette pente pour rouler moteur coupé.

Au fur et à mesure, la végétation se densifie et la température augmente. Partis avec nos polaires, vestes Goretex et gants nous nous déshabillons au fur et à mesure de la descente pour finir en tee-shirt. La piste est dans un état moyen et sans moteur, c'est un véritable jeu d'équilibristes. Pierres et petits cours d'eau alternent avec des passages boueux. Parfois, nous devons redémarrer sur certains passages. Notre voyant, allumé depuis le matin, me stresse de plus en plus, surtout que je ne sais pas où nous pourrons refaire le plein ! La descente nous prend une journée mais quelle récompense, après deux mois à 3400 mètres, de retrouver un climat chaud, une forêt dense. Dense de végétation, dense d'odeurs, dense de vie. Ces effluves nous renvoient des images du Venezuela et du Brésil.

A Pilcopata, nous respirons. Deux fûts de 200 litres sur le bord de la route : de quoi faire le plein même si la qualité de l'essence n'est pas terrible. Le « pompiste » nous verse six godets d'1 litre chacun. Avec un réservoir d'une capacité de 6,5 litres, il ne nous en restait pas lourd…

Nous nous arrêtons dans une petite « hospedaje[1] » et y laissons nos scoots pour continuer notre route par les moyens locaux.

Dans ce coin du bout du monde, le trafic est faible et le lendemain nous marchons plus de 10 km avant d'être pris par une voiture. Mais que cette marche est agréable ! Feuilles géantes, papillons multiformes, oiseaux multicolores, cascades, le tout sur une route qui surplombe le Rio « Madre de Dios » et sous un soleil de plomb. Nos poumons se gorgent de cet air chargé d'oxygène et nous nous sentons dopés.

Au milieu de cette forêt impénétrable, nous préférons planter notre tente sur le terrain de foot d'un petit village. Nous sommes cernés d'enfants intrigués par ces deux gringos cuisinant sur un réchaud à pétrole. Autour de la tente, ce ne sont que rires et jeux. Guidés par les enfants, les adultes s'approchent, notamment les mères qui regardent d'un œil amusé, Sophie faire la cuisine.

Le lendemain, nous nous réveillons sous une petite pluie fine. Nous achetons une toile plastique pour nous en faire un poncho et sautons dans un camion, le seul de la journée, pour Shintuya. C'est dans ce

---

[1] Hospedaje : auberge

village perdu que s'arrête la route. Pour atteindre Boca-Manu, un seul moyen, le Rio (rivière). En descendant du camion, nous apprenons qu'une pirogue vide vient juste de partir. *« Bah ! Nous prendrons la prochaine ! »* pensons-nous, encore trop imbibés par la régularité des métros parisiens. 48 heures plus tard, nous sommes toujours sur la plage, le pouce tendu !

Et oui, Boca-Manu est situé à six heures de bateau et ceux qui y vont sont rares, surtout le dimanche ! Nous voyons passer des pirogues de touristes, mais ceux-ci ont pour consignes de ne prendre que des clients d'agences. Et passer par une agence, c'est faire le Parc Manu en circuit organisé à 400 dollars par personne ! (*« Dis tonton pourquoi tu tousses ? »*) Nous restons donc deux jours sur place à observer la vie de ce village et de ses habitants. Les enfants jouent sur la plage tandis que les petites filles lavent les casseroles et le linge dans le Rio, avant de s'y laver les dents. Les hommes, quant à eux, chargent et déchargent des poutres de bois destinées aux grandes villes ou à l'exportation, s'occupent de leur « péké-péké » (pirogue à moteur dont l'hélice se trouve à l'extrémité d'une tige de deux mètres). Enfin, les femmes font la cuisine, tout en s'occupant, de leurs commerces dans lesquels viennent s'approvisionner les riverains. Les maisons sont en bois avec un toit en paille et celles-ci sont surélevées de 50 cm, car pendant la saison des pluies, la région est plutôt humide !

Mais n'allez pas imaginer un coin idyllique car la plage est jonchée de papiers, bouteilles plastiques et d'excréments. Eh oui, la nuit, celle-ci semble servir de toilettes publiques ! Enfin, n'oublions pas les insectes qui s'y concentrent et ont transformés nos épidermes en « claviers humains ».

L'après-midi, sous ce soleil intense, le Rio nous tente et nous nous éloignons pour pouvoir en profiter pleinement et sainement. Quel régal et quel plaisir de se baigner dans le courant. L'endroit que nous trouvons est sympathique et nous envisageons d'y planter la tente. Des empreintes d'un gros félin (certainement un jaguar) ont raison de notre témérité et c'est abrités sous le préau de l'école de Shintuya, que nous passons ces deux nuits. Au bout de deux jours, nous renonçons et retournons en camion à Pilcopata. Pas moins de cinq heures sont nécessaires pour faire ces 70 km, entre la traversée de Rios et une route en mauvais état.

Le soir, de retour à Pilcopata, nous apprenons que Huacaria, un petit village de Nativos (indigènes) se trouve à trois heures de marche dans la forêt. Nous partons donc le lendemain, à pied, et nous régalons sur ce chemin peu fréquenté qui, au fur et à mesure, se fait sentier et s'enfonce dans cette forêt dense.

Quel plaisir de se retrouver seuls au milieu de cette végétation abondante et de cette faune. Papillons dansant au-dessus des flaques d'eau, oiseaux en train de nicher dans les arbres, iguanes qui déguerpissent dans les feuillages. Trois heures plus tard, nous surplombons le village.

Celui-ci est constitué d'une dizaine de maisons en bois et paille située en cercle autour d'une place centrale, qui sert visiblement de terrain de foot. La partie basse des maisons sert de cuisine et salle à manger. Quant aux lits, ils sont situés au-dessus, sur des planches qui constituent l'étage. Nous nous rendons vite compte que de « nativos », les habitants n'ont que le nom et que leur contact avec la civilisation actuelle est important : panneaux solaires pour recharger les batteries, lampes éclairées par ces mêmes batteries, école subventionnée par des fonds peruano-européens...

Bref, nous sommes loin des indigènes vêtus de pailles avec des maquillages et des plumes sur la tête !

Nous passons néanmoins un moment agréable avec quatre enfants au sourire franc et naïf qui nous amènent à un Rio pour nous baigner et nous nous amusons, avec eux, sur des troncs de balsa. Après ce moment de détente, nous prenons le chemin du retour et repassons par le village. Là, nous croisons un groupe de villageois en pleine discussion. Parlent-ils de la dernière chasse ? De la récolte ? Des problèmes de rivalités avec le clan voisin ? Pas du tout. Nos Nativos débattent d'un projet de route pour faciliter l'accès aux touristes ! Quelle déception !

Nous reprenons notre chemin lorsqu'une femme, un livre à la main, nous interpelle : « *Merci de signer le livre des visiteurs* » nous demande-t-elle ! Alors que je commence à m'exécuter, elle me glisse d'une voix mal assurée, « *C'est 5 soles pour les locaux et 10 soles pour les étrangers !*». Et bien sûr, pas une seule indication à l'entrée du village sur ces tarifs. Pas une personne qui nous ait expliqué le fonctionnement du village. D'ailleurs pas un n'est venu vers nous de la journée ! Bref rien qui ne puisse justifier cette demande !

Je lui remets le livre dans les mains et je lui fais comprendre que cette façon de faire ne me plaît pas ! Interloquée par ces gringos récalcitrants, elle nous laisse partir sans même insister.

Sur le chemin du retour nous pestons ! Non contre cette femme mais plutôt contre ceux ou celles qui ont mis dans la tête de ces villageois que les touristes sont une source de revenus facile. Quelle bêtise et quel avilissement que de transformer ces hommes et ces femmes en « mendiants touristiques » !

Nous reprenons la piste de la Cordillère, tout aussi trempée et boueuse qu'à la descente. Au départ nos scooters ont une « super pêche ». Mais avec l'altitude, ceux-ci s'essoufflent par manque d'oxygène et les derniers kilomètres de montée, nous devons les pousser. Le col passé, nous continuons notre route en direction de la Bolivie.

Un jeu dangereux (par Jérôme)

Au niveau de Puno, nous longeons le lac Titicaca. Le plus haut lac navigable du monde à 3800 mètres. A cette altitude, l'air est d'une pureté rare. Le bleu profond de l'eau contraste avec le jaune paille des Totoras (roseaux). De l'autre côté, en Bolivie, les sommets enneigés de la Cordillera Real, donnent du relief à l'horizon.

Nous sillonnons le bord du Titicaca sur plus de 160 km par une route asphaltée en bon état.

A la sortie de Pomata, la route est bordée par des collégiens qui sortent de l'école. Tout à coup je vois certains d'entre eux se baisser et saisir des cailloux. Je pile pour éviter l'un des projectiles. Derrière moi, Sophie a le regard attiré par ces collégiens et ne voit mon feu stop qu'au dernier moment. Trop tard ! C'est la collision. Nous nous retrouvons par terre sous le regard ahuri des enfants. Sophie a mal au bras. Je la mets sur le côté et dégage les scooters. Personne pour m'aider. Pas même les professeurs qui, attirés par le bruit, sont sortis. Heureusement pour nous, le choc a été considérablement amorti par la sacoche avant de Sophie. Une caisse enfoncée et un porte-bagages tordu pour les scoots.

La douleur du bras de Sophie ne diminue pas et nous décidons d'aller à l'hôpital. Les scoots sont rangés dans l'école et nous prenons un bus pour July, la prochaine ville. Dans le petit hôpital, nous sommes pris en charge tout de suite. Une radiographie ne montre aucune fracture. *« C'est le tendon qui a été touché »* nous dit le médecin. Ce dernier m'envoie acheter des médicaments et du plâtre à la pharmacie, puis fabrique une coque pour maintenir le bras de Sophie. L'ensemble des prestations nous prendra deux heures et ne nous coûtera que 10 euros !

De retour à Pomata le directeur nous propose de dormir dans une classe. Nuit plutôt courte pour Sophie gênée par son plâtre. Au petit matin, nous voyons tous les élèves arriver, vêtus d'un uniforme bleu. Ils se rassemblent dans la cour pour chanter l'hymne péruvien comme chaque jour. Le professeur profite de l'occasion pour leur faire la morale. Dérisoire ! A force de chercher je finis par mettre la main sur le groupe qui nous a lancé des pierres. Je les sermonne et leur fait laver les scoots, plus pour me soulager qu'autre chose. Mais content toutefois d'avoir pu les retrouver. Lancer des pierres sur les touristes en voiture ou moto est, comme nous le verrons, un jeu pour ces enfants. Un jeu qui peut mal se terminer. J'espère au moins que ceux-là s'en souviendront.

« Ce sont des petits sauvages. Il n'y a rien à faire ! » nous avouent les professeurs. Nous sommes écœurés par leur attitude irresponsable et fataliste et n'avons aucune envie de réaliser une présentation ici. Nous préférons partir. C'est donc avec un bras dans le plâtre que Ti-Bout reprend son scoot et passe la douane sous les yeux ahuris des douaniers boliviens.

Nous faisons une pause de deux jours à Copacabana, sur les bords du Titicaca, avant de reprendre la route vers ce site qui nous fait rêver depuis longtemps : le Salar d'Uyuni.

Bivouacs du bout du monde (par Sophie)

Partir en autonomie complète pendant plusieurs jours, c'est sans aucun doute ce qui nous motive le plus dans ce voyage. Avoir l'impression d'être seuls au monde dans l'immensité de la nature. A Oruro, nous faisons le plein de fruits, légumes, pain, pâtes et boîtes de thon. Nous remplissons les jerricans d'eau et d'essence et nous prenons la direction du Salar d'Uyuni.

Même avec le bras dans le plâtre, je suis décidée à conduire et à aller vers cette étendue coûte que coûte. Après une centaine de kilomètres d'asphalte, la route redevient piste. Tout d'abord, une piste ensablée où les dérapages font appels à nos jambes pour ne pas tomber, puis c'est une piste de tôle ondulée qui nous amène à notre premier bivouac. Avec quelques lamas pour compagnons, nous installons notre tente sur cette immense étendue d'herbe jaune, une petite herbe regroupée par touffe et haute d'une dizaine de centimètres.

Une fois la tente montée, je reprends mon rôle de maîtresse de maison, je rentre dedans, installe les matelas, les duvets, oreillers et range les sacs de chaque côté de nos couches. La tente est assez grande pour nous permettre de rentrer toutes nos sacoches et de ne rien laisser sous l'auvent. Précaution de sécurité que nous avons adopté rapidement pour éviter des vols durant notre sommeil. Pendant que j'organise l'intérieur, Jérôme s'occupe des scooters, les attache pour éviter une chute en cas de vent, et il fait du feu. Nous préparons ensuite le dîner : j'épluche les tomates et les oignons, les fait revenir dans la casserole, puis j'ajoute du riz et de l'eau et je laisse le tout cuire 20 minutes. Pendant ce temps, nous nous installons devant la tente en prenant un apéro constitué de quelques crackers salés en admirant à l'horizon le lac Poopô, immense lac salé. Les couleurs sont magiques, on ne s'en lasse pas.

Après avoir mangé à deux dans la même casserole notre plat, nous préparons un thermos d'eau chaude pour le petit-déjeuner du lendemain ; Nous buvons un thé pour nous réchauffer en admirant la voûte céleste particulièrement pure à cette altitude.

Les températures sont basses, il fait quelques degrés au coucher du soleil et le matin, nos jerricans d'eau sont gelés. Nous dormons donc habillés de nos sous-vêtements thermiques et nous nous blottissons dans nos duvets. Pour gagner quelques degrés de plus, nous mettons nos sacs de couchage dans nos draps polaires cela évite à l'humidité du petit matin de se déposer sur le duvet en plume d'oie et de le refroidir. Cette astuce que nous avait donné un vendeur népalais à Paris, nous permet de gagner plusieurs degrés de chaleur et de terminer nos nuits sans avoir froid.

Un soir, nous nous installons à proximité d'un village et nous avons au moment du dîner et du petit-déjeuner la visite d'enfants. Nous discutons un peu, leur faisons goûter notre « Dulce de Leche », la confiture de lait que l'on trouve en Argentine, Chili et Bolivie. Véritable régal des enfants, il l'est aussi pour nous et nous donne suffisamment de calories pour rouler par ce froid.

Nous ne croisons aucun véhicule et vivons au milieu des lamas et des alpagas. Nous discutons avec quelques rares paysans, traversons des vallées aux formations rocheuses ocres et rouges, profitons de l'altiplano couvert de la « Puna », (petites herbes jaunes très lumineuses) et franchissons de nombreux gués… Le soleil brille et nos bivouacs sont de toute beauté. Nous sommes heureux et réalisons la chance que nous avons d'être là.

Salar d'Uyuni (par Jérôme)

Depuis Oruro, nous avons quitté l'asphalte. Piste, poussière, passages à gué les journées sont épuisantes mais ce sont celles que nous préférons. Nous décidons d'arriver par le nord du Salar d'Uyuni. Notre carte (la photocopie d'une carte de 1993 trouvée au Ministère de l'intérieur à La Paz) est d'une précision relative et avare en détails. Nous quittons la piste principale et empruntons des axes secondaires moins bien entretenus. Tôle ondulée, sable, cours d'eau, notre progression est lente. Au nord du Salar, le volcan Tunupa devient notre point de mire. Mais plus nous en approchons plus le terrain devient escarpé : la piste est bientôt jonchée de rochers. Ces obstacles ne sont peut être rien pour un 4x4 mais pour un scooter... Nous tenons tant bien que mal en équilibre en nous aidant de nos pieds. Nous approchons du Salar et notre rythme se réduit. Cela fait six jours que nous conduisons sur de la piste et la fatigue se fait sentir. Sophie, tout juste remise de son accident, serre les dents mais ne dit rien. Les villages sont rares et l'eau tout autant. Dès que possible nous remplissons les jerricans d'eau et faisons de même pour l'essence. Cette région est désertique. Les soirs, nos campings sont fantastiques. Le silence est absolu ! Le ciel d'une pureté éclatante !

A plus de 3000 mètres, l'oxygène est moins dense dans l'air. Nous y sommes accoutumés mais pas nos scooters qui à la moindre côte ont une baisse de régime. La moindre pierre devient un obstacle à éviter.

Enfin, après une énième montée nous le voyons devant nous. Le Salar d'Uyuni : vaste étendue blanche à perte de vue. Nous oublions notre fatigue et l'état de la piste et entamons la descente à un rythme rapide. Mais le Salar se mérite jusqu'au bout. Ses bords sont un mélange de sel et de boue provoquée par la dernière saison des pluies. Nous savons qu'il n'est pas rare que des 4x4 se fassent coincer !

Après plusieurs tentatives, nous arrivons enfin sur cette croûte blanche, plate comme un billard.

Nous sommes fous de joie et entamons des danses et chants dignes de nos plus jeunes années. Joie de voir cette étendue, joie d'y être arrivés par nos propres moyens. Joie tout simplement !

Mais comment décrire la sensation, que nous éprouvons, de rouler sur cette patinoire géante, sans obstacle ni limite. L'horizon est courbe, laissant deviner la rotondité de la terre. Nous roulons dans tous les sens, faisons d'immenses boucles... De vrais gosses. Au bout de 10 km nous réalisons que le Volcan Tunupa (5400 mètres d'alt.) commence déjà à disparaître et nous nous retrouvons vite sans repères. Heureusement, nous avons un GPS. A l'aide de notre photocopie de carte et de la carte de notre guide, je rentre les coordonnées de « l'Isla de los Pescadores », notre lieu de bivouac pour ce soir. Fantastique instrument, à peine plus gros qu'un portable (ancienne génération bien sûr !) qui affiche sur son écran la direction, la distance à parcourir et le temps à rouler. Nous lui faisons entièrement confiance, ou plutôt dépourvu de tout autre moyen, nous nous raccrochons à lui et nous laissons guider. Au bout de 80 km, un relief apparaît. A chaque kilomètre, celui s'y semble émerger un peu plus du Salar. 3 km, c'est l'erreur entre le point calculé et la position de l'île.

Nous choisissons un bivouac pour la tente, posons nos affaires et nous éloignons avec les scoots pour profiter du coucher de soleil. Féerique ! Devant nous un spectacle de couleurs, du bleu nuit du ciel au blanc rosé du Salar, en passant par des couches orangées du coucher de soleil. Ce site naturel est sans conteste le plus beau que nous ayons vu depuis le départ.

Etonnamment, l'île des pêcheurs est recouverte de cactus aux formes particulières et parfois suggestives. Ceux-ci donnent un caractère particulier à cet îlot perdu au milieu de cette immensité blanche. Le soir, les températures chutent fortement et nous nous réfugions rapidement dans nos duvets. Au petit matin, le spectacle est tout aussi magnifique. Les tons orangés font place à des tons violets et les ombres se rétractent tandis que le soleil se lève. Nous consommons une quantité incroyable de pellicules tellement nous sommes subjugués par ce spectacle.

Vers midi la réverbération est forte. Nous roulons avec les yeux plissés derrière nos lunettes de soleil. Soudain une tache noire attire mon attention. C'est un trou assez profond qui aurait pu provoquer une belle chute ! Nous lirons plus tard que par endroit, sous la première couche de sel épaisse de 15 à 20 cm se trouve 50 cm d'eau puis à nouveau, une épaisseur d'environ 300 mètres de sel. Le Salar d'Uyuni et le lac Poopô situé un peu plus au nord, sont les restes d'une ancienne mer qui recouvrait toute la région jusqu'au lac Titicaca. Après avoir vu ce trou, nous diminuons considérablement notre vitesse.

Nous roulons au total 200 km sur le Salar. 200 km de plaisir pur pendant lesquels nous ressentons une émotion indescriptible. L'un de nos rêves vient de se réaliser !

Les mines de Potosi (par Sophie)

Après une semaine de piste, des paysages fabuleux et des bivouacs magiques, nous arrivons à Potosi. La ville est très pentue et nous grimpons difficilement jusqu'à la Plazza de Armas qui se trouve à 4090 mètres d'altitude. Nous garons les scooters sur la place et j'attends Jérôme qui part à pied dans les ruelles pour trouver un hôtel avec douche… En effet, cela s'impose car avec ce froid et la quantité restreinte d'eau que nous transportons, nous n'avons pas pu nous laver totalement depuis huit jours. Et très franchement, je me sens un peu gênée d'être aussi sale, les cheveux très gras, la mine pas fraîche et les vêtements couverts de poussière. Gêne encore plus grande, quand plusieurs personnes viennent me poser des questions sur notre voyage attirées par les scooters chargés.

Nous dormons finalement dans une ancienne maison coloniale splendide où la chambre est immense et comprend une douche chaude… nous restons au moins vingt minutes dessous !

Classée au Patrimoine mondial par l'UNESCO, cette ville est vraiment très belle par son architecture coloniale colorée et bien restaurée. Du haut de ses 5300 mètres le Cerro Potosi domine la ville et en a fait sa richesse, lui fournissant depuis 500 ans du minerai d'argent, de cuivre et d'étain. Une véritable « mine d'or » !

Nous allons visiter ces mines, attirés tant par notre curiosité naturelle que par la triste réputation des conditions de travail des ouvriers.

La visite commence par le marché des mineurs. Dans ce dernier, nous trouvons le parfait équipement pour la mine, à savoir : des feuilles de coca, principal « aliment » qui sert aussi à filtrer la poussière, des petites roches calcaires, qui au contact de l'eau produisent de l'acétylène pour les lampes, des cigarettes, de l'alcool à 96 degrés. Et bien évidemment de la dynamite ! C'est ici le seul marché au monde où ce « produit » est en vente libre (10 bolivianos[23] le bâton) !

Pour entrer dans les galeries, nous revêtons vestes, bottes et casques et sommes munis d'une lampe à acétylène. La mine que nous visitons est modeste, elle emploie 15 mineurs. Pour pénétrer nous sommes pliés en deux et les casques heurtent souvent la roche. A l'entrée, une croix puis un « diable » et des offrandes pour demander protection et

---

[23] 1 bolivianos = 0,15 €

chance. Plus loin des mineurs creusent à la barre à mine des trous pour y introduire les bâtons de dynamite. *« La roche est dure, il faut creuser quatre heures pour faire un trou d'environ 50 cm »* nous explique un employé la joue gonflée par des feuilles de coca. Une fois la dynamite mise en place, ils ont quatre minutes pour se protéger avant l'explosion. Il arrive, que par économie, la mèche soit coupée en 2 ou 4 et cela ne laisse plus qu'une minute pour s'abriter ! Apparemment cette économie pécuniaire ne l'est pas en vies humaines ! Ayant eu une démonstration d'explosion alors que nous étions à l'extérieur, nous n'osons imaginer la même détonation à l'intérieur. Après le tir, les cailloux sont évacués par brouettes (300 bol./tonne). C'est à cette fonction que nous croisons deux gamins de 12 et 13 ans qui travaillent depuis deux ans dans la mine. Ils affirment aller à l'école le soir, mais nous en doutons.

En discutant nous apprenons que les mineurs n'ont pas d'horaires et que leur seul source de revenu est l'évacuation des pierres. Leur salaire est d'environ 3,5 euros/jour.

Nous sortons des galeries au bout de 3h30. Revoir la lumière provoque en nous une sensation étrange. Dire que certains y restent plus de huit heures et qu'à l'époque coloniale c'était 36 heures sans sortir... De plus nous pouvons nous estimer heureux car en tant que visiteurs nous évitons poussières et gaz toxiques consécutifs aux explosions.

Ces pauvres diables travaillent pour trois fois rien et se tuent la santé, non seulement par les conditions de travail difficiles mais aussi par la silice qu'ils respirent et qui provoque cancer du poumon et de la peau.

A la sortie des mines, des enfants vendent des pierres. Le guide nous explique qu'ils sont de plus en plus nombreux à être attirés par les dons des touristes. Malgré ces conditions de travail rudes, l'insécurité permanente et les risques à long terme nous sentons toutefois à quel point les mineurs sont fiers de leur métier et ne l'abandonneraient pour rien au monde.

Nucchu, une halte sur la route de Sucre (par Sophie)

La route qui relie Potosi à Sucre est un splendide ruban d'asphalte que nous apprécions particulièrement après huit jours de piste. A 20 km de Sucre, nous nous arrêtons à Nucchu, petit village perdu au fond d'une vallée. Le coin est sympathique, tranquille et nous apprécions de découvrir les nombreuses maisons coloniales, témoignage d'un riche passé. Nous y prenons une chambre avec kitchenette et nous nous y reposons quelques jours.

Ce village est totalement en terre et aucun véhicule ne peut circuler dedans car les rues sont trop étroites. Nous faisons le tour et tentons notre chance dans l'école pour rencontrer des élèves. Nous arrivons en pleine préparation de la fête du village qui a lieu pour partie dans l'école. Nous sommes néanmoins accueillis par le directeur et allons faire la présentation de la France dans une classe. Nous en profitons également pour interviewer Marlène et Olvaro qui nous racontent leur vie. Dans ce village, la majorité des habitants parlent Queshua, la langue des Incas et c'est la langue maternelle des enfants. Dans la cour de l'école, des peintures rappellent les droits de l'enfant : Droit à l'amour de ses parents, droit à l'éducation, droit à un toit…

Les enfants sont très excités et distraits. Nous sentons que notre présentation ne les intéressent qu'à moitié. Et pour cause, cet après-midi a lieu le championnat annuel de football !

Futbolito de mujeres (par Jérôme)

Nous assistons donc à l'événement sportif de l'année : le championnat de foot. Pas un championnat classique. Non ! Un championnat de foot féminin ! Des femmes touchant le ballon rond, j'avais déjà vu à la télévision : tee-shirts, shorts, chaussures… bref rien d'original ! En Bolivie, la gent féminine, bien que très attirée par ce sport « masculin » n'en reste pas moins féminine... C'est ainsi que nous voyons débarquer sur le terrain nos joueuses, en tee-shirts, jupes traditionnelles boliviennes, chaussures de ville ou de campagne (mocassins ou sandales), chapeau et nattes dans les cheveux ! Ces mères de famille (grand-mères pour certaines !) nous font passer un après-midi très distrayant. Au risque de paraître « macho », je constate à quel point la coordination des mouvements (courir, taper dans un ballon) n'est pas évidente chez ces dames ! Quel comique dans cette désynchronisation corporelle ! Un poste, par contre, où nos « footboliviennes » sont à leur avantage, c'est celui du « goal ». En effet, j'ai pu mesurer à quel point la jupe bouffante est utile pour un gardien de but : un obstacle infranchissable, même si le plus difficile est d'y retrouver la balle… Match après match, nos rires se mêlent à ceux des autres supporters, hommes, femmes, enfants qui se pressent autour du terrain. Un spectacle plein de fair-play, de bonne humeur et de plaisir simple. Merci Mesdames !

Sur les pistes de Bolivie (par Sophie)

Non, ce n'est pas une légende, les pistes boliviennes sont franchement difficiles !

C'est à 300 km au sud de La Paz que prend fin l'asphalte et que débutent les pistes de sable et de terre. Même après un an de voyage, elles sont la cause, pour nous deux, de plusieurs crises de nerf dues à l'épuisement et au découragement.

De plus, l'altitude (entre 3500 et 4500 mètres) réduit fortement la puissance de nos montures, ce qui aggrave sans aucun doute, nos difficultés. A force de pousser les deux scooters pendant des kilomètres sur des pentes fortes et accidentées, Jérôme se refait totalement la sangle abdominale ! La piste la plus difficile est celle qui nous conduit de Sucre à Oruro. 350 km à grimper et à descendre en permanence, pour franchir les Andes. L'étape la plus dure est le passage d'un col à 4600 mètres d'altitude où une tempête de neige, aussi soudaine que violente, nous surprend avec des rafales de vent dignes de la Patagonie avec un enjeu supplémentaire, le ravin bordant la route… Je termine les derniers 50 km, le ventre complètement noué par le vertige ! Par contre, les étendues sauvages dont nous profitons au maximum, restent le plus beau souvenir de ce pays. La nature et ses immensités vierges, telle que nous l'aimons cela se mérite. Et si les pistes sont difficiles, elles restent parmi les plus belles images de notre voyage.

Notre mariage dans la vallée sacrée (par Sophie)

Entre le 13 et le 16 septembre s'échelonne l'arrivée de nos familles et amis. Quelle joie de revoir ces êtres si chers qui ont accepté de faire le voyage jusqu'au Pérou pour fêter notre union. Nos parents, nos frères, oncle et tante, parrain et marraine, amis, nous sommes comblés par tant de témoignages d'affection. Il manque bien sûr d'autres personnes à qui nous tenons mais pour qui le long voyage et la haute altitude de cette région ont été rédhibitoire.

Les retrouvailles à l'aéroport de Cuzco sont émouvantes et les premières heures sont pleines de bavardages et d'échanges de cadeaux.

Atterrir à 3100 mètres d'altitude après environ 18 heures d'avion cause quelques maux de têtes à certains. D'autres sont sans bagage, les compagnies aériennes les ayant égarés… Mais la bonne ambiance l'emporte et chacun s'accommode de ces petits désagréments.

Nous partons déjeuner sur la Plaza de Armas et leur faisons visiter la ville. Profitant d'une pause, nous allons chez le consul de France pour faire signer les traductions de nos actes de naissance et autres papiers nécessaires au mariage civil.

En fin d'après-midi, le groupe prend le bus et nous descendons dans la vallée sacrée tandis que le soleil se couche sur la Cordillera Urubamba. La vue est magnifique. C'est un véritable plaisir de pouvoir partager avec eux ces paysages que nous côtoyons depuis trois mois. Nous arrivons à l'Hosteria où José et Irène nous attendent. Ils considèrent un peu notre mariage comme celui de leurs enfants et sont vraiment extraordinaires. Plein d'idées, de bonne volonté, ils se plient en quatre pour que tout soit réussi et que chacun se sente à l'aise. Leur maison sera la nôtre pour une semaine. Nous nous installons dans nos chambres puis nous nous retrouvons autour d'un « Pisco Sour[24] » en attendant le dîner. Cet apéritif est l'occasion de présenter le programme de la semaine, les visites prévues et l'organisation du mariage.

Le lendemain, nous visitons la Vallée Sacrée, Chinchero et son superbe marché, les salinas de Maras, Ollantaytambo et sa forteresse. Nous prenons en fin d'après-midi le train pour Aguas Calientes. Bien sûr nous avions réservé les places pour 20 personnes mais celles-ci ont été vendues deux fois… c'est l'organisation à la péruvienne !

Nous arrivons vers 22 heures dans ce petit village, accessible uniquement en train ou à pied qui se trouve au pied du Machu Picchu. Les moins jeunes vont directement à l'hôtel réservé, quant à nous, nous cherchons un hôtel petit budget pour la nuit. A 5 heures du matin, certains d'entre nous se lèvent pour profiter des sources chaudes du village. De quoi se mettre en forme pour affronter la visite de la journée. C'est un émerveillement : le Machu Picchu est un site superbe et inoubliable. En effet, au delà des ruines assez bien conservées, c'est le cadre qui entoure cette cité, perchée à 2800 mètres d'altitude qui nous fascine. Cette dernière est bâtie sur la crête reliant deux sommets, le Huayna Picchu et le Machu Picchu. A ses pieds, le rio Urubamba coule, contournant le Huayna Picchu ; au loin la cordillère Vilcabamba avec ses sommets enneigés. Un site dont la construction, en ce lieu inaccessible, inspire le respect. Nous

---

[24] Pisco Sour : apéritif à base d'alcool de raisin

retrouvons, Magali, Stéphane et Thibault, les trois courageux du groupe qui ont fait le trek de l'inca et qui sont donc arrivés au bout de trois jours de marche.

Après une journée à parcourir cette merveille, marcher au milieu des ruines, grimper en haut du Huayna Picchu, nous reprenons le train fourbus mais heureux d'avoir pu bénéficier de ce spectacle grandiose.

Le lendemain, le jour J est arrivé ! Il fait un temps splendide.

Karine, ma meilleure amie, me compose un bouquet de mariée avec les fleurs du jardin, arômes, marguerites, tout de blanc, orange et jaune, il est splendide. Ensuite nous filons avec les témoins à l'église pour enregistrer leurs noms, puis revenons nous préparer. Des coiffeuses et maquilleuses du village sont venus pour nous aider. Elles n'auront pas toujours un grand succès mais ce sera très drôle. Coiffée, assez mal je dois le dire, c'est finalement mes amies Karine et Sandrine qui récupèrent ma coiffure et me maquillent. Ma mère, ma marraine, Valérie et Magali sont aux petits soins pour m'aider également. Décoration de la petite chapelle avec des fleurs fraîches, préparation du lecteur CD pour la musique, bref toute la famille s'active.

A 14 heures, enfin prête, je descends dans le jardin accompagnée de ma mère et de Karine qui m'ont bandé les yeux. Je découvre ainsi tout le groupe en ponchos péruviens : quelle surprise ! C'est magnifique. Jérôme se trouve à côté des scooters et est tout ému de me voir en robe blanche. Nous faisons quelques photos et partons à la mairie d'Urubamba en moto-taxis, moyens de transport local à trois roues, décorés de ballons.

Nous entrons dans la mairie et comme tout mariage civil, c'est bref mais intense ! Nous nous installons dans une petite salle. A nos côtés, Thibault et Martial nos témoins et derrière nous, nos familles et amis restent debout au fond de la salle.

Le maire s'adresse à nous en espagnol. Le stress monte, allons-nous bien tout comprendre, allons-nous bien répondre ?

- *Connaissez-vous Jérôme et Sophie ?*
- *Pouvez-vous nous certifier le célibat de Jérôme et Sophie ?*

Un silence suit cette question en espagnol que nos témoins n'ont pas comprise. Après traduction, leur *« Oui »* vient soulager le maire et provoque un fou rire de l'assistance…

Nous devons, pour officialiser le document signé, y apposer nos empreintes digitales… nous voilà les doigts tout bleus ! Le maire n'oublie pas de préciser que nous ne serons réellement mariés qu'après avoir échanger nos consentements devant Dieu... Ici, l'Eglise et l'Etat ne font qu'un !

Nous sortons de la mairie avec notre « acte de matrimonio » en poche. Nous sommes acclamés par nos proches et ils entonnent sur la place une chanson retraçant notre aventure. Tous les péruviens nous regardent et de nombreuses « mamitas » viennent nous féliciter Nous prenons ensuite notre bus en direction d'un lieu qui nous est cher, Moray. Site grandiose où nous avons choisi de faire nos photos de mariage et qui permet à nos amis de visiter les terrasses où les Incas cultivaient leurs fruits, légumes et céréales. Une étendue dorée s'étend devant nous et au loin, nous admirons la cordillère d'Urubamba enneigée. Féerique !

En fin d'après-midi, nous rejoignons, sur le chemin des incas, la petite chapelle bleue de Rumichaka... Sous la musique d'Era, entre dans l'église l'assemblée suivie de Jérôme au bras de sa mère, et enfin de moi au bras de mon père. Je suis très fière et très heureuse, cet instant je n'aurais jamais osé le rêver et il est à jamais dans ma mémoire...

Le prêtre officie la messe en espagnol mais les chants et lectures sont en français. Chaque parent, frère ou ami participe, soit par une lecture, soit par un chant, soit par la gestion de la musique ou la réalisation des photos et du film. Que d'attentions à notre égard, que d'émotions et de souvenirs... Moment particulièrement fort lorsque ma mère chante un psaume et des larmes coulent sur plusieurs visages lorsque la voix de la grand-mère de Jérôme s'élève ; elle a voulu être parmi nous malgré son absence physique et a enregistré sur une cassette une chanson splendide. Malgré notre éloignement, cassettes, cartes, photos, seront autant de présence par procuration qui nous bouleversent totalement ! Les habitants du quartier sont également venus assister à la célébration. Ils chantent en péruvien l'Hosanna et viennent nous féliciter en nous embrassant et en m'offrant des fleurs. Le rite de cette messe est purement local et le prêtre demande à Jérôme de me remettre symboliquement les pièces qu'il tient dans ses paumes, comme signe de création de notre foyer. Nous échangeons avec émotion nos consentements, en espagnol pour Jérôme et en français pour moi.

Nous sortons de la chapelle sous une pluie de pétales jaunes et au son de la « banda[25] » péruvienne. Comme le souhaite la tradition de ce

---

[25] Banda : groupe de musique

village, nous lançons des bonbons aux enfants… et aux grands ! Sous les tambours et trompettes, nous rentrons à pied jusqu'à l'Hosteria par le petit chemin illuminé de chandelles.

Nous découvrons la maison toute illuminée et la table est magnifiquement décorée par des nappes péruviennes et des décors de table amenés de France. Un très beau mélange de ces deux cultures.

Nous passons une soirée inoubliable

Ce mariage est le plus beau jour de notre vie. Nous avons eu la chance de réunir autour de nous les personnes qui nous sont très chères et de pouvoir organiser nous-mêmes, comme nous le souhaitions, librement et sans contrainte, cet événement unique.

Une étape foudroyante (par Jérôme)

Début octobre, c'est le cœur gros que nous quittons mes parents à l'aéroport de Cuzco. Ils sont les derniers du groupe à repartir. Pour tromper notre nostalgie, nous reprenons directement les scooters, direction Nazca.

La route est superbe et nous fait passer de cols à 4000 mètres avec des températures proches de 0°C, à des canyons vertigineux dans le fond desquels nous supportons avec peine nos tee-shirts et où la végétation luxuriante n'est pas sans nous rappeler l'Amazonie. Les deux premières nuits, passées en tente seront humides. En effet, dès 16 heures des orages déversent sur notre toile, grêle, pluie diluvienne et cela pendant cinq heures de suite… Nous ne savons plus si nous dormons sous une tente ou dans une éponge. Le pire de ce parcours reste toutefois la troisième journée qui ne nous laisse pas un très bon souvenir des Andes. Alors que nous attaquons un col à 4300 mètres, nous voyons de gros nuages se former au-dessus de nos têtes. La poignée en butée, mon scooter, étouffé par le manque d'oxygène, ne dépasse pas les 15 km/h… Soudain, le ciel s'illumine devant nous. Un éclair, immédiatement suivi d'un vacarme assourdissant ! Nous sursautons ! La foudre vient de tomber à moins de 300 mètres de nous !

Le temps de poser nos scoots et de nous réfugier dans le fossé, un deuxième éclair s'abat derrière nous dans un bruit tout aussi fracassant. Message bien compris, nous sommes cernés… De toute façon nous n'avions pas l'intention de bouger. Ces deux coups de semonces sont le prélude à une série d'autres éclairs aussi féeriques que terrifiants. Blottis l'un contre l'autre, nous attendons impuissants.

C'est alors que nous sentons les premiers flocons de neige arriver. Très rapidement, ils se font plus nombreux et nos « K-way » commencent à perdre leur fonction isolante. Nous sommes trempés et glacés par un vent froid qui semble s'acharner sur nous. Les mariés ne sont pas beaux à voir…

Cette attente dure plus de trente interminables minutes avant qu'un camion ne surgisse. Je bondis hors du fossé, l'arrête et, ni une ni deux, avec l'aide de notre sauveur, nous chargeons les scoots sur la remorque. Vu la hauteur de cette dernière et le poids des scoots, je me rends compte à quel point la peur décuple les forces. Nous trouvons enfin refuge dans la cabine et remercions le chauffeur. Ce dernier ne nous répond pas et semble bizarre ! En fait, il vit sur la côte et après tant d'efforts, à 4000 mètres d'altitude, l'air lui manque. Nous voilà bien ! Heureusement, après dix minutes, il reprend des couleurs et retrouve son sourire : « *On peut y aller !* ».

Notre « Arche de Noé » est une aubaine car durant les 50 km qui suivent, la route et l'altiplano sont recouverts d'un manteau blanc… Brrrrrr ! On en tremble encore !

Notre camion est d'autant plus providentiel qu'il se dirige vers Nazca. C'est donc à 22 heures que nous débarquons nos scoots dans cette ville avec l'étrange impression de sortir d'un cauchemar, pour nous retrouver au Paradis. Malgré l'heure tardive, nous sommes en tee-shirt. Redescendus à une altitude qui leur convient mieux nos scooters retrouvent leur puissance. Cela fait quatre mois que nous roulons à 3000 mètres d'altitude, avec des engins poussifs et leur regain de vitalité nous met du baume au cœur. Nous trouvons une « hospedaje » et nous affalons sur le lit, épuisés par toutes ces émotions mais heureux car une page vient de se tourner, celle de notre parcours dans les Andes.

Les lignes de Nazca ou les mystères du passé (par Sophie)

La ville de Nazca se situe en plein désert à 600 mètres d'altitude, sur la côte sud du Pérou. A environ 20 km de là se trouve l'un des grands mystères de notre planète : les lignes de Nazca. Sur une étendue de 500 km^2 environ, des lignes, des formes géométriques et des dessins sont tracés sur le sol. Ces géoglyphes auraient été réalisés par les cultures Paracas et Nazca entre 900 av. J-C et 600 de notre ère.

Nous prenons un petit avion pour survoler ces tracés et admirer le singe, le hibou, le condor, l'araignée, les trapèzes, les triangles :

fantastique ! Ces trente minutes de vol ont aiguisé notre soif de comprendre la signification de ces géoglyphes géants principalement visibles du ciel. Actuellement plusieurs théories existent et s'opposent, les lignes restent un mystère pour les archéologues et encore plus pour nous. Le soir, nous assistons à une conférence organisée par Viktoria Nikitzki, amie de Maria Reiche, mathématicienne allemande qui a consacré sa vie à l'étude de ces figures. Selon Maria, ces lignes représenteraient un calendrier astronomique où l'on peut situer les deux solstices, les équinoxes mais également des sources d'eau souterraines, indiquées par des lignes ou des figures. Ce qui est frappant c'est la perfection du tracé de ces dessins qui prouve une parfaite maîtrise de la géométrie par ce peuple. La culture Nazca reste encore peu connue. En effet, c'est grâce aux poteries et tissus retrouvés dans les tombes que l'on peut se faire une idée d'une civilisation ; malheureusement l'essentiel fut pillé.

En quittant Nazca, nous nous arrêtons sur la panaméricaine qui traverse l'étendue où se trouvent ces lignes (la construction de cette route en a malheureusement détruit et endommagé de nombreuses) afin de les observer de plus près. Nous constatons qu'elles ont été tracées en dégageant les pierres volcaniques foncées du sol faisant apparaître la couleur beige de la terre. La ligne blanche du tracé est ensuite bordée de ces pierres foncées pour parfaire le dessin. Malgré toutes les théories sur ces lignes, leur origine et signification demeurent un mystère… Mais n'est-ce pas mieux ainsi ?

Ciao Pérou (Par Jérôme)

De Nazca nous rejoignons Lima. La panaméricaine en très bon état longe la côte Pacifique. Brume, moiteur, température fraîche, c'en est fini du désert.

A Lima, nous sommes accueillis par Irène, de Rumichaka, qui nous héberge dans sa maison. Nous restons cinq jours dans cette capitale pour accomplir des formalités administratives. Nous allons à l'ambassade de France pour régulariser notre mariage et obtenons en trois jours la transcription de notre acte de mariage ainsi que notre livret de famille. Une efficacité que nous apprécions beaucoup.

Le reste de nos journées, nous les passons entre l'aéroport et les compagnie de cargos. En effet, les liaisons maritimes pour l'Asie passent toutes par les Etats-Unis où les conteneurs sont déchargées puis rechargés sur un cargo à destination de l'Asie. Dans le meilleur des cas il nous faut compter six semaines... Ce délai et le manque de confiance dans cette connexion nous fait opter pour le transport aérien. Un choix plus cher en apparence mais qui, au final, ne l'est pas tant que cela. De six semaines par bateau, le délai de transport par avion est ramené à cinq jours.

A l'aéroport nous choisissons une compagnie de cargos, nous renseignons sur les formalités nécessaires et réservons une place pour les scoots. Il nous reste peu de temps car un billet d'avion acheté en promotion nous fait décoller dans deux jours. Le 17 octobre à 6 heures du matin nous quittons la maison d'Irène et de José, afin d'éviter la folle circulation de cette capitale et arrivons à l'aéroport devant l'entrepôt de Lufthansa Cargo. Là, débute une journée sans fin : trouver un gars pour fabriquer la caisse des scooters et remplir tous les documents de transport. Le dédouanement commence à 14 heures. Des dizaines d'allers-retours entre la photocopieuse et l'entrepôt sont nécessaires ! De bonne volonté, les douaniers n'en demeurent pas moins très stricts sur les procédures. Tout à coup, on nous dit de nous asseoir et d'attendre. Après une demi-heure je vais me renseigner mais on ne veut rien me dire *« Merci de patienter SVP ! »*. Une attente interminable de deux heures s'ensuit d'autant plus stressante que les bureaux de douanes sont sensés être fermés depuis trente minutes... Nous craignons à chaque instant de voir le douanier nous demander de revenir. Une chose impossible pour nous car notre avion décolle à 10 heures demain matin ! Nous mettons la pression sur le douanier, je suis rivé au guichet. Impossible pour lui de fermer sa grille car je suis en dessous. Dehors plus personne. La cohue de la journée s'est estompée et la nuit commence à tomber. A chaque passage, nous avons l'impression que les douaniers découvrent avec nous les formalités à accomplir pour l'importation - exportation temporaire d'un véhicule. Il faut signaler que ce jour-là, ils ont été extras et n'ont pas baissé les bras devant la difficulté. 19h30 : l'autorisation arrive enfin. C'est là que j'apprends qu'à notre entrée au Pérou, un document du scoot de Sophie n'a pas été tamponné. Le douanier essayait donc de joindre le poste frontière pour obtenir une confirmation ! Mais avant de mettre le tampon, cet agent douanier veut vérifier les caisses. Dans l'entrepôt il ne reste qu'une personne, et une seule rampe de lumière allumée. Le douanier contrôle ce qu'il peut, car les scooters sont filmés dans la caisse. Le papier est tamponné et nous avons même droit aux excuses de la douane péruvienne pour cette attente ! Nous fermons la caisse et sortons soulagés de l'entrepôt après cette journée marathon. Difficile de réaliser que demain nous quittons ce continent sur lequel nous roulons depuis plus d'un an.

Nous arrivons à une heure du matin à Los Angeles. De là, nous louons une voiture et roulons toute la nuit pour rejoindre Steven, un de mes amis, dans la Silicone Valley. Après un an en Amérique du Sud, la propreté, l'état des autoroutes, la qualité du parc automobile, le standing des habitations, la courtoisie des conducteurs créent un véritable contraste. Mais avec notre budget « tour du monde » nous sommes vite affolés par les prix. Au Pérou, pour un dollar, nous avions un repas complet. Ici deux cafés et quatre pan cakes c'est dix dollars ! Steven nous accueille et nous emmène prendre un super petit-déjeuner de pancakes au sirop d'érable... Nous passons trois jours formidables, à nous balader dans San Francisco, apercevoir le Golden Gate entre deux couches de nuages, parcourir les rues en escaliers, à profiter d'un appartement avec machine à laver et sèche linge, et même d'un jacuzzi dans la résidence... Nous sommes sur une autre planète !

Nous trouvons sur Internet, un billet d'avion économique et quittons définitivement le continent américain pour l'Asie.

Autre continent, autre culture, autre religion : nous ne nous attendions pas à un tel changement !

Regards et paroles d'enfants : Pérou

André - 10 ans - Aréquipa

« J'habite Arequipa avec ma mère, mon beau-père qui est français et ma demi-sœur. Je vais à l'école à pied, c'est un collège privé franco-péruvien. J'apprend le français depuis 4 ans et l'anglais depuis 7 ans. Mes matières préférées ce sont les mathématiques, le français et l'éducation physique.

J'aime beaucoup l'école car je me sens plus libre en apprenant qu'en restant à ne rien faire.

A la maison nous avons un chien, un rottweiler, et un lapin. Je suis très heureux car je me sens libre et tranquille.

Ce qui a de la valeur pour moi c'est la Vie !

Mon grand-père me donne chaque semaine 2 soles d'argent de poche (0,5 €). Mon plat préféré c'est le poulet avec des légumes. Je porte un uniforme pour le collège.

Je suis très fier du Pérou car les gens sont issus d'une race millénaire et cela fait longtemps qu'il n'y a plus de guerres ici.

Je vais de temps en temps au cinéma, le dernier film que j'ai vu c'est « Le Seigneur des Agneaux ». La musique que j'écoute c'est la musique Pop et la Salsa. En vacances j'ai déjà été aux Etats-Unis, en Floride et au Brésil. Mon père vit à Lima et travaille dans une entreprise de plastiques et ma mère travaille chez un grossiste. J'ai ma propre chambre, nous avons deux télévisions, une machine a laver, une cuisine équipée... J'aime bien Arequipa car c'est une ville ou on se sent en sécurité. Ici il n'y a pas beaucoup de vol à main armée. Ce n'est pas comme à Lima ! Mais plus tard j'aimerais vivre a Lima car il y a beaucoup plus d'activités et je souhaiterais être politicien pour aider mon pays. »

Si j'étais président :

1. J'utiliserais l'eau pour construire un barrage et vendre l'électricité à d'autres pays.

2. En cas de désastre naturel, comme un tremblement de terre, je créerais des entreprises pour reconstruire et donner du travail a la population.

3. Je ferais une croisade des valeurs : Honnêteté, Travail, Création d'entreprise.

Regards et paroles d'enfants : Bolivie

Marlène - 13 ans - Nucchu - Sucre

«J'habite Nucchu un petit village près d'une grande rivière et à 20 km de Sucre en Bolivie. Ici, c'est la montagne et nous sommes à 2700 mètres d'altitude. Je marche environ une heure chaque matin pour aller à l'école. A la maison nous parlons Queshua, la langue des Incas mais ici j'apprends l'espagnol, la langue officielle de mon pays.

Je suis très heureuse car j'aime la vie et j'aime jouer avec mes amies à l'école. Je ne reçois pas d'argent de poche et pour manger dans la journée, je vais voir ma grand-mère qui n'est pas très loin de l'école et elle me donne un verre de lait.

Le soir, je mange de la soupe et du poulet accompagné de riz et frites.

Pour mon anniversaire on fait une fête et je reçois de l'argent (5 bol/pers venue à la fête).

Je ne connais pas du tout l'Histoire de la Bolivie. J'aime beaucoup jouer au Football et à cache-cache.

A la maison nous avons une télévision et des jeux vidéo. J'ai déjà été à Sucre mais aussi à Santa Cruz

J'ai deux sœurs et un frère et je partage ma chambre avec mes sœurs. Je vis avec mes parents et grands-parents. Chaque samedi je passe environ quatre heures à laver le linge de toute la famille dans le lavoir.

A Noël nous allons à Sucre pour acheter des cadeaux, un sapin de Noël et des décorations.

Je ne veux pas me marier car je n'aime pas cela. »

Si j'étais présidente :

- J'irais en Espagne, récupérer l'argent qu'ils nous ont volé.

Deuxième partie

Dix mois en Asie

« N'ayez jamais peur de la vie, n'ayez jamais peur de l'aventure, faites confiance au hasard, à la chance, à la destinée. Partez, allez conquérir d'autres espaces, d'autres espérances. Le reste vous sera donné de surcroît. »

Henry de Monfreid

Carte d'Asie

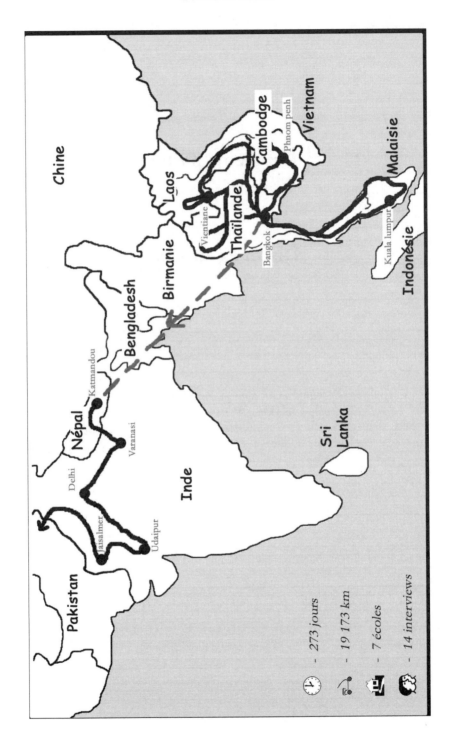

Chapitre 6

Le choc culturel de l'Extrême Orient

Octobre - Décembre 2002

Arrivée en Asie... (par Sophie)

Le 23 octobre, après 18 heures de vol, nous survolons Bangkok. Du hublot, nous mesurons l'étendue de cette mégapole, l'enchevêtrement de ses rues, de ses ponts, ses buildings plus hauts les uns que les autres... et surtout ce nuage de pollution qui flotte sur la ville. Une fois l'autorisation de 30 jours tamponnée sur nos passeports, nous sortons de l'aéroport et la chaleur étouffante nous saisit. Nous nous dirigeons vers les bus locaux et en prenons un en direction du centre. Le vacarme de la circulation, les autoroutes aériennes, la pollution et la foule grouillante des rues nous surprennent. Nous transpirons tellement que mon visage ruisselle et mon tee-shirt est à tordre. Nous cherchons un petit hôtel dans le quartier de Siam Square et avons un mal fou à trouver nos repères. Entre le plan de notre guide et les panneaux écrits dans l'alphabet thaï, nous y perdons notre latin ! Nous finissons par en dégoter un et après une bonne douche froide, nous nous écroulons sur le lit et sous la climatisation pour une sieste indispensable.

Nous ressortons l'après-midi, pour visiter cette ville et pour dîner. Nous sommes agréablement surpris par le contact très souriant des Thaïlandais. Notre porte-monnaie est également ravi car les prix s'accordent avec notre budget. Nous pouvons nous offrir une bière et un pancake à la banane sans scrupule ! Mais le vol, le décalage horaire, la chaleur et l'humidité ambiante ont raison de nous et nous ne tardons pas à réintégrer notre chambre climatisée.

Le lendemain, nous prenons un petit-déjeuner local : riz, viande et jus de fruit que nous n'apprécions pas trop... Direction l'aéroport, nous arrivons chez Lufthansa Cargo pour récupérer nos scooters normalement arrivés la veille. Là, c'est le coup de massue : *« Désolé, votre caisse n'est pas arrivée, elle devrait être là vers le 1er novembre, mais rien n'est certain car le vol Caracas-Francfort-Bangkok n'est pas confirmé »*. Jérôme commence à s'énerver mais rien à faire. Au contraire, cet accès d'humeur est perçu comme une perte de self-contrôle ! Dépités, nous repartons et filons envoyer un email à Lufthansa Lima pour connaître la raison du retard. Mais aucune réponse en retour. Deux jours plus tard, notre interlocuteur de Lufthansa Bangkok, nous assène un second coup de massue :

- *Monsieur Maurice ?*
- *Oui*
- *J'ai retrouvé vos caisses.*
- *Ah !*
- *Elles ont transité par la Colombie et sont au Venezuela.*
- *Et donc ?*
- *Elles sont bloquées à Caracas par la douane.*
- *Quoi ?! Quand repartent-elles ?*
- *C'est le problème, aucune date n'est donnée et sur mon écran on indique comme motif : drogue.*
- *!!!*
- *Je ne peux rien dire d'autre.*

Jérôme raccroche le combiné et à sa tête, je sens qu'il y a un problème. Les pires doutes s'emparent de nous.

La drogue a été chargée pendant nos formalités douanières à Lima.

Au transit en Colombie, des sachets ont été glissés dans nos sacs, c'est évident !

Comment prouver que nous n'y sommes pour rien ?

En Thaïlande, le trafic de drogue est sévèrement réprimé !

Peut-on nous retrouver ici ?

Inutile d'aller à l'ambassade personne ne nous croira…

Bref, nous ne parlons plus de récupérer les scooters et sommes plutôt soucieux de ne pas nous faire attraper !

Avec 12 heures de décalage entre la Thaïlande et le Pérou, nous devons attendre le soir pour contacter l'agence à Lima et avoir plus de détails.

« Des caisses bloquées au Venezuela ? Avec comme motif, la drogue ? Je ne suis pas au courant, je vais me renseigner et je vous rappelle. »

Nous devons attendre une journée de plus à broyer du noir et envisager les pires hypothèses avant que la réponse salvatrice n'arrive.

« La douane vénézuélienne effectue un contrôle anti-drogue sur certaines caisses et les vôtres en font partie. Dès le contrôle terminé, vos caisses repartent. »

Nous sommes soulagés mais notre angoisse est telle que nous harcelons notre interlocuteur.

« Comment se fait-il que les caisses aient transité par la Colombie et le Venezuela ? Ce n'était pas prévu. Vous avez intérêt à avoir un agent à Caracas pour vérifier que rien ne disparaît pendant l'ouverture des caisses, et surtout à les réexpédier rapidement ! »

N'étant jamais mieux servis que par soi-même, Jérôme téléphone directement à l'agent de Caracas pour le pousser à régler rapidement le contrôle douanier. Cette colère auprès de la compagnie à Lima, le coup de téléphone à Caracas et quelques emails nous permettent de récupérer nos scooters trois jours plus tard et d'obtenir un dédommagement.

A l'aéroport de Bangkok, après quatre heures de « paperasseries » douanières, nous découvrons notre caisse ouverte et à l'intérieur les sacs défaits avec des affaires qui traînent... *« Négligence de la douane à Caracas ! »*. Les piquets de tente manquent à l'appel, mais c'est un moindre mal car les scooters sont intacts.

A 18 heures, le 1ᵉʳ novembre, sous la pluie, de nuit et en pleine heure de pointe, nos « *Liberty* » roulent en Asie !

« Les Bambous » d'Enfants Du Mékong (par Sophie)

Il nous est arrivé pendant le voyage de recevoir des emails de voyageurs qui avaient vu sur notre site où nous étions et qui proposaient de nous rencontrer. Au Pérou, nous avons reçu un email des « Nomades on line », Jean-Christophe et Auray qui ont réalisé un tour du monde humanitaire. Après quelques échanges électroniques, nous n'avions pas pu nous voir mais ils avaient eu la gentillesse de nous donner les coordonnées d'Aële et Sophie, deux volontaires de l'association Enfants du Mékong.

« N'hésitez pas à les appeler, elles sont supers sympa et vous aurez l'occasion d'aller voir avec elles des missions EDM ! »

Le soir où nous apprenons que nos scooters sont bloqués à Caracas, notre moral est à zéro. Nous décidons d'appeler les volontaires en imaginant leur proposer de passer une soirée entre Français.

- *Bonjour, est-ce que Sophie est là ?*
- *Non, c'est de la part de qui ? Je peux transmettre un message ?* répond une voix féminine
- *Et bien, je suis Jérôme et avec ma femme nous faisons un tour du monde à scooters. Les « Nomades » nous ont donné le numéro de Sophie.*
- *Ah oui, les « Nomades », bien sûr, je les connais. Je suis Aële et je suis volontaire avec Sophie, mais elle n'est pas là aujourd'hui. Elle est partie en mission. Si vous voulez, vous pouvez venir à la maison.*
- *Eh bien nous voulions lui proposer de dîner ensemble ce soir…*
- *Pas de problème, venez ici, nous dînerons à la maison. Et prenez vos sacs, nous avons de quoi vous loger…* nous répond Aële.
- *Ah, mais… Bon, eh bien super, c'est vraiment génial, on arrive vers 18heures !*

Nous n'en revenons pas d'une invitation aussi chaleureuse. Nous prenons nos sacs et montons dans un tuk-tuk vers l'adresse indiquée où nous sommes accueillis par Aële et Pauline. Tout de suite, nous échangeons sur nos raisons respectives d'être à Bangkok. Notre voyage et surtout leur mission de volontaires pour l'association Enfants du Mékong. Pauline, 21 ans, vient d'arriver et suit des cours de thaï. Elle part dans une semaine sur le lieu de sa mission : une école dans un petit village où elle va donner des cours d'anglais pendant un an à des enfants de 6 à 12 ans. Quant à Aële, 26 ans, elle entame sa deuxième année de mission et elle s'occupe de coordonner les projets d'aide de l'association pour la Thaïlande, le Cambodge et les Philippines. Elle se rend sur place à la demande des volontaires ou responsables locaux et étudie avec eux la nécessité et la faisabilité de projets de construction, de restauration d'écoles ou sanitaires, la création ou le soutien de foyers d'accueil etc. Elle monte ensuite un dossier de demande de financement qu'elle envoie au siège de l'association en France.

La maison où se retrouvent tous les « Bambous » (volontaires EDM) est, en quelque sorte, leur base. Les bambous chargés de monter des projets comme Aële et Sophie et ceux qui sont coordinateurs pour la Thaïlande, le Laos ou le Vietnam, comme Charlotte, Stéphanie, Yves, Patrice et Geoffroy, vivent à Bangkok et rayonnent depuis cette ville dans les différentes missions. Quant aux autres bambous, Anne, Pauline, Margot, Greg, Sybille, Hugues, Ségolène et Marion ils se trouvent toute l'année dans un village, intégrés à une communauté et ne viennent à Bangkok que pour leurs visas ou les achats nécessaires à leur mission. Ces bambous sont des volontaires, ce qui signifie, qu'ils financent eux-mêmes leur missions, par leurs économies ou en sollicitant familles, entreprises, clubs... Dans des écoles, des foyers, des centres de formation, en tant qu'animateur, professeur d'anglais ou coordinateur, ils aident sur le terrain les enfants parrainés par EDM.

Cette maison est pour nous « la maison du bonheur ». Nous y vivons des moments d'amitié inoubliables. Nous en faisons aussi notre base, y laissons une partie de nos affaires (vêtements chauds, guides sur l'Amérique du sud…) et rayonnons pendant six mois à partir de Bangkok dans les autres pays d'Asie du Sud-Est.

Nous restons deux semaines dans cette capitale, le temps de récupérer nos scooters et en profitons pour visiter la ville, les marchés et les temples. Nous saisissons aussi l'occasion pour contacter Vee Rubber, le fabricant de nos pneus qui a son siège à Bangkok. Après leur avoir présenté notre tour du monde, nous sommes accueillis par la direction, interviewés par le Bangkok Post et recevons de leur part deux paires de pneus de rechange chacun. Ce partenaire, nous permettra d'avoir le nombre de pneus nécessaire jusqu'en Turquie. Un accueil vraiment très sympathique et un soutien plus qu'utile !

Après avoir changé les pneus, préparé les bagages et fait une dernière lessive, nous quittons la maison EDM en direction de la côte sud. Nous partons un dimanche pour éviter la circulation intense de la semaine. Nous ne sommes encore habitués ni à la conduite à gauche ni au flot de motos, tuk-tuks, taxis, qui roulent très vite. Nous avons un peu de mal à sortir de Bangkok mais heureusement un conducteur nous guide sur la bonne voie.

Nous faisons une pause sur l'île de Ko Chang afin d'affiner notre parcours de l'Asie du Sud-Est et de préparer notre périple en lisant nos guides. Un petit bungalow au bord de la mer, des dîners succulents dans des petits restos, bref, un endroit paradisiaque mais un peu trop calme pour nous. Au bout de deux jours, nous ne tenons plus en place, trop impatients de parcourir cette région. Nous prenons la route en direction du Cambodge.

Passage en pays khmer… (par Sophie)

Nous nous arrêtons à Trat, à quelques kilomètres de la frontière, pour racheter un jerrican d'eau, car le nôtre s'est cassé ; Jérôme fait les vidanges et change les pignons arrières qui, depuis un passage dans l'eau au Venezuela, font du bruit.

Nous décidons de rentrer au Cambodge par une frontière peu fréquentée au sud du pays et nous ne savons pas du tout en combien de temps nous pourrons atteindre Sihanoukville ou Phnom Penh. Aussi, nous envoyons un email à nos familles leur demandant de ne pas s'inquiéter. Sans s'astreindre à préciser notre parcours ou des délais nous les informons régulièrement de notre avancement. L'éloignement, nous le comprenons, accroît l'inquiétude et plutôt que de leur créer des angoisses inutiles, nous préférons leur préciser que pendant les quinze ou trente prochains jours, ils n'auront aucune nouvelle.

Nous arrivons au poste de frontière de Koh Kong et passons sans problème la douane thaïlandaise. Pendant que Jérôme va faire tamponner passeports et papiers pour les scooters, je reste dehors pour surveiller montures et bagages. Je suis tout de suite interpellée par plusieurs personnes en anglais ou en français proposant le visa cambodgien. Comme à mon habitude, je fais la sourde oreille, ne voulant surtout pas tomber dans une arnaque.

Côté cambodgien, il est midi et nous devons attendre un peu. Pendant que Jérôme fait la queue, je reste dehors et des douaniers viennent discuter avec moi. Je leur raconte notre périple et ce que nous espérons voir au Cambodge. Je plaisante avec une femme policier, ce qui détend l'atmosphère policée.

Une fois nos visas en poche, les douaniers demandent à Jérôme nos carnets de passage en douane ! Nous n'en avons plus… Ce sont des documents d'importation temporaire de véhicules qui exonèrent des taxes d'importation. Pour l'Amérique du sud nous en avions pris, mais ils n'ont jamais servi ! Leur coût (plus de 100 €) et surtout la caution déposée à l'ACF[26] (100% de la valeur du véhicule) nous ont incités à ne pas les renouveler pour la suite du voyage.

Quelques jours avant, à Bangkok, nous avions demandé au consul de France de nous rédiger une lettre de recommandation, expliquant que nous voyageons avec nos véhicules immatriculés en France. C'est donc avec ce courrier officiel que nous nous présentons à la frontière. Le Cambodge étant une ancienne colonie française, le français y est encore étudié et un interprète nous aide dans nos démarches. Le

---

[26] ACF : Automobile Club de France

douanier principal oublie finalement les carnets de passage en douane et nous propose de passer librement la frontière sans autorisation spéciale. Je suis assez dubitative et Jérôme insiste pour obtenir une autorisation écrite de circuler. Mais il n'y a rien à faire, même en téléphonant au responsable, nous devons entrer sans papier... Le douanier nous affirme d'ailleurs que nous n'aurons pas de problème à l'intérieur du pays car les touristes ne doivent avoir aucun souci au Cambodge !

Peu convaincus mais n'ayant pas le choix, nous passons, tout de même, la frontière. Au Cambodge, on roule à droite, donc nous changeons de côté et traversons un pont qui nous mène dans le petit village de Koh Kong. Le luxe et le développement de la Thaïlande est loin. Pas d'électricité dans les rues, routes et chemins en terre battue, commerces quasiment vides... Nous dînons avant la tombée de la nuit sur un étal de marché d'une excellente crêpe fourrée au soja. Les aliments sont conservés dans des glacières car, sans électricité il n'y a ni réfrigérateur ni congélateur. La gentillesse des villageois nous fait chaud au cœur et la lumière du soleil qui se couche est tellement belle ce soir-là que nous sentons que ce pays sera marquant dans notre voyage.

Premières impressions du Cambodge (par Jérôme)

Après une nuit à Koh Kong, nous décidons de rejoindre Sihanoukville par une piste. Un ruban de latérite, bordé de chaque côté par des rizières vert-fluo d'où émergent des cocotiers. Un paysage de toute beauté caractéristique du Cambodge. La piste est dans un état correct. Nous croisons peu de véhicules, seuls quelques pick-up chargés de grappes humaines nous dépassent. Nos scooters soulèvent un nuage de poussière rouge qui se colle à nous, à nos vêtements et recouvre les sacs. Nous sommes bons, ce soir, pour une séance de nettoyage. Je suis fortement étonné par les Cambodgiens qui nous doublent sur leurs petites motos. Ils ont tous une chemise d'une blancheur éclatante... En fait nous les voyons souvent s'arrêter dans des marres et nettoyer motos et chemises avant de repartir ! Des pauses qui sont d'autant plus fréquentes qu'il fait très chaud et que le soleil, à la verticale, ne nous épargne pas. Cette piste est coupée en cinq endroits par des fleuves. Chaque passage s'effectue soit sur une barge, quand on a la chance d'être acceptés, soit sur des pirogues. Celles-ci sont attachées par paires avec par-dessus des planches en bois. Le chargement est assez délicat surtout avec les sacs. Je m'occupe des deux scoots tandis que Sophie en profite pour prendre des photos ou filmer. A l'une des descentes, tandis que ma roue avant s'engage sur la planche de débarquement je sens mon scoot se bloquer. La planche, sous un effet de levier s'est levée et s'est prise dans ma béquille. Déséquilibré par cet arrêt brutal, je me vois déjà avec le scoot dans la rivière. Heureusement au dernier moment je me libère et évite de justesse la catastrophe. Ouf !

Vers 15 heures nous n'avons parcouru que la moitié du chemin. Nous arrivons à Andoung Teuk, un petit village, et nous nous dirigeons vers l'école pour demander l'autorisation d'y camper. Celle-ci est déserte. Seuls quelques enfants jouent au foot. Nous demandons à l'un d'eux de voir un professeur. *« Teacher ? Yes I know ! »* dit-il avant de filer pour revenir accompagné de sa professeur d'anglais. Nous expliquons à cette dernière ce que nous souhaitons et celle-ci accepte bien volontiers. En attendant que quelqu'un aille chercher les clefs des classes, elle nous offre un verre d'eau dans sa maison située en face. Très simple, celle-ci est construite avec des planches en bois sur des pilotis. En effet, pendant la saison des pluies, les inondations sont fréquentes. Une seule pièce fait office de salon, de cuisine et de chambre. Une moustiquaire recouvre le lit, signe annonciateur d'une nuit agitée.

Son anglais est approximatif et nous avons du mal à comprendre tout ce qu'elle nous dit. Nous lui proposons de réaliser un cours sur la France, mais sa réponse est incompréhensible. *« Bah, nous verrons bien demain ! »*.

On nous ouvre la porte d'une classe et nous installons nos matelas sur les tables. Par-dessus nous fixons notre moustiquaire, afin de ne pas servir de pâtures à ces suceurs de sang ailés. Un repas de pâtes et la fatigue de la journée cumulés à la chaleur, nous fait tomber dans un sommeil lourd.

Le lendemain, nous sommes réveillés par des bruits. Dehors, tous les enfants du village semblent s'être rassemblés autour de notre « chambre ». Chacun essaie, à travers les planches, d'apercevoir ces barangs[27]. Je m'approche doucement d'une fenêtre et l'ouvre subitement. La surprise passée, un vent de panique s'empare de ces « réveille-matin sur pattes » et je les vois détaler. Nous plions nos affaires et vers 8 heures voyons revenir les enfants en uniformes,

---

[27] Barang : étranger / blanc en khmer

chemise blanche, pantalon bleu marine pour les garçons, jupes pour les filles.

Aujourd'hui, c'est un jour férié, mais les enfants sont venus pour le lever de drapeau. Rassemblés en étoile autour de celui-ci, ils entonnent l'hymne cambodgien tandis qu'une fille hisse tout doucement ce symbole. Après ce moment solennel, nous voyons les enfants se précipiter vers le fond de la cour. Nous les suivons et découvrons un éléphanteau à qui nos petites têtes brunes donnent des petites touffes d'herbes et jouent à lui « serrer la trompe »…

Pas d'école aujourd'hui donc pas de cours ni d'interviews ! Nous reprenons la piste et roulons une journée entière. A nouveau poussière, passages de rivières et soleil de plomb. Mais les paysages sont de toute beauté et nous nous régalons.

A 30 km de Sihanoukville, nous n'en croyons pas nos yeux. Nous quittons la piste et nous retrouvons sur une route asphaltée en excellent état, avec marquages au sol, bas-côtés, bornes kilométriques, panneaux. Une route digne des plus belles nationales de chez nous.

Après une petite pause à Sihanoukville nous nous dirigeons vers Kampot. La route est toujours asphaltée mais son état laisse à désirer. Nous devons slalomer entre les trous et parfois il nous est plus facile d'emprunter le bas-côté. Nous avançons lentement et sommes doublés par des Cambodgiens qui, malgré un chargement étonnant, foncent à vive allure.

Juste avant Kampot, nous traversons la rivière du même nom sur un pont en métal, type Gustave Eiffel. La structure est métallique mais la chaussée est en bois. Il est 16 heures et c'est l'heure d'affluence. Le pont est « jaune de monde ». Vélos, motocyclettes, motos, charrettes se croisent au milieu d'une foule compacte. Avec nos sacoches, nous sommes accrochés plus d'une fois. Ici nous sommes vraiment noyés dans la masse. Deux roues parmi les deux roues !

La ville de Kampot est constituée de vieux bâtiments qui semblent abandonnés avec par-ci par-là des maisons neuves. Les trottoirs sont défoncés comme les rues d'ailleurs. La circulation est anarchique. Nous éprouvons dans cette ville un sentiment d'après-guerre. Impression rendue encore plus vive par ces maisons aux murs criblés de balles ou d'impacts d'obus. Ceux-ci témoignent de la guerre qu'a connu le pays à partir des années 70. Coup d'Etat, Khmers rouges puis Vietnamiens, ce pays a été ruiné par plus de vingt années de conflit. Une misère que nous constatons chaque jour un peu plus.

En plein centre ville, alors que je roule au pas, je vois une forme longiligne noire jaillir d'une touffe d'herbe, passer devant mon scoot et traverser la rue. Un serpent d'un mètre de long qui est pris en chasse par les adultes et tués à coup de tongs et de pierres. Décidément, cette ville nous réserve beaucoup de surprises.

Non loin de notre guest-house[28], nous découvrons une maison pourvue d'une pancarte en français : « Maison de la Jeunesse et de la Culture ». Notre curiosité nous y fait entrer et nous y rencontrons l'administrateur. Ce centre a été financé par la M.J.C[29]. d'Ile-de-France et accueille des Cambodgiens pour des cours d'anglais, de français, de dessin, de musique... Nous présentons notre projet et après quelques réticences, l'administrateur accepte de nous laisser faire un cours sur la France.

Avec la carte du monde affichée sur un tableau et un professeur d'anglais pour traduire, je fais face à une trentaine d'enfants assis par terre. Ces derniers sont très attentifs mais peu curieux. Surtout, nous découvrons qu'avec un interprète, cette présentation est plus difficile à réaliser et qu'il est surtout moins évident de transmettre des messages. Cette expérience est toutefois très intéressante car elle nous permet d'apprendre qu'au Cambodge les enfants payent pour assister aux cours, payent pour avoir les feuilles d'examens, payent pour assister à des cours du soir complétant leurs cours du jour... Un système corrompu, mais à qui en vouloir ? Aux professeurs qui ne gagnent que 20 US$ par mois ?

Avant de rejoindre Phnom Penh, nous passons par Kep. Cette région était, avant 1970, le lieu de villégiature de la jet-set cambodgienne, des coloniaux et des expatriés. Villas de luxe, grands hôtels, casino, plages privées... à la différence de Sihanoukville qui a été reconstruite, Kep est aujourd'hui une ville fantôme. Des villas détruites par les impacts de balles et les tirs de mortiers, abandonnées à la végétation luxuriante, il ne reste que quelques murs couverts de salpêtre et de rouille. Il n'y a plus d'électricité ni d'eau courante, plus aucun commerce... seuls quelques pêcheurs vendent leurs produits aux paysans du coin. Sinistre impression. Seules quelques guest-houses et un petit marché attestent d'un semblant d'activité. Nous nous sentons mal à l'aise dans cet endroit. Il nous donne le « bourdon » et nous décidons de ne pas y rester.

---

[28] Guest-house : petit hôtel en Asie
[29] MJC : Maison de la Jeunesse et de la Culture

Bon Om Tuk ou Fête de l'eau à Phnom Penh (par Sophie)

Nous rejoignons la capitale au milieu d'une circulation dense. Vélos, motos, mototaxis, pick-up bondés. Comme nous, tous roulent vers Phnom Penh… Nous allons participer à la fête annuelle de Bon Om Tuk qui célèbre l'inversion du cours des eaux du fleuve Tonlé Sap. A l'arrivé de la saison sèche, le fleuve se déverse dans le lac du même nom pour se mêler ensuite au Mékong. Phnom Penh double alors sa population pendant quelques jours.

Nous rejoignons les Bambous EDM de Phnom Penh. Sybille et Hugues s'occupent chacun d'un foyer pour étudiants. En fin d'après-midi, nous sommes accueillis par les jeunes hommes du centre en train de réviser ou de faire la vaisselle du déjeuner. Chaque étudiant du foyer est parrainé par un Français qui verse une somme mensuelle lui permettant de suivre des études supérieures. Nous discutons, en français, avec l'un d'entre eux. Il fait des études d'économie et se réjouit car dans quelques jours arrive sa « marraine » française à qui il va faire visiter son pays.

Sybille, Hugues et Aële reviennent d'une mission dans le Mondolkiri, une région éloignée à l'ouest du pays. Ils sont allés visiter une école en mauvais état qui nécessite des travaux de restauration. Aële doit maintenant évaluer la faisabilité du projet.

Pour notre arrivée dans leur foyer, Hugues est allé chercher des viennoiseries françaises. Eh oui, dans cette ancienne capitale coloniale, on trouve plusieurs boulangeries qui fabriquent croissants et pains au chocolat… un vrai régal !

Nous installons nos affaires dans le bureau de Sybille et Hugues pour la nuit.

En scooters et motos nous rejoignons le centre de la ville et longeons les bords du fleuve pour assister à la fête. Le centre-ville est totalement coupé à la circulation par des barrages de police et les berges du Tonlé Sap sont noires de monde. Seuls les VIP peuvent passer… Hugues et Jérôme se débrouillent, discutent avec des policiers et réussissent à les amadouer.

Les Khmers sont assis par terre sur les pelouses, des marchands ambulants vendent des jus de canne à sucre, des bières fraîches, des petits plats mijotés…

Il fait nuit et sur le fleuve se déroule une magnifique parade de « bateaux-chars » décorés et illuminés. C'est de toute beauté.

Au abords du Palais Royal se trouve la tribune du roi Sihanouk où se presse toute la jet-set de ce pays : princes et princesses, ministres, diplomates, représentants des organisations internationales comme l'ONU et l'UNESCO.

A l'occasion de cette fête, de nombreux cambodgiens rejoignent la capitale. Mendiants, mutilés, femmes avec leur bébé… sont assis ou allongés dans la rue, au milieu des passants, en tendant la main. Une véritable cour des miracles qui rappelle que le Cambodge est l'un des pays les plus pauvres de la planète.

Le lendemain, nous visitons le « marché russe », un immense bazar où l'on trouve tout l'artisanat du pays mais aussi des fruits, des légumes et autres denrées alimentaires, des vêtements, chaussures et empilement de pièces de moto… C'est un vrai plaisir de déambuler dans ce capharnaüm ! A quelques semaines de Noël, nous profitons de cette occasion pour acheter quelques cadeaux à envoyer à nos familles. Je peux enfin faire des emplettes sans scrupules… En effet, sans place inutile sur nos scooters, nous n'achetons rien qui puisse nous charger et avec notre budget restreint, nous évitons les dépenses superflues… Enfin presque ! Je m'offre tout de même un krama[30] rouge et une chemise bleue. Il est des réflexes que les filles ne perdent pas.

Après le Cambodge nous aimerions aller au Vietnam. Nous sommes déjà allés à l'ambassade du Vietnam à Bangkok mais n'avons pu obtenir de garanties pour l'entrée des scooters. Nous tentons à nouveau notre chance à Phnom Penh. Malheureusement, la réponse est la même. *« Vous devez d'abord acheter vos visas puis aller jusqu'à la frontière et là, vous verrez bien si le douanier vous laisse entrer avec vos véhicules…»,* nous répond, sans aucune amabilité, l'agent de l'ambassade. Nous avons croisé à plusieurs reprises des motards qui avaient essuyé un refus à la frontière. Nous décidons de ne pas prendre le risque de nous faire refouler et de perdre ainsi le prix, assez élevé, des visas.

L'après-midi, nous retournons avec plaisir sur les bords du fleuve et nous devons nous frayer un chemin à travers la foule pour nous

---

[30] Krama : écharpe en coton à carreaux que tous les Khmers portent sur la tête, autour du cou ou autour de la taille pour la baignade.

asseoir sur les berges et assister aux régates de pirogues. La proue et la poupe de chacune d'elles sont sculptées d'une tête de dragon. Malgré leur faible largeur, c'est plus de 25 rameurs en costumes qui les propulsent dans le sens du courant. La fête se termine le soir par un discours du Roi et un splendide feu d'artifices. Très belle fête offerte gracieusement à toute la population !

Pour un Sourire d'Enfant (par Sophie)

Lors d'une soirée avec Sybille et Hugues nous rencontrons Claire, volontaire de l'association « Pour un Sourire d'Enfant » (PSE) qui s'occupe des petits chiffonniers de la décharge de Phnom Penh. En poste depuis deux mois, elle se consacre à la pédagogie des enseignements dispensés dans l'école PSE. Claire nous annonce qu'elle va sur la décharge le lendemain et nous propose de l'accompagner. L'occasion est trop belle, nous acceptons. A 7 heures du matin, nous garons nos scoots devant la paillote, un terrain acheté par PSE en bordure de la décharge et sur lequel des constructions servent de salle de bains et de cantine. Devant nous, des centaines d'enfants font la queue, une cuillère à la main. Claire nous apprend que 600 petits-déjeuners sont servis chaque jour à ces enfants qui ne peuvent rejoindre le centre PSE, car trop jeunes pour être scolarisés. Avant le repas, douche obligatoire ! Un médecin volontaire est également là pour soigner les plaies et infections. Parmi toutes ces petites têtes brunes, plusieurs ont les cheveux décolorés. Nous pensons à un effet de mode. La réalité est plus tragique... Cette décoloration est due à la malnutrition. Certains de ces visages sont durs et fermés, témoins d'une vie où alcool, violence et maltraitance, ne sont malheureusement pas rares. Nous sommes toutefois étonnés de voir que malgré leurs conditions de vie difficiles, la majorité des enfants garde le sourire. Comme pour nous prouver que, malgré tout, l'avenir leur appartient. Nous traversons ensuite l'un des trois villages construits sur les montagnes de détritus. Au total 5000 familles vivent sur cette décharge, qui est aussi leur lieu de travail. En effet, plastiques et métaux sont récupérés et revendus aux Vietnamiens qui les recyclent. Les maisons en bois et plastique sont construites sur pilotis juste au-dessus des tas d'immondices, dégageant, avec la chaleur, des odeurs à nous faire rendre notre « petit-déj' ». Cochons, poules, chiens, parcourent les ruelles à la recherche des déchets... Imaginez en outre le grouillement des mouches, des moustiques, des fourmis et autres insectes. 200 mètres plus loin nous arrivons au cœur de la décharge, là où les camions viennent vider leurs bennes. A chaque arrivée, une grappe humaine entoure ces mastodontes. Il nous semble que le chauffeur dans ses manœuvres, se soucie peu de ces hommes et ces enfants. Claire nous confirme que, régulièrement, certains se font écraser... Tout à coup, la benne se lève. Les plus téméraires se risquent à aller chercher les premiers plastiques et canettes, au risque de se faire ensevelir sous le chargement. Puis, une fois le camion parti, hommes, femmes et enfants souvent nu-pieds, se jettent, crochet dans une main et sac dans l'autre, à la recherche de leur « gagne-pain ». Malgré le désordre indescriptible, nous apprenons qu'il existe une hiérarchie et que les places se paient. Bien sûr, plus on est près du camion, plus c'est cher ! Difficile de décrire la chaleur et les odeurs, mais ces enfants en guenilles, souvent couverts de plaies, évoluant parmi les ordures nous laissent un goût amer... Cette matinée reste la plus marquante de notre vie !

Marie-France et Christian des Pallières ont créé en 1995 l'association « Pour un Sourire d'Enfant » afin de sortir les enfants de la décharge de Phnom Penh, leur donner une éducation, et les protéger de la maltraitance. Financée uniquement grâce à des dons (essentiellement de parrains français), le travail accompli en 7 ans est époustouflant et demeure un vrai modèle. Environ 2000 enfants sont actuellement aidés par PSE. Soit à la paillote de la décharge pour leur permettre de se laver et manger, soit dans les écoles publiques du quartier en finançant les droits d'entrée et les cahiers, soit au centre de rattrapage, fondé par l'association et qui accueillent 800 enfants.

Nous passons deux jours dans cette école pour y présenter la France et interviewer des élèves.

Le centre permet aux enfants de reprendre leurs études même avec du retard, voire de les commencer, pour certains à plus de 16 ans ! Les classes vont du cours préparatoire à la Terminale, mais propose également des formations professionnelles en secrétariat, hôtellerie et coiffure.

Nous assistons à 6h30 du matin à l'arrivée des écoliers. Ils commencent par se laver (douche dans la cour, le krama khmer autour du corps), mettent un uniforme propre (ils en ont deux et en lavent un chaque jour), prennent leur petit-déjeuner (riz, légumes...), puis à 8 heures, après le lever du drapeau, ils entrent en classe. A 10 heures, récréation et petit en-cas notamment du lait de soja (pour les protéines). A midi, repas complet puis sieste. Celle-ci est primordiale car elle permet à bon nombre d'enfants de « récupérer » de leur soirée tardive qu'ils ont passée à fouiller la décharge. L'après-midi, les cours se poursuivent jusqu'à 17 heures.

Nous présentons de la France à deux classes et sommes surpris par l'excellent niveau des enfants, par leur curiosité et leur maturité. Nous intervenons en français dans deux classes et le professeur de français traduit en khmer.

Les élèves apprennent le khmer, l'anglais et le français. Les professeurs sont tous khmers ainsi que le directeur de l'école. En effet, dans un soucis de pérennité et de responsabilisation, les des Pallières recrutent essentiellement des Cambodgiens. *« Aider ne signifie pas faire à la place de »* ! Il y a cependant une dizaine de jeunes volontaires français occupant des postes que les Khmers ne peuvent pas encore tenir.

A 17 heures, les élèves repartent dans leurs familles, sur la décharge. Pour beaucoup, une deuxième journée commence, celle de chiffonnier. De nombreux parents refusent la scolarisation par PSE car chaque enfant est avant tout considéré comme de la main-d'œuvre et doit rapporter de quoi payer au moins sa nourriture. L'association a pour philosophie de ne jamais donner d'argent. Pour permettre aux enfants d'aller à l'école, elle distribue aux familles du riz ce qui compense le « non-travail » de leur progéniture. Que ces enfants travaillent est déjà un constat pénible. Malheureusement, l'insoutenable c'est, aussi, « la vente » ou « la location » des garçons et des filles, pratiquée, de surcroît dans une ambiance violente et alcoolisée.

Cinquante jeunes filles sont actuellement pensionnaires, cinquante filles que Marie-France et Christian ont voulues protéger de la violence et qu'ils ont souvent accueillies alors qu'elles étaient dans des conditions de détresse maximum. Nous interviewons l'une d'elles, Pisey, 15 ans, que ses parents ont abandonnée avec ses frères et sœurs pour partir vivre chacun avec un autre conjoint ! Témoignage d'autant plus touchant que Pisey s'exprime en français.

Claire nous invite à déjeuner au restaurant du centre de formation hôtelière. Prestation de très grande classe, tant par la délicatesse du menu que par la décoration de la salle et la tenue des serveurs. Nous passons ensuite un moment au centre de nutrition avec les onze tout-petits présents ce jour-là. Malnutris ou malades, l'association PSE s'en occupe dans la journée pour les requinquer. Le soir, ils retournent dans leur famille et plus tard quand ils sont en meilleure forme, ils y retournent complètement.

Nous sommes réellement épatés par l'ampleur du travail accompli en 7 ans, tant en terme d'infrastructures que de services mis en place au centre et directement sur la décharge. Des centaines de sourires dans la cour de l'école, de la gaieté, une ambiance studieuse, un bien-être sont le résultat de cette action menée par Marie-France, Christian et leurs équipes. Que d'espoirs pour tous ces enfants !

Mondolkiri : le « Blues des Scooters » ! (par Sophie)

Nous quittons Phnom Penh en direction du Mondolkiri. Les Bambous nous ont donné l'envie d'aller voir cette région méconnue.

N'ayant toujours pas trouvé de piquets de tente pour remplacer ceux égarés lors du transport aérien, nous ne pouvons plus camper et devons aller dans de petits hôtels.

Nous nous arrêtons donc pour faire halte à Skuon, la ville des araignées. Dès notre arrivée dans la rue principale, des jeunes femmes viennent vers nous, un plateau sur la tête rempli de tarentules frites ! A peine les scoots rangés, les affaires posées dans la chambre, Jérôme se précipite vers l'une des vendeuses. Ayant la phobie des araignées, c'est un peu dur pour moi de le voir tenir dans la main une bête aussi grande que sa paume. Il la décortique et la mange. *« Ça ressemble à du crabe ! »* me dit-il avec son air malicieux.

Je vais au marché pour trouver quelque chose à manger et reviens avec de la baguette et une boîte d'huile de palme sucrée. La baguette est un héritage de la colonisation française et nous nous en régalons. Quand à l'huile de palme c'est une sorte de lait concentré sucré que nous utilisons comme confiture pour nos petits-déjeuners.

En reprenant la route, nous arrivons à Kompong Cham, petite ville au bord du Mékong. C'est la troisième plus grande ville du pays et nous avons l'impression d'être dans une petite bourgade très peu développée. Certaines maisons sont en bois, les commerces sont vides et l'électricité ne fonctionne le soir que dans quelques habitations grâce aux générateurs. Nous avons l'impression que les habitants vivent dans le désordre et qu'ils ne font pas grand-chose. Beaucoup sont assis et attendent… Nous dégustons un excellent curry dans un petit resto et allons nous coucher en espérant trouver le sommeil malgré la chaleur.

Le lendemain, nous roulons sur 130 km de piste en latérite rouge et longeons des plantations d'hévéas dont nous découvrons la récolte de sève liquide et blanche. En fin d'après-midi, nous atteignons Snuol, petit village de quelques maisons. Nous trouvons une guest-house qui semble plutôt être un hôtel de passe. Mais il n'y a rien d'autre et au moins nous avons un lit, une moustiquaire, un ventilateur et une salle d'eau : l'essentiel !

Le soleil est très fort, la chaleur étouffante et la poussière a recouvert tous nos vêtements : nous sommes tout rouges ! Nous nous lavons ainsi que nos vêtements dans la salle d'eau où se trouvent des toilettes, un robinet et un baquet. Je m'écroule sous la moustiquaire sans même dîner, je suis malade. Maux de ventre, maux de tête, nausées... rien de grave juste une très grande fatigue due à la conduite sur piste par 40 degrés.

Le lendemain, nous continuons jusqu'à Sen Monorom sur une large piste de près de 150 km. Piste difficile où je tombe et retombe. Je pleure et rage toujours... 15 mois de voyage, 35 000 km et toujours autant de stress sur ces pistes... Et dire qu'il faut tenir encore deux ans ! Tant pis, je suis têtue et relève quand même le défi.

Nous découvrons une région totalement différente du reste du Cambodge. Collines couvertes de hautes herbes, arbres disséminés... Un décor digne de la série « *La petite maison dans la prairie* » ! Nous nous posons quelques jours dans un bungalow et profitons de la région et de son calme. Il n'y a que très peu d'habitants dans cette partie du pays et nous retrouvons des sensations de bout du monde et de grands espaces. On aime ! Chutes d'eau, village de Dak Dam où vit une communauté Phnomg. Le rêve, enfin presque.

En effet, nous avons le blues et nous nous posons de sérieuses questions sur notre voyage. Le choc culturel entre Asie et Amérique du sud a été très fort. Tous nos repères volent en éclat. Plus de points communs, des raisonnements totalement différents, des modes de vie très influencés par une religion omniprésente, des coutumes et des comportements auxquels nous devons nous habituer et surtout des langues et des écritures auxquelles nous ne comprenons plus rien. Nous n'arrivons pas à communiquer avec la population. Nous avions décidé de ralentir notre rythme de voyage sur cette deuxième année pour mieux comprendre les gens, pour approfondir nos rencontres. Cela fait un mois que nous sommes en Asie et nous avons l'impression d'être perdus. Cette culture est si différente de la nôtre que nous n'arrivons pas à instaurer le dialogue. Et ce n'est pas faute d'essayer. Plus d'une fois Jérôme tente, avec son dictionnaire franco-khmer, de discuter, de poser des questions. Souvent je le vois revenir le visage fermé. *« Il ne m'a rien dit, il a tourné la tête c'est tout ».* *« je lui ai reposé la question mais rien, il s'est fermé comme une huître en gardant la tête tournée ! »* En effet, la prononciation du khmer est peu évidente et souvent nos interlocuteurs ne nous comprennent pas. Mais plutôt que de nous demander de répéter ils tournent la tête. Dans la culture asiatique on ne doit pas perdre la face ni faire perdre la face à quelqu'un. Et quand un « barang » pose une question incompréhensible, ils préfèrent éviter le problème et regardent ailleurs…

Nous avons le sentiment d'être des « Blancs » et d'être méprisés par ces peuples d'Extrême Orient. Derrière ce premier sourire, nous ressentons mépris et dédain. Cette sensation me donne l'impression d'être inadaptable. Peut-être n'est-ce pas qu'une impression d'ailleurs. J'arrive de plus en plus à vivre à l'aise dans cet univers de pauvreté mais j'ai du mal à valoriser les individus. Je suis déçue par la nature humaine et je découvre que finalement l'homme est un animal qui vit dans une porcherie… Réflexion de la « bourgeoise » que finalement je suis toujours ! Je ne suis vraiment bien que seule au milieu de paysages splendides… Triste constat… Le voyage sert aussi à se découvrir et à s'accepter tel que l'on est.

Notre « blues » nous fait parler déjà du retour, de nos projets à partir de l'été 2004 et des projets suivants. Nous décidons d'accélérer notre rythme, pour ne plus tomber dans l'ennui, et après avoir refait pour la énième fois notre parcours en Asie, nous nous sentons déjà mieux.

Nous quittons le Mondolkiri en direction de Kratie. Là, nous en profitons pour admirer les dauphins Irrawady, une espèce rare toujours présente dans le Mékong. Nous rejoignons ensuite Siem Reap après cinq jours de routes difficiles.

Les routes déroutantes du Cambodge (Par Jérôme)

Rouler au Cambodge est une expérience très enrichissante pour le conducteur. Première chose : le code de la route local. Le vélo s'incline devant la moto qui s'écarte devant l'auto qui laisse passer la camionnette qui se pousse devant le camion. Autant dire qu'avec nos scoots nous n'en menons pas large ! L'état des routes est lui aussi unique. Nous avons connu le meilleur sur la route Sihanoukville-Phnom Penh. Un bitume lisse, un balisage fréquent, des bas-côtés dégagés… Le pire nous le subissons près de Kratie, au lendemain d'un orage qui a transformé la piste en un véritable bourbier. Cette terre, une sorte de glaise, donne à la piste des airs de patinoire. Il nous faut 3 heures pour parcourir 35 km ! Sur ce passage nous voyons des camions s'embourber, des motos chuter. Quant à nous, malgré nos précautions, nous n'éviterons pas de belles glissades. A cette difficulté s'ajoutent les traversées de rivières. Là, nous rencontrons souvent deux cas de figure. Le premier, ce sont des passages sur des « pirogues » dont l'accès est physique car situé en contrebas au bout d'un chemin souvent boueux et plein d'ornières. Le second, ce sont une multitudes de ponts, enfin ce qu'il en reste, constitués de troncs en travers desquels sont posés des planches. Entre les termites, les camions et les 4x4, ces ouvrages sont en piteux état et leur franchissement doit s'effectuer toujours avec la plus grande prudence.

De manière générale, le Cambodge compte plus de pistes en terre que de routes asphaltées. Pierres, ornières, trous, bosses, franchissements de rivières... les obstacles sont omniprésents. Nous apprenons également qu'ici asphalte rime souvent avec « route défoncée » ! Il est parfois plus rapide de rouler sur le bas-côté. De même, commencer sur une belle route bitumée ne garantit pas que 10 km plus loin, on ne retombe pas sur une piste en terre dans un état déplorable.

Eh oui ! Au pays de la corruption, une partie des fonds internationaux attribués pour la remise en état du réseau routier semble s'égarer dans les poches des dirigeants. Par conséquent, la couche de bitume est deux fois moins épaisse et la durée de vie des routes très courte ! Malgré ce tableau noir, les témoignages et les photos nous montrent que nous avons échappé au pire : la saison des pluies ! A cette période, les routes peuvent être complètements recouvertes d'eau et pour certains passages, il est nécessaire de faire marcher une personne devant le véhicule pour ouvrir la voie. Pour exemple, Siem Reap–Sisophon (100 km) se parcourt en plus de 13 heures !

La contrepartie est toutefois à la hauteur des difficultés : un spectacle permanent. Nous ne nous lassons pas de ces paysages de rizières, d'où émergent des palmiers. Dans le Mondolkiri, de vastes étendues d'herbes ondulent sous le vent. Les routes sont bordées de maisons sur pilotis, principalement bâties en bois et en paille. Des enfants se baignent dans les mares où chassent, la fronde à la main, oiseaux et rongeurs. Enfin toutes ces personnes croisées, fidèles au sourire khmer et qui nous lancent sans cesse des « hello », et des « bye-bye ».

Au spectacle visible des bords des routes, s'ajoute celui de la route. A la vue des véhicules khmers, je me remémore souvent le temps de mes études et de mon ancien travail où j'entendais souvent parler de coefficients de sécurité, de limite à la rupture, de répartition des masses du véhicule... Au Cambodge, ces notions relèvent de la science-fiction ! Une moto comme une voiture c'est fait pour transporter. Et, bien sûr, plus le véhicule est chargé, plus le transport est rentable, c'est logique ! C'est ainsi que nous croisons régulièrement des motos 100 cm³ avec 4 voire 5 passagers. Ou encore une grappe de dizaine de poulets ou un cochon de 150 kg sur le porte-bagages arrière. Brigitte Bardot en ferait un infarctus ! Nous sommes aussi épatés par ces motos chargées d'un entassement de cartons plus haut que le conducteur qui nous dépassent sur les routes défoncées.

Quant aux voitures, une même règle s'applique. A l'arrière des pick-up on entasse : cartons, vélos, motos et passagers. Pas de limite de poids, pas de limite de hauteur. Tant qu'il y a de la place, on charge ! Bien sûr, tous ces transports se font sur les routes décrites précédemment, à des allures non limitées, sous un soleil de plomb et dans une perpétuelle poussière !

Les volontaires des ONG[31], contraints d'utiliser ces modes de transports, nous l'avouent : *« Quand on monte, on prie et pendant le trajet on prie et on serre les fesses. A l'arrivée notre foi est encore plus grande ! »*.

Angkor et encore ! (par Jérôme)

Par une route extrêmement dégradée, nous arrivons à Siem Reap, ville située à côté du site d'Angkor, classé au Patrimoine Mondial de l'Humanité par l'UNESCO. C'est la principale zone touristique du Cambodge et nous sommes surpris de découvrir une ville « développée » du moins en comparaison de ce que nous avons vu jusqu'ici. Eclairages publics, hôtels, restaurants, cafés, cybercafés bordent des rues parfaitement bitumées. De nombreux hommes, femmes et enfants mendient dans les rues. Dans tout le pays, la pauvreté est évidente, mais elle est particulièrement mise en avant sur les lieux touristiques de Siem Reap et Phnom Penh. Ailleurs, où il n'y a pas de tourisme, nous n'avons pas vu de mendiants.

Nous restons trois jours à parcourir les nombreux temples d'Angkor. Nous ne pouvons pas tous les visiter tellement le site est vaste. Angkor regroupe une centaine de temples et palais édifiés entre le IXe et le XVe siècle. Le plus connu de tous, Angkor Vat est un temple entouré de douves, dont la muraille extérieure mesure 1,5 km de côté. Le monument est gigantesque. Mais plus encore que par sa taille, nous sommes impressionnés par la richesse des décorations qui ornent les

---

[31] ONG : organisation non gouvernementale

murs. La partie centrale d'Angkor Vat est entourée d'une esplanade qui nous permet d'admirer sur 800 mètres, les bas-reliefs de ce temple. Un ensemble représentant combats et légendes. Pour notre dernier soir, nous avons la chance de découvrir le temple d'Angkor Vat tout illuminé à l'occasion d'un concert organisé par le grand ténor José Carreras. Une véritable merveille, un régal pour nos yeux et nos oreilles.

Je dois toutefois reconnaître avoir un penchant pour le temple de Ta Prohm. Celui-ci a délibérément été laissé en l'état : murs effondrés, plafonds en équilibre précaire, pierres fissurées et surtout les fromagers, arbres gigantesques au tronc clair et aux racines immenses, qui s'infiltrent et enlacent les pierres, recouvrant les murs et leur servant de support. Vision superbe d'une nature qui reprend ses droits et embellit la réalisation des hommes. Certains temples comme le Banteay Srei se trouvent à plus de 30 km. Cela donne une idée de l'étendue du site d'Angkor. Nous ne visitons pas tout mais parcourons plusieurs fois les mêmes temples. Tout au long de la journée, la lumière et les jeux d'ombre évoluent, dévoilant de nouvelles facettes, de nouveaux profils de ces monuments.

Au cours de nos visites, nous rencontrons Violaine et Philippe, deux Français partis à vélo pour un tour du monde d'un an. Et quelle n'est pas notre surprise d'apprendre qu'ils ont quitté Suresnes trois mois plus tôt ! Avec nos voisins du bout du monde nous échangeons pendant ces trois jours nos expériences et nos impressions. Les « Cyclotrott » commencent juste leur périple au Cambodge. Nous les laissons descendre vers Phnom Penh.

Les soieries du Mékong (par Sophie)

En quittant Angkor, nous nous dirigeons vers Bantey Chmar, à plus de deux heures de piste au nord de Sisophon, dans le nord-ouest du Cambodge. En chemin nous découvrons un panneau bleu de l'Organisation britannique « The HALO Trust » qui s'occupe du nettoyage des débris de guerre. Nous pouvons y lire :

Terrain prévu pour l'école de Tonlé Sar :

- Zone dégagée : 15101m²

- Mines détruites : 28

Ce panneau nous rappelle que, dans cette région, frontalière avec la Thaïlande et dernier bastion des Khmers rouges, subsistent encore des zones minées. Triste souvenir des années les plus noires du Cambodge, les mines continuent encore aujourd'hui à tuer ou mutiler des paysans, des femmes et des enfants.

A 20 km de là se situe Bantey Chmar. Maisons en bois, pistes en latérite, quelques échoppes, quelques vendeurs de canne à sucre, et un magnifique temple de la période d'Angkor : voilà ce qu'est ce petit village. Peu de voitures, quelques motos, le calme prédomine.

Nous passons une partie de l'après-midi à déambuler dans le temple envahi par la jungle et dont la majorité des pierres sont à terre. Des petites filles nous rejoignent et nous accompagnent. Debout sur une pierre, elles nous offrent un spectacle de danse khmer. Tant de grâce à 5 ans nous fascine. Leur sourire et leur joie nous rendent vraiment heureux. Nous les raccompagnons jusqu'à leurs maisons, petites paillotes sur pilotis sans eau, ni sanitaire ni électricité. Les mères font chauffer du riz sur un feu de bois. Ces maisonnettes sont situées juste à côté du centre « les soieries du Mékong » où nous rendons visite à Grégoire, volontaire d'« Enfants du Mékong ».

Dans cette région, encore minée, où la paix n'est revenue qu'en 1999, « Enfants du Mekong » et « Espoir en Soie », deux associations françaises, ont décidé de créer une école pour apprendre à des jeunes femmes le tissage de la soie, tradition khmère perdue ces 30 dernières années.

Grégoire nous accueille très chaleureusement dans le centre de formation dont il a assuré le développement. Une charmante femme lui a préparé son repas et nous le partageons sur la terrasse au premier étage de la maison en admirant le coucher de soleil sur les rizières et les palmiers. Soirée magnifique à échanger avec lui sur le Cambodge, les Khmers et sa mission.

Le lendemain, Grégoire nous fait visiter les ateliers des « Soieries du Mékong » et nous regardons ces jeunes femmes apprendre à tisser de superbes étoles.

« Nous accueillons dans l'école dix filles pour six mois de formation puis six mois de production. A terme, nous souhaitons que ce centre s'autofinance grâce à la vente d'étoles en soie aux touristes et aux Cambodgiens. L'objectif du centre est d'apprendre à ces femmes un métier leur permettant de sortir de la misère. »

Au-delà de sa mission première, Grégoire accueille également le soir, les enfants démunis du village pour leur donner des cours d'anglais, leur faire apprendre la danse khmer ou tout simplement les réunir autour d'un « Tom et Jerry ». C'est un peu la maison du bonheur pour ces petits Khmers. Volontaire pour un an, Grégoire a choisi de rester une deuxième année afin de poursuivre le développement de cette école. Il passera ensuite la main à un autre volontaire.

Un pays d'après-guerre (par Sophie)

Pistes en latérite, rizières dans lesquelles se trouvent des femmes en kramas rouges, le tout sous un ciel bleu... que de belles images... mais que cachent-elles ? Près de 30 ans de conflits ont détruit le Cambodge et sur certains plans l'ont ramené des décennies en arrière par rapport au niveau de développement atteint à la fin des années 60. Aujourd'hui le pays est classé parmi les pays les plus pauvres au monde ! Ce qui nous a marqué tout d'abord c'est la destruction des villes de la côte sud. Des villes fantômes, comme Kep, qui témoignent d'un passé glorieux mais révolu... Certains hôtels de grand luxe ont été construits récemment afin d'attirer le week-end, les expatriés, membres de l'ONU ou des ONG, vivant à Phnom Penh. C'est d'ailleurs dans cette capitale très agréable par ses larges avenues, la faible hauteur de ses constructions, que le contraste entre riches et pauvres nous a choqué le plus. Les villas d'un luxe exubérant côtoient les baraques en bois, le tout dans des rues souvent en terre et totalement défoncées. La corruption est omniprésente et surtout ostentatoire. En dehors de Phnom Penh, et de Siem Reap, où l'on trouve ce que l'on veut dans les magasins, le reste du pays est vraiment pauvre. Les commerces sont désespérément vides, les marchés attristants... Sur les routes nous ne voyons pas de camions transporter des marchandises ! Depuis l'arrivée des ONG en 1994, des écoles sont reconstruites et ouvertes, mais les professeurs sont si mal payés qu'ils rackettent leurs élèves. De nombreux enfants ne peuvent donc pas aller en classe et c'est notamment dans ce cas-là que les ONG font un travail formidable de scolarisation gratuite. Quasiment pas d'infrastructure, rien dans les magasins, malnutrition, mortalité infantile, sida... à ces éléments matériels s'ajoute malheureusement la destruction morale du peuple khmer ! En effet, les quatre années du régime de Pol Pot, puis les guerres qui ont suivi et les mines anti-personnelles, ont détruit les valeurs de ce peuple. Sous Pol Pot, c'est la suppression des écoles, l'extermination des personnes instruites, la destruction de la famille, la vie en camps... Nombres d'hommes, de femmes et enfants ont perdu leur dignité et leur humanité. Il est aujourd'hui courant que les femmes et les enfants soient maltraités et abusés par les hommes de la famille ou par les autres... Le mariage arrangé est encore la règle ! Dans ces situations familiales désastreuses, l'alcoolisme devient roi, les maladies comme le sida se développent et l'abandon des enfants en est souvent la conséquence. Il n'est pas rare de voir les parents se séparer et partir chacun de leur côté vers un avenir qu'ils espèrent meilleur, laissant en plan la fratrie... Pour nous, ces mentalités si différentes, la position de la femme et de l'enfant, l'impression de manque de franchise dans leurs propos, la corruption installée et acceptée, nous laissent un sentiment de malaise. Mais que dire à ce peuple qui a subi tant d'atrocités, pour qui, il n'y a pas si longtemps, le mensonge et le vol étaient des moyens de survie ! Nous espérons que le temps lui redonnera dignité, confiance en lui-même et lui apportera un avenir meilleur.

Avenir que des centaines d'ONG semblent aujourd'hui prendre en main. Depuis 1994, le Cambodge est devenu un pays sous assistance humanitaire. Construction d'écoles, de puits, aide alimentaire, formation professionnelle, création de foyers d'orphelins, assistance médicale, pose de prothèses aux mutilés : il y a tant de besoins ! Les ONG apportent beaucoup, tout parfois. Mais, le peuple khmer pourra t-il poursuivre l'oeuvre de ces organismes ? Au-delà de l'aide apportée, ce sont des millions de dollars qui arrivent dans ce pays et qui sont parfois dépensés par les membres des ONG avec leur valeur occidentale et non avec la valeur locale. Un plat de riz avec un peu de viande coûte normalement 1500 à 2000 riels sur un marché local. Que penser du prix de 8000 à 12000 riels dans des villes comme Siem Reap où circulent de nombreux touristes mais où sont aussi installées de très nombreuses ONG ? L'inflation générée est-elle pertinente dans un pays en reconstruction ? Et pour finir, que penser de ces millions de dollars donnés par l'aide internationale pour reconstruire les routes et dont 70% ont déjà disparu avant l'ouverture du chantier. Une situation d'après-guerre, un pays à reconstruire, un peuple à « ré-humaniser ». Oui, mais pas n'importe comment !

Parc Koa Jaï (par Sophie)

Nous quittons le Cambodge après avoir parcouru les derniers kilomètres sur une piste défoncée. Jamais mon scoot n'a autant remué, j'en ai des courbatures partout !

Le passage en Thaïlande est saisissant. Route parfaitement asphaltée à quatre voies, supermarchés bien remplis, petits restaurants alléchants, hôtels agréables et peu chers... Le coût de la vie est tellement moindre de ce côté-ci de la frontière que nous nous empiffrons de denrées introuvables au Cambodge comme les yaourts ou le lait et filons dans un bon petit restaurant pour déguster de délicieuses « patthai » (nouilles frites).

Rassasiés et reposés, nous rejoignons le parc naturel Khao Jaï où nous passons deux jours en pleine forêt. La nature nous manque et le calme aussi. N'ayant toujours pas retrouvé des piquets de tente, nous louons une canadienne : feu de camp et dîner sous les étoiles au milieu des bruits de la forêt. Le matin au réveil, un immense cerf broute paresseusement à 20 mètres de notre abri et nous passons une partie de la matinée à jouer avec des macaques qui nous ont chipé notre sac de pain.

Lieu de repos idéal, nous commençons à rédiger les articles sur le Cambodge. Chaque jour, nous écrivons nos notes sur la journée et tous les deux mois nous rédigeons des articles que nous adressons aux destinataires de notre carnet de route. Partager nos découvertes, nos émotions est un plaisir. Si la contrainte n'est pas facile à respecter, le plaisir de recevoir des messages de nos lecteurs nous motive suffisamment.

L'après-midi nous partons nous promener dans la forêt, regardons les singes sauter de branches en branches et admirons les oiseaux. Une observation, tout juste perturbée par des bestioles noires – des sangsues – qui s'infiltrent sous nos chaussettes et sucent notre sang en toute impunité ! La substance anesthésiante qu'elles nous injectent masque la piqûre et souvent le soir, en nous déshabillant, nous découvrons ces vampires gluants collés sur nos pieds.

En quittant le parc, je fais 200 mètres, entends un drôle de bruit et cale ! Jérôme démonte le scoot et ne trouve pas l'origine de la panne. Au bout de quelques heures d'acharnement, nous demandons à l'un des gardes du parc de nous remorquer jusqu'à la prochaine ville. Nous allons directement chez un mécanicien. Il est 18 heures, le garage ferme et nous devons revenir le lendemain. Nous leur laissons le scooter en panne et sommes contraints d'aller à l'hôtel. Le lendemain, dès 8 heures, Jérôme et les mécaniciens démontent totalement le moteur et découvrent que l'une des soupapes fuit. Cette fuite est provoquée par la poussière qui s'est accumulée au Cambodge. Nettoyage des soupapes, du filtre à air, du carburateur rouges de poussière et le moteur est remonté. Jérôme en profite aussi pour nettoyer son moteur, mieux vaut prévenir que guérir ! Quand on le peut, tout du moins.

L'Ecole de Ban Han (par Sophie)

Les deux scooters en état de marche, nous rendons visite à Pauline, volontaire EDM, dans un petit village de 3 000 habitants dans l'Issan (nord-est de la Thaïlande).

Dans cette province assez pauvre, Ban Han est un village de fermiers cultivant le riz et élevant quelques animaux. Y est installée une église catholique avec un prêtre et deux religieuses qui s'occupent de l'école.

Celle-ci accueille plus de 300 élèves de 3 à 14 ans répartis en classes de 40.

Consciente de l'importance de l'anglais, la sœur Whipaporn a demandé à EDM si une volontaire pouvait venir soutenir le professeur d'anglais et donner 28 heures de cours par semaine. C'est donc la deuxième année qu'une jeune française offre ce service.

Pauline, 21 ans, a choisi de prendre une année sabbatique avant l'obtention de son diplôme d'ingénieur, pour se mettre au service des plus pauvres. Après ses cours de thaï à Bangkok, elle est arrivée à Ban Han pleine d'enthousiasme. Elle loge dans une chambre à côté de l'école et partage ses repas avec les sœurs qui ne connaissent que quelques mots d'anglais. Elle ne peut donc compter que sur ses talents en thaï !

Dès notre arrivée, Pauline nous emmène à une fête avec les professeurs de l'école, dans la ville voisine. Elle partage déjà la vie locale. Lors de cette soirée, nous rencontrons, la très gentille professeur d'anglais dont le niveau très précaire dans la langue de Shakespeare justifie amplement la présence d'une volontaire !

Les sœurs, très heureuses de notre visite, vont au marché chercher des plats succulents pour nous régaler, notamment de superbes petites sauterelles grillées : un délice !

Le lundi, nous partons en bus scolaire avec les élèves pour assister aux olympiades organisées pendant deux jours dans tout le pays et pour toutes les écoles. Nous admirons particulièrement les filles de 8 ans habillées et maquillées, présentant un spectacle de danses traditionnelles : la grâce est innée chez ces petites filles.

Le jour suivant, nous présentons la France aux élèves du cours de Pauline. Nous parlons en anglais et Pauline traduit en thaï. Coup de chapeau pour son niveau après à peine deux mois dans le pays ! L'après-midi, c'est devant près de 100 élèves réunis dans la cour que nous recommençons notre « show » traduit, soit par Pauline, soit par les enfants ayant assisté à la présentation du matin.

L'enthousiasme des sœurs est épatant. Nous discutons avec elles et les professeurs sur le fonctionnement de l'école. Les professeurs sont payés selon leur niveau d'études et leur ancienneté entre 87 et 149 euros par mois. Les élèves paient l'école 11 euros par an et achètent leur uniforme 4,5 euros. Chaque midi, les enfants apportent leur riz et l'école leur fournit la viande et les légumes, ce qui compose le repas équilibré de la journée.

A quelques jours de Noël, l'école se pare de guirlandes, de décorations et de cadeaux accrochés dans l'arbre. Pauline apprend à ses élèves des chants en anglais pour l'occasion et leur fait dessiner des cartes de vœux pour décorer la salle de classe.

Le soir, nous participons à une procession catholique allant chanter des cantiques devant la maison de chaque paroissien... le tout accompagné d'un tirage de loterie animé par le prêtre !

C'est dans cette ambiance festive, où tous les élèves répètent les chants dans l'église, que nous laissons Pauline et les sœurs. Les bras et les scooters sont chargés de cadeaux et de fleurs. Quant à nous, nous sommes plein d'émotions.

Noël francophone à Bangkok (par Sophie)

Nous passons quelques jours dans la capitale thaïlandaise pour nous reposer et fêter Noël avec nos amies Bambous.

Nous en profitons pour nous racheter – enfin – des piquets de tente, mais aussi faire des lessives, mettre à jour notre site Internet, rédiger les interviews des enfants du Cambodge et de la Thaïlande, faire nos comptes, répondre aux emails et envoyer nos vœux de nouvel an.

Messe de minuit à la paroisse francophone de Bangkok, dîner amical dans la cour de l'église et danses bretonnes ! Le lendemain, devant un excellent petit-déjeuner nous échangeons avec Aële et Sophie des cadeaux de Noël : dictionnaire franco thaï et livre de recettes thaïlandaises ! Des cadeaux appréciés et surtout très utiles !

Nous cherchons sur Internet la date du festival hindou Thaipusam qui a lieu à Kuala Lumpur chaque début d'année. Cette année, il aura lieu le 19 janvier. En une soirée de réflexion, nous modifions à nouveau notre plan de route et décidons de partir pour la Malaisie afin de voir cette fameuse fête hindoue. Nous retournerons plus tard visiter le Laos et le nord de la Thaïlande.

« No motorcycle on this way ! » (par Jérôme)

Vendredi 27 décembre. Nous quittons la maison des Bambous en direction du col des trois pagodes pour le réveillon. A peine partis, un orage vient nous tremper de la tête aux pieds et ne nous facilite pas la tâche pour sortir de Bangkok. Nous finissons par trouver une route et nous y engageons. Au bout de quelques kilomètres je réalise que nous sommes les seuls deux-roues. Certainement nous sommes-nous engagés sur une autoroute et bien sûr nous ne devrions pas y être ! C'est alors qu'apparaît dans mon rétro un motard qui nous fait signe de nous arrêter. *« No motorcycle on this way. Give me your driving licence ! »* Je m'exécute et tente de lui expliquer que nous n'avons pas vu les panneaux, que nous sommes désolés et lui demande où se trouve la prochaine sortie. Son anglais équivalant à mon thaï, chacun imaginera le dialogue de sourds qui s'instaure.

« No motorcycle on this way . You pay me 1000 baths[32] for each motorcycle ». Un motard québécois rencontré au Cambodge nous avait dit avoir payé 500 baths pour la même infraction. Je commence à comprendre que notre compère compte terminer 2002 en beauté ! Je lui répète que dans la circulation dense nous n'avons pas vu les panneaux, que nous souhaitons quitter l'autoroute à la prochaine sortie, que nous sommes désolés et surtout que nous ne pouvons pas payer les 2000 baths demandés.

Avec les asiatiques, ne pas s'énerver, toujours garder le sourire, être patient ! Ces conseils je me les répèterais sans arrêt ! Je parviens même à mettre notre motard mal à l'aise en regardant mes chaussures ou mon scoot, sans lui prêter attention. Après 20 minutes de ce petit jeu, notre policier, toujours en possession de nos permis, enfourche sa moto et nous demande de le suivre. Au bout de deux kilomètres il nous arrête à l'embranchement de sortie. Je m'approche de lui, un grand sourire aux lèvres, persuadé que je suis qu'il va nous laisser partir.

« No motorcycle on this way. You pay 2000 baths ». Et nous revoilà partis pour 20 autres minutes de ce manège pendant lequel je prends sur moi pour garder sourire et patience. En fait, j'attends le moment où il

---

[32] 1000 baths = 23 euros

va me proposer une « solution ». Au bout de 20 minutes les nuages nous rattrapent et quelques gouttes tombent. Je profite de l'occasion pour récupérer nos permis laissés négligemment sur sa moto. Devant cette évolution climatique et ce « farang[33] » têtu et souriant, notre motard nous demande tout d'un coup : *« you want eat rice ? »* Un bol de riz ce sera toujours cela de gagné, pense-t-il peut-être ? Je lui fais comprendre que nous venons de manger et que nous sommes plutôt pressés de partir avant l'orage. *« you want drink ? »* De dépit, j'accepte et nous nous retrouvons dans un coffee shop. Visiblement habitué du lieu, il commande un capuccino tandis que nous commandons un soda à deux pour limiter les frais. Assis à l'abri, nous ne savons toujours pas ce que veut notre motard … Je décide de tenter le tout pour le tout et me lance dans une opération de séduction : un vrai fayot, aurait dit mes copains de classe ! *« Comment vous appelez-vous ? »* *« Depuis combien de temps êtes-vous motard ? »* *« Ce n'est pas évident avec la circulation ! »* *« Où avez-vous appris l'anglais ? »* *« A l'école ? Vous vous débrouillez bien ! »*

Le tout alors que, dehors, le ciel déverse des trombes d'eau ! Voyant apparaître une éclaircie, j'ose sortir l'appareil photo et lui demande un petit souvenir. Il accepte, flatté.

Prétextant l'accalmie et notre longue route, je me lève pour régler la note. C'est alors que notre motard se précipite pour payer ! J'insiste au moins pour régler notre boisson mais rien à faire ! La photo a visiblement créé un déclic ! Nous nous quittons après une bonne poignée de mains.

Perplexes, nous reprenons la route avec toujours dans nos poches les 2000 baths et un coca dans le ventre ! Aujourd'hui encore, je me demande quelles étaient ses intentions initiales, que cherchait-il et pourquoi nous a-t-il laissé tranquilles ?

En tout cas, je retiens qu'en Thaïlande, « patience et longueur de temps font plus que force et que rage » !

Un bivouac pour réveillonner (par Sophie)

Après deux mois à voyager sans notre tente, nous ne rêvons que d'une chose pour le réveillon. Bivouaquer !

---

[33] Farang : blanc / étranger en thaï

C'est ainsi que nous partons dans la région du Kanchanaburi où de très jolies montagnes en forme de « pain de sucre », constituent la frontière avec la Birmanie.

C'est au col des Trois Pagodes, à quelques mètres du Myanmar, que nous découvrons un petit lac tranquille avec vue sur les montagnes et les plantations d'hévéas. Le rêve !

Nous restons là deux jours profitant à nouveau de la joie de dormir sous la tente, de baignades dans le lac et de toilette en sarongs... Nous revivons !

Le 31, c'est au marché du petit village du col que nous faisons nos emplettes pour le dîner et elle seront gentiment conservées toute la journée au frais dans la glacière d'une épicerie.

Le réveillon sera donc succulent, côtes de porc au feu de bois et pommes de terre aux herbes de Provence, tomates et oignons. Le tout arrosé d'un petit vin français déniché quelques jours avant dans un supermarché.

Admirer les étoiles pour les douze coups de minuit, au bord d'un lac de montagne, notre rêve se réalise... et 2003 commence bien !

Un accueil chaleureux (par Jérôme)

En route pour la Malaisie, nous demandons à planter notre tente dans le jardin d'une maison. Chose simple normalement ! Mais quand nos interlocuteurs ne parlent que thaï, cela se complique ! Enfin, à force de signes, de dessins et surtout grâce à un petit dictionnaire (merci Aële), nous finissons par leur faire comprendre ce que nous voulons !

Tout de suite, Pad le père, nous choisit le meilleur endroit, se munit d'une perche pour faire tomber des noix de coco qui menacent notre frêle abri et s'empresse d'installer un néon au-dessus de notre tente !

Pad, Jay (la mère) et Arunag (leur fils) ont une plantation de 600 hévéas dont ils tirent une partie de leurs revenus. Quelle aubaine ! En effet sur toute cette partie de la Thaïlande nous n'en finissons pas de traverser des plantations avec ces odeurs de latex si caractéristiques. Ce camping est donc, pour nous, l'occasion d'en connaître un peu plus sur la récolte et la transformation du caoutchouc naturel.

Pad commence par nous expliquer que la récolte ne se déroule que durant les quatre mois secs de l'année. Muni d'une espèce de serpette, il nous emmène dans la plantation et pratique une incision sur l'écorce de l'arbre. Comme par magie un liquide blanc, semblable à du lait, se met à suinter de la saignée et s'écoule dans un godet. Toutes les trois heures, avec Arunag, il collecte le latex dans un seau pour le mélanger à de l'eau et de l'acide avant de laisser reposer le mélange dans des bacs. Lorsque ce dernier a la consistance d'une gelée « anglaise », il est laminé à quatre reprises. La feuille de latex ainsi obtenue est ensuite mise à sécher puis vendue. Avec ses 600 arbres, Pad produit 23 kg de latex par jour qu'il vend 20 à 30 baths. (environ 0,02 € le kilo)

Nous sommes vraiment reçus comme des rois par cette famille. Outre la pose du néon, ils nous préparent un feu et apportent devant la tente un lit, qui fera office de salon et sur lequel nous prenons ensemble le café.

Le matin, lorsque nous ouvrons la tente, Arunag est déjà là. « Tea, coffee, milk ? ». Rejoint par ses parents, il nous sert un café tandis que nous leur préparons des toasts à la confiture. Ils acceptent nos toasts mais à leurs mimiques nous comprenons qu'un bol de riz leur conviendrait mieux ! Cette différence de coutumes sera l'occasion de rires.

Nous passons un long moment ensemble à discuter de la production du latex, de leur plantation, de leur vie. Eux sont heureux de pouvoir découvrir la France au travers des documents que nous présentons dans les écoles.

« Vous n'allez pas partir aujourd'hui ? Restez jusqu'à demain !». Nous étions habitués à des Thaïlandais qui, face au barrage linguistique, se cachaient derrière un sourire. Cette famille nous a appris que ces barrages de cultures et de langues ne sont finalement rien devant la chaleur humaine, la curiosité et l'ouverture d'esprit !

Regards et paroles d'enfants : Cambodge

Choeum Pisey – 15 ans – Phnom Penh

« Je m'appelle Pisey, j'ai 15 ans et je suis pensionnaire chez PSE (l'association : Pour un Sourire d' Enfant).

Je suis en Grade 7 (correspond à la 5ème en France). Mes matières préférées sont le français, l'anglais, les mathématiques et l'Histoire. Je parle un peu français. Je ne sais pas utiliser les ordinateurs.

 Mes parents nous ont abandonnés quand j'avais 6 ans. Ma soeur est aussi pensionnaire à PSE mais mes trois petits frères ont été confiés à une famille d'accueil qui habite tout à côté. De toute manière, je suis heureuse. C'est ma nature.

Mon plat préféré c'est le boeuf aux liserons d'eau avec des herbes de montagne.

Je porte un uniforme : une jupe bleue et un chemisier blanc.

Je ne fête pas mon anniversaire car je ne connais pas ma date de naissance.

Je suis très fière du Cambodge car tous les gens sourient tout le temps et ils ne sont pas méchants. Je suis aussi très fière du temple Angkor Vat et de la période historique où ce temple a été construit (Xe siècle).

Avant d'arriver à PSE, entre 11 et 14 ans, je travaillais dans des bars et restaurants et je faisais la vaisselle. A l'époque, je n'allais pas à l'école et le soir je travaillais sur la décharge jusqu'à 23 heures. Je n'ai jamais été au cinéma mais c'est le cinéma qui vient ici à PSE !

Avec les fondateurs de PSE, je suis allée un mois en France et c'était super.

Ce que je retiens de la France, c'est le château de Versailles, la Tour Eiffel, la mer Méditerranée à Marseille...mais surtout en France il n' y a pas d'ordures dans les rues et il n' y a pas de décharges. »

Si j'étais Premier ministre :

1. Je ferais en sorte que tous les enfants aillent a l'école.
2. Je supprimerais les décharges
3. J'obligerais les gens à travailler. Je leur interdirais de ne rien faire car quand les gens ne font rien, ils boivent.

Regards et paroles d'enfants : Cambodge

Rak Smey – 12 ans – Kampot

« Je m'appelle Smey, j'ai 12 ans et je vis au sud du Cambodge à Kampot. Je vais à l'école à pied à 15 minutes de chez moi. Je suis en Grade 5 à l'école publique. Nous sommes 41 élèves dans la classe et nous avons cours du lundi au samedi de 6h30 à 11h30 le matin puis de 12h30 à 17h30 l'après-midi.

Ce que je préfère ce sont les mathématiques. La seule langue que j'apprends c'est le khmer, la langue des Cambodgiens.

J'aime bien aller à l'école car je veux apprendre. Mon père me donne de l'argent de poche, 2500 riels par jour (0,6 euros) et cela me sert pour payer le professeur à l'école (300 riels/jour) et pour m'acheter à manger et à boire dans la journée.

Ce que je mange le plus souvent c'est de la soupe avec du riz et des légumes frits, mais mon plat préféré ce sont les oeufs brouillés.

A l'école, je porte un uniforme : pantalon bleu et chemise blanche et en dehors, je porte un pantalon kaki et un tee-shirt. Quand je ne suis pas à l'école, je joue au football avec des amis, et je joue aux jeux vidéos.

Je ne fête jamais mon anniversaire (beaucoup de Cambodgiens ne connaissent pas leur date exacte de naissance).

Je ne connais pas l'Histoire de mon pays.

Je vis dans un appartement avec mon frère, ma soeur et mes parents. Mon père est chef du département de l'Urbanisme de la ville de Kampot et ma mère reste à la maison. Nous avons une télévision mais ni ordinateur, ni machine à laver.

Je ne sais pas ce que je veux faire comme travail plus tard. »

Si j'étais le Premier ministre :

1. Je ferais évoluer la loi pour qu'il y ait plus de justice
2. Je reconstruirais les routes.

Chapitre 7

Diversité et richesse du sud est asiatique

Janvier – Avril 2003

Arrivée en Malaisie (par Sophie)

Nous passons la frontière malaisienne au poste de Dan Nok et longeons la côte ouest de la péninsule. Aucun problème de papiers pour ce passage en douane mais il faut nous acquitter d'une assurance pour un mois et ce, pour la première fois du voyage. Jérôme profite de l'ouverture de l'office de tourisme de la douane pour y prendre une carte et des renseignements. La quantité de dépliants et cartes remises est impressionnantes et témoigne déjà de la richesse de ce pays. Nous conservons tous ces documents avec de belles photos pour les envoyer à la première occasion aux élèves du collège Jean Macé à Suresnes. Depuis le début du voyage, nous leur faisons parvenir du courrier tous les trimestres avec des prospectus sur les pays visités. Les élèves les exploitent ensuite en cours d'Histoire et géographie.

Comme au sud de la Thaïlande, de nombreuses mosquées bordent les routes. L'appel à la prière rythme la journée et les femmes sont voilées. Nous sommes en terre d'Islam.

Nous empruntons l'autoroute pour descendre vers Alor Setar. Le réseau routier est en bon état et les voitures roulent plus vite qu'en Thaïlande mais pas mieux ! Nous sommes ravis de pouvoir lire les panneaux écrits dans l'alphabet latin, alphabet utilisé pour le malais. Par contre, de nombreuses enseignes sont écrites en chinois et en arabe, preuve de la diversité de la population. Chaque magasin a une pancarte géante sur son toit indiquant le nom de grandes marques internationales de produits électroniques ou de vêtements… Il y en a tellement que l'on s'y perd. La société de consommation n'est pas très loin.

La nuit tombant vite, nous plantons notre tente sur un chantier. Les ouvriers acceptent, après discussion, de nous laisser nous abriter gratuitement pour la nuit. Ils tentent tout de même de nous faire payer 10 US$ l'emplacement. Business is business !

Dans les rues, nous sommes surpris par la diversité de la population. Des femmes voilées avec des robes longues côtoient, et discutent, avec des Chinoises en mini-jupes ou des Indiennes en sari. Les femmes conduisent des scooters et le port du casque étant obligatoire, les musulmanes le mettent par-dessus leur voile. Dans les rues, des temples hindou ou bouddhiques voisinent avec des mosquées.

Le développement de ce pays nous étonne. Est-ce uniquement sur la côte ouest ou sur tout le territoire ?

Les Malaisiens nous abordent volontiers et nous posent des questions. Leur bon niveau d'anglais facilite sans aucun doute le contact.

Nous reprenons la route dans une circulation dense et traversons une région très peuplée, où des « maisons clones » poussent comme des champignons dans les banlieues des villes. Cela nous donne une terrible impression d'absence de personnalisation, des constructions de cages à lapin améliorées en quelque sorte.

Nous faisons halte à GeorgeTown pour visiter cette cité coloniale comprenant un quartier aux bâtiments anciens de type britannique et un quartier très moderne où les buildings de verre bordent la côte et la « croisette »... Cette ville est riche et l'ambiance agréable.

Néanmoins, nous n'y séjournons que deux jours car nous souhaitons arriver à Kuala Lumpur la veille du festival Thaïpusam. Nous empruntons l'autoroute pour rejoindre la capitale. Nous sommes surpris par les aires de stationnement avec restaurants et sanitaires mais aussi par les abris pour motos en cas d'averses violentes.

Sur une aire de repos, nous sommes abordés par Jamel.

- *Vous venez d'où ?*
- *Nous sommes français et nous venons de Thaïlande.*
- *Vous faites un tour du monde ?* nous demande-t-il en lisant sur notre caisse l'inscription « World Tour ».
- *Oui, nous sommes partis il y a 17 mois.*
- *Je fais partie d'un club de motards et j'écris dans une revue Moto. Nous préparons aussi un tour du monde. Si vous voulez, vous m'appeler quand vous arrivez à Kuala Lumpur, je vous ferai visiter.*
- *Ok merci beaucoup.*

A notre arrivée à Kuala Lumpur, nous cherchons, pendant au moins trois heures, un hébergement et finissons par nous installer au Coliseum Hôtel dans le quartier indien. Vestige d'une époque révolue, les photos noir et blanc des années 60 racontent le succès de cet hôtel-restaurant qui a reçu les comédiens du théâtre Le Colisée et les colons britanniques. Rien n'a changé : fauteuils en cuir, nappes blanches, bar un peu sombre, literie en fer forgé, sanitaires en porcelaine blanche année 50… Une ambiance rétro qui me charme tout de suite : seule l'odeur de pipi de chat assez tenace est difficile à supporter. Cependant, nous avons le charme, l'ambiance et un prix raisonnable !

Nous téléphonons à Jamel qui vient nous chercher avec deux de ses amis. Ils nous font visiter la ville et les tours Petronas. Ce sont les plus hautes tours du monde. Ultra modernes, elles se trouvent entourées d'un parc où à 18 heures, Malaisiens et Malaisiennes font leur jogging. Nous avons soudainement l'impression d'être à La Défense à Paris… Même ambiance, mêmes jeunes cadres dynamiques. A la base des tours, un centre commercial nous surprend par sa modernité et ses boutiques luxueuses.

Jamel, nous offre un thé et des pâtisseries, tout en nous présentant au rédacteur en chef d'un magazine moto. Notre aventure l'intéresse et il nous demande de lui envoyer des photos et un article.

Le soir, nous faisons une visite nocturne, à la Petaling Jaya, la ville satellite de Kuala Lumpur. Une ville nouvelle et huppée, où se construisent les nouveaux bâtiments du gouvernement : immeubles grandioses à l'architecture moderne et grandes avenues éclairées. Comme le centre de Kuala Lumpur, cette cité marque la volonté du gouvernement de développer son pays et surtout atteste déjà de son avance. Nous admirons le Palais mais aussi la nouvelle mosquée sculptée en pierre rose et particulièrement immense.

Cette ville nous séduit par son côté cosmopolite, sa modernité, ses parcs et jardins mais surtout par sa taille relativement petite qui lui confère un côté très humain.

Nous apprenons que le gouvernement s'est lancée dans un projet de développement très important. Wawasan 2020. Celui-ci a pour objectif de faire de la Malaisie un pays développé. Développement tant économique que politique, social et culturel. Témoins visibles de ce gigantesque projet, des logements, écoles et axes routiers voient partout le jour dans ce pays.

« Thaïpusam » : une fête hindoue ! (par Jérôme)

Bangkok–Kuala Lumpur, 1500 km que nous avons parcourus à vive allure pour assister à la fête hindoue de Thaïpusam. Autant de kilomètres pour une simple fête, me direz-vous ? Oui, mais Thaïpusam, célèbre en Malaisie, est un événement unique, loin de notre réalité quotidienne. Un spectacle autour duquel, au-delà de tout entendement, hommes et femmes se livrent à un rituel aussi fou qu'étonnant et ce 19 janvier 2003, nous n'étions plus sur terre.

Thaïpusam est célébrée pendant le mois thaï du calendrier hindoue (janvier – février en 2003) lorsque la lune est pleine, en l'honneur du dieu Muruga. A cette occasion, des milliers de croyants se rendent au temple hindou de Batu Caves à Kuala Lumpur. Pour réaliser ce pèlerinage, le corps doit être sain : régime végétarien, pas d'alcool, abstinence sexuelle... permettent aux dévots de purifier leur corps. Le jour de Thaïpusam, la tête et la barbe sont rasées avant de se présenter devant le prêtre. Tous les Hindous ne participent pas à la procession, seuls ceux ayant une « requête » (prospérité dans un nouveau commerce, résolution de problèmes...) à adresser au dieu Muruga font cette marche. La plupart des fidèles porte du lait de vache, qu'ils déversent au temple comme offrande sacrée. D'autres, pour marquer leur dévouement se transpercent la langue et les joues d'une fine pointe. Bien qu'à l'origine les sages prônent l'humilité et la discrétion pendant la procession, celle-ci donne en réalité lieu à un spectacle où les adeptes, par leurs costumes et leurs sacrifices, se livrent à une « surenchère » de douleur et de démence.

C'est cette « folie collective » qui laisse dans nos mémoires le souvenir d'un moment fort et d'un spectacle unique !

Une journée hors du temps (par Jérôme)

3 heures du matin ! Le réveil nous tire hors du lit. Encore endormis, nous prenons le bus pour Batu Caves. Dans la rue, des Indiens sortent du cinéma et montent avec nous. L'ambiance est gaie, les chants et les rires finissent de nous réveiller. A l'approche des grottes, le bus est bloqué dans un embouteillage. Des voitures se garent partout sur le trottoir, sur la route et une foule nombreuse converge à pied vers un même lieu.

Après 15 minutes d'attente, nous descendons et nous mêlons à la multitude. Deux têtes blanches dans cette marée de peaux foncées : impossible de passer inaperçus !

Nous arrivons au point de départ des processions. Là, de nombreux groupes se tiennent au bord d'une rivière. Les fidèles, la tête fraîchement rasée, s'y plongent puis se présentent devant un « pandaram » (prêtre) qui leur applique sur le visage et le corps du « bibudi ». *« C'est de la cendre sacrée obtenue en brûlant de la bouse de vache »,* nous apprend notre voisin. Puis, après l'avoir purifiée avec de la fumée de camphre, le « pandaram » applique son pouce entre les yeux du pèlerin. *« Le dieu va entrer dans son corps »,* continue de nous préciser notre voisin, content d'expliquer ces rites à des Occidentaux. En effet, 10 secondes plus tard, notre homme se met à gesticuler, hurler, sauter, tomber, danser ! Cet état de transe, nous le constatons, est souvent l'effet de comédiens. Parfois pourtant, nous sommes impressionnés. Excellents acteurs ? Véritable transe ? Hypnose ? Nous ne le saurons jamais ! Le prêtre commence à planter sur le corps du dévot des hameçons de tailles variables. Reliés à ces hameçons, des feuilles de « veplay » (arbre sacré), des oranges, des noix de coco et parfois des cordes que tient un compagnon. Là, finie la comédie ! Les crochets sont réels, ils sont bien plantés dans la peau et celle-ci est tendue sous le poids des différents objets ! Fascinant spectacle où pas un cri, pas une goutte de sang ne témoigne d'un quelconque martyr. Parfois, certains rictus sur le visage trahissent la douleur mais dans la majorité des cas, ces visages restent impassibles. Devant nous, la foule s'écarte brusquement. Au centre du cercle, un dévot retenu par des cordes reliées à une vingtaine d'hameçons plantée dans le dos, effectue une danse circulaire. Son compagnon, les cordes enroulées autour des poignets, peine à retenir ce cavalier rendu encore plus fou par le rythme envoûtant des tambourins. La peau du dos tendue, notre « homme-cavalier » tire, au mépris de la douleur !

Très impressionnants également, sont les hommes Kavadis. Ces derniers portent une arche (Kavadis) décorée de plumes de paon et d'autres objets sacrés dont une représentation du dieu Muruga. Cette arche, dont le poids peut atteindre 40 kg, est portée sur les épaules et sur les hanches par une ceinture de fer. De petites chaînes relient les extrémités du Kavadis au corps du dévot par de petits crochets. Enfin, pour parfaire leurs costumes, ces hommes se font transpercer la langue et les joues par des piques atteignant jusqu'à 50 cm. Le poids et la douleur n'empêchent toutefois pas ces « fanatiques » de danser tels des derviches tourneurs. Tout ce « spectacle » s'effectue au rythme ensorcelant de groupes de musiciens et de chanteurs qui suivent les pèlerins jusqu'à la grotte.

Mais la dévotion n'est pas uniquement l'apanage des hommes. Des femmes et des enfants, bien que moins nombreux, se font également accrocher des hameçons ou percer la langue et les joues. Nous voyons même une femme rentrer en transe et se faire mettre dans la bouche une tablette de camphre enflammée qu'elle garde 10 bonnes secondes ! Enfin, il y a les porteurs de lait. Ceux-là sont bénis par le prêtre et réalisent la procession, un récipient de lait sur la tête. Des noix de coco sont cassées et leur lait, répandu sur le sol pour purifier le chemin des fidèles, qui se mettent en route. Avant d'arriver aux grottes, les adeptes doivent grimper 276 marches. Cette ascension est encouragée par des incantations « *vel-vel, vel-vel,...* », et se fait en plusieurs étapes, coupées par des pauses pendant lesquelles les jambes des hommes Kavadis sont massées. Au sommet des marches, les visages sont fatigués mais radieux. Les adeptes se font retirer leurs hameçons ou kavadis tandis que les porteurs de lait vont verser leurs offrandes au dieu Muruga. Ainsi, de 1 heure du matin à minuit, des groupes de dévots se succèdent dans cette procession incroyable. Aujourd'hui, ils sont plus de 5000 convaincus parmi une foule de plus de 1,5 million de personnes !

Nous rentrons à l'hôtel vers minuit, fourbus par cette journée de marche. L'impact de la religion et ce que les hommes peuvent s'infliger au nom d'une croyance n'a pas fini d'alimenter nos réflexions.

Une école malaise (par Sophie)

Nous quittons Kuala Lumpur et cherchons un lieu de bivouac. C'est dans l'école publique d'un petit village que nous posons notre tente. Nous sommes dans l'Etat du Pahang, à quelques kilomètres du Parc Taman Negara qui se situe au centre de la péninsule, dans la jungle. Nous sommes très chaleureusement accueillis et passons notre matinée du lendemain à présenter la France, interviewer des enfants et discuter avec les professeurs. Dans cette école publique Pulaw Tawan, tous les élèves sont musulmans et les filles portent le voile, une robe longue et une blouse à manches longues. Quant aux garçons, ils portent le songkok[34], une chemise bleue et une cravate.

---

[34] Songkok : petit chapeau en feutre

Ces enfants de 4 à 14 ans vont en cours le matin de 7h30 à 13 heures puis trois après-midis par semaine, ils suivent les leçons d'Islam. Les autres après-midis sont consacrés au scoutisme et au sport. L'école est payante : 23 US$ par an.

Les élèves apprennent l'anglais dès l'âge de 6 ans et depuis la dernière rentrée scolaire, les cours de mathématiques et de sciences sont également dispensés en anglais. Cette mesure, comme la construction de nouveaux bâtiments plus grands, font partie du fameux projet Wawasan 2020.

Timides au début, les enfants sont vraiment très enthousiasmés par notre visite et c'est la deuxième fois du voyage que l'on nous demande des autographes ! Pour la première fois en revanche, les élèves sont choqués (ou on fait semblant de l'être) par la publicité d'un grand parfum parisien que nous montrons dans notre présentation. Celle-ci présente un buste de femme ! Nous renonçons donc à leur montrer une peinture de François Boucher représentant un superbe nu.

Le religion musulmane est très présente. A nos questions, les professeurs sont souvent gênés et détournent la conversation. Il est par exemple considéré comme un péché qu'une femme ne porte pas le voile. Je m'étonne alors de voir la femme du Sultan, sans voile ! Le directeur nous répond : *« C'est normal, cette photo est ancienne !»* Le non port du voile n'était-il donc pas un péché il y a 10 ans ? Dans les journaux, nous pouvons lire également, que les mouvements extrémistes incitent, notamment dans les Etats de la côte est, les enfants à respecter la Charia : port du voile et tenue longue pour les filles, pas de mixité dans les activités sportives… Une pression qui est souvent relayée par le professeur d'Islam dans les cours obligatoires de religion.

Nous interviewons deux élèves de 11 et 12 ans, totalement en anglais, sans que le professeur n'ai besoin de traduire, ce qui montre leur bon niveau dans cette langue. Cette visite dans l'école nous a beaucoup appris sur l'effort du gouvernement pour l'éducation mais aussi sur l'importance de la religion dans le quotidien des enfants.

Côte est : souvenirs humides… (par Sophie)

Après une soirée très agréable chez Yves et Aïda, des amis des parents de Jérôme, nous prenons la route pour Melaka. Ancienne colonie portugaise puis britannique, cette petite ville, qui fut l'un des plus grands ports d'Asie du Sud-Est du XVe au XVIIIe siècle, nous déçoit finalement assez. Trop de touristes, une restauration de très mauvaise qualité, peu ou pas d'informations... Nous visitons néanmoins les vestiges de ce passé glorieux et profitons d'un cybercafé performant pour envoyer nos « dernières nouvelles » : nous fêtons ce jour-là notre 500ème nuit de voyage ! Nous sommes donc à la moitié de notre parcours. Le retour s'enclenche tout doucement !

Nous avons la chance d'être hébergés dans une petite guest-house où nous discutons toute une matinée avec Marcia, malaisienne catholique, qui nous raconte la montée de l'extrémisme islamiste dans son pays. Quant à Somu, son mari, de religion hindoue, il passe plusieurs heures avec Jérôme à discuter de la fête de Thaïpusam.

Le soir, nous vivons dans les rues la célébration du Nouvel An chinois. Les Chinois représentent environ 35% de la population du pays et cette fête est donc un événement national. Les rues sont magnifiquement décorées de lanternes rouges et nous assistons à un concours de calligraphie chinoise à l'encre de Chine. Magnifique art, très délicat.

Nous remontons ensuite vers le nord, décidant de longer la côte est. La saison des pluies s'est installée et c'est donc sous des trombes d'eau que nous arrivons à Cherrating. La mer se déchaîne, les palmiers se courbent, les rafales de vent s'accélèrent... Malgré des kilomètres de plages, nous ne pouvons profiter de la mer.

Cette côte est ne ressemble en rien à la côte ouest. Les infrastructures sont beaucoup plus réduites, les routes moins larges et le trafic moins dense. Les maisons sont en bois, les épiceries sont vides ou presque. Nous avons l'impression d'avoir changé de pays et d'être soudain retournés une bonne vingtaine d'années en arrière. Toutes les femmes sont voilées, il y a très peu de non musulmanes, difficile de trouver un cybercafé, toutes les boutiques sont fermées le vendredi mais aussi le samedi et le dimanche. Les mosquées sont de plus en plus nombreuses et les hommes portent le vêtement musulman. Nous ne nous attardons pas trop sur cette côte, chassés par le mauvais temps et surtout persuadés que nous y reviendrons avant Singapour. Nous prévoyons de revenir en Malaisie dans quelques mois pour passer ensuite de Singapour à Calcutta par bateau.

Suivons notre instinct... (par Sophie)

Nous repassons en Thaïlande et traversons en direction de la côte ouest pour retrouver soleil... et sable blanc !

Après une bonne journée de route, nous cherchons un bivouac. Au bout d'une heure, toujours rien. Pas d'espace pour planter la tente car il y a trop de monde. Alors que nous cherchons toujours, nous sommes abordés par un homme qui nous propose de nous héberger pour la nuit. Nous sommes ravis et le suivons jusqu'à sa maison. Cette maison est vraisemblablement une maison de vacances ou de week-ends. L'attitude de cet homme me semble louche mais je garde mes impressions pour moi. Je suis, de plus, assez impressionnée par la taille des araignées qui se baladent sur la terrasse… Notre hôte appartient au parti islamique et est professeur à Hat Yaï. Il nous propose de nous mettre à l'aise, de nous déshabiller et de dormir tous ensemble dans la même pièce. Il me regarde avec un air malsain : des yeux grands ouverts et un regard insistant. J'ai un mal fou à me détendre et Jérôme ne semble pas plus à l'aise. Quelque chose ne colle pas et comme souvent, nous préférons nous fier à notre intuition. Nous décidons de ne pas rester là… Situation très délicate à gérer… Comment partir sans offenser notre hôte. Je prétexte ma phobie des araignées pour expliquer que nous ne pouvons rester. *« Pas de problème, nous allons les enlever »*, répond notre hôte très arrangeant. Jérôme intervient alors et explique que je ne pourrais pas dormir, que je ferais des cauchemars… Nous reprenons nos scoots et nous éclipsons. Nous ne sommes vraiment soulagés qu'en repassant le portail. Reste à trouver un lieu pour dormir, mais loin d'ici ! Nous arrivons à la nuit tombée dans une école, fermée pendant les vacances du Nouvel An chinois, où nous finissons par nous imposer, devant un gardien peu coopératif, pour pouvoir passer une nuit tranquille et en sécurité !

Ko Lipe : une île de rêve … (par Sophie)

Depuis quelques temps déjà, nous nous demandons où se trouvent ces fabuleuses plages de sable blanc bordant une mer turquoise. Est-ce que ce sont juste des clichés publicitaires ? En effet, lors de notre descente vers la Malaisie, nous avons longé le golfe de Siam. Mer agitée, grosses vagues et brûlure de méduse m'ont laissé un souvenir impérissable…

C'est un couple d'Espagnols, rencontré par hasard à Hat Yai qui nous parle de Ko Lipe sur la côte ouest. Nous y arrivons après trois heures de navigation. Le bateau reste au large et c'est en barque que nous arrivons sur la plage. Imaginez une plage de sable blanc très fin et une mer turquoise où quelques tâches brunes indiquent la présence de coraux ! Nous passons là une semaine idyllique pendant laquelle nous plantons la tente à l'ombre des pins et passons nos journée à explorer en « snorkling[35] » les fonds marins. La diversité des coraux et des poissons nous enchante : poissons-clowns, poissons-coffres et poissons-lunes, barracudas, carangues, oursins, anémones, bénitiers... Un festival aquatique riche en couleurs défile devant nos masques. C'est aussi pour nous l'occasion de déguster poissons et fruits de mer cuisinés avec du curry et du lait de coco et de profiter encore et encore des fruits tropicaux. Requinqués et bronzés, nous reprenons la route.

Retour à Bangkok : 1000 km en classe éco (par Sophie)

Du retour de l'île, j'apprends par un email que les parents de Jérôme viennent nous rejoindre au Laos. Ils souhaitent lui faire la surprise pour fêter son anniversaire.

Je décide donc d'accélérer le pas et nous repartons en direction de Hat Yaï pour embarquer les scooters dans un train pour Bangkok. Jérôme ne comprend pas trop ma précipitation mais ne pose pas plus de questions. En effet, jusqu'au Laos, il faut que nous fassions environ 2000 km en une semaine, ce qui ne me semble pas jouable. Beaucoup de fatigue pour finalement peu d'intérêt. Rouler vite ne nous permet pas de profiter du paysage et nous frustre.

Nous décidons de prendre le train Hat Yaï – Bangkok. 1000 kms en une nuit au lieu de cinq jours, cela vaut la peine… surtout que nous avons déjà fait ce trajet en scooters dans l'autre sens.

Arrivés à Hat Yaï en fin de matinée, nous allons déjeuner dans un boui-boui et achetons des provisions pour plusieurs heures de train. A 13 heures nous poussons nos scooters sur le quai et achetons les billets pour nos deux-roues, dans le wagon marchandises, et pour nous en troisième classe. Le tout nous coûte 2000 baths (50 €) dont seulement 378 baths (8,8 €) pour nos deux billets de places assises, ce qui pour un trajet de 1000 km est correct.

Les billets en poche et les scooters préparés, nous attendons sur le quai le train de 16 heures qui finalement arrive avec deux heures de retard. Jérôme file de son côté pour surveiller l'embarquement des véhicules dans le wagon spécial. Des employés des chemins de fer, en chemises roses, hissent nos deux montures dans le compartiment et

---

[35] Snorkling : plongée avec masque et tuba

les attachent. Pendant ce temps, je prends les huit sacoches avec moi et cherche nos places. Ce train est un véritable capharnaüm et j'installe comme je peux tous nos sacs au dessus de nos places, accroche les casques au dessus de nous aux barres des porte-bagages et en prends une partie sur moi. Le train démarre et Jérôme n'est pas là ! Afin de s'assurer que les scooters sont bien embarqués et bien attachés, il est resté jusqu'au bout avec les bagagistes. Voyant le train démarrer, il a sauté dans un wagon et finalement m'a rejointe.

La troisième classe est économique mais le confort y est relatif. Les banquettes sont étroites et un peu raides mais c'est suffisant. Nous voilà partis pour 18 heures de train... A chaque arrêt, les vendeurs ambulants proposent des boissons fraîches, des plats préparés en petits sacs plastiques, des fruits découpés. Ce défilé de mets plus exquis les uns que les autres ne cesse de toute la nuit. Mais quand à 5 heures du matin, on me propose des brochettes de je ne sais quoi, je fais la moue...

A 11 heures du matin, nous sommes en gare de Bangkok. Jérôme court récupérer les scooters et les sort délicatement du wagon. J'arrive avec tous les sacs et nous les chargeons. Evidemment, il est interdit d'allumer les moteurs et nous devons donc pousser nos deux roues au milieu de la foule jusqu'à la sortie.

Nous débarquons pour la deuxième fois chez les Bambous EDM. Nous allons à l'ambassade du Laos et y obtenons nos visas en deux heures à peine. Au consulat de France nous récupérons une lettre du consul attestant que nous sommes bien propriétaires des scooters. Cette attestation est obtenue en prévision de notre passage au Laos sans carnet de passage en douane. Nous profitons d'être au consulat pour demander le renouvellement de nos passeports. En effet, nous n'avons presque plus de pages disponibles et encore de nombreux pays à traverser avant notre retour en France.

Là, un véritable coup de massue nous assomme. Le responsable des passeports est catégorique :

- *Il n'y a aucune solution, vous devez rentrer en France pour faire renouveler vos passeports.*

- *Mais, nous avons des amis qui ont réussi à en obtenir de nouveaux pendant le voyage,* rétorque Jérôme

- *C'est possible mais la loi vient juste de changer et je peux juste vous faire un passeport valable 6 mois... mais vous ne pourrez aller nulle part car la plupart des pays demandent un passeport d'une validité supérieure à six mois...*

Nous sommes totalement dépités et arrivons chez EDM avec le moral à zéro. Rentrer en France avant les 1000 jours prévus, est totalement inconcevable. Nous n'en dormons pas la nuit suivante et décidons de nous laisser un peu de temps pour retenter notre chance dans une autre ambassade. Après tout, nous avons au moins les pages nécessaires pour aller jusqu'en Inde.

Tensions à la frontière cambodgienne (par Sophie)

Nous choisissons de rejoindre le Laos par l'est de la Thaïlande. A cette période de l'année, la région est très sèche et nous nous croyons à plusieurs reprises dans la savane : herbes jaunies et quelques palmiers éparpillés. Les habitants se déplacent dans des charrettes accrochées à un motoculteur. Nous passons plusieurs barrages de police dans cette région frontalière avec le Cambodge. Les tensions entre les deux pays viennent de reprendre suite à l'incendie de l'ambassade thaïlandaise à Phnom Penh.

Un soir, nous nous installons sous le préau d'une école. Celle-ci est fermée pour cause de vacances et seuls quelques enfants jouent au foot. Notre arrivée fait vite le tour du village et un Australien vient nous saluer. Il s'est installé ici avec sa femme thaïlandaise après avoir travaillé 20 ans dans les mines australiennes. Il nous offre une bière puis nous retournons dîner devant notre tente.

A peine, notre repas terminé, nous voyons revenir notre Australien accompagné du chef du district.

-   *Vous ne pouvez pas rester là cette nuit.*
-   *Ah bon mais pourquoi ?*
-   *Parce que vous n'êtes pas en sécurité.*
-   *En sécurité, mais enfin la Thaïlande est un pays sûr !*
-   *Oui, mais hier, il y un moine qui s'est fait tuer par un Cambodgien qui a traversé la frontière illégalement.*
-   *Mais nous sommes Français, vous êtes sûrs que l'on ne peut pas rester là ?*
-   *Non. En plus, avec vos motos, vous risquez d'attirer des curieux. Je ne veux pas que vous restiez là cette nuit,* conclut le chef du district.
-   *Vous pouvez venir chez moi, j'ai une chambre de libre,* propose l'Australien.
-   *D'accord, on replie la tente et on arrive.*

Nous rangeons donc nos affaires et allons nous installer chez Kevin et sa femme. Nous dormons dans une chambre où il n'y a pas de plafond. Les insectes grouillent dans la pièce... Malgré la moustiquaire, j'ai du mal à dormir sereinement. Le lendemain, à notre réveil, Kevin en est déjà à sa deuxième bière. Il nous montre son élevage de poulets qui lui assure un revenu suffisant.

Nous repartons et allons visiter le temple de Phanom Rung. Très beau temple en grès de la même période que celui d'Angkor Vat, il se situe sur un cône volcanique à 300 mètres d'altitude, ce qui nous donne une vue magnifique sur la campagne alentour. Nous admirons les très belles sculptures représentant des dieux et déesses hindous et notamment les splendides Najas à sept têtes. Belle restauration, cadre calme et aéré, nous apprécions particulièrement cette visite.

En direction de Yasothon, nous faisons une dernière étape dans un petit village de l'Issan où nous nous installons encore une fois sous le préau d'une école. Une bonne douche au bidon, légèrement cachés entre le mur et la table de ping-pong, un bon repas et nous nous couchons... pour peu de temps car des mobylettes s'approchent.

Des jeunes du village sont venus nous offrir des sodas et des gâteaux. Ils parlent un tout petit peu anglais et essaient de communiquer avec nous. Le dialogue est réduit mais de part et d'autre, ce barrage linguistique ne nous empêche pas de passer une bonne soirée. Vers minuit, ils rentrent chez eux en nous promettant de revenir le lendemain matin. Effectivement à 7 heures, des jeunes filles arrivent et nous demandent de les suivre chez leurs parents. Elles sont très fières d'avoir des « farang[36] » chez elles. Les familles nous attendent dans la cour et nous offrent des sarongs[37], regardent avec attention nos photos de France et de notre mariage, se prêtent au jeu des prises de vues... Peu d'étrangers passent dans ce village et nous sentons que notre visite est très importante. Nous repartons très émus de ces attentions spontanées.

Le centre Homehak de Yasothon (par Sophie)

Sur notre route vers le Laos, nous décidons de nous arrêter à Yasothon, au nord-est de la Thaïlande pour rencontrer Claire, une

---

[36] Farang : étranger occidental
[37] Sarong : grande pièce de tissu qui se noue autour de la taille.

volontaire d' « Enfants du Mékong ». Cette région très pauvre, est particulièrement touchée par le chômage, la drogue et le sida.

Suthasinee Noiin, surnommée Pi Tiou, consacre sa vie aux enfants des rues. En 1991, elle a créé la Fondation « Suthasinee Noiin Fundation » avec l'aide du Père Auguste Tenaud des « Missions Etrangères de Paris » puis de l'association « Enfants du Mékong ». Ce centre a pour but d'accueillir les enfants touchés par le sida et n'ayant aucune ressource pour vivre.

22 enfants, âgés de quelques mois à 14 ans, vivent dans cette maison. Certains sont malades (sida déclaré), certains sont séropositifs et d'autres sont en pleine forme mais touchés indirectement par le virus car leur maman est malade ou décédée…

La majorité des enfants sont scolarisés dans les écoles de Yasothon, les autres sont trop petits ou trop atteints par la maladie pour y être acceptés.

Malgré le peu d'espoir de vie qu'offre le virus du sida dans un pays en voie de développement où la médecine est très chère et n'est pas toujours du meilleur niveau, c'est un centre plein de vie que nous découvrons.

Le rôle de Claire est extrêmement varié et riche. Courir dès 5 heures du matin au marché avec la cuisinière pour faire les courses de la journée, accompagner les enfants à l'école vers 8 heures, emmener chez le médecin ou à la clinique les enfants malades, trouver des modes de prise en charge financière pour les trithérapies, visiter les familles dans les villages pour les aider dans les moments de détresse, donner les médicaments aux enfants et panser leur petites plaies, participer à la constitution du budget de fonctionnement du centre, organiser des activités (jeux, ateliers de cuisine...), former les volontaires adultes thaï à l'hygiène... Ici il n'y a pas de week-ends et c'est quasiment 24 heures sur 24 que Claire s'active du centre.

Le plus remarquable c'est la gaîté qui règne au centre, la joie des enfants, les petits bonheurs quotidiens comme celui de voir un garçon de 10 ans donner la trithérapie à sa jeune sœur de 6 ans, malade du sida et qui n'accepte les médicaments que de la main de son frère... C'est constater les progrès visibles de la thérapie sur des enfants qui étaient au plus mal, mais c'est surtout de les voir tous former une grande famille, passant leurs journées à jouer dehors, à laver leurs affaires, à aider aux différentes tâches de la maison.

Nous sommes accueillis à bras ouverts dans ce centre tant par les enfants que par les adultes.

1 - Le palais des vents à Jaïpur (Inde)
2 - Détail d'un temple (Laos)
3 - Temple d'Angkor (Cambodge)
4 - Temple à Luang Prabang (Laos)
5 - Le Taj Mahal (Inde)

1 - Ecole de Jerantut (Malaisie)
2 - Interview (Malaisie)
3 - Présentation de la France (Cambodge)
4 - Ecolier (Laos)
5 - Classe à PSE (Cambodge)

1 - Chiffonnière à Phnom Penh
  (Cambodge)
2 - Petit mécano à New Delhi
  (Inde)
3 - Construction de la buanderie
  (Thaïlande)
4 - Dîner au centre Home Hak
  (Thaïlande)
5 - Sourire khmer (Cambodge)
6 - Petit balayeur (Inde)

1 - Râjasthâni (Inde)
2 - Mère lao (Laos)
3 - Regard d'enfant (Laos)
4 - Homme des Bolovens (Laos)
5 - Brahmane à Varanasi (Inde)
6 - Femme hmong (Laos)
7 - Marchande de fruits (Laos)
8 - Pujat dans le Gange (Inde)
9 - Tea Shop (Inde)
10 - Fête de Thaïpusam (Malaisie)
11 - Homme cavalier (Malaisie)
12 - Saris multicolores au Rajasthan (Inde)
13 - Bijoux de pied (Inde)

1 - Passage de pont (Cambodge)
2 - Famille à moto (Cambodge)
3 - Tempête de sable (Népal)
4 - Traversée de rivière (Cambodge)
5 - Choc frontal (Inde)
6 - Désert du Thar (Inde)
7 - Transport de cochon (Cambodge)
8 - Optimisation... (Cambodge)

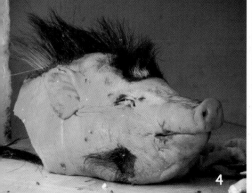

1 - Marché de Salavan (Laos)
2 - Bon appétit ! (Laos)
3 - Bivouac à Ban Senoï (Laos)
4 - Tête de cochon (Népal)
5 - Brochette de criquets (Laos)

Nous constatons que les enfants, dès l'âge de 5 ans, lavent leur linge à la main dans la cour du centre. Pour les plus petits ce sont les volontaires qui s'en chargent. Ces petites têtes brunes passent leur temps dehors, jeux, courses à vélo, balançoires, repas... bref chacun imaginera l'état des habits le soir ! Chacun imaginera avec encore plus de facilité le résultat d'un vêtement lavé par un enfant de 5 ans.

Evidemment, même si c'est la manière locale et traditionnelle de faire, la propreté des vêtements est tout de même loin d'être parfaite.

Nous pensons que l'hygiène est primordiale pour ne pas aggraver les plaies de ces petits malades et nous décidons de faire appel à nos amis et relations pour offrir une machine à laver au centre de Yasothon.

Nous allons en ville dans les magasins d'électroménager et repérons un modèle simple et robuste.

Nous envoyons une lettre à tous nos amis leur proposant de participer à l'achat de cet équipement et nous leur donnons un mois pour nous répondre.

Cette démarche nous est apparue très naturelle tellement les besoins sont énormes dans ce centre. Nous sommes profondément touchée par la vie de ces filles et garçons, par l'amour qui est présent et par le don total de soi des volontaires thaï ou français qui oeuvrent pour ces enfants.

Depuis notre arrivée en Asie du Sud-Est, nous avions le souhait de donner de notre temps et de notre énergie pour aider ceux qui en ont besoin. En arrivant à Yaso, nous comprenons que c'est là que nous souhaitons faire quelque chose.

Nous quittons le centre en sachant que nous allons y revenir. Notre rencontre avec le Père Tenaud, Pi Tiou, Claire et Alexandra nous marque tellement que nous avons hâte de les revoir après notre périple au Laos.

Passage de la frontière par le pont de l'amitié (par Jérôme)

Nous dormons à Udon Thani pour pouvoir passer la frontière dès le lendemain matin. Nous avons pris l'habitude de nous présenter de bonne heure au poste douanier car la durée des formalités est toujours variable et incertaine.

« Avez vous le justificatif du paiement de la taxe d'entrée ? » Nous sommes toujours en Thaïlande et la question de ce douanier m'étonne. Du fait

de notre voyage au Cambodge et en Malaisie, c'est la troisième fois que nous sortons de Thaïlande et jamais on ne nous a demandé un tel papier ! *« Vous devez payer une taxe pour sortir ! »* Je joue le surpris et comme avec le policier de Bangkok, évite de trop parler ou de m'énerver. Les douaniers ont cela de terrible c'est qu'ils ont tous les droits. Vouloir jouer au plus malin ne marche jamais et peut même « bloquer la barrière ». J'attends donc jusqu'à ce que le douanier, de dépit, me tamponne les passeports. Tandis que je range mes papiers, un motard hollandais arrive derrière moi et se précipite au guichet. Le douanier retente son coup de la taxe. *« Une taxe ? C'est quoi çà ? Je n'ai pas de taxe à payer ! Vous ne connaissez pas votre boulot !… »*. Bien que le douanier soit de mauvaise foi, devant le ton hautain et « sûr de lui » du motard nous préférons ne pas intervenir et reprenons nos scoots.

Côté lao, la douane est très organisée. Je dois me rendre au « bureau n°5 » où une charmante dame me fait remplir quelques formulaires, puis c'est au « bureau n°6 » pour obtenir le permis de circuler à Vientiane. Je paye également une taxe d'importation pour les scoots. L'ensemble s'élève à 10 US$. Normalement nous devons prendre une assurance, mais son prix exorbitant nous fait « oublier » d'y souscrire. Ces formalités nous prennent quand même trois heures avant de pouvoir rouler au Laos. Nous quittons la douane légèrement amusés car malgré ces longues démarches, nous n'avons pas vu apparaître notre Hollandais. Sa réaction a certainement déplu au douanier thaï et, du coup, il a dû se retrouver coincé ! En Asie s'énerver vous discrédite.

A Vientiane, pour régulariser totalement les scoots, je me rends au ministère des Transports afin d'obtenir un permis de circuler pour l'ensemble du pays. Bâtiment en piètre état, bureaux au fond d'un couloir sombre, montagnes de papiers entassées sur les tables : tout ici me fait craindre le pire, surtout de devoir y passer la journée. Mais, comme pour me faire mentir, un officier parlant français vient me voir, s'enquiert de mes besoins et, en 30 minutes, me fournit le document souhaité ! Comme quoi, il ne faut jamais se fier aux apparences.

Laos : le pays de la sérénité (par Sophie)

Dès les premiers kilomètres nous sommes séduits par ce pays. Une route nationale peu large mais en parfait état, de petites maisons en bois, des rizières, peu de véhicules motorisés, des femmes et des petites filles en jupes longues… Nous nous sentons bien.

Nous arrivons à Vientiane, la capitale, et découvrons une petite ville de province : maisons individuelles, immeubles à deux étages maximum, beaucoup plus de tricycles que de motos. A l'exception d'une petite dizaine de villes, la grande majorité des Laotiens vivent dans de petits villages aux maisons de bois ou de bambou.

Pays calme et serein, encore à l'abri de la mondialisation, son activité principalement rurale et son faible nombre d'habitants lui confèrent une atmosphère d'un autre temps. Ce sentiment est accentué par l'architecture coloniale bien préservée et la multitude de temples assez anciens.

A la grande surprise de Jérôme, ses parents nous rejoignent, les 15 premiers jours de notre séjour au Laos, pour fêter ensemble ses 30 ans. Nous laissons donc nos scooters à Vientiane et c'est en transports locaux et mini-bus que nous visitons le nord. Nous passons deux semaines très agréables à partager avec Yves et Domy la découverte de ce pays, d'autant plus que les petits hôtels et les restos nous changent vraiment de notre quotidien !

Luang Prabang (par Sophie)

La capitale du nord Laos correspond à l'ambiance coloniale asiatique que nous imaginions et aux images dont nous rêvions. Nichée aux creux de belles montagnes bordant le Mékong et constituée à la fois de maisons coloniales d'architecture française et de splendides temples anciens, Luang Prabang dégage une atmosphère d'un autre temps, où calme et sérénité étaient les principes de vie.

Classée au Patrimoine Mondial de l'Humanité, le coeur historique de cette ville est particulièrement protégé. Les nuisances sonores, le trafic routier et les constructions anarchiques sont sévèrement contrôlés, les maisons coloniales et traditionnelles lao, ainsi que les temples ont été restaurés et mis en valeur.

La contrepartie bien sûr, qui nous plaît beaucoup moins, c'est l'infrastructure touristique extrêmement développée : des centaines d'hôtels, guest-houses, restaurants, boutiques d'artisanat, agences en tous genres… Bref nous nous demandons si, finalement, il existe une autre activité que le tourisme pour faire vivre cette ville !

C'est à Luang Prabang que nous découvrons réellement et admirons les temples bouddhiques, notamment le temple Vat Xieng Thong datant du XVIᵉ siècle avec son toit à quatre pans, sa splendide mosaïque de verre représentant un arbre de vie, ainsi que ses superbes bas-reliefs et les magnifiques décorations dorées réalisées au pochoir.

Chaque matin dès le lever du soleil, les bonzes [38] font l'aumône de leur nourriture dans les rues de la ville. Les Laotiennes, en tenue traditionnelle, les attendent agenouillées sur le trottoir pour déposer dans la sébile [39] tendue, une poignée de riz gluant, des confiseries à la noix de coco et d'autres mets appréciés pour le repas matinal. Ce sont des centaines de jeunes bonzes que nous voyons défiler ce matin là, pieds nus et en tunique safran. Les bouddhistes se doivent d'être moines une période de leur vie et, au Laos, où le système scolaire est défaillant, c'est un bon moyen pour les jeunes garçons d'étudier gratuitement.

Nous gardons de cette ville un excellent souvenir car elle nous a permis d'apprécier réellement la culture lao, dans un cadre splendide. Nous espérons que l'évolution massive du tourisme dans ce pays saura néanmoins préserver cette atmosphère unique !

La Plaine des Jarres : pays des UXO (par Jérôme)

En arrivant vers Phonsavan, près de la Plaine des Jarres, notre regard est attiré par les nombreuses taches claires, sur les collines et dans les champs. Triste témoignage des bombardements américains qu'a subi la région pendant la guerre du Vietnam.

En effet, pour contourner les troupes américaines et acheminer vers le sud du Vietnam hommes et armements, le Viêt-minh a utilisé la fameuse piste Ho Chi Minh. Elle bordait le Laos et le Cambodge, le long de la frontière vietnamienne où de nombreux villages étaient occupés par le Viêt-minh. Pour couper cette voie logistique, les Américains ont mené au Laos une guerre secrète. Secrète car, à l'époque, le Laos était neutre. Ainsi, le Viêt-minh démentait sa présence sur ce territoire, tout comme les Américains niaient avoir des bases militaires au Laos !

---

[38] Bonzes : moines bouddhistes
[39] Sébile : récipient avec lequel les bonzes demandent l'aumône

Bref, l'hypocrisie et le dialogue de sourds sont toujours bons pour protéger des actions belliqueuses (La guerre en Irak nous montre qu'aujourd'hui rien n'a changé !).

Et pourtant les impacts témoignent de la violence et de l'intensité de ces bombardements : cratères, carcasses de bombes et de chars...

Près de Phonsavan et sur le plateau des Bolaven, nous sommes étonnés par la quantité de bombes récupérées par les villageois : bacs à fleur, barbecues, clôtures de jardin, piliers de terrasses et aussi ferrailles vendus pour recyclage. Il y a 30 ans, l'armée américaine ne se doutait certainement pas qu'elle fournirait le Laos en mobilier de jardin.

Cette anecdote prêterait à sourire si la réalité n'était pas terrible. En effet, sur les 1 600 000 tonnes de bombes larguées sur le Laos, un certain nombre est arrivé au sol sans exploser. Du coup, champs, rivières, collines, recèlent encore de ces UXO - Unexplosed Objects - comme les appellent les équipes de déminage qui opèrent encore dans ces régions.

Ces UXO font aujourd'hui encore de nombreuses victimes, notamment parmi les enfants, attirés par ces « jouets » dont certains, dans une logique perverse, ont une couleur attrayante !

Compte tenu de leurs moyens et de l'étendue de la zone bombardée, les équipes de déminage estiment à 50 ans la durée nécessaire pour nettoyer le Laos de ces engins meurtriers.

En route pour le sud (par Sophie)

Après le départ des parents de Jérôme nous descendons par la route numéro 13 en direction du sud Laos.

Nous longeons le Mékong qui marque la frontière avec la Thaïlande. Sur la rive opposée nous voyons les lumières vives des routes éclairées, les immeubles modernes, la circulation dense. De notre côté, tout est calme. Peu d'éclairages la nuit, peu de voitures, des maisons anciennes retapées ou non, des berges en terre battue... un autre monde. Toutefois, le Laos se développe petit à petit et l'ouverture récente au tourisme, engendre des travaux d'amélioration des routes et des pistes. Pour notre plus grand plaisir !

A Tha Khaek, nous retrouvons par hasard Stéphanie, une bambou d'Enfant du Mékong, chargée de la coordination des actions de l'association au Laos. Elle nous propose de la retrouver à Savannakhet

181

dans quelques jours pour nous présenter les Pères Antoine et Philippe.

Les scoots rouillent... (par Jérôme)

De Tha khaek, nous prenons la direction de Mahaxay. Route superbe en latérite, bordée par des formations karstiques magnifiques !

Entre les pauses photos et les arrêts dans les villages, nous mettons trois heures pour parcourir 60 km ! De Mahaxay, notre carte indique une route qui rejoint Savannakhet. A défaut de panneaux et devant les explications douteuses des villageois, nous empruntons une piste, qui au moins, a le mérite d'aller dans la bonne direction. Très rapidement, celle-ci se détériore et semble empruntée par les camions de forestiers. Passages à gué, pistes de forêt... Notre chemin qui se rétrécit nous amène dans un village. Nous apercevons des villageois réunis autour d'une maison et plus nous approchons plus se dégage une odeur d'alcool et de bière qui témoigne de l'ambiance. Les femmes et les enfants s'amusent dans le jardin tandis qu'au premier étage, les hommes sont dans un état d'ébriété bien avancé ! Nous ne nous attardons pas.

A la sortie du village, la piste n'est plus qu'un sentier forestier pourtant nous l'empruntons pleins d'espoir ! Eh oui ! Tant que les scoots passent pourquoi faire demi-tour ?

Ce sentier s'enfonce toujours plus dans la forêt et à plusieurs reprises, nos béquilles butent sur des souches d'arbres ! Au bout de 5 km, des troncs en travers du chemin nous indiquent que « l'aventure » s'arrête là...Après une pause déjeuner, nous remontons sur nos scoots et là, en plein milieu de la forêt, mon fidèle deux-roues choisit de ne pas redémarrer ! Chaleur, humidité, insectes, viennent s'ajouter à une journée de piste épuisante. Non ! Ce n'était pas le moment... Pourquoi, alors que 20 minutes plus tôt tout allait bien, fait-il des caprices ? Un premier examen révèle qu'il n'y a pas d'étincelle à la bougie : fil déconnecté, composant électronique détérioré par les chocs contre les souches ? J'envisage le pire ! Tandis que je démonte le scoot, Ti-Bout, très pragmatique, repère déjà un endroit pour planter la tente. Il me faudra deux heures pour vérifier un à un les différents composants électriques, sous la surveillance abrutissante des insectes, pour découvrir la cause de la panne. Un contacteur s'est oxydé, donc le courant ne passe plus. Je nettoie la pièce, remonte le scoot, et comme par magie, au premier coup de démarreur, le moteur ronronne. Quel bonheur !

Nous repartons donc en sens inverse et plantons la tente à l'entrée du village de Mahaxay. Baignade dans le fleuve, dîner devant notre tente et discussion avec les habitants du coin. Soirée agréable qui conclut une excellente journée où beauté des paysages, pistes en latérite, sourire lao et montée d'adrénaline sont les ingrédients de notre bonheur du jour !

Savannakhet : les Pères Antoine et Philippe (par Sophie)

Le lendemain, nous arrivons à Savannakhet et retrouvons notre amie bambou à l'église catholique Sainte Thérèse, une belle bâtisse blanche qui abrite dans son enceinte un petit séminaire. Les Pères n'étant pas là, nous allons boire une bière avec Stéphanie au bord du fleuve… Coucher de soleil sur le Mékong. Instant d'éternité…

De retour au presbytère, les Pères nous accueillent très gentiment et nous offrent de nous installer dans l'une des chambres disponibles du séminaire. Nous sommes ensuite invités à regarder le journal télévisé en français. Les Etats-Unis viennent de déclarer la guerre à l'Irak… nous sommes secoués. Un tel acte d'ingérence nous semble si opposé à l'esprit des Nations Unies. Les informations qui nous parviennent sont vagues et contradictoires d'un journal à l'autre… Nous ne sommes finalement que des pantins et l'argent est l'unique nerf de la guerre.

Plus personnellement, ce conflit nous conduit à nous interroger sur notre itinéraire de retour vers l'Europe. En effet, nous prévoyions de passer du Pakistan en Turquie via l'Iran mais si la région est en guerre, ces pays seront-ils ouverts ? Nous allons devoir anticiper et prévoir une solution de repli… Transiter du Pakistan en Afrique par bateau peut-être… à voir.

Nous passons à table avec les Pères, Stéphanie et une dizaine de séminaristes de 16 à 18 ans. Les Pères Antoine et Philippe sont d'origine vietnamienne et parlent un excellent français. La discussion est très animée. Ils nous donnent leur avis sur l'Occident, ses soi-disant libertés et le stress de ses habitants… Même si les Pères ont longtemps été opprimés par le gouvernement communiste, même s'ils reconnaissent devoir jouer de subtilité pour continuer à préparer des jeunes à la prêtrise et à œuvrer dans les villages, ils sont loin de dénigrer ce système. Leurs propos nous surprennent ce jour-là et nous les trouvons même un peu méprisants à l'égard de l'Europe et du système occidental. Cependant avec le recul, j'avoue comprendre.

Nous expliquons aux Pères le but de notre voyage et notre souhait de rencontrer des enfants au Laos. Bien sûr, sans autorisation préalable de l'administration, rentrer dans une école s'avère périlleux. Il nous est en fait interdit d'y aller. Avec l'aide de Stéphanie, nous réussissons à convaincre le Père Philippe et partons avec son pick-up vers l'école du Ban Keua Kat, petit village alentour au bout d'une piste totalement défoncée avec certains passages à gué. L'école accueille 300 élèves, de vieux tableaux noirs sont accrochés aux murs en planches de bois et le sol est en terre battue. Les classes sont surchargées et les enfants se serrent sur les bancs. Nous proposons aux professeurs de présenter la France, mais nous essuyons un refus car nous n'avons pas l'autorisation du gouvernement... La peur de faire entrer des Occidentaux dans l'école sans autorisation les paralyse. Nous négocions néanmoins l'interview d'une élève. Malheureusement, les professeurs n'acceptent pas cet entretien privé et nous lui posons les questions dans la classe devant tous ses camarades. Bien évidemment, Kvanjay est très impressionnée et intimidée. Nous ne parvenons pas à la mettre en confiance et le Père Philippe qui nous traduit ses réponses, a tendance à répondre à sa place... Expérience intéressante pour nous car c'est le premier pays depuis le début du voyage où nous ne pouvons pas faire ni la présentation ni une interview correcte.

Ban Senoï : un village inoubliable (par Sophie)

Nous reprenons la route en direction du plateau des Bolaven. Passages de sable, ornières mais paysages grandioses. La piste traverse des plantations de caféiers et cette région est d'ailleurs réputée pour sa production de café et son climat tempéré. Devant nous, un camion arrose la piste pour limiter la poussière. Cela ne change rien pour nous car nous sommes déjà rougis par une fine pellicule de latérite. En revanche, le mélange eau-terre transforme la piste en patinoire et nous manquons à plusieurs reprises de nous retrouver par terre. Nous faisons une pause pour nous dépoussiérer et inspecter les scoots. Jérôme remarque que le cadre du sien commence à se fissurer. Nous rejoignons le premier village et trouvons au milieu de nulle part un poste à souder ! Une heure plus tard, le cadre est consolidé. Nous pouvons reprendre la route.

La majorité des Laotiens vivent dans des villages d'une dizaine de maisons en bois et en bambou aux toits de paille ou de tuiles en bois. A scooters, nous avons l'occasion de les traverser, et parfois de nous arrêter un peu pour observer. Mais nous voulons en savoir un peu plus...

Malgré l'obstacle de la langue, nous plantons plusieurs fois notre tente dans des villages plus ou moins grands et tout en cherchant un lieu de bivouac, nous essayons de mieux découvrir cette vie rurale.

Le matin les femmes vont chercher l'eau au puits du village et la transportent dans des seaux accrochés aux extrémités d'un long bâton. Plus tard, elles tissent, assises, un métier à tisser tendu entre leurs pieds et leur taille. Les pauses sont souvent l'occasion de fumer une pipe à eau faite en bambou...

Le plus étonnant reste ce soir où nous voyons décoller au-dessus de nos têtes une fusée artisanale, fabriquée par des enfants et ayant une portée d'au moins 1 km !

En prenant une piste de terre assez difficile, une heure avant le coucher du soleil, nous savons que notre bivouac ne sera pas comme les autres... C'est en pleine forêt, près d'une rivière que nous apercevons quelques toits en paille. Nous quittons la piste pour emprunter un sentier de sable et de gros cailloux. Nous arrivons ainsi à la tombée de la nuit dans un tout petit village composé d'à peine dix maisons sur pilotis en bambou. Jérôme mime tant bien que mal que nous aimerions poser notre tente là, pour la nuit. Immédiatement, les regards étonnés et un peu inquiets se font souriants et les femmes courent chercher des balais pour nettoyer l'emplacement.

Tout le village s'installe devant nous : hommes, femmes, enfants s'assoient sur leurs talons et nous observent... Ils sont au spectacle !

Nous voulions découvrir leur vie, ce sont surtout eux qui nous découvrent !

La nuit tombe rapidement, les bougies s'allument, on aperçoit à travers le treillage des murs, les feux sur lesquels le riz est en train de cuire... La pluie se met à tomber. Les toits laissent passer l'eau.

Nous nous réfugions entre les pilotis d'une maison, à peu près à l'abri, pour faire notre feu et cuire nos pâtes. Une femme s'assoit à côté de nous et nous observe tout en nous éclairant avec sa lampe à pétrole. Des hommes arrivent pour fumer, la femme se retire...

Quel calme ! Aucun bruit exceptée la pluie. A 20 heures, le village s'endort et les chasseurs partent en forêt.

A 5 heures, nous sommes réveillés par le martèlement du pilon. Les femmes et les petites filles, déjà prêtes, pilent le paddy pour en détacher l'écorce puis séparent les grains, en lançant le riz dans de grands paniers d'osier.

Pendant près de trois heures, les femmes pilent le riz pour pouvoir préparer le repas du jour tandis, qu'arrivent les chasseurs, hommes et jeunes garçons. D'autres reviennent de la rivière avec deux ou trois poissons pour agrémenter le repas quotidien. Les enfants s'amusent sans bruit et le moindre objet est immédiatement transformé en jouet.

Nous prenons notre petit déjeuner devant la tente, au milieu du village, sous les regards souriants et bienveillants. Jérôme décide de filmer et de photographier cette vie paisible. C'est un grand moment de joie car ces hommes et femmes aiment être pris en photo et sont surtout très heureux de se voir à l'écran.

Avant de plier bagages et de reprendre la piste, nous allons nous baigner dans la rivière, une salle de bain tranquille et superbe...

A 9 heures, des hommes quittent le village sur de vieux vélos avec leur équipement pour couper du bois, les femmes font enfin une pause, assises sur leurs talons, le cigare à la bouche et le bébé au sein. Elles nous regardent ranger puis partir. Nous n'oublierons ni la quiétude ni l'accueil chaleureux de ces villageois.

Curiosités culinaires (par Sophie)

Le Laos est le premier pays où nous découvrons autant de choses étranges sur les étals des marchés.

Pays essentiellement rural, la chasse, la pêche et la cueillette sont encore les activités essentielles pour se nourrir. Les marchés sont donc pour nous un lieu d'étonnement : écureuils, rats, civettes, fraîchement chassés ou braconnés ; œufs de fourmis, brochettes de grillons encore vivants, oeufs couvés, algues du Mékong fraîches ou séchées, grenouilles... Et bien sûr, tant de fruits, de légumes et d'herbes totalement inconnus à nos yeux mais dont les parfums ne nous laissent pas indifférents.

C'est sur ces marchés laotiens que nous ressentons réellement les spécificités culturelles de l'Asie, si difficiles à saisir...

Champasak (par Sophie)

De Paksé, ville relativement récente sans charme particulier, nous rejoignons Champasak. 50 km sur une large piste rouge, dont 20 km sont dans un état lamentable mais 50 km à travers des rizières, des petits villages ... magnifique ! Champasak, sur la rive ouest du Mékong, est une ancienne capitale de région de l'époque coloniale française dont il ne reste aujourd'hui que quelques maisons délabrées et quelques habitants. Nous nous installons au bord du fleuve dans une adorable petite guest-house où nous sirotons des jus de citrons frais tout en écrivant le carnet de route.

A quelques kilomètres se trouve le Vat Phu Champasak. Cet ancien sanctuaire khmer a été construit entre le VIe siècle (royaume du Chenla) et le XIIIe siècle (fin de la période d'Angkor) sur une colline avec une vue imprenable sur la plaine et le Mékong. Le site est très beau même si l'essentiel des pavillons sont en ruine.

Compte tenu de la chaleur étouffante, nous visitons le temple à l'aube et profitons de l'absence des cars de touristes. Seuls quelques pèlerins bouddhistes viennent se recueillir. En effet, hindou à l'origine, le site a été converti en temple bouddhique.

De Champasak, nous quittons le Laos la Thaïlande et retournons à Yasothon.

Opération machine à laver (par Jérôme)

Avant de partir au Laos et suite à notre premier passage à Yasothon, nous avions sollicité nos amis pour l'achat d'une machine à laver pour le centre Homehak.

Très nombreux sont ceux qui ont répondu à l'appel. Nous recevons pour cette opération l'équivalent de trois fois le montant de la machine ! Les enfants du collège Jean Macé se sont notamment mobilisés et réunissent à eux seuls la somme de la machine. Un couple de bienfaiteur offre également le montant de la machine et des dizaines d'amis soutiennent cette initiative et leurs dons couvrent également le montant recherché !

Que faire de l'argent restant ? Ou plutôt, comment l'utiliser au mieux ?

En accord avec Pi Tiou, la directrice du centre et avec Claire, nous décidons de pousser plus loin cette opération d'amélioration de l'hygiène en construisant une buanderie. En effet, cette pièce permettrait de mettre à l'abri le linge sale au lieu de le laisser dehors et surtout abriterait la machine à laver pendant la saison des pluies.

Pour la réalisation, trois conditions :

1. Les travaux ne doivent pas coûter plus cher que le montant disponible : un devis fait chez le premier « Bricorama » du coin, nous rassure sur ce point.

2. Avoir les outils nécessaires : perceuse, visseuse, scie sauteuse. La caisse à outils du Père Tenaud fera l'affaire.

3. Que les volontaires thaïs du centre participent aux travaux. Nous obtenons leur accord !

C'est pourtant sur ce dernier point que Claire tempère notre confiance. *« Vous êtes sûrs de vouloir vous lancer dans les travaux ? Vous savez, avec les Thaïs, il y a le barrage de la langue et puis ils bossent à leur manière. Enfin ce qui m'inquiète surtout c'est que vous n'avez qu'un visa d'un mois ! ».* Ayant estimé la durée des travaux à une bonne semaine, je reste interloqué.

Pourtant nous décidons de relever le défi. *« Mais je peux te l'avouer maintenant, Claire, dès le premier jour des travaux j'ai compris ce que tu sous-entendais ! »*

Et pourtant même si j'ai dû me familiariser avec la discipline du « *Mai Phen Lai* » (Y'a pas de problème) c'est en 10 jours que nous avons réalisé cette buanderie, grâce à l'aide des volontaires et des enfants. Faire du ciment, monter les murs, peindre les poutres, poser le toit, couler la dalle, peindre et finalement installer la machine. Autant de tâches où, quand il fallait des bras il y en avait, même parmi les volontaires filles. Malgré une chaleur étouffante (40°C à l'ombre), des travaux pénibles (remuer cinq sacs de ciment à la main) et un Farang (en l'occurrence moi) qui ne parle pas thaï, chacun y a mis du sien et a permis de finaliser le projet.

Tous ces efforts ont été largement récompensés par les attentions de Claire, du Père Tenaud, de Pi Tiou et des volontaires pendant ces 10 jours : saunas, massages, bonne cuisine... et enfin par la petite fête organisée par les enfants pour la fin des travaux.

Mais pour nous, la véritable récompense a été de constater le lendemain de l'installation que la machine en était déjà à sa troisième lessive !

Mai Phen Lai : le « keep cool » thaï ! (par Jérôme)

Au cours des travaux de la buanderie, mon vocabulaire thaï s'est enrichi. Une expression notamment reste gravée dans ma mémoire : « *Mai Phen Lai* » (l'équivalent du « *y'a pas de problème* » de chez nous.)

Plus qu'un simple mot le « Mai Phen Lai » traduit une certaine façon de voir la vie, une philosophie thaï.

Quant à moi, c'est un peu contraint que j'ai du m'en imprégner au risque, sinon, d'y perdre mes nerfs.

Tout ceci reste bien « théorique », j'espère que les situation racontées ci-dessous permettront de mieux saisir ce que j'entends par « perdre mes nerfs » !

Imaginez : cela fait 5 minutes que je prends des mesures et que je positionne une poutre. Alors que mes deux mains sont occupées à maintenir la poutre en place. Je demande à Deng de clouer celle-ci ! Et bien sûr je ne sais dire ni marteau, ni clou en thaï ! J'ai beau remuer la tête dans tous les sens, pointer le menton vers le marteau, impossible de me faire comprendre... devant un Deng, qui reste parfaitement immobile. Je me résous donc à poser la poutre et à perdre les réglages par la même occasion, pour montrer ce que je demandais. Et là, un large sourire sur le visage, Deng s'empare du marteau et des clous tout en me rassurant, *mai phen lai* !

Imaginez encore : Je suis en train de lisser la dalle et demande à Fallow de me faire du ciment pour combler certaines parties. 5 minutes plus tard celui-ci revient et déverse les seaux à l'endroit indiqué ! Parfait, me direz-vous ? Oui, sauf que lisser une dalle avec du ciment préparé avec des gros graviers, n'est pas évident ! Visiblement peu perturbé, Fallow, me rassure « *mai phen lai* » avant d'enlever les cailloux !

Imaginez toujours : J'interpelle Fallow pour qu'il m'aide à porter des poutres, « *mai phen lai* » me dit-il. Nous commençons donc, mais à la troisième, avons le malheur de passer devant la cuisine au moment où la cuisinière lance un « *Khin kao* » (équivalent de « à table ! »). Fallow se retourne alors vers moi et me lance d'un air désolé. « *Pi Jérôme, khin kao* » (grand frère Jérôme, je vais manger !). Que faire, sinon lui dire « *mai phen lai* », tout en pensant : « *pendant que tu manges, je terminerai* ! ».

Imaginez encore : Avant de poser la canalisation, je regroupe les pièces achetées : tuyaux PVC, raccords, robinets... et là, surprise ! Je n'ai pas assez de tuyaux PVC ! Mauvais calcul de ma part lors de l'achat ? Pas du tout. Les enfants de Home Hak m'ont chapardé les tubes pour se faire des fusils à eau ! Devant mon air dépité, Deng me lance un « *mai phen lai* » avant d'enfourcher sa mobylette pour aller en racheter au « Bricorama du coin ».

Imaginez enfin et pour conclure : Alors que nous sommes en train de terminer les peintures, Deng, pose les canalisations pour emmener l'eau dans une maison située de l'autre côté de la buanderie. Arrivé au niveau de cette dernière, je vois Deng prêt à faire un trou dans le mur fraîchement peint, pour traverser complètement la buanderie avec son tuyau ! Petit détail, mais qui a son importance, ces tuyaux se trouvent à hauteur d'homme. J'imagine encore cette conduite d'eau en PVC bleu traverser la buanderie au niveau du regard ! Je fais comprendre à Deng qu'il doit descendre le tuyau et profiter du trou réalisé pour la canalisation de la machine pour faire traverser ses tuyaux en bas ! « *Mai phen lai* » me dit-il ! Je le laisse faire tout en gardant un oeil en coin. Il fait bien descendre sa canalisation et passe par le trou. Mais de l'autre côté je le vois se préparer à faire remonter sa canalisation, pour la ramener à la hauteur précédente ! Ma nouvelle intervention ne le perturbe pas plus que la première et il renonce à son projet tout en me rassurant : « *Mai phen lai* »

Sur le moment c'est dur pour les nerfs, mais ces anecdotes me font maintenant bien rire ! Surtout lorsque je réalise à quel point j'ai sous-estimé les problèmes de langue et de culture en me lançant dans ces travaux : « *Mai phen lai* » !

Nord Thaïlande : une fuite d'huile gâche notre plaisir (par Jérôme)

Après 15 jours passés à Yasothon, nous reprenons nos scoots avec un pincement au cœur. Difficile de quitter ce centre et ses petites têtes brunes dont nous gardons comme images cette joie de vivre et ces sourires pleins d'espoir.

L'atmosphère est lourde, le soleil cogne. Est-ce que ce sont les conditions climatiques ou ces 10 jours de travaux mais au bout de 70 km nous sommes épuisés et nous arrêtons dans le premier hôtel venu. Nous cassons notre tirelire et choisissons une chambre avec climatisation pour être sûrs de bien dormir. A peine allongés, nous nous endormons pour 12 heures de sommeil profond.

Requinqués, nous enfourchons nos scoots en direction du nord de la Thaïlande. Devant nous, un groupe de jeunes se tient sur le bord de la route. Bizarrement devant eux la route est mouillée. Trop tard ! A notre passage ils brandissent leur récipients et nous aspergent littéralement. Songkhran, la fête du nouvel an lunaire a commencé. Pendant trois jours, les Thaïlandais ne pensent qu'à une chose : asperger tout ce qui bouge. Sur la route, les barrages sont nombreux, notamment à l'entrée et la sortie des villages. Les habitants disposent plusieurs fûts de 200 litres sur les bas-côtés et « baptisent » chaque véhicule sans exception. Arroser une voiture ou un camion c'est drôle mais un deux-roues c'est plus marrant. La première journée, cette coutume nous amuse mais à rouler en tee-shirts trempés, nous attrapons un rhume. Du coup nous sommes obligés de mettre des vêtements secs et de rouler en K-way. 1 fois, 2 fois, 3 fois… les blagues les plus courtes sont les meilleures. Mais à chaque village, la douche recommence ! Pour éviter de me faire tremper j'essaye différents subterfuges qui réussissent plus ou moins. Malheureusement, les villageois ne s'y font pas prendre à deux fois et lorsque Sophie, qui roule derrière moi, arrive, ils redoublent de vigueur ce qui la met dans une humeur massacrante.

Un soir, nous nous arrêtons dans le parc Mae Moei. Nous déplions notre tente sur un emplacement prévu pour campeurs. Nous sommes seuls. Mais cela ne dure pas. Une petite fille s'approche de notre tente. Au début timide, elle ne tarde pas à prendre ses marques et bientôt s'installe à côté de nous. Souriante et vive, elle nous improvise des galipettes, des danses… Elle ne parle pas ou plutôt chaque son qui sort de sa bouche est inaudible. Nous finissons par comprendre que notre « invitée » est sourde. Nous partageons notre repas avec elle et tandis que la nuit arrive nous nous étonnons de la voir rester. Nous lui faisons signe qu'il est temps de rentrer, que nous allons dormir. Mais elle ne bouge pas et commence à s'allonger sur la bâche étalée devant notre tente. Dépités et sans trop savoir d'où elle vient, nous lui proposons de rentrer dormir dans la tente. Son refus est net et nous n'insistons pas. Nous nous couchons et trouvons le sommeil rapidement. Par acquis de conscience, je me lève la nuit et découvre qu'elle est toujours là. Mais avec la fraîcheur nocturne, elle semble avoir froid. Je la rentre dans la tente et l'installe entre nous, bien au chaud dans les duvets.

Au petit matin, elle déjeune avec nous et égaye notre matinée par son sourire et ses galipettes.

Elle nous aide à plier la tente puis comme si de rien n'était nous fait un signe et disparaît aussi rapidement qu'elle était venue ! Une parenthèse, une rencontre aussi brève qu'imprévue mais qui nous laisse un souvenir éternel.

C'est entre deux « douches », Songkhran oblige, que je vois Sophie s'arrêter sur le bord de la route. *« Mon scooter fait du bruit ! »* me dit-elle. J'allume le scoot et roule un peu. Effectivement, le moteur fait, un bruit de casseroles. Je vérifie l'huile et constate qu'il n'y en a pas. Je refais le plein, nous repartons et 20 km plus loin elle s'arrête à nouveau. *« Ça recommence »* me dit elle. Je re-vérifie l'huile et constate qu'il n'y en a déjà plus ! Après avoir regardé le moteur je découvre qu'une pièce du carter a été endommagée. Le plein d'huile à nouveau fait nous roulons jusqu'à la prochaine ville. Là, je démonte la pièce et bouche le trou avec une résine achetée au marché. Le scooter de Sophie ne fuit plus mais malheureusement le bruit, lui, ne disparaît pas ! Sans autre solution, nous décidons de continuer quand même.

Nous arrivons à Mae Sot et remontons le long de la frontière birmane. Nous passons à côté d'un camp de réfugiés Karens. Je suis impressionné par la taille de ce camp qui abrite plus de 10000 personnes. Celles-ci vivent dans des maisons sur pilotis en bambou et toits de feuilles. Une clôture ceint le camp et des gardes thaïs surveillent les entrées. Sur la route, de nombreux contrôles routiers visent à éviter les entrées clandestines. Ces Karens fuient le régime dictatorial qui sévit en Birmanie et surtout les guerres engagées par l'armée contre les minorités ethniques.

Le scoot de Sophie fait de plus en plus de bruit et nous décidons de modifier notre itinéraire pour filer directement sur Chiang Mai.

Sur la route, aux nombreux barrages, viennent s'ajouter des pick-up à l'arrière desquels sont installés des fûts de 200 litres d'eau. Arrivés à notre hauteur, les véhicules ralentissent et leurs occupants nous aspergent. Sophie, déjà énervée par le bruit de son scoot supporte de moins en moins cette fête. La pauvre, elle ne se doute pas de ce qui nous attend à Chiang Mai. En effet, dans notre inconscience nous arrivons dans cette « capitale du nord » le dernier jours de la fête. La ville est congestionnée par des embouteillages qui n'en finissent pas. Bloqués au milieu de ce trafic nous sommes la cible privilégiée des Thaïlandais qui nous déversent dessus en continu des tonnes d'eau. Pervers, certains mettent des blocs de glace dans leur récipient et le choc thermique est loin d'être agréable.

C'est complètement imbibés que nous débarquons dans un hôtel. Le propriétaire, devant nos mines déconfites est très compréhensif et nous rassure : *« Demain la fête est terminée »*.

Très préoccupés par le scoot de Sophie, nous contactons Piaggio France, leur commandons des pièces et nous décidons de rentrer en train sur Bangkok. Avant cela nous faisons un rapide aller-retour à la frontière birmane pour prolonger notre visa thaïlandais d'un mois.

Embarquement pour le Népal (par Sophie)

De retour à Bangkok, nous décidons de prendre l'avion pour le Népal. Nous ne souhaitons pas emmener les scooters jusqu'à Singapour et les embarquer pour Calcutta. La réputation de l'administration indienne et l'expérience de globe-trotters ayant transité par le port de Calcutta ont fini par nous inciter à éviter ce transport. Nous préférons mettre un peu plus cher dans le fret aérien et gagner en temps et en sécurité. Suite à cette décision, nous ne retournons donc pas en Malaisie. En fonction des événements et des informations obtenues au fur et à mesure nous modifions notre trajet comme nous le voulons. Aucun engagement ne nous contraint à respecter le trajet initial et nous nous sentons donc totalement libres.

Nous obtenons rapidement notre visa pour le Népal et faisons par la même occasion les démarches pour le visa pakistanais. Munis d'une lettre de recommandation de l'ambassade de France, nous obtenons ce dernier visa facilement et pour 30 jours de tourisme. Nous sommes contents car nous craignions d'obtenir un visa plus court.

En attendant les pièces détachées pour réparer les scooters nous partons un week-end sur l'île de Ko Phi Phi avec nos amies de Bangkok. Ile paradisiaque où nous profitons au maximum du sable blanc, de l'eau turquoise et surtout des splendides fonds marins. Nous ne regrettons pas de trimbaler nos masques et tubas sur nos scooters depuis le départ.

Après ces « vacances », Christophe, ami d'une bambou, nous apporte de France les pièces détachées. Jérôme trouve un petit garagiste et entame dans son atelier le démontage du moteur : changement du vilebrequin, du piston, des segments, des soupapes et des ressorts de soupapes. Après le remontage, il n'y a pas de changement. Le bruit est toujours là. A nouveau le moteur est démonté, le jeu des soupapes réglé, mais toujours aucune amélioration ! Après deux jours et cinq démontages du moteur, les mécaniciens et Jérôme s'avouent vaincus. Impossible d'identifier l'origine du bruit. *« Tant pis, nous roulerons le temps que ça tiendra. Si cela lâche nous saurons d'où ça vient »*, me dit Jérôme à bout de ressources.

Nous filons le lendemain à l'aéroport et traitons avec Thaï Cargo pour l'acheminement des scooters vers Katmandou. Nous prenons nos billets d'avion dans la foulée au meilleur prix trouvé à Bangkok.

Le mercredi matin, nous emmenons nos scooters dans un entrepôt proche de l'aéroport pour les mettre en caisse. Nous négocions la fabrication de la caisse et le patron, séduit par notre aventure, nous accorde un bon prix et le travail est très bien effectué.

Je pars, pendant ce temps, régler les papiers à la douane et à la Thaï Cargo. Une multitude de paperasses à remplir, des signatures à obtenir de bureau en bureau… Jérôme me rejoint et vu la difficulté à comprendre les formulaires écrits dans l'alphabet thaï, nous acceptons de payer un agent pour faire les papiers à notre place. Le prix n'étant pas trop élevé non plus, nous pensons que ce sera certainement plus rapide et plus facile…

Le lendemain, nous recevons un coup de téléphone de Thaï Cargo, nous demandant finalement de remplir les papiers car leur agent n'y arrive pas… Notre cas semble trop particulier ! Surpris, nous retournons donc à l'aéroport pour effectuer nous-même les démarches. Il nous faut près de huit heures à courir de bureau en bureau pour parvenir à nos fins… Les scooters s'envolent enfin pour Katmandou et nous les suivons par avion quelques jours plus tard.

Regards et paroles d'enfants : Malaisie

Muhammad – 12 ans – Jerantut - Pahang

« Je m'appelle Muhammad et j'ai 12 ans. Chaque jour je vais à l'école à pied car j'habite à côté. Mes matières préférées sont l'anglais, les maths et les sciences. A l'école nous apprenons le malais et l'anglais. Depuis cette rentrée

scolaire, nous avons les cours de mathématiques et de sciences en anglais.

Mes parents me donnent un peu d'argent chaque jour pour que j'achète à manger. Je mange principalement du riz, du pain et de la viande. Mon plat préféré c'est de la viande avec du riz.

Je porte un uniforme à l'école avec un songkok sur la tête mais en dehors j'aime mettre des jeans et tee-shirts. Pour mon anniversaire, mes parents ont organisé une fête et j'ai reçu plein de cadeaux dont une voiture télécommandée.

Je suis très fier de mon pays mais surtout de la communauté malaise. Mes parents et grands-parents sont professeurs. Moi, plus tard, je voudrais être médecin et vivre aux Etats-Unis.

Quand je ne suis pas à l'école, j'étudie avec mes copains et je joue au foot et au baseball. Je ne suis jamais allé au cinéma car il n'y en a pas dans notre ville. A la maison, il y a un ordinateur mais je ne l'utilise jamais, par contre je regarde la télévision. Le dernier film que j'ai vu c'est Triple Axe.

Je suis musulman et je fais les cinq prières par jour. Je vais à la mosquée tous les vendredis et je fais le Ramadan. »

Si j'étais Premier ministre :

1. Je protègerais mon pays des ennemis extérieurs qui pourraient faire chuter l'économie

2. J'aiderais ma communauté en donnant de l'argent et de la nourriture

3. Je ferais en sorte que ma communauté reste libre et en paix.

Regards et paroles d'enfants : Laos

«Kvanjay - 12 ans - Ban Keua Kat – Province de Savannakhet

« Je m'appelle Kvanjay, j'ai 12 ans et je vis dans un petit village à quelques kilomètres de Savannakhet.

 Le matin je me lève vers 5 heures pour faire cuire le riz pour toute la famille, puis je vais à pied à l'école vers 8 heures. J'aime beaucoup l'école et j'y apprends un peu l'anglais. J'ai deux soeurs et un petit frère, je suis orpheline de père et ma mère travaille dans les rizières.

Je mange toujours à la maison, principalement du riz et des pousses de bambou. Je vais toute la journée à l'école et en fin d'après-midi je m'occupe du potager et je vais chercher l'eau au puits.

Je n'ai pas l'électricité tout le temps mais on tire une ligne de chez le voisin pour regarder notre télévision noir et blanc.

Puisque je suis l'aînée, je lave le linge de toute la famille au puits.

A la question, si tu étais Premier ministre du Laos, Kvanjay n'a pas su répondre et le Père qui faisait la traduction nous a dit que ce genre de question la dépassait totalement. »

Chapitre 8

Sous-continent indien : sous le signe des dieux

Mai – Juillet 2003

Sous le toit du monde (par Sophie)

Après trois heures de vol, nous atterrissons à Katmandou. Nous nous attendons à découvrir des sommets autour de nous mais le temps est couvert et une brume empêche toute visibilité.

L'aéroport est un grand hangar en briques rouges, d'une simplicité peu commune pour un aérogare international. A peine sortis, une nuée de mouches humaines se ruent sur nous pour nous proposer hôtels et taxis... Nous souhaitons rejoindre le centre-ville par bus local car nous ne voulons pas payer le prix fort appliqué aux touristes.

Nous quittons donc à pied l'enceinte de l'aéroport. L'entrée de celui-ci est gardé par deux automitrailleuses et des militaires abrités derrière des sacs de sable. Nous marchons un bon moment et trouvons une charmante femme parlant anglais qui nous explique qu'il n'y a pas de bus. Elle nous propose d'arrêter un taxi pour nous. Elle négocie, elle-même, le tarif et nous rejoignons ainsi à un prix raisonnable, Thamel, le quartier des hôtels.

Après deux heures de recherche, nous trouvons une chambre calme à l'écart du centre avec une salle de bain privée et un petit jardin. Nous sommes ravis.

Femmes en sari multicolores, ruelles étroites, petites échoppes, maisons en bois sculpté, klaxons en tous sens, odeurs ... Que de vie et d'authenticité ! Nous sommes conquis par cette capitale.

Dès le lendemain, nous filons à l'aéroport pour dédouaner nos scooters. Première difficulté, trouver les bureaux de la compagnie Thaï-airways puis le terminal cargo ! Au bout d'une heure nous arrivons enfin devant les grilles de ce dernier. Impossible d'entrer, il nous manque un papier de la compagnie aérienne. Nous repartons donc chercher ce « sésame » et perdons une heure de plus. Enfin nous entrons ! Un agent douanier vient vers nous, mais ne voulant pas bénéficier de ses services, nous le remercions… Peine perdue, le malin nous suit car il sait déjà que nous aurons besoin de lui pour remplir les documents rédigés uniquement en népalais.

Le terminal cargo et les bureaux des douanes ressemblent plutôt à des bâtiments abandonnés. Par moment, un ordinateur atteste du modernisme. Les douaniers trônent dans un grand hangar derrière une immense table vide. Les documents remplis, nous sommes trimbalés d'un bout à l'autre de ce grand espace, tout semble bien se passer… quand soudain la question redoutée tombe comme un couperet : « *Avez-vous vos carnets ?* » et ce, d'une voix sans équivoque ! Aïe, Aïe, Aïe ! Nous commençons par expliquer notre périple, nous leur donnons des lettres de l'ambassade de France attestant que nous faisons un tour du monde… Rien n'y fait : ils veulent les carnets de passage ! Ces documents douaniers, valables un an, achetés à l'Automobile Club de France (ACF) sont censés éviter les trafics de véhicules, notamment vers les pays du Tiers monde ! Depuis notre départ, jamais nous n'avions eu de problèmes de douane et nous avions décidé tout bonnement de nous en passer !

Nous remuons ciel et terre et voyons toute la hiérarchie des petits et grands chefs… Rien à faire « *C'est la loi népalaise !* » Fabuleux de voir ces bureaucrates si à cheval sur la loi dans des bâtiments en ruines, derrière des bureaux et des tables en bois miteux, avec des armoires remplies à craquer de papiers, en partie rongées par les rats. Nous cherchons les caméras cachées… mais décidément non, ce n'est pas un canular ! Nous sommes étonnés de voir leur obstination et finissons par admettre que la loi népalaise nécessite la possession de ces carnets. L'un des officiels finit par nous dire, « *qu'éventuellement* » il pourrait fermer les yeux contre une rétribution… Par principe et aussi par précaution nous refusons d'arrondir les fins de mois de ce fonctionnaire corrompu. En effet, sans carnet, nous risquons d'être confrontés au même problème pour passer en Inde.

Commencent alors de longs échanges d'emails avec Sandrine, la tante de Jérôme et Thibault, mon frère et trésorier de notre association, pour l'établissement de ces carnets de passage en douane. Chèque de banque pour la caution (100% de la valeur des véhicules), dossiers à remplir et 119 euros de frais de dossier… Nous devons patienter quinze jours le temps de la mise à disposition des carnets par l'ACF et de l'envoi au Népal.

Trek dans le Langtang et l'Helambu (par Jérôme)

Nous profitons de cette immobilisation forcée pour partir faire un trek dans le Langtang et l'Helambu. C'est pour nous l'occasion de découvrir une autre face de ce pays avec des sommets à plus de 7000 mètres, des villages haut perchés, des cultures en terrasse et une faune variée…

Nous achetons des sacs à dos, préparons nos affaires pour dix jours de marche et laissons nos autres sacoches et matériel à la consigne de l'hôtel.

Pour rallier notre point de départ, nous prenons un bus local, seul moyen d'atteindre le petit village de Dunche. Huit heures pour parcourir 100 km avec en prime les paysans et leurs poulets, les sacs de grains ou de ciment chargés dans l'allée centrale et surtout une banquette aux ressorts démoniaques, véritables tortionnaires de nos fesses.

L'un des inconvénients du voyage en scooter c'est d'avoir peu d'occasion de faire du sport ! Aussi, dès le premier jour, nos jambes se font fort de nous rappeler ce manque d'activité. Mais volonté et détermination obligent, nous nous refaisons vite une santé ! C'est avec émerveillement que nous découvrons les sommets enneigés du Langtang mais également ceux de l'Himal Pradesh ainsi que les fameux Annapurnas. Fascinants paysages ! Tous nos sens se régalent durant cette randonnée. Nous sommes agréablement surpris par la qualité des hébergements et des repas proposés. Quel plaisir après une longue ascension de prendre une douche chaude et de s'asseoir autour d'un poêle. Plus nous grimpons, plus les températures baissent, et le soir, il faut attendre un certain temps avant que nos duvets atteignent une température acceptable.

Notre progression se fait au travers des bois, des cultures, des forêts de bambous nains ; puis au delà de 3000 mètres d'altitude, la végétation se fait plus rare.

A Gosainkund (4300 mètres), dernière étape avant le col, emmitouflés dans nos polaires et nos parkas nous luttons contre le vent glacial. C'est alors que nous voyons surgir deux indiens Sadhus[40], pieds nus, avec pour seul vêtement un morceau de tissu jeté sur les épaules. Ces derniers effectuent un pèlerinage jusqu'aux lacs sacrés où nous nous

---

[40] Sadhu : moine errant, renonçant à tous les biens matériels pour se consacrer à la prière.

trouvons ! Inutile de vous dire qu'à ce moment là, grelottant dans nos chaussures de marche et dans nos polaires… nous restons pantois !

C'est sous une tempête de neige que nous franchissons le col à 4610 mètres. Plaisir des yeux que ces montagnes et ces lacs tout juste recouverts d'une fine pellicule blanche ! La descente vertigineuse qui suit, s'avère par contre moins plaisante. La neige devient pluie, nous marchons dans les nuages, sans aucune visibilité et pour nous éprouver encore plus, le chemin est un véritable parcours de montagnes russes. Bref, nous atteignons le lodge après neuf heures de marche, éreintés et fourbus ! Tout à coup, autour de nous, les personnes s'animent. *« Il y a un léopard ! »* nous crie un birdwatcher (observateur passionné d'oiseaux) qui se précipite vers son sac pour y prendre une lunette d'observation. Notre fatigue de la journée est vite oubliée et nous passons plus de 30 minutes à observer ce félin, perché à 200 mètres de nous sur une pente abrupte et qui guette son repas de la journée. Nous sommes d'autant plus impressionnés que nous ne pensions pas trouver de léopard à 3500 mètres d'altitude ! Son pelage se confond avec la végétation et, à l'œil nu, il est difficile à repérer. Par contre, avec la lunette de notre observateur, nous pouvons voir en gros plan sa gueule. Nous le voyons, immobile, humant l'air et à l'affût du moindre mouvement. Beauté sauvage à l'état pur.

C'est à travers des forêts de rhododendrons en fleurs, de mini-bambous puis de cultures en terrasses que nous poursuivons notre marche. Les villages se font plus nombreux et nous constatons une très nette différence entre les communautés tibétaines, propres, bien organisées et celles hindoues, qui ne donnent qu'une seule envie : « ne pas s'arrêter ! »

Dix jours de marche entre des sommets enneigés et des vallées cultivées, nous ont permis de nous oxygéner et de découvrir une face passionnante de ce pays.

Katmandou… un mythe ! (par Sophie)

Après ce séjour en altitude et au calme, nous retrouvons avec joie Katmandou. Nous allons directement à l'alliance française pour chercher notre courrier. Nous espérons recevoir nos carnets de passage et reprendre notre voyage à scooters. Du courrier nous attend mais pas les carnets : grande déception. Nous allons immédiatement nous connecter à Internet et là, apprenons par un email de Sandrine que l'ACF a fait une erreur et que nos carnets de passage ne sont toujours pas prêts… Nous devons attendre quinze jours de plus !

Nous décidons de profiter de cette attente pour mieux connaître Katmandou et ses alentours.

Aéroport gardé par des autos blindées, points stratégiques comme les centres de communication ou les dépôts d'essence surveillés par des militaires, abrités derrière des sacs de sable, forces anti-manifestants… La situation politique semble pour le moins fragile.

Mais c'est le quotidien des habitants de cette capitale qui nous passionne le plus. Grouillante de vie mais sans stress, cette ville nous donne l'impression d'être d'une autre époque.

Ruelles étroites de la vieille ville, maisons à étages basses de plafond, toutes en briques rouges bordant de petites places au centre desquelles se trouvent des temples dédiés à Shiva, Vishnu, Ganesh… Couleurs des poudres rouges et jaunes qui recouvrent les divinités ou de simples pierres sacrées devant chaque pas de porte. Odeurs d'épices, de fruits tropicaux mais aussi d'urine et de déchets… Détritus jonchant les égouts et les rivières de la ville… Pollution sonore et atmosphérique due au trafic intense des motos et des tuks-tuks… Vaches sacrées, rickshaws[41], vélos, motos, porteurs de meubles à dos d'homme, marchandes de légumes installées par terre, tous essaient de se frayer un chemin dans les ruelles sans trottoirs ni sens de circulation…

Du quartier de Durbar Square, l'ancien palais entouré de dizaines de temples merveilleusement sculptés de figures érotiques, à Thamel, quartier des hippies occidentaux et des amateurs de trekking, deux univers se côtoient… mais un abîme les sépare… l'argent.

Les femmes et les hommes nous étonnent, portant de merveilleux saris multicolores pour les unes et des chemises blanches pour les autres. Ces habitants vivent dans une saleté pourtant difficilement descriptible, marchent en tongs dans les ordures, mangeant avec leurs mains, crachent sans cesse leur bétel rouge et se raclent la gorge au plus profond… et cependant boivent directement au broc l'eau des restaurants en faisant bien attention de poser leurs lèvres sur cet ustensile ! Chaque matin nous observons les rituels des hindous qui tournent autour des temples et des sculptures de divinités, en agitant

---

[41] Rickshaw : bicyclette à trois roues munie d'un siège pour deux personnes à l'arrière.

une petite clochette pour « réveiller » les dieux, en déposant à leurs pieds des fleurs en offrande. Que de contrastes à nos yeux !

A quelques pâtés de maisons des sites hindous, nous découvrons un des plus grands centres religieux du bouddhisme tibétain. Le stupa[42] de Bodhnath est le plus imposant du Népal et l'un des plus vastes au monde. La communauté tibétaine réfugiée au Népal se retrouve ici en fin d'après-midi. Les fidèles tournent autour du stupa en psalmodiant et en actionnant des moulins à prières. Nous sommes soudain dans un autre univers. Une véritable cité tibétaine à part entière. L'ambiance y est sereine. Les femmes portent le costume traditionnel du Tibet : une longue robe tablier sur un chemisier. Les bonzes, quant à eux, portent une chasuble bordeaux Nous restons plusieurs heures au coucher du soleil, à observer les pèlerins et à méditer…

Nous nous promenons partout dans cette ville, à pied et en rickshaw sans aucune difficulté. Nous dégustons les délicieux « momos », raviolis tibétains, qui sont notre met principal avec comme variante des légumes au curry. Les Népalais sont vraiment courtois et accueillants et beaucoup, dans cette capitale, parlent anglais. Lors de nos déambulations dans Katmandou, nous parcourons plusieurs fois la rue des marchands de matériel photo. En effet, ils vendent les derniers modèles et à des prix défiant toute concurrence. Jérôme se laisse tout d'abord tenter par un objectif supérieur au sien mais finalement la raison le reprend, se disant que l'actuel durera encore bien quelques temps… Tentation, quand tu nous tiens !

Nous profitons de cette pause forcée pour mettre à jour notre site Internet et obtenir notre visa pour l'Inde.

Nous quittons Katmandou pour passer trois jours dans le Teraï, au sud du pays et visiter le parc Chitwan. Nous partons tous les deux marcher une journée dans la jungle avec un guide. Nous avançons à travers des herbes immenses de deux mètres de hauteur, la chaleur est accablante mais nous avons la chance de surprendre un ours au détour d'un chemin, d'observer deux rhinocéros et une multitude d'oiseaux magnifiques.

Déjà bien endolori par les dix jours de trek, cette longue journée de marche achève totalement mon pied gauche. Impossible de le poser par terre, je dois marcher avec des béquilles ou supportée par Jérôme. Je me décide à aller voir le médecin de l'ambassade de France qui me préconise du repos et l'achat de chaussures à talon ! Je m'imagine très

---

[42] Stupa : tumulus ou montagne funéraire en forme de dôme contenant des reliques.

bien conduire mon scooter en talons aiguilles ! Ne pouvant faire autrement, je m'achète des sabots en plastiques les plus hauts possibles et je réussis à nouveau à prendre appui sur mon pied.

En partance pour l'Inde, nous demandons conseil au médecin de l'ambassade pour la prévention anti-paludisme. Etant en pleine période de mousson et dans une zone endémique, il nous conseille de prendre de la « Savarine » dès aujourd'hui et pendant tout notre séjour en Inde et au Pakistan.

Les écoliers népalais (par Sophie)

Au Népal, les élèves ont cours du dimanche au vendredi de 10 à 16 heures dans des écoles privées pour les plus riches et des écoles publiques pour les autres. Les élèves apprennent l'anglais dès 10 ans et nous sommes très étonnés de voir des enfants de 12 ans capables de suivre notre présentation de la France en anglais et sans traducteur ! En effet, nous sommes allés durant deux matinées dans un collège privé de Katmandou, créé il y a 15 ans par le directeur actuel et sa femme, financé essentiellement par des sponsors étrangers et par des parrainages.

Nous présentons la France, toujours grâce aux documents réalisés par les collégiens de Suresnes, aux élèves de 12, 14 et 15 ans, répartis dans des classes de plus de 40 élèves. De nombreuses questions viennent enrichir ce débat, toutes tournées vers la situation économique en France, sur les salaires et le niveau de vie ainsi que sur le système politique et social. Dans leurs questions, nous ressentons le malaise de ces élèves à vivre dans un pays qu'ils considèrent comme très pauvre et en crise politique.

Crise politique mais pas spirituelle ! En effet, même si le directeur et sa femme sont bouddhistes, la majorité des élèves sont hindouistes et ils pratiquent leur religion avec ferveur. Quel n'est pas notre étonnement de voir tous les élèves se signer devant le poster de « Vishnu[43] » situé dans le hall d'entrée de l'école.

Etrange impression également lorsque le directeur de cette école privée nous demande d'être le « porte-parole » en France des besoins d'argent au Népal *« Aidez-nous, ne nous oubliez pas… D'autres Occidentaux parrainent des enfants ici… mais surtout,* ajoute t-il, *dites à votre gouvernement*

---

[43] Vishnu : le dieu, conservateur, du panthéon hindou.

de ne pas donner d'argent au gouvernement népalais car cet argent sera détourné, il y a tant de corruption ici ! »

Un soir, le directeur du collège et sa femme nous invitent à dîner chez eux. Quelle chance pour nous de vivre un dîner traditionnel, assis par terre sur des couvertures, à déguster les spécialités locales. Pommes de terre au curry, légumes secs marinés, riz séché, « dhal bath » et « curd » (yaourt proche du fromage blanc). Cette soirée nous permet d'apprendre beaucoup sur les coutumes locales, sur la situation économique, le climat politique du pays et également sur la condition des femmes.

Les Népalaises ! (par Sophie)

Vêtues de splendides saris rouges, oranges, bleus vifs, maquillées de khôl, un point rouge entre les sourcils, parées de bijoux aux oreilles, sur le nez, autour du cou… superbes par leurs formes généreuses et sensuelles, des écoles où elles enseignent jusque dans les rizières où elles repiquent le riz, ces femmes en tenues multicolores nous émerveillent.

Malheureusement, ces beaux visages cachent une terrible réalité, l'infériorité des femmes et leur absence de droits.

Ici, de par la loi népalaise, la femme est subordonnée. De nombreuses lois sont mêmes discriminatoires. Quelques exemples illustrent ici cette situation.

Une femme appartient d'abord à son père, puis à son époux.

La naissance d'une fille est considérée comme un échec, car celle-ci est inutile. Les couples tentent donc d'avoir un fils à tout prix, même si se doit être au bout du dixième enfant et qu'ils n'ont pas de quoi les nourrir ! En conséquence, les filles sont vendues en Inde pour la prostitution ou mariées dès l'âge de 13 ans.

Une fille ne peut pas hériter de ses parents et si une famille n'a que des filles alors l'héritage ira au neveu du père.

Ici, il est impossible de vivre en couple avant le mariage et l'avortement est un crime passible de prison.

Au quotidien, les femmes ne mangent pas avec leurs convives. En effet, elles se doivent d'être à la cuisine. A la fin du repas elles rejoignent la table pour terminer les restes… souvent peu de choses. Lors de notre dîner avec le directeur de l'école et sa femme, celle-ci nous avoue que c'est exceptionnel qu'elle participe au dîner et que si sa belle-famille avait été proche, elle n'aurait pas pu se joindre à nous !

Je suis donc très étonnée que la génération des « soixante-huitards », qui a tant contribué à l'évolution des mœurs en Europe, puisse avoir adulé Katmandou, capitale d'un pays si féodal et féru d'inégalités !

Dédouanement et départ en Inde (par Jérôme)

Au bout d'un mois, nous recevons les fameux carnets de passage.

C'est donc en possession de nos « sésames » que nous retournons au terminal cargo. Réunion de douaniers, négociations pour ne pas payer les frais d'entrepôt et parcours du combattant pour faire remplir ces carnets nous attendent !

Petites anecdotes : après avoir enregistré mon scooter, le douanier, par je ne sais quel hasard, intervertit les documents et se retrouve à nouveau avec le carnet de mon scooter devant les yeux au moment d'enregistrer le scoot de Sophie. Il recopie donc les mêmes informations sans que cela ne le gêne ! Après tout quelle importance ? Ce document finira de toute manière dans le ventre d'un rat !

Enfin l'apothéose arrive quand Sophie trouve le tampon des douanes sur un bureau et tamponne elle-même nos documents !

Bref, il nous faut plus de cinq heures pour enfin passer les grilles de la douane. Un plaisir indescriptible après ce mois d'attente !

Notre visa népalais arrivant à expiration, nous faisons une brève étape à Pokhara puis descendons vers le Teraï.

Nous quittons la fraîcheur pour retrouver un air plus chaud et humide. Nous quittons également des routes de montagnes peu fréquentées, pour les axes surchargés de la plaine. Cette circulation dense et anarchique, nous donne un avant-goût des routes en Inde. L'air est lourd et nous étouffons sous nos casques. A cinq kilomètres de Butwal, j'aperçois dans mon rétroviseur une masse sombre. Un immense nuage de poussière semble dévaler la montagne et nous rattrape à une vitesse folle. Le ciel se couvre et nous sommes surpris par ce changement subit de climat. Nos repères sont bouleversés par cet environnement qui ne nous est pas familier. Une chose est sûre, mieux vaut se mettre à l'abri. Nous fonçons sur Butwal et avons à peine le temps de nous abriter sous un préau qu'une tornade s'abat sur la ville. Des cartons et des papiers volent dans tous les sens. Les tôles de toits semblent vouloir arracher leurs clous. Dans la rue, les personnes aveuglées par le sable courent se réfugier. Nous nous cramponnons à nos scoots pour leur éviter de tomber. Phénomène incroyable que nous vivons pour la première fois et où la nature nous montre sa puissance. Nous sommes contents de ne pas avoir vécu la même scène pendant un bivouac. Après les rafales de vent, de grosses goûtes de pluie s'abattent sur la ville formant rapidement des mares. Nous profitons d'une accalmie pour trouver une chambre d'hôtel où nous nous réfugions. En cette période de pré-mousson, nous découvrons la violence avec laquelle la nature s'abat sur cette région. C'est un épisode spectaculaire pour nous mais c'est surtout un quotidien terrible pour les habitants qui vivent ici.

Premiers kilomètres en Inde (par Sophie)

Le passage de la frontière se déroule sans encombres, en 1h30 nous avons rempli tous les papiers et roulons en Inde. Les voitures sont étonnantes : vieux 4x4 des années 40 ou berlines des années 60 comme l'Ambassador fabriqué en Inde par Hindustan. Les bus et camions, de la marque Tata, sont tellement brinquebalants qu'on se demande comment ils tiennent encore debout. Les premiers kilomètres sont agréables, il y a peu de circulation, les routes sont assez larges et en bon état.

Malheureusement, nous déchantons rapidement. Quelques 20 km après la frontière, la circulation s'intensifie, les conducteurs roulent extrêmement vite et mal. Il faut s'octroyer un droit à circuler au milieu des vélos qui roulent de front, des piétons qui traversent sans regarder, des voitures qui klaxonnent et surtout des camions qui foncent dans le tas. Peu importe si nous arrivons en face, les camions et voitures doublent… nous sommes sur les nerfs en à peine deux heures de conduite. La loi du plus fort est la règle et il nous faut vite choisir entre le choc frontal ou le fossé.

Nous arrivons dans la ville de Gorakpur, petite bourgade insignifiante sur la carte mais de plus de 600 000 habitants ! Aucune voie de contournement, nous devons passer en plein centre. Je vois un homme sur sa moto qui me fait des grands signes et me crie « No way ! No way ! ». J'essaye de rattraper Jérôme comme je peux pour lui signaler que visiblement nous allons dans un cul de sac. Dans ce trafic dense, la chose n'est pas si simple et nous nous retrouvons dans une rue de terre totalement détrempée par les dernières averses de mousson. L'homme qui m'avait interpellée, nous rejoint et nous propose de le suivre. Nous lui emboîtons le pas, ou plutôt la roue, et il nous met vite sur le chemin de la sortie de la ville. Ce premier contact avec un indien est plutôt sympathique.

A peine 5 km après Gorakpur, je vois Jérôme s'arrêter brusquement et se mettre sur le bas côté.

- *Quelque chose a cassé dans mon scoot !* me crie t-il. *Il faut que je démonte !* ajoute t-il

- *Regarde, en face, il y a de la place. Tu peux pousser ton scoot jusque là-bas ?* lui dis-je.

Nous nous installons pour démonter le moteur. Un groupe d'hommes et d'enfants approche et nous regarde. Ils sont environ une vingtaine à s'agglutiner autour de nous. Nous devons rester zen mais au bout de quelques minutes, je leur demande de ne pas trop nous coller... Ils cachent la lumière du jour ce qui réduit sérieusement nos chances de voir quelque chose dans le moteur !

Le constat est clair : le ressort de la soupape fabriqué à Bangkok a cassé ! Jérôme est sur le point de craquer. La série noire continue... nous n'avons roulé que 600 km depuis Bangkok et c'est à nouveau la panne.

Nous déposons toutes les sacoches à terre et Jérôme prend mon scoot pour aller chercher un mécanicien. Je m'assois par terre à côté des sacs, de façon à garder toujours un œil dessus et commence à feuilleter un magazine français reçu à Katmandou dans un colis. Les hommes et les enfants ne me quittent pas des yeux, ils forment un cercle autour de moi. Je lâche mon magazine et les regarde à mon tour. Ils ne me regardent pas, ils regardent le magazine féminin... La page que j'ai ouverte sans faire attention, présente une femme quasiment nue sur une publicité... Je comprends tout de suite. Je ferme le magazine... Oui, mais sur les deux pages de couverture il y a aussi des femmes en maillots de bain... Je finis par le remettre dans un sac ! Les hommes font signe aux enfants d'aller jouer et de ne plus s'approcher de moi et ils retournent eux aussi dans leur coin. Je respire ! J'attends environ une heure le retour de Jérôme.

Il arrive, suivi de deux gars sur un deux roues. Ils regardent l'état du scooter en panne et ils décident de l'emmener en ville.

- *Oui, mais comment ?*

- *Et bien on va appeler un tuk-tuk !* me disent-ils
- *Un tuk-tuk pour transporter le scooter ?* dis-je à Jérôme
- *Eh bien oui, fais-leur confiance, ça va aller,* me répond-il *!*

Les deux gars arrêtent donc un tuk-tuk sur la route et y installent le scooter dedans. La roue avant et le guidon dépassent largement de la cabine. Jérôme grimpe avec son scooter pour le maintenir et lui éviter de glisser. Je suis le convoi et surveille anxieuse, le tuk-tuk chargé. Par deux fois, la roue-avant frôle un arbre et un cycliste… je tremble !

Nous arrivons dans une rue où les ateliers sont tous côte-à-côte et installés sur le trottoir ! Je m'assoie près du comptoir et j'attends pendant au moins deux heures. Il fait une chaleur étouffante. Nous sommes en pleine mousson et les températures sont souvent supérieures à 40°C. Il n'y a pas d'électricité dans la ville et tous les ateliers fonctionnent avec des générateurs. Le bruit infernal de ces engins, les klaxons des voitures, mobylettes et camions ainsi que le défilé incessant de personnes dans cette rue me donnent le tournis. Je n'ai jamais vu une concentration si importante d'humains et de véhicules.

Une fois, le scoot de Jérôme démonté, le constat est encore plus ennuyeux. Le piston a tapé la soupape et celle-ci est tordue ! Jérôme part avec l'un des gars de l'atelier pour voir s'il est possible de faire refaire ces deux pièces.

A 19 heures, la solution n'est toujours pas trouvée. Nous reprenons mon scoot et allons dans un hôtel. La chambre que l'on nous propose est sombre et sale. Nous décidons d'aller voir si il y a de la place ailleurs. Il fait nuit et évidemment tous les hôtels sont, soi-disant, complets ! Dans le dernier établissement, Jérôme insiste fortement en expliquant que nous ne pouvons tout de même pas dormir sur le trottoir. Bizarrement, une chambre se libère dans le plus bel hôtel de la ville. Nous payons environs 12 € la chambre, ce qui est exorbitant par rapport à notre budget et par rapport au coût de la vie. Mais franchement il y a des jours où l'on est prêt à mettre le prix ! A la réception, nous passons une demi-heure à remplir des formulaires : numéros de passeport, numéros de visa, professions, adresse en France, adresse en Inde… Epuisés, ce soir-là nous ne ressortons pas pour dîner. Nous mangeons dans le restaurant de l'hôtel. Certes c'est du luxe, mais le calme et la propreté sont tellement appréciables ! A peine remontés dans la chambre, un garçon d'étage vient nous installer une plaquette anti-moustique sur le diffuseur prévu à cet effet, puis un deuxième garçon vient faire la même chose… Enfin, le directeur lui-même, sonne pour nous demander de remplir pour la seconde fois tous les papiers déjà remplis… Allons-nous pouvoir dormir ?!

Pour une première journée en Inde, elle reste mémorable !

7h30. Le garçon d'étage sonne à la porte de la chambre : *« Good-morning, Sir »* dit-il en tendant à Jérôme le *« Time of India[44] »*. L'atmosphère britannique nous étonne et pourtant ce sont bien ces traditions de l'empire colonial qui perdurent aujourd'hui.

Pendant que Jérôme repart à l'atelier, je rédige le carnet de route quotidien. Je sors ensuite pour essayer de dégoter un cybercafé et écrire à Piaggio.

A la réception de l'hôtel, personne ne réussit à m'indiquer un cybercafé. Je pars donc à la découverte de la ville. Le tintamarre des générateurs a repris car l'électricité est coupée pendant toute la journée. Elle est remise en route à la tombée de la nuit mais de nombreuses coupures témoignent encore de dysfonctionnements. A 11 heures, la chaleur est telle qu'en 10 minutes je transpire à grosses gouttes. A midi, il fait déjà 45°C ! Des milliers de personnes sont dehors, sur les trottoirs ou sur la chaussée. Pour traverser il faut forcer le passage même si c'est au milieu des motos et des rickshaws. De nombreux magasins ou centres commerciaux sont laissés à l'abandon. Je demande dans plusieurs boutiques de m'indiquer un centre Internet mais la seule réponse que j'obtiens est *« I don't know ! »*. J'ai l'impression de parler chinois… Enfin, je trouve une petite échoppe avec des ordinateurs et l'employé me demande de revenir à 18 heures car avant, la connexion Internet ne marche pas.

Je rentre à l'hôtel, totalement épuisée. Je n'ai pas tenu plus d'une heure dans cette fournaise et ce tintamarre, au milieu d'une foule oppressante accompagnée d'odeurs nauséabondes. Je m'allonge au frais sous le ventilateur, tout en ayant mis la climatisation à fond et je me plonge dans un livre. Je crains de ne jamais réussir à faire le trajet prévu en Inde dans ces conditions. Le stress de la conduite, la foule et la saleté m'angoissent déjà au bout d'une petite centaine de kilomètres dans ce pays. Ça promet !

Le soir, Jérôme revient avec le scooter réparé. *« C'est de la bidouille mais ça marche. Par contre on va rouler tranquillement »* me dit-il. A son regard je

---

44 Time of India : quotidien national

comprends que la réparation ne tiendra qu'un temps ! Nous n'avons plus qu'à reprendre la route… Nous savons désormais que les fabrications locales de pièces pour les scooters peuvent nous dépanner mais qu'à long terme, mieux vaut ne pas trop compter sur elles. Nous envoyons donc un email à Laurence chez Piaggio France en lui demandant de nous adresser, à New Delhi, un colis avec les pièces à changer.

L'Uttar Pradesh : un état surpeuplé ! (par Jérôme)

En début de matinée, nous reprenons la route en direction de Gazipur. Nous sommes dans l'Uttar Pradesh l'un des Etats les plus peuplés de ce pays gigantesque.

En effet, avec une densité de 700 hab./km^2 (7 fois celle de la France) difficile de faire plus de 500 mètres seuls. Cette surpopulation est omniprésente sur la route. Tout d'abord, nous croisons des villages et des villes tous les 20 kilomètres. Et tous les 150 kilomètres, nous traversons une ville de plus d'un million d'habitants. Si l'enfer existe sur terre, pas de doutes, il est sur les routes indiennes !

A la difficulté de trouver son chemin s'ajoute la circulation des rickshaws, des vélos, des tuks-tuks, des voitures, des bus, des cochons, des vaches… qui sont autant d'obstacles à éviter ou plutôt à esquiver ! Ensuite les routes, bien qu'en bon état, sont une succession d'obstacles fixes ou mobiles. Cela commence par les pierres laissées par les camions après avoir changé leur roue. Viennent ensuite les animaux couchés, ou debout sur la route et qui prennent un malin plaisir à traverser juste devant vous. ! Tout aussi dangereux, les Indiens qui, comme les vaches, traversent sans regarder. Il faut toujours anticiper les changements de direction qu'ils prennent sur un coup de tête !

Les motards ont, quant à eux, un comportement prévisible mais tout aussi risqué… Ils commencent par nous doubler puis, 50 mètres plus loin, réalisent qu'ils ont dépassé quelque chose d'anormal. Alors ils ralentissent et nous observent dans leurs rétroviseurs puis nous laissent passer pour venir ensuite rouler à notre hauteur, la tête droite mais le regard en coin fixé sur nous et nos montures. Le problème est que lorsque nous voulons éviter un obstacle ils nous mettent en danger ! De même, ils ont du mal à nous observer tout en gardant un oeil sur la route, et quand un véhicule arrive en face, leur premier réflexe est de se rabattre… sur nous !

Mais la palme revient sans hésiter aux chauffeurs de bus et de camions. Peu importe la visibilité ou les obstacles, quand ils ont décidé de doubler, ils doublent ! Très souvent nous sommes obligés de nous jeter sur le bas-côté pour éviter ces dangers publics. Leur inconscience n'a d'égale que leur bêtise. Incapables d'anticiper et sans notion de distance ou de vitesse, ces chauffards laissent sur les bords des routes des carcasses de camions aux cabines complètement défoncées par des chocs frontaux. Nous ne roulons pas une seule journée sans voir un accident. Notre vigilance doit être de tous les instants.

Outre les grandes villes, nous traversons également des petits villages où les maisons sont en briques rouges. Nous observons les enfants déguster des mangues sous les arbres et les paysans mélanger la bouse de vache à des copeaux de bois, les faire sécher sur le bord de la route avant de les utiliser comme combustible.

Nous ne cherchons même pas un lieu de bivouac tellement le monde installé partout dans les champs nous décourage. Nous arrivons à Gazipur totalement épuisés par cette route et par la canicule et nous nous écroulons dans la chambre d'hôtel. C'est la première fois du voyage où celle-ci devient un véritable refuge d'où nous ne voulons plus sortir. Sur la route, Sophie a les mains rivés sur les freins et le pouce en permanence sur le klaxon. Les nerfs aiguisés par cette conduite suicidaire, elle parle de mettre les scooters dans un train en direction de New Delhi.

Nous décidons de pousser jusqu'à Varanasi, de faire une pause de quelques jours et d'aviser ensuite.

Varanasi : le mythe de la ville sainte (par Sophie)

Nous partons à 6 heures du matin pour profiter de la fraîcheur. Nous prenons un thé au lait et aux épices dans un « boui-boui » au bord de la route. Ces gargotes sont les relais des routiers. Ils viennent s'y reposer sur les charpoïs[45], prendre un repas ou boire un thé. N'étant pas en bivouac, nous mangeons ce que nous trouvons sur la route : thé au lait le matin avec des biscuits, parfois des friands au fromage et lentilles ou légumes au curry pour les autres repas. Lors de ces pauses

---

[45] Charpoï : lit dont le sommier est fait de cordes tressées.

déjeuners, nous sommes observés par les Indiens. Ils s'approchent et nous fixent. Rares sont ceux qui entament un dialogue avec nous. Nous essayons à plusieurs reprises mais rien n'y fait. Ils préfèrent nous observer, nous sommes visiblement des animaux étranges !

80 km jusqu'à Varanasi, 80 km interminables… Après avoir visité plusieurs hôtels, nous en trouvons un de classe moyenne où Jérôme arrive à négocier un tarif correct. Il est à peine 11 heures du matin et nous nous reposons sous le ventilateur après avoir pris une bonne douche froide.

Dans l'après-midi, nous prenons un seul scoot et partons à la découverte de cette ville. Malgré la chaleur et la fatigue, nous sommes très excités à l'idée de découvrir Varanasi et le Gange, ce fleuve sacré. Cette ville est un vrai mythe et nous avons du mal à réaliser que nous y sommes. Jérôme se fraie un passage au milieu des rickshaws et de la circulation. Nous allons au bord du Gange, passons le pont flottant pour aller voir la demeure de l'ancien Maharaja. Car l'Inde c'est aussi le pays des Maharajas… Sur les bords du Gange sont construits de somptueuses demeures et des temples de toute beauté dans une pierre rose qui s'illumine au soleil. La majorité de ces constructions tombent en ruine mais attestent d'un passé faste.

Nous alternons plusieurs jours de suite, repos à l'hôtel et découverte de Varanasi. Nous déambulons dans la vieille ville à la recherche de temples plus extraordinaires les uns que les autres par leur décoration florale, par les Sadhus ou les hindous qui y prient ou y chantent. C'est la saison des mariages et nous voyons défiler dans la ville des jeunes femmes habillées de rouge et or, le visage voilé, installées dans des rickshaws magnifiquement décorés.

Sur les bords du Gange, nous observons les rituels des pèlerins. A la sortie du bain, les hommes ou les femmes vont voir un Brahmane[46] qui se trouve assis sur le bord. Celui-ci leur prête un miroir et un peigne pour se recoiffer et leur dessine avec de la poudre « kumkum » soit trois traits horizontaux jaunes (couleur sacrée), signe des shivaïtes[47], soit le Tilak, un simple trait ou point rouge. Cette marque de couleur sur le chakra du troisième oeil, sert à attirer l'attention sur

---

[46] Brahmane : membre de la caste des prêtres, caste hindoue la plus élevée.
[47] Shivaïte : adepte de Shiva, le dieu destructeur et reproducteur du Panthéon hindou.

la force divine et l'illumination spirituelle. Un Brahmane me dessine à l'aide d'un peigne un très beau dessin, symbole de la déesse Shita.

Nous découvrons aussi l'autre richesse de Varanasi, le tissage de la soie et du brocart fait de fils d'or et de soie. Nous visitons un atelier où de nombreux enfants travaillent dans le noir ou presque. Malgré les conditions de travail difficiles, la finesse de l'ouvrage est splendide et grâce à cet emploi, de nombreuses familles sont nourries.

Nous sommes définitivement dans un autre monde. L'Inde est réellement unique.

Deux matins de suite nous partons avant le lever du soleil et assistons à une autre des réalités de cette ville : les crémations.

Les crémations à Varanasi (par Jérôme)

Varanasi, l'ancienne Bénarès, la cité de Shiva. Cette ville située au bord du Gange est un lieu de pèlerinage important pour les Hindous. Ils sont près de 6 millions par an à venir se laver de leurs péchés dans le fleuve sacré. Mais Varanasi c'est surtout pour y mourir que l'on y vient ! En effet, trépasser dans cette ville permet d'atteindre le Moksha, l'interruption des cycles de réincarnation !

A Varanasi, nous côtoyons la mort chaque jour. Soit dans les cortèges qui amènent les défunts recouverts d'un tissu rouge et or sur un brancard en bambous au lieu de crémation, soit lorsque l'on croise un tuk-tuk avec un corps enveloppé dans un linge blanc, chargé en travers de la banquette.

Les crémations se déroulent au bord du Gange. Là, les doms (hors castes qui s'occupent des morts) vendent le bois nécessaire au bûcher. Le corps est déposé sur ce dernier puis recouvert par quelques bûches. Le fils aîné du défunt se rase les cheveux puis, après avoir réalisé cinq fois le tour du corps, introduit la flamme purificatrice dans le bûcher. Celui-ci commence alors à se consumer avec une odeur de cochon grillé. Les membres de la famille (sauf les femmes dont les sanglots pourraient gêner l'âme du défunt) regardent le bûcher se consumer pendant 2 à 3 heures puis le fils aîné se saisit, à l'aide de deux bambous, des restes du corps qu'il jette dans le Gange. En marge de ce rite, nous sommes choqués par deux « spectacles » auxquels nous assistons. Tout d'abord, sur un site de crémation, nous voyons un dom jeter de l'eau sur un bûcher à moitié consumé. Il peut ainsi récupérer les bûches qui ne sont pas complètement brûlées et les revendre pour les crémations des pauvres. Bien évidemment, tout comme les bûches, le corps n'est pas complètement consumé. Et c'est sous nos yeux ahuris qu'un chien se précipite dans ce bûcher fumant pour en repartir un tibia entre les dents ! *« Ce n'est pas grave puisque l'âme a quitté l'enveloppe charnelle. »* nous rassure un Sadhu, visiblement peu perturbé par la scène.

Le lendemain, alors que nous marchons le long des Ghats[48] nous voyons une masse blanche flotter à dix mètres des pèlerins qui réalisent leur « pujat[49] ». L'odeur ne trompe pas, cette masse blanche est un corps qui flotte... Nous apprenons que les Sadhus, les femmes enceintes, les enfants en bas âge, les morts par morsure de cobra et les lépreux ne sont pas incinérés. En effet, ceux-ci sont considérés comme des saints. Leurs corps sont donc enroulés d'un tissu blanc puis lestés d'une grosse pierre et jetés dans le Gange. Il arrive parfois que la corde qui les retient casse, les cadavre remontent alors à la surface, au milieu des pèlerins, qui ne semblent visiblement pas gênés pour autant. Varanasi, première grande étape de notre parcours en Inde, est à l'image de ce pays : fascinant et terrifiant !

L'Inde et la saleté (par Sophie)

Premier pays qui me prend aux tripes de cette manière. Des nausées violentes me secouent, je refuse de respirer pour ne pas sentir, je m'oblige à garder les yeux ouverts pour comprendre...

J'essaie de faire abstraction de mes sens et je vois,

- des milliers de personnes qui marchent dans des détritus, des bouses de vaches, des rejets d'égouts...

- les vaches qui mangent les déchets jonchant les rues, sacs plastiques, restes de riz, excréments...

- les Indiens qui jettent par terre devant chez eux leurs eaux usées...

- les buveurs de thé qui jettent et cassent sur le trottoir leur tasse en terre cuite

- les commerçants qui jettent devant leurs boutiques les emballages dont ils ne veulent plus

---

[48] Ghat : marche ou palier au bord d'une rivière.
[49] Puja : culte en offrande ou en prière.

- les hommes qui crachent à longueur de temps leur salive rouge de bétel, teintant ainsi tous les bas des murs...

Et le matin, dès le lever du soleil, les intouchables, essaient de nettoyer les rues, pieds nus, en haillons, avec un balai d'herbes sèches. Beaucoup de ces chiffonniers sont des enfants, couverts de boutons, de plaies, de pustules, qui cherchent à manger dans les ordures avant de les ramasser...

Et je vois les Indiens de castes, mépriser ces enfants, les insulter...

En me promenant dans les rues, je sens les odeurs d'urine et d'excréments d'humains et d'animaux...

Et j'entends,

- le bruit assourdissant des générateurs placés devant chaque boutique et chaque maison afin de palier aux coupures d'électricité qui durent souvent toute la journée.
- les klaxons en furie des tuks-tuks, des camions, des jeeps...

Le soir quand arrive l'heure de chercher un hôtel, c'est l'épreuve.

Je vois,

- des sanitaires jamais nettoyés et puants
- des draps sales n'ayant pas été changés

et la nuit nous sommes attaqués par des bataillons de puces !

L'Inde, c'est la misère. A mes yeux, au-delà de la pauvreté, c'est avant tout une vie dans des immondices ce qui ne dérange personne, ni les riches, ni les pauvres.

Nous décidons de persévérer (par Sophie)

Malgré la difficulté à rouler, mes nausées permanentes et notre petite forme, nous décidons de continuer en scooters. En lisant les récits d'autres voyageurs, je savais que ce pays serait dur. Mais, je n'imaginais pas à quel point. Par contre, avec près de deux ans de voyage, je sais que je peux encore reculer mes limites et que j'en sortirais probablement grandie. Cette expérience me sert à apprendre à dépasser mes peurs, à me confronter à l'inacceptable, à toujours chercher le rayon de soleil au milieu de cet enfer. Prendre sur soi, continuer à avancer pour ne pas renoncer, pour ne surtout pas baisser les bras, ces idées sont mon carburant. De plus, relever des défis à deux, c'est le moteur de notre couple... Alors allons-y !

Bivouac chez l'habitant (par Sophie)

Motivés par cette décision, nous choisissons de tenter un bivouac. En fin d'après-midi, nous nous approchons d'un petit village et demandons où planter notre tente pour la nuit. Un homme, parlant un peu anglais, s'approche de nous et nous indique l'ombre d'un arbre. Nous montons la tente sous les regards amusés d'une dizaine d'enfants. L'homme nous pose quelques questions sur notre nationalité, le lieu de notre destination puis il s'en va, emmenant les enfants avec lui. Nous sommes enfin seuls, pas de bruits, pas de ville… Nous revivons !

Nous nous reposons et au bout d'une heure, des femmes s'approchent et s'assoient devant la tente. Elles viennent nous apporter le thé et veulent discuter avec nous. Nous nous observons et échangeons quelques mots mais nos échanges se font essentiellement par le regard. Elles sont de toute beauté. Elles portent des bagues de pieds, des ceintures en argent, des parures aux oreilles et leurs mains sont décorées au henné. Quelques hommes arrivent et alors certaines femmes, les plus jeunes, rabattent le pan de leur sari sur leur visage. L'un des hommes, le plus jeune, nous explique qu'en présence d'un membre de la famille de son mari, la femme doit se cacher le visage. Ces Indiens sont hindous et la coutume du Purdha[50], d'origine musulmane, a été adoptée par les famille hindoues.

L'homme qui nous a accueillis, nous invite à dîner chez lui. Nous proposons alors de leur faire goûter nos pâtes.

Jérôme va se laver à la pompe du village. Quant à moi, la femme chez qui nous sommes invités à dîner, vient me chercher et offre de me laver chez elle. Je vais donc chercher l'eau à la pompe et la ramène dans la cour de la maison. La cour est en terre battue avec un petit coin abrité pour faire le feu et préparer le repas. Un autre coin sert à utiliser l'eau pour se laver ou faire la vaisselle car il y a un trou d'évacuation. Je me mets donc en sarong et me lave à grandes eaux. La chaleur est telle que cette douche est une bénédiction. Je sens le regard de ces femmes sur moi et leur petits rires gênés ou moqueurs m'interpellent. Sommes-nous si différentes ?

Au fond de la cour, il y a une pièce avec un grand lit. C'est le lit du couple et ils l'utilisent quand il fait froid. En cette saison, tout le monde dort dehors.

---

[50] Purdha : voile qui cache le visage

Je participe ensuite à la préparation du repas : riz, lentilles et légumes épicés. Ce menu traditionnel est délicieux et il a été préparé à même le sol. La jeune femme est accroupie devant son petit feu et prépare des chapatis[51] tout chauds pour le dîner. Nous nous en servons comme cuillère pour manger les plats préparés.

Nous faisons cuire nos pâtes sur notre réchaud à pétrole et cet instrument suscite de nombreuses questions.

Nous nous installons ensuite sur des charpoïs avec l'homme et le fils de 4 ans. Les femmes, sauf moi, restent assises par terre et nous regardent. Nous dégustons le repas si gentiment offert mais ils ne raffolent pas du tout de nos pâtes qui leur semblent visiblement bien fades. Après le dîner, Mahrala, l'épouse de notre hôte et sa fille de 6 ans, terminent les restes de nos plats… J'ai du mal à y croire !

Une fois le repas terminé, Mahrala et son mari nous invitent à aller nous coucher. Ils nous suivent en portant leur charpoï et s'installent près de notre tente pour assurer notre sécurité. Cette attention vraiment touchante nous bouleverse.

Nous nous levons à 5 heures et sommes certainement les derniers du village à être debouts. Le lever de soleil est magnifique. J'observe les hommes et les femmes aller dans les champs pour faire leurs besoins. Ils ont à la main un petit récipient d'eau qu'ils utilisent pour se nettoyer.

Plusieurs femmes sont déjà en train de travailler. Certaines ramassent les bouses de vaches fraîches pour ensuite les faire sécher. D'autres traient les vaches et les chèvres ou tirent de l'eau à la pompe.

Les enfants de nos amis viennent nous chercher dès que le thé est prêt. Mahrala m'emmène dans sa chambre et tient absolument à me faire essayer son sari. Elle en a deux. Un qu'elle porte et un autre de couleur orange et rouge. Elle me drape de cette longue étoffe de mousseline. Ensuite, elle va chercher dans une petite boîte un Bindi[52] et me l'appose au-dessus du nez entre les deux yeux. Il est superbe car il est bicolore, rouge et jaune.

Nous sortons toutes les deux dans la cour sous les ovations des hommes, femmes et enfants du village. Jérôme nous prend en photo, elle semble ravie et fière.

---

[51] Chapati : disque de pain plat à la mie légèrement boursouflée et croustillante.
[52] Bindi : petit bijou décoratif que l'on place sur le front entre les deux yeux.

En retournant dans la chambre, toujours à l'écart des hommes, elle me propose un billet de 20 roupies, je refuse bien évidemment mais je me demande toujours, pourquoi elle a voulu me le donner. Nos vêtements étaient-ils trop sales ?

Nous quittons cette famille et ce petit village en échangeant nos adresses, ils restent à jamais notre plus beau souvenir de l'Inde.

Agra (par Sophie)

Reprenant la route en direction d'Agra, nous vivons encore des moments de stress intense. C'est sur cet axe que nous comptabilisons le record des chocs frontaux, pas moins de huit accidents en 20 km !

Dans cette ambiance morbide, où je n'arrive pas à comprendre comment des humains peuvent consciemment se mettre en si grand danger et ce, avec un naturel hors du commun, nous arrivons devant un passage à niveau qui se ferme. Nous nous armons de patience car il faut bien vingt minutes avant que le train ne passe. Petit à petit, nous sommes entourés par la foule. Vélos, mobylettes, tuk-tuks, 4x4, piétons s'agglutinent sur toute la largeur de la route… De l'autre côté, c'est la même chose. *« Nous avons intérêt à dégager rapidement car ça va être le big embouteillage ! »*, me dit Jérôme. Des badauds encerclent nos scoots et commencent à se rapprocher. Ils nous collent, nous regardent, rigolent et nous provoquent. Certains gamins se mettent à pousser mon scoot pour le déséquilibrer. Nous commençons par leur demander de s'éloigner, puis nous nous énervons mais rien n'y fait. Nos remarques les excitent encore plus… Je suis au bord de la crise de nerf. Légèrement claustrophobe, la foule me fait fuir mais quant en plus, l'attroupement provocateur me bloque… je sens que je suis capable du pire ! La barrière se lève enfin et nous filons : soulagés ! Derrière nous, les véhicules s'auto-bloquent sur la voie ferrée. Pourvu qu'il n'y ait pas de deuxième train qui arrive !

Un peu plus loin, nous nous arrêtons prendre de l'essence et là mon moteur ne redémarre pas. Nous nous mettons à l'écart et commençons à démonter. Petit à petit, des mouches humaines s'agglutinent une nouvelle fois autour de nous. Là, je n'ai pas beaucoup de patience et leur ordonne de déguerpir rapidement. Nous avons besoin de calme et surtout de lumière car ils sont presque autant, penchés dans le moteur que Jérôme ! Quelques irréductibles restent à côté pour savoir si ce « blanc » va réussir à faire vrombir de nouveau le moteur. Le carburateur est simplement bouché par la poussière accumulée. Un bon nettoyage et une demi-heure plus tard nous reprenons la route.

Nous arrivons à Agra, ancienne capitale Moghole mais surtout ville d'un des plus beaux monuments de ce monde, le Taj Mahal. Nous avons hâte de le découvrir. Plus d'un million d'habitants vit dans cette ville et c'est dans une circulation très intense que nous entamons notre découverte. Nous nous frayons un chemin dans des ruelles étroites très animées et trouvons finalement un logement à l'écart du centre-ville.

Fondée par Akbar au XVIᵉ siècle et capitale de l'Inde pendant un siècle, nous sommes tout d'abord séduits par la forteresse rouge et la finesse de son palais, en dentelle de marbre. De l'une des tours, nous ne nous lassons pas d'observer le Taj Mahal qui se trouve sur les bords de la rivière Yamuna.

Nous nous levons avant le soleil pour visiter ce lieu magique. C'est en 1630 que l'empereur Shah Jahan ordonna qu'on élevât à la mémoire de son épouse favorite Muntaz Mahal, « la perle du palais », un monument funéraire (le Taj Mahal) qui devait dépasser en beauté tout ce qui avait été réalisé jusqu'alors. Il aura fallu 20 000 ouvriers recrutés en Inde et en Asie centrale, des architectes iraniens et européens et 23 ans de travaux pour voir s'édifier cette splendeur. Les pierres semi-précieuses incrustées dans le marbre rayonnent, la finesse des moucharabieh et les bulbes de marbres, blanc et rose, se reflètent dans le bassin… Le plus bel hommage à l'amour du monde oriental et le site le plus magique que nous ayons visité.

Delhi, une étape francophone (par Sophie)

Entre Agra et Delhi, nous roulons sur une route à quatre voies séparées par un terre-plein. Notre joie de rouler sur une voie large avec des véhicules se dirigeant dans le même sens est de courte durée. En effet, nous croisons à plusieurs reprises des camions sur la voie de droite (en Inde on roule à gauche comme en Angleterre) qui plutôt que de faire demi-tour quelques kilomètres plus loin, n'hésitent pas à prendre la quatre voies à contresens ! Bien sûr il ne leur vient pas à l'idée de rouler sur le bas côté ou de faire des appels de phares. Pire, lorsque nous les klaxonnons ils semblent surpris par notre réaction ! Décidément nous ne comprendrons jamais la logique indienne, si logique il y a !

Après 200 km, nous arrivons dans la capitale. Les rues sont inondées car nous sommes en pleine mousson. Je roule dans une « piscine » qui, à l'odeur, doit être un débordement des égouts… Mes chaussures et mon pantalon sont trempés et marron !

Nous sommes surpris par la largeur des rues et la bonne signalisation. Nous réussissons assez bien à nous repérer et arrivons chez Odette et Francis, des amis des parents de Jérôme chez qui nous sommes invités. Que c'est agréable de retrouver quelques jours le confort et surtout la propreté française !

Notre petite étoile a veillé sur nous. La réparation faite sur le scooter de Jérôme à Gorakpur a tenu 800 km et ne lâche qu'à New Delhi.

Francis indique à Jérôme un mécanicien pour réparer les scooters, et Odette me fait visiter les quartiers commerçants pour Occidentaux. C'est loin d'être le luxe des capitales asiatiques que nous avons déjà traversées. Mais même dans de toutes petites épiceries, on trouve tout ce dont un Français peut rêver : chocolat, yaourts, biscuits, thon, spaghettis… Je profite de cette étape pour aller chez le coiffeur. Environ tous les trois à quatre mois, je m'offre ce luxe : une coupe ! J'adore comparer les différents styles de salons, les façons de faire avec ou sans shampoing… Cette fois ci je ressors satisfaite du résultat et je demande en prime, car c'est mon anniversaire, une épilation des sourcils… En Inde, la méthode utilisée est étonnante. L'esthéticienne tient un fil de nylon dans ces doigts et fait passer les sourcils dans une boucle de ce fil et hop ! En un clin d'œil, l'épilation est faite et réussie !

Quelques jours avant notre arrivée à Delhi, nous avions reçu par email notre numéro de visa pour l'Iran. En effet, en contact avec une agence iranienne à Téhéran, nous lui avions demandé d'effectuer pour nous les démarches d'obtention du visa et de nous le mettre à disposition à l'ambassade de New Delhi. Je fais faire quelques photos d'identité avec un foulard noir, prêté par Odette et nous nous présentons à l'ambassade. Avec le numéro en poche, les photos d'identité et le paiement du visa, nous récupérons nos passeports tamponnés en 24 heures. Nous sommes vraiment contents car tous les touristes croisés à l'ambassade doivent patienter au moins six jours.

Pendant que Jérôme répare les scooters avec les pièces envoyées par Piaggio, je m'occupe de mettre le site Internet à jour, taper les carnets de route et faire les lessives.

Nous prenons également le temps d'aller visiter la vieille ville de Delhi. Marc, le fils d'Odette et Francis, se fait un plaisir de nous faire découvrir, la grande mosquée et les ruelles. Ce sont d'interminables souks. Le souk à l'or où l'on vend au poids, des chaînes, boucles d'oreilles, bagues et bracelets ; le souk au mariage où sont proposés les chapeaux de type Maharaja, les robes rouges et or, les faux billets de dix roupies pour porter chance aux mariés ; le souk aux épices où les odeurs sont si fortes que nous nous mettons tous à éternuer... Bref un plaisir de couleurs, d'odeurs et de bruits totalement unique et un spectacle vivant avec le va-et-vient incessant des femmes musulmanes voilées toutes en noir, des indiennes en saris multicolores, des hindous en lungi[53] et des sikhs[54] avec leurs turbans de couleurs vives.

Après plus de cinq jours de réparation, les scooters sont enfin prêts et nous laissons Francis, Odette et leurs enfants pour partir vers le Rajasthan.

Splendeurs du Rajasthan (par Sophie)

En quittant la capitale, nous entamons la dernière partie de notre voyage dans ce pays : la découverte d'un état magnifique et riche, le Rajasthan.

En 1947, année de l'indépendance de l'Inde, 565 Maharajas, Rajas[55] et Nawabs[56] régnaient en souverains héréditaires absolus sur un tiers du territoire des Indes et sur un quart de sa population. De ces princes mythiques, dont le faste a nourri de nombreux rêves orientaux, il ne reste aujourd'hui que les palais somptueux transformés en hôtels de luxe ou en musées. Nos scooters nous ont menés à Jaipur (la ville rose), Udaipur (la cité de l'Aurore), Jodhpur (la ville bleue), Jailsalmer et Bikaner, les anciens royaumes de ces Maharajas où nous avons découvert leurs palais majestueux.

Des forts gigantesques en grès rouge, d'architecture mongole, abritent des trésors de finesse : pierre blanche sculptée, dentelle de marbre, moucharabiehs d'une grande délicatesse, mosaïques de pierres

---

[53] Lungi : pièce de tissu tubulaire portée autour des hanches par les hommes.
[54] Sikh : membre de la communauté religieuse adepte du sikhisme, fondée par le Guru Nanak au 15ème siècle.
[55] Maharaja, Raja : titre des princes de religion hindoue.
[56] Nawab : titre des princes de religion musulmane.

précieuses… L'immensité des cours et des pièces nous laisse rêveurs. Mais il est vrai que les habitants étaient nombreux et certains Zenana (quartiers réservés aux femmes) pouvaient abriter plusieurs dizaines d'épouses, comme par exemple ceux du Maharaja de Bîkaner qui avait 52 femmes ! Chaque femme avait à ses côtés des amies, des gouvernantes, des secrétaires, des valets, des maîtres d'hôtel et des enfants… Le mobilier était également somptueux. De nombreux lits en argent massif, des tapis afghans et persans recouvraient les sols, les bijoux étaient de toute beauté, en or et en argent garnis de pierres précieuses souvent d'une grande rareté… Le sari des Maharanis (épouses des Maharajas) était en soie de Bénarès, brodé de fils d'or… Lors de cérémonies de mariages, d'anniversaires, de couronnements, les éléphants étaient parés de leurs plus beaux atours, parures brodées d'or agrémentées de pierres précieuses. Les armes étaient aussi un riche trésor de ces princes : armes de guerre mais aussi armes de chasse, sport pratiqué par tous, hommes et femmes. La fameuse chasse aux tigres était réputée dans le monde entier.

Nous gardons un souvenir mémorable de la superbe Jaisalmer où après une longue traversée du désert de Thar, sa citadelle nous apparaît comme un mirage. A l'intérieur de cette ville, la découverte des Havelis nous émerveille. Ce sont des demeures en grès ocre, bâties par de riches négociants en bijoux et brocarts fins, qui rivalisaient dans le raffinement de leurs façades en bois sculpté.

Les splendeurs du Rajasthan, ce sont aussi le désert du Thar et ses habitants. Des femmes en sari orange ou en costume de râjasthâni se promènent avec une cruche sur la tête, faisant tinter les grelots de leurs bracelets de pieds… Les bergers aux turbans rose fuchsia ou vert fluo font traverser les routes à leurs troupeaux de chèvres… Nous retrouvons la joie de bivouacs réguliers, se coucher seuls dans le désert, prendre une douche en plein air… enfin c'est ce que nous essayons de faire… Seuls, nous le sommes rarement car même si nous n'apercevons aucune maison, un berger arrive toujours par nous trouver. Il s'assoie alors sur ses talons, devant notre tente et nous observe. Quand il reste seul c'est une soirée chanceuse, sinon c'est jusqu'à trente hommes et enfants qui s'installent face à nous pendant plusieurs heures, parfois toute la nuit, et nous fixent le regard vide. Nous essayons de rentrer en contact avec eux, mais en vain. Ils ne comprennent pas le langage des signes et nous ne comprenons pas leur langage des yeux… Nous puisons l'eau dans ses puits aux bords de la route et nous nous en servons pour faire le dîner et pour nous laver. Mais cette eau est saumâtre et nous ne pouvons pas l'utiliser pour boire du thé : « *Thé salé, beurk* ! » Nous continuons donc notre rituel matinal du thé au lait et aux épices proposé sur la route.

Des ennuis mécaniques sur les deux scoots nous font perdrent encore de nombreuses journées. Avec près de 50 000 km au compteur, nous nous faisons une raison mais bon, ça use !

Palais des mille et une nuits… (par Sophie)

A Jaisalmer, Jérôme me fait la surprise de m'emmener dans un Palace. Pour mes 32 ans et pour notre premier anniversaire de mariage, nous passons trois jours féeriques… Merveilleux cadeau offert par nos familles, nous en profitons d'autant plus, que ce cinq étoiles coûte le prix d'une formule économique de l'hôtellerie française !

Nous séjournons dans un fort digne des palais de Maharaja. Le personnel revêt des costumes cousus dans des étoffes raffinées et chatoyantes, le service est d'une délicatesse que nous ne connaissions pas dans ce pays, les menus sont exquis et nous dégustons enfin le savoureux poulet tandori dans un service de porcelaine et avec des couverts en argent.

Outre l'architecture en grès ocre magnifiquement ouvragé, l'un des luxes appréciables de ce palace est sa piscine qui donne sur le désert. Nous nous y baignons notamment lors d'une tempête de sable… sensation irréelle.

Ces quelques jours, hors du temps et de notre vie nomade, nous permet de nous requinquer et surtout de vivre une autre facette de l'Inde, celle de l'élégance.

Une école de jeunes râjasthânis (par Sophie)

C'est à Jaisalmer que nous nous dirigeons vers une école pour y rencontrer des enfants indiens. Nous en avons vus beaucoup dans les rues : de nombreux enfants d'intouchables balayent les rues très tôt le matin et des enfants travaillent dans les champs. Mais là nous allons les voir sur les bancs de l'école.

Ici, il n'y a pas de mixité et c'est donc dans la cour d'une école gouvernementale de filles que nous entrons à scooter. Il nous faut patienter un bon moment avant de pouvoir parler à la directrice qui est très catégorique :

- *Vous ne pouvez pas entrer dans l'école sans l'autorisation du « Distric Officer » !*
- *Mais où pouvons-nous rencontrer ce Monsieur pour obtenir l'autorisation ?* répondons-nous
- *Un peu plus loin dans la rue, il y a un bureau…*

Même si nous sentons la directrice guère motivée par notre intervention dans l'école, nous, nous le sommes ! Il n'est pas envisageable de quitter l'Inde sans avoir rencontré d'élèves.

Nous arrivons donc dans un bâtiment vieillot et sommes accueillis par le « Distric Officer » qui nous offre immédiatement un thé bien chaud et bien sucré. Celui-ci n'étant visiblement pas à son aise dans la langue de Shakespeare, il nous donne rapidement la permission d'intervenir dans l'école. Il souhaite alors en informer la directrice par téléphone mais la ligne est en permanence occupée… Il demande donc à l'un de ses employés de nous accompagner pour stipuler son approbation.

Comme pour chaque école, nous précisons que nous souhaitons présenter la France aux enfants d'une douzaine d'années. L'anglais étant la langue officielle, nous ne nous doutons pas que nous ne sommes pas compris. Et nous nous retrouvons donc devant une classe de jeunes filles de 17 ans, qui sont donc en classe douze !

Les professeurs, toutes des femmes, sont en saris. Quant aux élèves elles portent une jupe plissée bleu marine et un chemisier blanc. Les jeunes filles me racontent qu'elles porteront elles aussi, le sari quant elles seront mariées et uniquement si c'est le souhait de leur mari.

Nous intervenons devant une classe de plus de 60 élèves. Il est donc difficile de retenir l'attention de toutes et nous sentons ces filles peu intéressées par notre pays. En discutant avec certaines d'entre elles après le cours, je constate que l'anglais est relativement bien maîtrisé par les meilleures élèves mais pas par les autres… Je trouve aussi qu'elles sont vraiment le reflet de leur pays. En dehors de l'Inde, le reste du monde ne les intéresse pas vraiment. Ce pays nous semble essentiellement tourné vers lui-même, vivant en autarcie, tout en étant réellement autonome. Par exemple, c'est bien le premier pays du voyage où je ne trouve pas de marques internationales pour le dentifrice ou la brosse à dent. Les boutiques sont pleines de produits « made in India ». L'influence de l'occident y est vraiment très faible. C'est sans doute pour cela que nous avons l'impression de voyager dans un pays unique. Pour cela aussi que ces filles ne s'intéressent pas à l'Europe mais parlent de leur pays avec un enthousiasme et un optimisme débordants. Elles sont très fières des avancées indiennes en matière des droits de l'homme. J'en reste encore étonnée mais après tout, les avancées sont sans doute réelles.

Elles sont persuadées que l'Inde sera un pays développé dans dix ans et elles ont l'intention de prendre part à ce changement. Propos très optimistes et qui me plaisent vraiment. Au moins, ces jeunes filles veulent aller de l'avant et ne semblent pas résignées… D'un autre côté, lorsque je les interroge sur leur vie personnelle future, elles me répondent toutes qu'elles se marieront avec l'homme choisi par leur père et qu'elles ne travailleront que si ce mari l'accepte… Qu'elles soient hindoues, musulmanes ou chrétiennes, cette réponse est la même pour chacune.

Nous obtenons avec beaucoup de mal l'autorisation de réaliser une interview avec une jeune fille de 12 ans. En effet, la directrice et le professeur d'anglais nous font comprendre que cet entretien va faire rater un cours à l'élève et que, de plus, cette fille ne retirera rien de notre entretien. Même si ces arguments peuvent être fondés, c'est la première fois qu'ils nous sont opposés et nous restons totalement interloqués. Enfin, avec un peu de persuasion, nous arrivons à nos fins et repartons avec quelques lignes écrites sur ces petites Indiennes.

Une soirée cinéma (par Jérôme)

Premier producteur de films au monde, l'Inde a son propre Hollywood à Bombay que l'on appelle ici Bollywood. Avant de quitter le pays, nous ne résistons pas à l'envie d'aller voir l'un de ces films.

Nous arrivons avec une demi-heure de retard, mais sur trois heures de film entrecoupées d'un entracte, il nous reste du temps ! La salle, sur trois niveaux est spacieuse. Bien que les spectateurs n'occupent qu'un tiers des places disponibles, il est impossible de s'asseoir ailleurs que sur le siège qui nous est attribué. Un ouvreur y veille scrupuleusement ! Le long métrage, comme apparemment tous les films en Inde, traite toujours du même sujet. Une fille tombe amoureuse d'un garçon mais ses parents lui arrangent un mariage avec un autre homme ! Bonheur, joie, cris, larmes, pour que finalement l'amour l'emporte et que l'histoire se termine dans une ambiance bon enfant où tout le monde se réconcilie !

Nous sommes étonnés par les effets spéciaux utilisés, notamment avec l'insertion d'images numériques. Quel contraste avec les affiches de cinéma qui sont encore dessinées à la main. De même, nous sommes surpris de voir que beaucoup de scènes se déroulent en Europe, mais avec des plans tels qu'il est difficile de s'en apercevoir. Les jeunes acteurs sont habillés à l'occidentale, roulent en voitures de sport, écoutent de la musique Pop tandis que les parents sont en costumes traditionnels.

Dans le film, des chansons accompagnées de chorégraphies interviennent à plusieurs reprises. Nous apprenons que c'est une caractéristique des films indiens. Nous apprécions ces changements de rythmes et ces danses même si il faut l'avouer il y en a beaucoup dans le film.

Enfin nous sommes amusés par ces scènes où nos héros passent d'une moto à un hélicoptère d'où ils sautent en élastique pour se retrouver sur un cheval au galop, puis sur un hors-bord avant de terminer sur une piste de ski ! Des fantaisies qui sont très appréciées par les spectateurs.

Pour produire autant de films, les réalisateurs ne s'embarrassent pas trop de refaire des scènes et plusieurs fois, lors de cascades, nous voyons le baudrier ou le filin qui retient notre héros !

Mais finalement l'essentiel est de passer un bon moment et nous sortons de ces trois heures de film comme nos voisins : ravis.

Regards et paroles d'enfants : Népal

Shrijan Karki – 12 ans – Katmandou

« Je vis à Katmandou au Népal et j'habite à 15 minutes à pied de l'école. J'apprends l'anglais depuis deux ans. J'aime beaucoup aller à l'école car j'y ai beaucoup d'amies et la discipline y est très bonne.

A la maison, j'ai un chien. Je vis dans un appartement avec mon frère, mon oncle et ma mère car mon père est parti travailler au Koweït comme cuisinier pour ramener de l'argent à la maison. Maman me donne chaque jour 6 roupies pour que j'achète des bonbons (0,07 euros). J'aime beaucoup manger des fruits notamment des mangues et des pommes, mais mon plat préféré ce sont les Momo aux légumes (sortes de raviolis fourrés). Pour mon anniversaire, nous faisons un repas avec mes oncles et mes parents et je reçois des cadeaux comme des poupées ou des vêtements.

Je joue au volley ball à l'école et quand je rentre à la maison, j'aide ma mère en faisant les lessives de mes affaires. Je vais au cinéma une fois par semaine pour voir des films indiens ou népalais. Nous n'avons ni ordinateur ni jeux vidéos à la maison.

Je suis hindouiste et je vénère Shiva, Parvati et Ganesh. Je fais des offrandes au temple situé devant la maison tous les mercredi matin en y apportant des fleurs et de l'eau. Je me sens tout à fait en sécurité dans Katmandou mais je ne me promène jamais sans ma mère dans la rue.

Plus tard je ne veux ni me marier, ni avoir d'enfants car je n'aime pas les garçons. Je voudrais être médecin et vivre à Katmandou. »

Si j'étais Premier ministre :

1. Je mettrais tous les mauvais politiciens en prison.
2. Je donnerais de l'argent et des vêtements aux pauvres et enverrais les enfants à l'école.
3. J'apprendrais aux hommes à être bons et fiers.

Regards et paroles d'enfants : Inde

Dimple Khatry - 12 ans - Jaisalmer – Rajasthan

« Je vais dans une école publique où il n'y que des filles et où nous portons un uniforme, jupe plissée bleu marine et chemisier blanc. Tous les matins j'y vais en vélo. J'apprends l'anglais, en plus de ma langue maternelle qui est l'hindi. J'aime beaucoup l'école.

A la maison, j'ai un perroquet et trois frères. Je vis avec mes parents et mes grands-parents dans une maison où nous avons une télévision et une machine à laver.

Mon père est comptable dans une grande entreprise publique et ma mère s'occupe de la maison. En dehors de l'école, je porte des jeans et tee-shirts, je fais mes devoirs, regarde la télévision et participe aux travaux ménagers. J'aime jouer au basket et au coco (sport local).

Je vais souvent au cinéma pour voir uniquement des films indiens. Mes parents me donnent 50 roupies par mois (0,58 €) pour m'acheter des glaces et des bonbons. Tous les jours je mange des chapatis (galettes de pain), du dal (lentilles) et des légumes. Je suis végétarienne comme tous les hindous.

Ma religion est l'hindouisme, je crois en Shiva et je vais quelque fois au temple pour faire des offrandes.

Plus tard, je vais me marier avec l'homme qu'aura choisi mon père et je souhaite avoir un enfant. »

Si j'étais présidente :

1. J'essaierais de réduire la pauvreté et le chômage.
2. Je combattrais l'analphabétisme.
3. Je ferais en sorte que l'Inde soit un pays développé dans 10 ans.

Troisième partie

Neuf mois au Moyen-Orient

« Les seules démarches vouées à l'échec sont celles que l'on ne tente jamais. »
Paul Emile Victor

Carte du Moyen-Orient

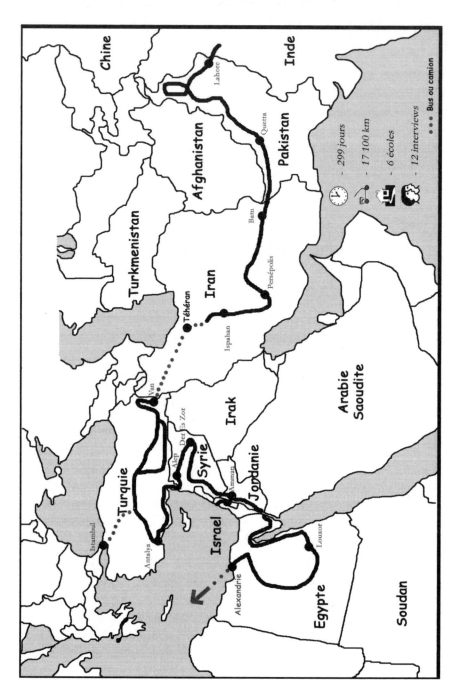

Chapitre 9

De la perse millénaire au trésor de Topkapi

Août – Novembre 2003

Salvateur Pakistan (par Sophie)

En quittant Bikaner, nous rejoignons le Penjab en direction du Pakistan. J'avoue être au bout de mes limites. Je ne supporte plus les Indiens, la saleté, les castes. J'ai des nausées en permanence, j'ai perdu au moins quatre kilos en un mois, je sens que je dois fuir. Fuir, c'est bien la première fois que cette envie me prend, mais je la sens vitale. Jérôme a du mal aussi mais il est beaucoup plus calme, moi je ne me contrôle plus. A chaque regard vide d'un Indien, à chaque erreur de conduite, j'injurie à voix haute, j'ai l'impression que je pourrais en tuer un. C'est d'ailleurs un sentiment très désagréable que d'être persuadé que le crime est possible… D'un autre côté, je trouve ce pays totalement unique et bouleversant que je suis heureuse d'en avoir découvert une partie.

Nous atteignons Amritsar en fin de journée et pénétrons dans le splendide « Golden Temple », lieu sacré de la communauté Sikhs. L'architecture du lieu est, comme la religion elle-même, à l'interface de l'islam et de l'hindouisme : un « temple-mosquée » en quelque sorte. En son centre, au milieu d'un bassin sacré, un sanctuaire au toit doré à l'or fin accueille les fidèles. Ce lieu est empreint d'une telle sérénité que nous y restons plusieurs heures à admirer la beauté de ce lieu de culte et à écouter les psalmodies des pèlerins.

Le lendemain, nous passons la frontière de bonne heure. C'est le premier poste frontière vide que nous franchissons. Personne. Pas de queue au guichet, ni de douaniers derrière. Nous devons aller chercher un officiel pour qu'il s'occupe de nous. Visiblement, de part et d'autre, on préfère rester chez soi ! Près de deux heures de paperasserie nous permettent enfin de quitter le territoire indien. Nous entrons au Pakistan sans aucun problème. D'un coup, l'ambiance change. L'atmosphère est plus détendue de ce côté-ci.

Nous prenons même le temps de discuter avec un homme qui tient un petite échoppe avec des livres et des guides de voyage. N'ayant pas de guide sur le Pakistan nous lui achetons un « Footprint » d'occasion et lui revendons quelques livres déjà lus.

Une grande excitation m'envahit. Nous allons enfin découvrir ce fameux Pakistan. Depuis l'âge de 14 ans, suite à la lecture du récit d'une infirmière missionnaire, je rêve d'y venir. Les peuples pachtounes des confins de l'Himalaya m'ont toujours fascinée. D'un autre côté, l'image transmise par les médias : terrorisme, intégrisme musulman, réfugiés afghans, hommes armés… donne des frissons dans le dos. Ce pays est le premier de notre voyage à ne pas être une destination touristique, de plus le consulat français recommande de ne pas y venir. L'aventure cette fois-ci est réelle et nous sommes très enthousiastes.

Nous longeons un canal qui nous mène à Lahore. Sur la route, il y a très peu de circulation et quelques mobylettes nous dépassent en nous lançant un « Welcome » de bienvenue. Nous n'en revenons pas, la transition est si brutale.

Arrivés dans Lahore, le trafic s'intensifie et un nuage bleu surplombe la ville. Nous nous arrêtons pour boire un jus de canne à sucre et immédiatement quelques jeunes Pakistanais viennent nous voir.

- *Bonjour, vous êtes de quel pays ?*
- *Nous sommes Français.*
- *Et vous allez en Inde ?*
- *Non, nous en venons et allons visiter le Pakistan puis continuer en Iran*
- *Ah ? c'est super ! Alors bienvenue au Pakistan ! Avez-vous besoin d'aide, savez-vous où loger ?*
- *Oui, merci, nous avons une adresse.*
- *Très bien, alors au revoir et encore bienvenue.*

Nous terminons de boire notre jus au calme, les jeunes sont repartis en nous faisant un signe de la main. Nous sommes fous de joie. Notre premier contact est vraiment prometteur.

Ayant repéré dans le guide l'adresse d'une chambre chez l'habitant, nous reprenons la route. Située en dehors de la ville nous avons du mal à trouver. Nous nous égarons dans un quartier assez chic et voyons sur une maison l'appellation « Guest-House ». Nous pensons avoir trouvé notre futur logis mais il n'en est rien. Nous sommes accueillis par Shamsad, le directeur.

- *Bonjour, je suis vraiment désolé mais cette guest-house appartient à l'Etat et sert essentiellement de lieu d'hébergement pour le gouvernement. Je ne peux donc pas vous accueillir. Mais entrez, je vous prie, je vais vous offrir quelque chose à boire.*
- *C'est gentil mais nous devons reprendre la route.*
- *Si, si, j'insiste. Entrez juste quelques minutes.*

Nous entrons donc en laissant nos scooters chargés sous l'œil attentif des gardiens. Shamsad nous offre un soda bien frais et des sandwichs. Il nous indique également le chemin pour nous rendre à la fameuse guest-house que nous cherchons. En partant, il m'offre des savons, des boîtes de mouchoirs en papier et des rouleaux de papier toilette. Je suis vraiment surprise mais je comprendrai plus tard, qu'hormis les savons, les deux autres produits sont des denrées rares dans ce pays.

Shamsad nous laisse sa carte de visite et nous fait promettre de l'appeler le lendemain pour se revoir.

Deux heures après notre arrivée, nous sentons déjà que l'Inde et les Indiens sont loin ; deux pays frontaliers mais deux pays vraiment différents.

Nous arrivons dans la famille Aflaal. La femme et ses deux filles nous accueillent puis nous montrent la chambre proposée aux voyageurs : une chambre propre et bien aménagée avec salle de bain indépendante. Nous sommes ravis d'intégrer une famille pakistanaise dès le premier jour de notre séjour dans le pays.

Nous ressortons pour découvrir Lahore : ancienne ville de l'empire britannique, d'immenses bâtiments coloniaux sont encore debout. Nous déambulons dans les rues où sont installées des terrasses pour dîner. Nous dégustons un succulent jus de pêche frais puis mangeons un poulet-frites. En Inde, la majorité de la population est végétarienne alors qu'ici, en terre musulmane, nous voyons du bœuf et du poulet proposés partout. Les hommes sont tous habillés d'une Chalwar Kamisa. C'est une culotte longue portée sous une chemise qui arrive au-dessous des genoux. Seule la couleur varie du blanc au bleu en passant par le beige ou le vert clair. Les femmes portent un vêtement similaire mais cintré à la taille et dans un imprimé coloré et à motifs. Elles portent également une étole qu'elle font partir de leur poitrine en rabattant les deux pans dans le dos.

Nous restons quelques jours dans cette ville à arpenter les rues et les souks, à visiter la mosquée, à ressentir la ville dans son atmosphère de mousson. Des pluies torrentielles se déversent sur Lahore, inondant les rues. Parfois l'eau nous arrive jusqu'aux genoux. Piscine de rue improvisée pour le plus grand bonheur des enfants qui se baignent et jouent dans cette eau au milieu des tuk-tuks et autres véhicules coincés.

C'est la saison des mangues et nous nous en délectons. Dans la famille Aflaal, les enfants boivent chaque matin un milk-shake à la mangue, fraîchement préparé par leur maman. C'est le délice de l'été, le temps des vacances. En effet, août est aussi la période des congés scolaires.

Nous partageons des moments très agréables dans cette famille et les filles tiennent absolument à me peindre des dessins au henné sur les mains. Un soir, j'accepte et pendant plus d'une heure, c'est la séance beauté. Madame Aflaal utilise une poche à douille remplie d'une pâte au henné et s'en sert comme d'un stylo. Elle fait venir spécialement ce produit de Karachi car elle dit que c'est le meilleur ! Elle dessine un motif floral sur mes paumes et mes doigts. Cette tradition est perpétuée pour tous les mariages. La mariée et ses invitées féminines se dessinent mutuellement ces motifs sur les mains, les pieds et même parfois les bras. Parure unique et éphémère.

Vers 22 heures, nous ressortons avec Monsieur Aflaal pour assister à un étonnant spectacle. Dans un quartier populaire, au pied d'un mausolée, se joue un concert de musique soufi interprété par Gunga, joueur de dhol, un tambour allongé à deux faces. L'ambiance mystique de ce spectacle nous envoûte presque, les danseurs rentrent en transe et certains derviches nous font perdre la tête en tournant indéfiniment sur eux-mêmes ! Doté d'un don inné pour le rythme, Gunga joue de son dhol pendant plus de cinq heures d'affilée. Lorsque son visage se couvre de sueur, un homme à ses côtés l'éponge. Parfois, les derviches s'écartent et la place est immédiatement investie par le maître. Telle une toupie, il danse sans cesser de battre le rythme. Son dhol est à l'horizontal, uniquement retenu par une sangle passée autour de son cou.

Je suis la seule femme et nous sommes au premier rang, dans un parterre délimité pour être à l'écart des autres spectateurs. Est-ce une place réservée aux femmes ou celle réservée aux occidentaux ? Nous ne pouvons prendre aucune photo ni filmer à moins d'allonger suffisamment de billets verts… Spectacle unique, voix grandiose et musique mystique. Inoubliable ! Pour repartir nous arrêtons une calèche et rentrons ainsi dans les rues de Lahore…

Le lendemain, nous sommes invités à déjeuner chez Shamsad, rencontré le premier jour. Celui-ci nous emmène chez sa sœur qui nous a préparé un délicieux repas. Nous déjeunons sur le toit de la maison tous les trois, Shamshad, Jérôme et moi. La sœur et ses filles nous servent et viennent finalement s'asseoir avec nous à la fin du repas. Nous leur montrons les photos de nos familles et de la France, elles sont ravies. Ces femmes m'offrent une dizaine de bracelets et Shamshad, des bagues. Nous sommes vraiment gênés par tant d'attention et de gentillesse. La maison est rudimentaire et se trouve dans un quartier très populaire de la banlieue de Lahore. Malgré la situation professionnelle de Shamshad, la famille ne semble pas rouler sur l'or. Nous en avons confirmation lorsqu'en fin d'après-midi, il nous invite chez lui. Il vit avec sa femme, ses deux enfants, ses parents et ses frères, eux-mêmes mariés… Par une toute petite porte, nous entrons dans un grande cour en terre battue où sont installés des charpoïs. Shamshad, nous invite dans sa maison : une seule pièce avec un grand lit, où il dort avec sa femme et ses enfants, une télévision, une armoire, une table et un banc. Immédiatement, sa femme nous sert à manger. Nous venons de sortir de table mais nous ne pouvons pas refuser : thé, riz et dhal. Aux murs sont accrochées les photos de la lune de miel du couple. Ils sont allés au dessus d'Islamabad dans la petite station de montagne du nom de Murree.

Nous sentons que Shamshad est très fier de montrer à sa famille qu'il a des amis français, nous visitons donc tout le quartier. Nous comprenons que l'emploi de notre ami permet à la famille, au sens large, de vivre. Nous discutons un long moment avec lui. Il nous dit envier la liberté des Français et être impressionné par la liberté des femmes dans notre pays. Il nous explique qu'ici, pour prendre n'importe quelle décision, comme partir en vacances ou déménager dans une autre ville, il doit obtenir l'accord de son père. Shamshad doit pourtant avoir une quarantaine d'années !

Nous terminons notre visite de Lahore en allant assister à la cérémonie quotidienne de fermeture de la frontière indo-pakistanaise.

Un spectacle inattendu (par Jérôme)

Nous arrivons une heure avant le coucher du soleil à Wagah, le poste frontière par lequel nous sommes entrés au Pakistan. Nous attachons le scoot et nous dirigeons vers une foule de personnes amassée devant une barrière. *« C'est complet, ils ne laissent plus entrer personne. Mais essayez, vous êtes étrangers ! »*. Sur les conseils de cet homme, nous nous frayons un chemin à travers la masse compacte et arrivons à la barrière. Dès qu'il nous aperçoit, le gardien vient nous chercher et laisse entrer les privilégiés que nous sommes. Nous nous dirigeons vers la frontière et entendons des clameurs et bruits de tambours. De part et d'autre de cette limite ont été construits des gradins. Ceux-ci sont noirs d'hommes et de femmes brandissant les drapeaux verts et blancs du Pakistan. De l'autre côté de la frontière les drapeaux indiens sont agités avec la même ferveur. *« Pakistan ! Pakistan ! »* Véritables supporters, les Pakistanais hurlent le nom de leur pays tandis qu'en face, l'écho leur renvoi celui de *« India !, India! »*. En bas, sur l'axe reliant les deux pays, qui n'en formait qu'un il y a 50 ans, des rangers paradent en grande tenue. Une coiffe en forme d'éventail sur la tête, une veste bleu-nuit sur laquelle est affichée une panoplie de médailles, une ceinture rouge à la taille et des chaussures d'un éclat irréprochable. Aucun détail de leur costume n'est laissé au hasard. Ces rangers effectuent pendant une heure la cérémonie du baisser de drapeau. En face, et comme le reflet de leur propre image, les Indiens font de même. Les jambes levées à l'horizontale, nos rangers se déplacent d'un pas vigoureux et décidé. Chaque arrêt est marqué par un claquement de talons et chaque mouvement est ovationné par des supporters dont la vigueur augmente avec la descente du drapeau. Lorsque l'emblème pakistanais arrive au pied du mat et comble du bonheur, avant celui des Indiens, c'est le délire. On se congratule, on se donne une accolade. Aujourd'hui, c'est le Pakistan qui a gagné !

Nous restons ahuris par ce spectacle, car il n'y a pas d'autres mots. Nous sommes habitués à des passages frontières mais c'est la première fois que nous y découvrons un tel spectacle. Etonnant d'ailleurs de constater le contraste entre cette frontière, la plus vide que nous ayons passée et cette cérémonie de fermeture à laquelle assiste une foule énorme. A cette pensée une image me vient à l'esprit. Celle de ces chiens qui lorsque le portail est ouvert, restent dans leur coin mais dès qu'il se ferme, aboient après leurs voisins !

Détour imprévu au Cachemire ! (par Sophie)

Nous quittons Lahore en direction d'Islamabad. N'aimant pas les trajets directs des grands axes, nous décidons de prendre une petite route indiquée sur la carte. Notre carte date d'un certain nombre d'années et ne fait pas mention de toutes les informations nécessaires, comme les limites des Etats ou des régions.

Nous faisons quelques pauses sur la route pour boire un soda frais et à chaque fois, soit le commerçant, soit un homme de passage, nous offre cette boisson en nous souhaitant la bienvenue dans leur pays. L'hospitalité musulmane n'est vraiment pas une légende et cette gentillesse spontanée nous touche beaucoup.

Nous continuons notre route tranquillement quand soudain, nous voyons un panneau « *Les étrangers ne sont pas autorisés sans permission* ». Quelques mètres plus loin, un barrage de police nous arrête. Nous ne comprenons pas du tout pourquoi cette route est coupée. Nous savions que certaines parties du Pakistan étaient soumises à autorisation, mais nous pensions que seules les zones frontalières avec l'Afghanistan et le nord du Cachemire étaient concernées. Nous expliquons au policier que nous souhaitons rejoindre la capitale par les petites routes pour éviter le trafic de la quatre voies. Il contacte alors par radio son supérieur qui lui dit de nous faire patienter. Nous attendons bien une heure sous un soleil de plomb puis une escorte vient nous chercher et nous conduit à quelques kilomètres au poste de police d'un petit village. Sur la route, nous remarquons des barbelés et enfin des panneaux « Cachemire ». Nous sommes en fait entrer sans le savoir au Cachemire dans la zone de conflit avec l'Inde !

Arrivés au poste de police, nous sommes longtemps observés et nos passeports sont examinés. Nous expliquons alors que nous pouvons faire demi-tour, que nous ne souhaitons pas créer de problème. Les policiers, un rien suspects, sont néanmoins très agréables et nous offrent à nouveau… du coca ! Deux heures plus tard, le chef vient nous voir en s'excusant de ne vraiment pas pouvoir nous donner l'autorisation de passer et nous demande donc de faire demi-tour. Il nous fait cependant remarquer que selon notre visa, nous devons avoir quitté le Pakistan dans trois jours… Alors là, nous ne comprenons rien puisque nous venons tout juste de rentrer et que notre visa est normalement de 30 jours… Nous verrons bien à Islamabad. Nous repartons sous escorte et quittons, après une intrusion furtive et inattendue, le Cachemire !

Avec ce détour, nous n'avons pas le temps de rejoindre la capitale avant la tombée de la nuit. Nous décidons donc de faire étape à Jelhum. A l'entrée de la ville, nous voyons une grande et belle église et décidons d'aller demander à planter la tente sur l'herbe paroissiale. Le pasteur nous reçoit et semble gêné de nous laisser camper. Deux policiers arrivent immédiatement pour savoir ce que nous souhaitons. Le pasteur discute avec eux et revient nous dire que camper à côté de l'église n'est pas très prudent. Il nous invite alors à mettre notre tente juste devant sa maison dans son jardin. La communauté chrétienne est la cible des extrémistes et le pasteur nous explique qu'ils doivent vivre avec une extrême prudence et discrétion.

Ce pasteur est marié, a huit filles et un garçon Nous sommes tout de suite accueillis dans cette maison où bizarrement nous nous sentons comme chez nous. Comme si le fait d'être chez des chrétiens étaient un peu comme rentrer dans un territoire occidental… Nous réalisons ce sentiment étonnant après avoir bu, d'un trait, le grand verre d'eau que les filles nous ont offert à notre arrivée. Comme si l'eau venant de chrétiens était naturellement purifiée… nous sommes d'habitude si prudent avec l'eau… Allez comprendre !

Nous sommes invités à dîner avec eux et passons une soirée très agréable. Les femmes mangent cette fois à notre table. Nous discutons des coutumes locales et apprenons qu'elles portent le voile à l'intérieur de l'église mais pas dans la vie courante. Néanmoins, les filles m'expliquent qu'elles ont toujours leur étole sur elle et que si elles se sentent trop différentes des autres à l'extérieur, elle n'hésitent pas à la mettre sur leur tête.

Le soir, la chaleur est tellement étouffante que le pasteur nous installe un ventilateur juste devant notre tente pour que l'on puisse trouver le sommeil. Lui et sa famille dorment sur la terrasse. Le lendemain matin, après avoir assistés à la messe chantée assis par terre en demi-cercle, le pasteur nous offre un petit-déjeuner très copieux : œufs, chapatis et thé. Avant de reprendre la route, nous échangeons nos adresses et les filles m'offrent une série de bracelets. Je n'ai jamais été aussi coquette pendant le voyage que dans ce pays-là ! Finalement, il n'y a pas uniquement la traditionnelle hospitalité musulmane qui explique cet accueil chaleureux des Pakistanais.

Terre d'Islam (par Sophie)

Premier signe que nous sommes en pays musulman. Dès 4h30 du matin, le muezzin lance l'appel à la prière du haut de son minaret. Les haut-parleurs de chaque mosquée réveillent ainsi tous les fidèles de la ville afin qu'ils récitent leur première prière. Il en sera ainsi cinq fois dans la journée. Sortir le tapis, l'orienter en direction de la Mecque et prier. Dans les stations-services se trouve souvent un lieu de prière et dans les chambres d'hôtel, un tapis est mis à disposition. Cela devient même un argument commercial.

Le deuxième signe est le voile que portent les femmes. A Lahore et Islamabad, le voile est porté sur les épaules comme une étole, prêt à être mis sur la tête si nécessaire. Mais en dehors de ces grandes villes et dans toutes les régions que nous visitons, les femmes sont totalement voilées. La majorité d'entre elles portent la burka, sorte de « tente » qui les couvre intégralement du sommet du crâne jusqu'aux pieds. Seule « une grille » brodée devant les yeux leur permet de voir un peu et de se déplacer. Ces burkas sont néanmoins très gaies, de couleur blanche, beige, bleu ciel, bleu roi, caramel, mauve …

D'autres femmes portent un voile classique et se cachent le visage avec, laissant juste leurs yeux visibles. Au bord des chemins, quand elles attendent le bus, elles s'assoient toujours dos à la route pour ne pas être vues !

Ces femmes, tout au long du séjour, je les cherche dans la rue, souvent en vain… En effet, elles sortent rarement de chez elles, ne travaillent pas (à l'exception des institutrices et des infirmières, seuls métiers considérés « convenables » dans les petites villes) et ne mangent pas au restaurant. Très souvent je suis la seule femme à me promener dans la rue, à prendre un thé ou un repas dehors… Je subis le regard des hommes, parfois leurs remarques ou leurs gestes déplacés. En effet, l'Islam n'autorise pas les hommes à regarder une autre femme que la leur, c'est pour cela qu'elles se cachent. Par contre, je peux vous dire que le regard de ces hommes posé sur ma modeste personne, pourtant bien voilée, m'a donné l'impression d'une certaine frustration…

La femme reste à la maison. Elle ne conduit pas non plus (sauf à Islamabad) ni voiture, ni moto, ni vélo… Imaginez un peu la tête des hommes quand ils me voient sur mon scooter !

Enfin, dernière particularité d'un pays musulman, l'alcool est interdit. Alors que dans beaucoup d'autres pays, nous avons souvent vu les hommes affalés sur les trottoirs ou titubant sur les routes laissant le dur labeur aux femmes, ici ils travaillent et gardent leur dignité.

Islamabad : accueil de la communauté française (par Sophie)

Nous découvrons une capitale avec de grands axes très larges, des bâtiments modernes et blancs et des pelouses vertes. Ville construite dans les années 60, elle ne ressemble en rien à une cité orientale. Les villas spacieuses et les petits centres commerciaux abritent une population au mode de vie vraiment différent de celui des Pakistanais du reste du pays.

Nous allons directement à l'ambassade de France pour régler certains soucis administratifs et signaler notre présence dans le pays. Depuis les attentats perpétrés contre des Français il y a quelques années, le quartier des ambassades est sous haute surveillance. Nous passons donc un temps fou à persuader le gardien de nous autoriser à garer nos véhicules devant l'entrée. Nous ne l'obtenons d'ailleurs que lors de notre deuxième venue. Nous attendons un long moment avant de pouvoir entrer dans ce blockhaus… Honnêtement, cette attitude envers des ressortissants français nous refroidit sur le moment. Mais l'accueil du personnel de l'ambassade et la compréhension de ces raisons de sécurité nous font vite oublier notre agacement. Nous montrons nos passeports au consul qui constate également que notre visa expire le lendemain. Immédiatement, une personne est mise à notre disposition et nous accompagne au ministère des Affaires Etrangères pour effectuer les formalités de prolongation. En quelques heures, nos visas sont renouvelés pour 30 jours. Nous sommes vraiment épatés par l'efficacité et la gentillesse du personnel de l'ambassade qui a réglé notre première préoccupation. La seconde, nous la traînons depuis quelques temps, il s'agit de faire renouveler nos passeports qui n'ont plus de pages vierges. Nous avons juste de quoi sortir du pays mais aucune page pour entrer dans le suivant. Sans aucun problème, nous obtenons gain de cause. Jacques Maizaud nous demande juste de repasser dans deux semaines pour récupérer les nouveaux passeports… Alors là, je n'en reviens pas !

Nous rencontrons le consul de France qui nous demande de lui décrire notre parcours et nous invite à une extrême prudence sur les routes. En effet, un cycliste et un motard ont été rapatriés en France le mois précédent suite à des accidents de la route.

Cherchant à renvoyer nos pellicules diapos sur la France, nous demandons si quelqu'un de l'ambassade ne rentre pas prochainement à Paris. C'est ainsi que nous rencontrons Marc qui s'occupe des relations entre les universités françaises et pakistanaises. Il nous invite à dîner chez lui et nous passons la soirée à échanger sur ce pays qu'il apprécie beaucoup. Il nous fournit de précieux conseils sur la route que nous souhaitons prendre pour visiter la région himalayenne.

Quinze jours plus tard, de retour de notre périple, Marc nous hébergera chez lui et nous partagerons à nouveau des moments formidables. Quant au consul de France, Jean Demange, il nous recevra à dîner et nous passerons une soirée très intéressante à parler des Pakistanais et des autres peuples d'Asie. Cet accueil francophone dans cette partie de monde, nous a vraiment touchés et nous nous apercevons à quel point nous sommes fiers d'être Français.

Routes sous escorte (par Jérôme)

Pour la première fois de notre parcours nous sommes escortés à plusieurs reprises par la police. Ce « privilège » nous l'avons essentiellement dans les régions du NWFP (Province des Frontières du Nord Ouest) ainsi qu'au Baloutchistan. Ces deux régions bordent la frontière afghane et comptent nombre de réfugiés afghans et de fondamentalistes aux sentiments anti-occidentaux exacerbés par l'intervention américaine en Afghanistan et en Irak. Et, bien évidemment, tout ce qui est « blanc » est américain !

Notre premier contact avec la police se fait un soir alors que nous venons de monter la tente dans un champ. Une camionnette arrive, des policiers en descendent kalachnikov en mains et nous expliquent dans leur anglais approximatif que nous ne pouvons pas rester là.

Nous plions bagages et, de nuit, parcourons 20 km jusqu'à la prochaine ville. A l'hôtel, nous constatons que la chambre voisine de la nôtre est occupée par nos « gardes du corps ».

Le lendemain, c'est toujours sous escorte que nous continuons notre route. A chaque barrage de police, un nouveau véhicule prend le relais et c'est ainsi que nous faisons plus de 150 km en toute sécurité. Les policiers sont sympathiques et jamais nous ne sentons une quelconque tension. Ils nous offrent le thé et acceptent d'être photographié. De même, ils ne nous imposent aucun rythme et se calent au nôtre.

Nous sommes toutefois gênés lors des arrêts où le moindre Pakistanais qui s'approche de nous, se voit vigoureusement refouler. Pas facile dans ces conditions de discuter avec la population. Pas facile, non plus, de trouver un hôtel bon marché lorsqu'un policier m'accompagne, la kalachnikov au poing, et me suit même pendant la visite des chambres !

Il faut avouer par contre que les sirènes de ces escortes nous facilitent la circulation lorsque le trafic se fait dense. Tels des « scooters VIP », nous nous faufilons parmi les voitures obligées de s'écarter devant notre passage !

Dans ce pays, l'un des plus hospitaliers que nous ayons traversés, nous gardons non pas un sentiment d'insécurité mais le souvenir de situations plutôt inattendues.

Deux semaines dans le nord du Pakistan (par Sophie)

Attirés par les grand espaces et la chaîne himalayenne, nous partons deux semaines découvrir le nord du pays.

Notre boucle nous mène d'Islamabad vers la frontière afghane. Nous laissons rapidement les grands axes pour emprunter de petites routes qui sillonnent la montagne. C'est vers Timarghara que la police commence à nous escorter nous faisant sentir que l'Afghanistan n'est qu'à quelques kilomètres et que la frontière ne sépare en rien un même peuple : les Pachtounes.

Nous décidons de continuer, malgré la présence de la police, et les regards froids des hommes de la région de Dir.

Sur la route, un bruit du scooter attire mon attention. J'arrête Jérôme et lui décris ce cliquetis que j'ai entendu dans le moteur. Il regarde mon scooter, se penche, fait quelques tours mais ne décèle rien. Nous reprenons la route mon attention toute à ce bruit qui recommence. J'arrête de nouveau Jérôme : *« Je t'assure, mon moteur fait un cliquetis, surtout quand je passe une bosse.»* Etonné, il inspecte à nouveau mais ne trouve rien. Il me demande de lui décrire à nouveau le bruit. Pendant ma description, mon bras heurte la caisse du scoot faisant tinter les bracelets offerts par la famille de Shamshad. *« Tu vois, c'est exactement ce bruit-là ! ».* Je n'ai pas fini ma phrase que nous partons dans un grand éclat de rire ! *« Une panne comme celle-ci dépasse ma compétence »* me lance Jérôme encore plié en deux.

Nous passons avec difficulté le premier col, le Lawori Pass à 3200 mètres d'altitude. Ascension délicate, la pluie rend la piste glissante. Le brouillard empêche toute visibilité et la pente raide contraint Jérôme à se refaire les muscles en poussant les scoots à plusieurs reprises. Complètement découragés, nous sommes à deux doigts de rebrousser chemin quand une éclaircie nous laisse apercevoir le col juste au-dessus de nous. Nous décidons de ne pas baisser les bras si près du but. En haut, nous sommes épuisés mais fiers de notre persévérance !

Après une pause thé au poste de police, le scooter de Jérôme ne redémarre pas et il faut « titiller » les contacteurs de la bobine pendant une demi-heure pour réussir à faire vrombir le moteur.

Nous reprenons alors la route jonchée de grosses pierres sur une descente vertigineuse en lacets et avec des passages à gué difficiles. En bas, se dévoile à nous la splendide vallée de Chitral : rivière bleu glacier bordée d'arbres et entourée de chaque côté de sommets à plus de 6000 mètres d'altitude.

A notre grande joie, 30 km plus loin, la piste redevient goudronnée et nous permet d'atteindre Drosh avant la nuit. Nous nous installons dans le seul petit hôtel de cette bourgade, contents de trouver un lit après ces 160 km épuisants. L'accueil est très chaleureux et le soir c'est au coin d'un feu, assis sur des tapis avec des hommes en turbans et tenues traditionnelles que nous mangeons un ragoût accompagné de chapatis. Je suis la seule femme visible, et même voilée, des regards étonnés et parfois gênés se tournent vers moi.

Le lendemain, nous rejoignons Chitral où nous prenons plaisir à flâner vers le fort, la mosquée et le long de la rivière. Ville généralement desservie par avion car la route n'est ouverte qu'en été, c'est une atmosphère de bout du monde que nous y trouvons.

Repérés par la police dans un magasin, nous devons nous identifier au poste. Nous recevons l'autorisation pour parcourir la région en moto, notamment la vallée des Kalaches à quelques kilomètres de là. Nous passons une journée auprès de cette ethnie composée de 3000 Kalaches. Ils vivent aux confins de la province du nord-ouest et ont conservé leur mode de vie traditionnel et surtout leur propre religion bien distincte de l'Islam. Les femmes ne sont pas voilées, portent des costumes colorés, choisissent librement de vivre avec l'homme de leur choix et jouent un grand rôle dans la vie communautaire. Cette vallée, très humide et abrupte, abrite de nombreuses vignes et on y produit, paraît-il, un excellent vin. L'exception qui confirme la règle !

De Chitral nous décidons de rejoindre la légendaire Karakorum Highway en traversant la vallée de Gilgit. Pour cela une piste très difficile nous attend sur près de 200 km. Totalement bloqués, c'est grâce à un groupe d'ingénieurs pakistanais (qui nous délestent de nos bagages en les prenant dans leur 4x4) que nous franchissons les 35 km avant Mastuj. La piste est tellement accidentée et pentue que l'amortisseur de Jérôme lâche et qu'il faut refroidir d'urgence mon embrayage brûlant en l'aspergeant d'eau !

A Mastuj nous décidons d'embarquer les scooters dans une jeep pour passer la Shandur Pass à 3800 mètres d'altitude. Vu le mauvais état des 40 km de piste, nous ne regrettons pas les trois heures assis à l'arrière du pick-up à profiter pleinement de ce paysage grandiose. Nous atteignons le col à la tombée de la nuit et déchargeons les scoots sur une magnifique esplanade où se trouve le terrain de polo, probablement le plus haut du monde, ainsi que quelques tentes faisant office d'hôtel.

Nous installons la nôtre à l'abri du vent et préparons un bon plat de pâtes sur le réchaud avant de nous glisser dans les duvets.

Le lendemain, le petit-déjeuner dans ce cadre unique et gigantesque nous comble de joie et nous donne du courage pour entamer la descente, 120 km de piste.

Une piste qui passe au pied de montagnes qui culminent à plus de 6000 mètres, longent des rivières aux eaux turquoises et traversent des villages isolés aux maisons de pierre. A notre passage, les enfants viennent observer ces drôles de deux roues. Nous sommes surpris de voir de jeunes garçons ou filles aux cheveux blonds et aux yeux bleus. Une piste reculée et sauvage… et qui se mérite ! Nos pneus flirtent avec les pierres, les trous, les bosses, le sable. Avec son amortisseur cassé, le scoot de Jérôme bondit d'obstacle en obstacle. Parfois la route traverse un torrent. Nous enlevons les sacoches pour les alléger et Jérôme se lance dans le cours d'eau. De grosses pierres le déséquilibrent. Un coup de pied à droite, puis à gauche, quelques mètres gagnés, puis il s'immobilise. Je le vois descendre du scoot, l'eau à mi-mollets, pour essayer de pousser. Malgré ses efforts, rien à faire le scoot ne bouge plus. Je le rejoins. Une pierre bloque la roue arrière. A deux, nous parvenons péniblement à le dégager et à atteindre la berge. Pour mon scoot, même rengaine… et à nouveau, nous avons les pieds dans l'eau.

A d'autres endroits, la route est en travaux. Pour la stabiliser, les Pakistanais déversent un lit de pierrailles qu'ils recouvrent ensuite de terre. Manque de chance, lors de notre passage, il n'y a que les pierres.

Ces passages sont très éprouvants et les scoots chargés sont difficilement contrôlables. Enfin, à 20 km de Gilgit, nous retrouvons la douceur de l'asphalte. Après plusieurs jours de piste, cette sensation est toujours plaisante.

A Gilgit, nous faisons quelques courses alimentaires pour préparer les futurs bivouacs et prenons la Karakorum Highway en direction d'Islamabad. Cette route mythique de plus de 1000 km de long relie la capitale pakistanaise à la frontière chinoise. Construite pour partie le long de l'Indus, cette axe mythique nous fait passer dans un décor impressionnant. Entre une vallée large et profonde et des sommets dont certains culminent à 8000 mètres, nos repères volent en éclat devant l'immensité du panorama qui s'offre à nous. La Karakorum Highway s'étire comme un trait fin sur les bords de cette vallée. A certains endroits, elle est creusée à même la paroi des falaises. A d'autres, elle se retrouve régulièrement ensevelie par une zone d'éboulement qui la surplombe. J'avoue qu'avec des précipices si importants, même sur une route asphaltée, lorsque les rafales de vent déséquilibrent mon scoot je n'en mène pas large !

Sur cette route nous croisons un 4x4 immatriculé en France. En nous apercevant, Marie Véronique et Daniel s'arrêtent et nous discutons un bon moment. Ils sont partis deux mois plus tôt de France et vont jusqu'en Inde au Laddak. Ils vivent comme nous, en nomade et dorment dans la cellule installée sur leur pick-up. Nous sympathisons immédiatement et aurons le plaisir de nous retrouver à Ispahan en Iran.

Nous terminons cette découverte du nord par la très jolie région de Muree, située à 80 km d'Islamabad, où la fraîcheur permet aux vacanciers du Punjab de se ressourcer pendant la canicule de l'été.

Quinze jours inoubliables où nos bivouacs, au milieu de paysages d'une intense beauté et d'une population si accueillante nous font vivre l'une des période les plus forte de ce séjour en Asie.

Zones tribales (par Jérôme)

Au Pakistan, nous découvrons les zones tribales situées essentiellement dans le NWFP (Province des Frontières du Nord Ouest) et au Baloutchistan, le long de la frontière afghane.

Ce sont des zones où la loi nationale passe après la loi tribale, celle-ci étant essentiellement basée sur un code d'honneur. Dans ces régions, le chef souvent propriétaire terrien, est seigneur sur ses terres qu'il défend contre les tribus voisines. Inutile d'imaginer des hommes dans des huttes vivant comme au Moyen-Âge. Non ! Les fortunes de certains leur permettent de rouler dans de superbes 4X4 climatisés. Chez eux, ils suivent l'actualité mondiale grâce au satellite. D'origine pachtoune pour la plupart, ces hommes apprennent très tôt à manipuler des armes, seul moyen de défense contre les agresseurs. Dans la famille pachtoune qui nous accueille, c'est avec fierté que l'on nous montre les photos de l'oncle, chef de village, qui semble aussi inséparable de sa kalachnikov que de son turban.

Nous traversons à plusieurs reprises ces zones tribales. Une première fois dans le NWFP sous escorte de police, et la deuxième fois dans le Baloutchistan, seuls !

Nous gardons de ces hommes à la barbe caractéristique, coiffés d'un turban signe de leur appartenance à tel ou tel clan, le souvenir d'individus simples dont émanent une fierté, une dignité et une force tranquille.

Une ville que nous ne sommes pas prêts d'oublier c'est Del Adam Kher. Située à 60 km de Peshawar, elle se caractérise par ses magasins qui vendent un véritable arsenal de guerre. En effet, du stylo pistolet à la kalachnikov, en passant par les pistolets et fusils à pompe, tout se vend ici. Des originaux (russes, chinois, anglais...) aux copies pakistanaises réalisées à la lime dans les arrières boutiques, c'est dans un véritable shopping center pour Rambo que nous nous trouvons !

Et bien évidemment, nul besoin de licence, les dollars suffisent !

Alors que nous visitons ce supermarché de guerre, deux détonations claquent derrière nous et nous font sursauter ! Eh oui, ici avant d'acheter une arme, on l'essaie en tirant en l'air.

« Tu veux essayer une kalachnikov ? » me propose un vendeur. Difficile d'expliquer à ce passionné d'armes que c'est avec mon appareil photo que je préfère mitrailler les autres !

Nous repartons de ce bazar de guerre, soulagés mais conscients qu'avec les zones tribales et la situation en Afghanistan, l'activité étonnante de cette ville n'a pas fini d'être lucrative...

Docteur Syed (par Jérôme)

A DI Khan, nous nous arrêtons acheter une bouteille d'eau. Alors que je m'apprête à payer, un homme entre. *« Bonjour ! Comment allez-vous ?*

De quel pays êtes-vous ? ». Nous discutons puis il nous invite chez lui. Nous le regardons, étonnés, mais acceptons.

Afshaq Syed est médecin. Après avoir travaillé dix ans dans l'armée, il a pris sa retraite et exerce dans sa clinique. C'est d'ailleurs là, accompagné de son fils, qu'il nous emmène.

Nous nous attendons à un grand bâtiment, peint en blanc, avec réception, salle d'attente, etc. Au lieu de cela, nous arrivons devant un garage dans lequel des étagères remplies de boîtes de médicaments poussiéreuses, un lit et un bureau sur lequel trône un stéthoscope, attestent que nous sommes bien dans une « clinique »…

Cela fait huit ans qu'Afshaq exerce ici et pendant les deux heures que nous passons avec lui nous découvrons la vie de ce médecin de village.

Les patients, souvent des femmes, arrivent couvertes de leur burka. Devant le médecin, et en l'occurrence devant nous, elles se découvrent comme si leur pratique religieuse s'arrêtait à la porte de la clinique. Souvent, ces femmes pauvres viennent à la clinique en dernier recours, comme cette mère dont le bébé a la diarrhée depuis plus de sept jours. Plus d'une repart sans payer, promettant de rembourser à la prochaine récolte. Tout cela n'entame toutefois pas la bonne humeur d'Afshaq visiblement habitué ou résigné !

Ne pouvant toucher ces femmes, le médecin emploie une infirmière chargée de l'auscultation. Nous constatons que le stéthoscope reste un instrument de décoration et les médicaments sont prescrits en fonction des dires des malades.

La préparation des remèdes est, pour nous, une autre source d'étonnement. De son bureau Afshaq dicte le traitement à deux jeunes garçons d'à peine 12 ans. Ceux-ci se saisissent alors des boîtes poussiéreuses et récoltent dans un bol les cachets rouges, bleus, verts… A l'aide d'un pilon, ils réduisent en poudre ces comprimés qu'ils repartissent dans des feuilles de papier journal découpées ! Chaque feuille correspond à une prise et inutile de préciser que le dosage sur chaque morceau de papier se fait « au pif » !

« Tuberculose, diarrhée, maladies de peau, autant de maladies dont le nombre pourrait être diminué par une meilleure hygiène », nous déclare Afshaq !

Nous l'approuvons, mais devant le spectacle de sa clinique nous nous demandons encore ce qu'il entend par hygiène. C'est l'hôpital qui se « fout » de la charité !

Rencontre entre femmes (par Sophie)

Dans un village reculé, des jeunes filles m'invitent à prendre le thé et à discuter avec elles. Jérôme, en tant qu'homme, doit rester à l'entrée, dans la pièce réservée aux invités et il ne peut pas les rencontrer. Agées de 11 à 18 ans, elles me demandent mon avis sur l'assassinat des fils de Saddam Hussein par les Américains et me disent *« Française ! Ah oui, Jacques Chirac est un homme bien ! »*. Je suis sidérée que des jeunes filles d'un village perdu dans l'Himalaya puissent être si au fait de l'actualité internationale.

A DI Khan, deux jeunes hommes de 20 ans nous accueillent dans leur famille. Dîner succulent et toujours copieux mais seulement « entre hommes ». En tant qu'étrangère ma présence est tolérée mais il est rare qu'un homme m'adresse la parole directement. Je suis considérée comme transparente ! Par contre, je suis invitée à rencontrer les femmes de la famille et je discute avec elles dans le quartier de la maison qui leur est réservé.

Toujours à DI Khan, et après avoir passé quelques heures dans la clinique du Docteur Syed, il nous invite chez lui. Dans cette famille chiite, tous déjeunent et vivent ensemble : grands-parents, parents, enfants, hommes et femmes. Très souriantes, Moussarat et ses filles me mettent à l'aise. Nous entamons une discussion sur nos vies :

- *Quel âge as-tu ? »*, ai-je demandé à Moussarat, la femme du Docteur Syed.
- *« 31 ans »* me répond-elle avant d'ajouter, *« Je me suis mariée à 12 ans, et j'ai eu mon premier enfant à 13 ! »*

Nous restons abasourdis devant cette femme souriante, plus jeune que moi et déjà mère de six enfants ! Ce qui nous paraît comme quelque chose d'insensé chez nous, semble ici tout à fait normal. En effet, dans une société qui considère qu'une jeune fille pubère est une femme capable de se marier et d'avoir des enfants, le mariage à 12 ans est une chose naturelle. D'autant plus que les jeunes mariés vivent avec les parents de l'époux et lors de la venue du premier enfant, la grand-mère est là pour apprendre à la jeune mère ce qu'il faut faire. Depuis des générations, les femmes se marient à cet âge et en semblent heureuses. Cependant, nous remarquons que Moussarrat et Afshaq ont décidé de faire suivre des études à leurs enfants et les filles aînées de 16 et 18 ans ne sont toujours pas mariées... La société évolue partout.

Moussarat et ses filles préparent spécialement pour nous de succulents plats de poulet en sauce non pimentés, du riz parfumé, des desserts et des mangues. Le soir, ils nous accompagnent prendre un thé au bord de l'Indus puis nous offrent leur chambre, climatisée pour la nuit. Toute la famille s'est réunie pour me poser du henné sur les mains, me maquiller, m'habiller. Bref un accueil que l'on ne peut oublier et qui nous fait monter les larmes aux yeux au moment du départ.

Lors de mes discussions entre femmes, le thème du mariage revient souvent.

Chaque femme que je rencontre me demande si j'ai épousé Jérôme par amour. Ce sont des yeux émerveillés et envieux qui apparaissent après ma réponse affirmative et cela m'incite bien sûr à découvrir ce qu'est le mariage au Pakistan.

Que ce soit chez les musulmans ou chez les chrétiens, ce sont les parents qui décident quel homme épousera leur fille. Ils choisissent donc leur futur gendre dans une famille de leur connaissance appartenant à la même caste. Ils s'assurent que celui-ci peut apporter à leur fille suffisamment de bijoux en or et de vêtements, qu'il mettra à son nom le titre de propriété d'une maison, qu'il lui accordera une somme mensuelle correcte et qu'il fixera contractuellement le montant à lui verser en cas de divorce.

Moussarat me précise d'ailleurs que cette clause permet de protéger les femmes car seuls les hommes ont le droit de demander le divorce.

La famille de la mariée est chargée quant à elle, de l'organisation des festivités et de meubler la maison du futur couple.

En général, les mariages sont arrangés sans l'avis des futurs époux, ces derniers ne se rencontrant que le jour J.

Aujourd'hui les filles sont mariées vers l'âge de 18 ans, parfois plus tard quand elles font des études car cela permet aux parents de choisir un meilleur parti.

Il est évident donc que les relations sexuelles avant le mariage sont strictement interdites. Et au même titre que l'adultère, dans les zones tribales, elles peuvent faire l'objet de « crimes d'honneur » par l'un des hommes de la famille.

Le mariage pakistanais se déroule sur quatre jours. Le premier jour, les longs cheveux de la mariée sont tressés ; le deuxième jour, les femmes lui font du Mendie (pose du henné sur les mains les bras et les pieds), le troisième jour a lieu la cérémonie religieuse au lieu de culte. Les mariés sont habillés en rouge avec des broderies d'or et sont parés de nombreux bijoux. Puis ce sont les repas de fête le quatrième jour.

Je dois avouer que même si j'ai ressenti de l'envie dans le regard des femmes lorsque je leur parlais de mon mariage d'amour, je les ai aussi senties fières de réussir leur mariage arrangé et elles m'ont toutes dit : *« On apprend à aimer notre mari et chez nous il y a très peu de divorces !»*

Traversée du Baloutchistan (par Jérôme)

Au matin de notre départ, nous voyons arriver le docteur Syed. Très fier, il offre à chacun de nous une Shalwar Kamisa, l'habit traditionnel pakistanais. Il nous donne également deux écharpes pour nos mères. Tant de générosité nous touche et nous gêne. Mais refuser serait la pire des offenses à leur hospitalité si chaleureuse.

Nous nous éloignons en direction de l'Iran. Le soleil tape dur et nous faisons de nombreuses pauses car cette chaleur nous endort. Les paysages asséchés sont tristes et cette partie de route est assez monotone. Dans les villages traversés il y a très peu de monde. Les habitants, plus malins que nous, ne sortent que le matin ou en fin d'après-midi.

Après une journée éprouvante, nous arrivons à DG Khan et cherchons un hôtel pour la nuit. *« Les étrangers ne peuvent dormir dans l'hôtel »,* me renvoie le premier réceptionniste dans un anglais hésitant. Dans les hôtels suivants, même rengaine. A ma demande, le dernier réceptionniste appelle la police. Ceux-ci nous conduisent sous escorte au commissariat et nous expliquent qu'il y a peu de temps, un fondamentaliste aurait été enlevé par les Américains, ils craignent donc des représailles sur les étrangers… Dans ces conditions, inutile d'insister et malgré l'heure avancée et la fatigue de la journée, c'est sous escorte que nous faisons, de nuit, les 60 km qui nous séparent de la ville suivante. Le lendemain, nous nous levons à l'aurore car une longue journée de route nous attend. Nous entamons la traversée du désert du Baloutchistan et cette première partie est une zone tribale où la police nous a déconseillé de faire du camping sauvage. Par conséquent, il nous faut faire 250 km, dans les montagnes et avec une partie non asphaltée pour atteindre la seule ville avant Quetta où nous pourrons trouver un hôtel.

Au bout de 80 km, un panneau nous met dans l'ambiance : *« Zone tribale, la police n'assure plus votre sécurité ».* Peu après, nous sommes doublés par un mini-van sur le toit duquel viennent de grimper cinq Pachtounes, la kalachnikov dans le dos. Ces derniers, excités par notre présence, exhibent fièrement leurs armes et tout à coup l'un d'eux abaisse son canon et nous met en joue. Les mains crispées sur les freins, nous stoppons net et laissons filer le véhicule avec ses occupants, fiers de leur démonstration ! Décidément nous n'avons pas les mêmes jeux ni le même humour !

Finalement, la tentation de profiter de cette région nous a vite quittés tout comme l'idée d'un bivouac. Une seule obsession : arriver à Loralay avant la nuit. Pour passer du désert de Thal à celui du Baloutchistan nous empruntons une route asphaltée qui serpente dans une vallée encaissée. La route est creusée à flanc de falaise et le dénivelé est important. Nous passons un col à 1500 mètres d'altitude. L'air y est plus frais. Cela nous change des températures élevées de la plaine. A Rakhni, la route est en construction et nous devons la longer sur une piste. Les engins de travaux soulèvent une poussière dont nous profitons à contre coeur. Nous ne faisons que peu de pauses, trop stressés de nous retrouver coincés par la nuit. Passages de sable, pierrailles... même Sophie ne réduit que rarement sa vitesse. Je me demande d'ailleurs si avant elle ne faisait pas du cinéma... Enfin, après 80 km de piste, nous retrouvons l'asphalte et sa douceur : plus de vibrations, ni poussière, rochers ou trous à surveiller. Nous arrivons à Loralay en fin d'après-midi. L'hôtel est vite choisi, il n'y en a qu'un seul.

Pendant que Sophie prend sa douche, je redescends pour faire recoudre la jupe de protection de mon scooter. L'artisan a le sourire aux lèvres et est content d'utiliser les quelques mots d'anglais qu'il connaît. Il faut dire que, dans le coin, il ne doit pas y avoir souvent d'étrangers. Il m'offre le thé, coud la jupe et au moment où je lui demande combien je lui dois il me fait signe que c'est offert. Malgré mon insistance, rien à faire et quand cinq minutes plus tard je reviens avec un coca, il l'accepte mais je sens qu'il a pris plus de plaisir à m'offrir ce service qu'à accepter mon cadeau.

Dans les rues, les gens sont en Shalwar Kamisa, avec un Pakol (béret pachtoune) ou un Lungee (turban) sur la tête. Les plus jeunes se couvrent d'un Sindhi, sorte de chapeau coloré avec des petits miroirs ronds tenus par des broderies. Tous les hommes portent une barbe plus ou moins longue et souvent ont les yeux cernés de khôl, ce qui donne à leur regard une profondeur mystérieuse.

De retour à l'hôtel, je découvre deux policiers venus nous faire remplir des fiches d'enregistrement. Ils sont rassurés de me voir rentrer et de pouvoir me parler plutôt qu'à ma femme. Après avoir fait cuire le dîner sur le réchaud installé dans la salle de bain, nous nous effondrons rapidement, épuisés par la piste.

Le lendemain, partis à la fraîche et ayant plus de temps, nous profitons de la route. Nous croisons de petits villages dont les maisons sont en terre. Celles-ci sont généralement regroupées autour d'un point d'eau. Quelques palmiers indiquent le centre du village et les rues sont en terre. Toutes les maisons se ressemblent, il n'y a ni magasin, ni commerce apparent. Souvent en périphérie de ces villages se trouvent des sortes de châteaux. Ils sont constitués par des murs en terre de trois mètres de haut. A chaque coin une tour circulaire et au centre de la façade principale se trouve une importante porte cochère en bois. Impossible de voir ce qu'il y a à l'intérieur, ces forteresses de sable abritent sûrement le seigneur de la région ou bien tout simplement un riche propriétaire.

De part et d'autre du bitume, c'est le « No man's land », un désert de sable et de pierres. Au loin, une chaîne montagneuse s'étire, parallèle à notre direction. A 50 kilomètres de Quetta, le vent se lève subitement et, devant nous, se dresse un rideau de sable. Une tempête nous prend de travers, le vent est violent, la visibilité réduite. Nous faisons d'autant plus attention que, par endroits, le vent a formé des dunes qui bloquent la moitié de la route. Heureusement, sur cet axe, le trafic est faible et nous pouvons zigzaguer sans trop de risques. Nous arrivons à Quetta, dernière grande ville avant l'Iran. Nous trouvons un hôtel et prenons une douche tout habillés pour nous débarrasser de ce sable qui nous recouvre de la tête aux pieds. Nous faisons de même avec nos sacs, avant de les ouvrir. Incroyable de voir jusqu'où cette fine poussière peut s'infiltrer. Dans nos caisses, tout est recouvert d'une fine pellicule beige.

A Quetta, nous sommes étonnés par la quantité de mendiants. Peut être des réfugiés afghans ? Souvent ce sont les enfants et les femmes sous leurs burkas. L'une d'elles m'intrigue. Malgré sa burka, je lui trouve une corpulence et une démarche d'homme, une forte pilosité sur son bras tendu… Devant mon regard insistant elle (il ?) n'insiste pas et s'éclipse rapidement. La burka a visiblement d'autres fonctions que celle de cacher les femmes du regard des hommes.

Dans les rues, beaucoup de petites boutiques vendent des produits divers et variés : de la boîte de thon au transistor en passant par les accessoires mécaniques. Sur l'un des axes principaux de la ville, des Pachtounes sont assis sur le trottoir poussiéreux. A côté d'eux, une boîte en bois contient le kit du parfait coiffeur barbier. Ciseaux rouillés, peigne crasseux… Pourtant les clients font la queue et je dois avouer qu'en qualité de client moi-même je suis très satisfait du résultat et du prix. Comme quoi ! Un peu plus loin sur le trottoir, d'autres hommes proposent leur service de peintres. Ils tiennent une palette de couleurs à la main. Mais là, devant leurs pots rouillés et déjà ouverts, je n'ai pas été tenté de relooker les scoots. Nous nous gavons de jus de fruits et de glaces. Mangues, pêches, bananes, cannes à sucre… Des fruits sûrement importés du delta de l'Indus, plus au sud. De manière générale, les rues sont sales, poussiéreuses et en mauvais état.

Vers 17 heures, les souks se remplissent de familles venues faire leurs courses à la fraîche. Les boutiques s'illuminent, les vendeurs s'activent… Les femmes se pressent devant les étales ou les bijouteries. Une animation qui contraste avec le calme de la journée.

Il y a très peu de touristes à Quetta et sans avoir un sentiment d'insécurité nous sentons parfois que notre présence n'est pas appréciée. Peut-être nous prend-on pour des Américains ? Une boîte d'allumettes jetée d'un tuk-tuk ainsi qu'une bouteille d'eau qui atterrit à nos pieds sont des signes évidents, qu'ici, certains fondamentalistes n'apprécient guère les étrangers.

Pour notre dernière étape avant l'Iran, nous faisons le plein d'essence et de provisions. En effet, nous allons traverser la partie la plus désertique du Baloutchistan et apparemment sur les 650 km qui nous attendent, les stations-essence sont rares. Dès 5 heures, nous chargeons les scooters pour profiter de la fraîcheur matinale. A la sortie de Quetta, nous croisons un camp de réfugiés afghans d'où viennent sûrement les mendiants. Dans un état moyen, la route traverse un désert rocailleux coupé par de larges Wadis. Celle-ci nous mène au col de Lak puis redescend dans ce désert qui s'étire jusqu'en Iran. Les cailloux font place au sable et vers 10 heures, il commence à faire très chaud. A midi, l'air est brûlant. Nous entourons notre visage d'un cheich mouillé. Au contact de l'air celui-ci nous rafraîchit. Le système est d'ailleurs tellement efficace que le soir nous n'arrêtons pas d'éternuer ! Néanmoins, le gros inconvénient est que toutes les demi-heures nous devons ré-humidifier notre cheich et l'eau est une denrée rare dans la région.

Des sorcières (tourbillons) renvoient dans les airs le sable et tout ce qu'elles peuvent. Parfois, elles traversent la route, secouant les scoots et leurs occupants au passage. La route est une ligne droite qui n'en finit pas. Au loin elle se brouille sous l'effet de la chaleur ! Nous buvons beaucoup et les deux jerricans de 10 litres nous rassurent. Tant pis pour la douche de ce soir, nous préférons nous désaltérer et nous rafraîchir. En fin d'après-midi et non loin de Dalbandin, nous traversons une mer de dunes. Avec les rayons rasants, les dunes se colorent d'un manteau ocre de toute beauté. Les ombres forment à leur surface une houle. Panorama féerique qui vient récompenser cette chaude journée de route. Dalbandin est comme un village du bout du monde : des maisons en terre à deux étages maximum et une rue centrale, principale zone d'activité, dans laquelle semble se rassembler toute la vie que compte ce désert. Nous faisons une pause coca et chargeons les bidons d'eau. *« Il n'y a pas de station essence mais vous trouverez de quoi faire le plein à la sortie de la ville »* nous annonce le propriétaire du café local. Décidés à profiter des grands espaces que nous offre cette région, nous repartons pour un bivouac dans le désert.

A la sortie de la ville, des bidons alignés sur le bord de la route signalent le point de ravitaillement. Sans autre recours, nous nous arrêtons et, suspicieux, je demande le prix du litre. A ma grande surprise l'homme m'annonce un prix deux fois inférieur à celui pratiqué au Pakistan ! Je verse un peu de son mélange dans une bouteille plastique persuadé, que notre homme a coupé son essence avec de l'eau. Mais il n'en est rien ! Pas la moindre goutte d'eau dans son carburant. J'ai du mal à comprendre la logique qui fait vendre en plein milieu du désert un carburant deux fois moins cher ! Mais bon, nous faisons le plein des scoots et des jerricans et reprenons la route en quête d'un bivouac. Après 10 km de route, nous quittons l'asphalte et traçons en plein désert. Au bout de 2 km, la distance et quelques dunes sont suffisantes pour que nous ne soyons pas trop visibles. Le désert reste notre endroit favori pour camper. Pas d'insectes (ou très peu), pas d'humidité, un ciel étoilé, le silence… C'est aussi le plaisir de se sentir seuls au monde. Nous ne nous en lassons pas !

Brûlant la journée, le désert est frais le soir et froid au petit matin. Nous supportons nos duvets dans lesquels nous nous glissons vers 4 heures du matin.

Thé et biscuits avalés, nous roulons sur nos traces pour retrouver la route. Comme hier la température de l'air est agréable puis chaude, très chaude pour finir brûlante lorsque le soleil atteint son zénith. Le cheich aspergé de la veille nous a provoqué un rhume et, aujourd'hui, nous décidons de limiter ce mode de rafraîchissement. Le trafic est faible sur cette route et nous croisons essentiellement des camions décorés de mille couleurs. Les cabines de ces derniers sont entièrement réalisées en bois. L'intérieur est petit et décoré de croissants de lune et de versets du Coran, tandis qu'à l'extérieur, c'est une farandole de couleurs, de dessins, de plaques en fer, de catadioptres, de miroirs… Très spécifiques du Pakistan, ces camions font l'objet de toute l'attention de leurs propriétaires qui prennent le plus grand soin pour les embellir. Le soir, avec leurs décorations, ces camions se transforment en véritable sapins de Noël. Mais, dans ce désert, chauffeurs et camions souffrent de la chaleur. Les premiers roulent portes ouvertes les deuxièmes sont rafraîchis en roulant capots relevés. A l'un de nos arrêts, un camionneur stoppe à notre hauteur. *« Vous n'auriez pas un peu d'eau ? »* Réflexe de survie, ma première réaction est d'estimer la quantité d'eau qu'il nous reste et la distance avant le prochain point de ravitaillement. La veille, les deux jerricans remplis, nous en avons profité pour faire une petite toilette. Un luxe dans le désert dont nous aurions mieux fait de nous passer. Du coup nous sommes un peu juste en eau. N'étant jamais à l'abri d'une panne mécanique, le réflexe de survie l'emporte et je ne remplis la bouteille de notre chauffeur qu'à moitié. Geste prudent mais qui me donnera mauvaise conscience pour le reste de la journée.

A midi, nous faisons une pause en bord de route. La température élevée nous coupe l'appétit et nous nous forcons pour avaler les deux sardines étalées sur notre chapatis. Je profite de cette pause pour enlever l'un des carters des scooters. J'espère ainsi mieux aérer le moteur qui doit encore plus souffrir de ce climat.

Enfin Taftan ! Cette ville-frontière entre le Pakistan et l'Iran ressemble plus à un gros bourg qu'autre chose. Il n'y a qu'un seul hôtel bien trop cher pour notre bourse. Nous allons directement au poste frontière et demandons au douanier l'autorisation de planter notre tente. Celui-ci accepte et nous indique un endroit. *« Vous ne risquez rien ici ! Quand vous voudrez, venez profiter de notre douche, ensuite nous prendrons un thé »*. Nous plantons donc notre tente à côté du poste et le soir, tout propres, partageons le thé avec nos hôtes. Au cours de notre discussion je trouve la réponse à mon interrogation sur le prix de l'essence. En effet, en Iran le prix du carburant est ridiculement bas et il existe donc un trafic de contrebande entre les deux pays qui est plus ou moins toléré. Du coup, l'essence vendue deux fois moins cher que le prix officiel pakistanais, s'avère dix fois plus cher que du côté iranien. Une logique que je comprends mieux !

Souvent nous arrivons à une frontière avec le plaisir du changement que nous procure le passage dans un autre pays, la découverte d'une autre culture. Mais cette fois nous aurions bien aimé poursuivre notre visite du Pakistan. Un pays dont nous nous méfiions, qui nous a surpris mais surtout qui nous a conquis.

Désert du Luth et citadelle de Bam (par Sophie)

Juste avant le passage de la frontière j'ajuste sur ma tête le foulard que je sais ne plus devoir quitter pendant tout notre séjour en Iran. Le port du hidjab est obligatoire pour les femmes, qu'elles soient iraniennes ou étrangères. Dans la guérite du poste douanier, je suis la seule femme habillée avec des vêtements de couleurs. J'ai revêtu la tenue pakistanaise mais ma robe est blanche et mauve et je dénote vraiment à côté des autres femmes qui portent le tchador noir. Nous sommes très bien reçus et, très vite, les hommes s'écartent pour me permettre d'accéder au guichet sans faire la queue. Ce privilège, j'aurai l'occasion d'en profiter plus d'une fois dans les pays musulmans.

Iran… Ce nom nous a faits longtemps rêver quand nous passions nos soirées le nez dans un atlas. Malgré le conflit entre Américains et Irakiens qui nous a fait craindre de ne pas pouvoir y venir, nous sommes terriblement attirés. Ce pays, trois fois grand comme la France, nous fascine essentiellement par son Histoire. C'est le territoire de l'ancienne Perse : Bam, Persépolis et Ispahan. Mais c'est aussi un territoire désertique où la vie nomade, dans des espaces infinis, reprend enfin le sens que l'on aime. Enfin, notre curiosité a soif de découvrir ce qu'a produit la révolution de 1979 : les femmes en tchadors et la « satanisation » de l'occident.

Une fois les formalités douanières réglées, nous nous dirigeons vers Zahedan. Nous mettons un certain temps avant de trouver une pompe à essence. Il y a la queue et le rythme est très tranquille… Mais le prix de l'essence est tellement bas (0,05 €/litre) que nous n'allons tout de même pas nous plaindre ! En quelques kilomètres nous changeons totalement d'ambiance et faisons un bon en avant dans le temps. Les routes sont plus modernes et bien entretenues, les véhicules sont plus récents, les restaurants sont très similaires à ceux que l'on trouve en Europe. Ils sont tous équipés d'une vitrine réfrigérée pour y entreposer les crudités, yaourts ou kebab en attente du grill. Nous trouvons un petit resto pour déjeuner et y restons jusqu'à 16 heures à l'abri des 50°C dont nous souffrons beaucoup. En fin d'après-midi nous repartons.

Devant nous, le ruban d'asphalte s'étend à l'infini. De part et d'autre, le désert : des dunes ocres et des collines rocheuses à l'horizon. Essuyant, à nouveau, une grosse tempête de sable qui nous fouette le visage, nous décidons de quitter la route pour aller bivouaquer. Dans cette immensité vierge, il nous faut parcourir plusieurs kilomètres dans le désert pour être certains de ne plus être visibles. Malgré le vent qui souffle de plus en plus, nous profitons de ce silence et admirons le ciel. Pendant notre dîner, nous constatons que les montagnes à l'horizon disparaissent petit à petit, la route n'est plus qu'un mirage... Nous sommes sous un vent de sable. Nous rentrons dans la tente pour finir notre repas, devenu croquant... Le matin à notre réveil, la tente est recouverte de sable mais l'horizon est à nouveau dégagé. Cette éclaircie n'a qu'un temps et, à peine avons-nous repris notre chemin, que le vent se met à rugir de nouveau. Des rafales de travers nous font rouler au milieu de la chaussée. Heureusement que la route est, elle aussi, déserte ! Rouler dans ces conditions, avec un vent de face ou de travers, est très physique et demande une attention permanente. A 15 heures nous apercevons une sorte de snack-bar qui vend des sandwichs délicieux et du soda bien frais. Des Iraniens accostent Jérôme pour lui proposer de boire de l'alcool. Jérôme goûte et c'est bien de l'alcool mais avec un degré proche de 90 ! Un peu plus tard, c'est un chauffeur de camion qui nous demande : *« Avez-vous du whisky ? »* Pour un pays musulman où la consommation d'alcool est interdite, ça commence fort !

Nous rejoignons la ville de Bam célèbre pour sa citadelle et décidons de faire une pause dans une petite auberge. Nous rencontrons Stéphanie et Christophe partis il y a sept mois de Suisse pour un voyage d'un an en routards et passons la soirée à discuter avec eux. Cela fait un mois qu'ils sont en Iran, ils se dirigent maintenant vers le Pakistan. Nous échangeons les bonnes adresses et lieux intéressants à voir dans les deux pays. Après un bon dîner dans un petit resto, nous allons fumer un qalyan[57] à la pomme.

Le lendemain, le joyaux de la citadelle Arg e Bam nous attend. Construite il y a plus de 2000 ans, elle fut restaurée à plusieurs reprises. Devenue musée, nous déambulons dans la forteresse puis dans le grand bazar ayant conservé des portes voûtées, des fours et

---

[57] Qalyan : pipe à eau

des étals, et découvrons une ancienne synagogue et un temple zoroastrien[58]. La lumière du lever de soleil valorise magnifiquement les bâtiments de couleur ocre et nous apprécions particulièrement le calme de cette heure matinale. Nous dominons la palmeraie et partons ensuite à la rencontre des villageois qui cultivent ces arbres pour en récupérer les « meilleures dattes du Moyen-Orient ».

De Bam à Ispahan (par Sophie)

Le sud de l'Iran est un immense désert et ce sont des centaines de kilomètres que nous parcourons en ne croisant que très peu de véhicules. J'apprécie particulièrement ce sentiment d'immense liberté en roulant sur des routes sans fin et en bivouaquant au milieu de nulle part, seuls, totalement seuls. Je l'apprécie d'autant plus que dans ce pays la liberté de la femme est relative.

De Kerman, à Yazd en passant par Ispahan, nous apprécions ces villes iraniennes aux bazars magnifiques avec leurs odeurs et couleurs d'épices ainsi que les jus de carottes frais. Mais je suis quand même très étonnée par le calme dans les rues. Rien ne s'y passe. Les Iraniens s'installent à l'abri du soleil dans les maisons de thé où ils fument en solitaire ou entre amis le qalyan : activité essentiellement masculine d'ailleurs.

Les femmes, bien sûr, portent toutes le foulard et ce, dès l'âge de 9 ans. Elles sont encore très nombreuses, jeunes et moins jeunes, à porter le tchador, grand voile noir dans lequel elles s'enveloppent de la tête aux pieds en le tenant bien serré sous le menton avec leur main droite. Nous avons l'impression d'apercevoir Belphégor à chaque coin de rue, marchant rapidement pour ne pas s'attarder dehors... Mais il suffit d'entrer dans un petit resto pour y rencontrer des jeunes femmes attablées. Elles sont vêtues de jeans et de chaussures à la mode avec une veste de couleur claire descendant jusqu'aux genoux, et sont coiffées d'un foulard blanc, laissant largement apparaître leurs cheveux !

Elles « sirotent » un jus de carottes frais pour accompagner leur kebab de poulet et leur « maaste sir » (yaourt aux échalotes) avant de terminer leur repas par un gâteau à la confiture de ... carottes.

---

[58] Le zoroastrisme : première religion monothéiste créée par Zoroastre (Zarathushtra) en 550 av JC et pratiquée par les anciens peuples en Iran et en Afghanistan.

Ces jeunes femmes, très maquillées et très coquettes, apprennent l'anglais et en général cherchent toujours à discuter avec nous.

Je mets sans cesse mon hidjab, que j'ai choisi bleu ciel pour ne pas me transformer en veuve noire et je revêts toujours une chemise longue voire une robe sur mon pantalon, même pour rouler. Malgré la chaleur, je porte des manches longues et un col bien fermé. Sans approuver les préceptes de la Charia, je ne souhaite pas choquer, j'aimerais passer inaperçue… mais c'est pure illusion !

La gent masculine me provoque. A chaque entrée de ville, les jeunes hommes en mobylettes me narguent en me doublant, puis en freinant juste devant moi pour me gêner, me font des queues de poisson, roulent à mes côtés en me sifflant ou en m'adressant des messages « d'amour » ! A pied, je me fais bousculer sur le trottoir ou carrément mettre la main aux fesses… Les hommes s'adressent à Jérôme et ne me parlent pas, je suis quantité négligeable. Je suis surtout une femme occidentale que l'on peut traiter n'importe comment. L'image de la fille facile est véhiculée par les médias internationaux captés en Iran par le satellite ou via Internet. Ce manque de respect m'agace.

Nous faisons une pause de quelques jours à Yazd où je suis malade. A force de me rafraîchir en portant un foulard humide sous mon casque, j'ai dû prendre froid et m'offre la première sinusite de ma vie. A cela s'ajoutent des troubles intestinaux que nous traînons tous les deux depuis l'Inde. Il nous est impossible de rester plus de deux heures sans aller nous soulager… Ayant développé un psoriasis géant à cause du traitement contre le paludisme, je commence à retrouver une peau à l'aspect plus normal et les crises de démangeaisons se calment petit à petit grâce aux antihistaminiques. Je sens que j'ai très peu de force. Je reste couchée toute la journée en faisant des inhalations d'eau bouillante préparées par Jérôme. Ces trois derniers mois ont été éprouvants et nos corps commencent à nous le signaler. Nous devrons attendre la Turquie et un traitement donné par l'hôpital d'Istanbul pour nous débarrasser de ces microbes usants.

Persépolis (par Sophie)

Nous rejoignons plus au sud encore, le site de Persépolis construit sous le Premier Empire perse (VII au IVe siècle av. J-C). Il s'étendait du Pakistan à la côte égéenne de la Turquie en descendant jusqu'en Egypte et était gouverné par la dynastie Achéménides. Persépolis, cette magnifique cité, était la résidence d'été de l'Empereur Darius 1er (512 av. J-C).

Détruite par le feu par Alexandre le Grand en 330 av. J-C et longtemps ensevelie sous le sable, elle fut redécouverte seulement en 1930.

Nous admirons les bas-reliefs de toute beauté représentant des soldats, des notables perses et mèdes (peuple de l'Iran ancien), des animaux et des représentants des 23 provinces de l'Empire, habillés chacun de leurs vêtements spécifiques (Ethiopiens, Indiens, Egyptiens...)

Nous parcourons des salles de plus de cent colonnes, en pierre ou en bois avec des chapiteaux à tête de taureau et mesurant près d'une vingtaine de mètres. Nous contemplons les sculptures de la figure ailée du dieu zoroastrien Ahura mazda : un anneau doté d'ailes flanqué de deux aigles à têtes humaines.

A son apogée, cette cité s'étendait sur 125 000 m², ce qu'il en reste nous laisse facilement imaginer le faste de cet Empire.

Ispahan ou l'espoir de la jeunesse iranienne (par Sophie)

C'est dans un trafic hallucinant que nous arrivons à Ispahan et il nous faut patience et détermination pour trouver un logement à un prix abordable. En effet, cette ville nous étonne par son activité : boutiques nombreuses et modernes, foule sur les trottoirs et pique-niquant dans les jardins publics...

Ville historique, elle attire de nombreux vacanciers iraniens et de nombreux étrangers. C'est la ville aux mosquées bleues, les plus majestueux monuments de l'art islamique.

La mosquée de l'Imam est l'une des plus belles au monde avec ses ornements décoratifs d'émail bleu, ses calligraphies en mosaïque, ses minarets turquoises et sa coupole décorée de roses dorées. Symbole de l'architecture Séfévides, elle représente l'âge d'or du troisième et dernier Empire perse (du XVI au XVIIIe siècle). Elégance et sérénité émanent de cet édifice. Cette mosquée est érigée sur la place Imam Khomeiny, immense place de 500 mètres sur 160, bordée d'arcades qui abritent des antiquaires, et dont le centre est composé de pelouses et de bassins avec fontaines. Sur cette place ont également été construits la très élégante mosquée de Sheikh Lotfollah et le palais Ali Qapu avec sa terrasse surélevée d'où se dressent 18 colonnes.

Une autre beauté de cette ville, les onze ponts qui enjambent le Zayandeh. Les plus anciens datant des XII et XVIe siècles sont de véritables oeuvres d'art et abritent des maisons de thé. Ce sont également des lieux où des badauds déclament des poèmes persans : ces voix d'hommes mûrs, vibrantes à l'infini, sont notre souvenir le plus émouvant du pays.

Ispahan est une cité que l'on sent fière de son Histoire et les monuments y sont restaurés et entretenus. Cette ville a également un pas engagé dans l'avenir. La jeunesse s'occidentalise, regarde la télévision iranienne réalisée aux Etats-Unis et diffusée via Internet, apprend l'anglais et nous dit le plus souvent que la révolution islamique de 1979 est la pire chose qui pouvait lui arriver...

C'est une ville qui vit tard, les restos sont combles jusqu'à minuit. Boutiques de mode européenne, librairies, magasins d'électronique et d'électroménager dernier cri... Seuls les coiffeurs pour femmes restent cachés, à l'abri des regards masculins. Des appartements sont ainsi transformés en haut lieu de mode, décorés comme les plus grands salons parisiens, coiffeuses et clientes étant tout aussi stylées que les gravures de Vogue...

Sur la place Khomeiny, nous rencontrons Shahla, professeur d'anglais, qui nous donne rendez-vous quelques jours plus tard pour échanger pendant deux heures, avec un groupe de dix étudiants dans l'institut où elle enseigne. Cette discussion avec ces jeunes hommes est véritablement passionnante. Nous commençons par parler de notre voyage et les étudiants nous posent des questions très pertinentes et intéressées sur le budget, les pays traversés, la vie nomade... Mais nous dévions vite sur l'Iran. En effet, nous sommes passionnés par le sujet mais eux aussi ont envie d'en parler et de connaître notre point de vue. Nous abordons le sujet de la révolution, des restrictions ainsi que la guerre Iran/Irak. Ils nous apprennent que les soirées dansantes mixtes sont illégales. Tout comme se promener à l'extérieur avec son ou sa petite amie... Ils nous disent se sentir une génération sacrifiée, se trouver entre la révolution stricte et une ouverture qui commence à peine et difficilement. Ils respectent l'Islam mais ils trouvent que les lois les privent de trop de libertés. Nous ressortons de cet entretien avec une vision différente du pays. C'est ce genre de rencontres qui fait la richesse de notre voyage et ce soir-là nous sommes pleinement satisfaits.

Ispahan, ville iranienne par excellence, beauté de l'architecture, contraste entre modernité et tradition, c'est pour nous la ville des rencontres qui nous ont aidés à mieux comprendre ce pays.

Galère, Galère (par Jérôme)

Qui n'a jamais connu ces périodes de galère, ces moments où le sort semble s'acharner sur soi ?

Et bien voilà, depuis l'Iran nous sommes en pleine série noire ! Comme si, dans cette République islamique, notre bonne étoile s'était « voilée » !

Tout commence à Persépolis, où par bêtise ou excès de confiance nous nous faisons voler une sacoche *Ortlieb* : outre mes vêtements et mon blouson, s'y trouvent nos cartes nationales d'identité, ainsi qu'une somme importante d'argent !

De l'argent dans les sacoches ! Il faut être bête... Sauf qu'en Iran cette bêtise s'explique : le plus gros billet est un billet de 10 000 riels (1 €)... Au bureau de change de la frontière, c'est plus de 600 billets qu'il nous faut caser sur nous et dans nos sacs... De plus, dans ce pays qui a trop longtemps subi un embargo économique, il est impossible de faire un retrait avec une carte bleue !

Nous apprenons à nos dépens que vouloir faire une déclaration à la police iranienne s'avère aussi fastidieux qu'inutile : trouver quelqu'un qui baragouine l'anglais, lui expliquer 10 fois le vol, lui faire la liste... Tout cela pour à la fin devoir signer un document rédigé en farsi[59] ! « *Euh... Ti-Bout tu crois que je peux signer ça* » !

Obstinés nous parcourons la région en scooters et retrouvons, par chance, le sac avec une partie des vêtements. Quant à l'argent, faut pas rêver...

Nous arrivons à Ispahan, décidés à changer la fermeture de la tente qui depuis, plusieurs mois, se grippe, refusant de se fermer correctement. Un peu pressés, nous récupérons notre « guitoune » avec sa nouvelle fermeture, inondant notre bienfaiteur de « *moteshakeram* » (merci) ! Mais ce jour-là nous aurions mieux fait de nous taire ! En effet, dès le premier camping, c'est le drame... impossible de monter notre campement ! Cet « empaffé » a massacré notre seul et unique abri ! Il nous faut découdre une bonne partie du

---

[59] Farsi : langue irannienne

262

travail pour tant bien que mal dresser notre tente. C'est donc avec une toile ouverte à tous vents que nous passons la nuit, au grand dam de Ti-Bout qui imagine déjà scorpions, araignées, serpents et autres petits nuisibles profiter de cet orifice pour venir se lover contre elle. Galère quand tu nous tiens…

Après ces deux mésaventures et d'autres que je passe, nous pensons avoir payé notre tribut ! Mais non, mais non… notre facture est encore un peu plus salée..

C'est en plein désert que notre bonne étoile remet pudiquement son « voile » : le moteur de Sophie s'arrête net ! Plus un bruit, plus un cliquetis ! Le diagnostic tombe rapidement : il faut changer le vilebrequin.

Avec seulement dix jours restant sur nos visas et des moyens financiers restreints, notre décision est vite prise : *« si on reste en Iran, on s'y « perse » ! »*

Mais à plus de 1 000 km de la frontière turque et avec deux scooters à transporter, pas facile de trouver un camion.

Grâce à un chauffeur dont la bonté n'a d'égale que la forte rémunération qu'il nous demande, nous « atterrissons » dans la banlieue de Téhéran, au sein d'un parking de Transport International Routier ! Le responsable nous rassure : *« Pas de problème ! »* Moi je crains le pire : effectivement les heures tournent et nous restons sur place ! Comme une éclaircie dans notre sombre histoire, arrive Yussef. Nous voyant bloqués pour la nuit dans le parking, il nous propose de dormir chez lui. Nous débarquons donc dans une maison de trois étages où il habite avec sa famille. Ses parents vivent au rez-de-chaussée, sa sœur au premier tandis que lui et sa famille sont installés au dernier étage. Yussef nous présente Fatimah, sa femme, dont le regard sympathique nous met immédiatement à l'aise. Le salon est une grande pièce recouverte de tapis. Dans un coin, un meuble supporte la télévision. *« Nous avons 258 chaînes télé »* me dit Yussef, non sans fierté. La cuisine aménagée contraste avec le salon : du mobilier partout, des appareils électroménagers… l'Occident n'est pas loin. Toute la famille se réunit dans le salon et, malgré notre arrivée imprévue, nous avons droit à un véritable repas de fête. Assis par terre, les plats sont apportés et déposés sur une nappe, étendue sur le tapis. On mange avec les mains. Après le repas, les filles emmènent Sophie chez la sœur, tandis que je reste à discuter avec Yussef et son père. *« Sur une TV du Net, elles m'ont montré un clip d'une iranienne vivant au Canada et elles se sont complètement dévoilées »* me raconte plus tard Sophie. Cet accueil, nous réchauffe le cœur, d'autant plus qu'il est spontané et arrive alors que galères et fatigue nous poussent à bout. Peut être un dernier clin d'œil des Iraniens avant notre départ pour nous prouver que nous avons beaucoup d'autres choses à découvrir sur ce pays.

De retour au parking, nous passons la matinée suivante entre palabres et promesses... La seule solution qui s'offre à nous est un chauffeur iranien qui demande pas moins de 200 dollars pour charger nos scoots. Dans ce pays où le diesel coûte 0,05 euros et où le coût de la vie est faible, je trouve son offre d'autant plus excessive qu'il doit se rendre à la frontière. Bref, ces chauffeurs me « chauffent » un peu trop les oreilles et grâce à Yussef, nous quittons ce parking pour l'entrée de l'autoroute nord.

Là, en moins de cinq minutes un camionneur turc qui repart à vide nous embarque avec les scoots sans même faire allusion à notre porte-monnaie !

Téhéran – Van (en Turquie) : 1200 km. Deux jours et deux nuits à partager le quotidien de Boris, notre chauffeur turc providentiel !

Comme quoi derrière son voile, notre bonne étoile veille toujours sur nous.

Trois semaines en famille (par Jérôme)

Boris nous débarque à Van, dans l'est de la Turquie. Nous trouvons un mécanicien et, tandis que Sophie part chercher un hôtel, nous commençons à démonter le moteur pour estimer les dégâts. Vilebrequin, joints, segments... il y a du travail ! Nous cherchons un cybercafé pour envoyer la liste à Piaggio. Nous sommes frappés par le développement que nous découvrons dans cette ville. Boutiques avec vitrine, supermarchés aux rayons bien agencés et bien fournis, fast-foods... Même si beaucoup de femmes sont voilées, un grand nombre porte des habits occidentaux et les jeunes filles des tenues plutôt provocantes. Depuis le Népal, je n'y étais plus habitué : et même ma femme se retourne sur leur passage !

Le scooter de Sophie bloqué, nous décidons de prendre mon scoot pour aller à un rendez-vous fixé depuis le Pakistan.

En effet, en ce mois d'octobre 2003, mon père fête ses 60 ans. Mon frère, qui sillonne la Turquie en camping car avec sa famille depuis 3 mois, nous a contactés et fait en sorte que nous nous retrouvions tous dans l'est de la Turquie. C'est donc complètement excités que nous prenons la route à deux sur un scoot, avec sacoches, tente et le reste du matériel. Sur le terrain de camping de Dogubayazit nous découvrons les deux camping-cars, rangés côte à côte. Les retrouvailles sont émouvantes. Nous n'avons pas vu mes parents depuis le Laos, Fabien depuis le Pérou, Valérie et Léa depuis notre départ à Roissy, quant au dernier, Yanis, il est né pendant notre voyage. Que de choses à se raconter et à échanger. Pourtant cette rencontre nous donne également un coup de blues. Mes parents sont partis il y a moins de trois semaines de France, et nous prenons conscience que nous nous rapprochons de la fin de notre périple.

Champagne, cassoulet « comme à la maison »... Nous sentons dès le premier repas que notre quotidien va changer !

En effet, nous redéposons le scoot à Van et voyageons pendant ces trois semaines en camping-car. Quel plaisir de rouler en tee-shirt alors que dehors il fait froid, d'écouter de la musique, de prendre une douche chaude quelle que soit la température extérieure, de toujours bien dormir même quand le sol est recouvert de pierres... Bref tous ces petits côtés agréables d'une « maison mobile », nous séduisent.

Dogubayazit, Ishak Pacha, Nemrut Dag, la Cappadoce... plus de 1000 km de découvertes et de rencontres partagées ensemble.

C'est au milieu des cheminées de fées que notre jeune sexagénaire souffle ses bougies. Nous sommes heureux de lui offrir le plus beau cadeau : être tous réunis pour cette occasion ! « Happy birthday Dad ! »

Lorsque chacun reprend sa route il n'est pas difficile d'imaginez que la séparation est dure. Et c'est sans honte que j'avoue avoir les larmes aux yeux en repensant à cette petite trogne d'amour me demandant : « *Ye'ome, on joue au ballon ?* ».

Istanbul (par Sophie)

Nous quittons la famille de Jérôme pour rejoindre en bus Ankara, la capitale. Nous y passons une journée, le temps de faire faire notre visa syrien. Puis nous rejoignons Istanbul. Arrivés du côté oriental de la ville, nous prenons le ferry et à l'aube traversons le Bosphore. Les premières lueurs du jour nous dévoilent les mosquées, le palais de Topkapi et la ville occidentale. Nous sommes en Europe ! L'émotion nous envahit. Istanbul a pour moi un pouvoir étonnant. Je l'ai toujours imaginée comme la ville la plus romantique possible, à l'interface entre l'élégance européenne et le charme oriental. Dès nos premiers pas, je suis conquise. Sacs aux dos, nous nous dirigeons vers la vieille ville dont les ruelles grimpent et descendent. Une fois le lieu idéal d'hébergement trouvé dans le quartier de Sultanhamet, nous partons à la découverte des merveilles de cette cité. Tout d'abord, « Sainte-Sophie » ! Voir et visiter cette cathédrale est l'un de mes rêves. Aujourd'hui, je le réalise. Aya Sofia est le symbole de l'Empire Byzantin et la première basilique chrétienne (an 537). Elle fut ensuite transformée en mosquée au XVe siècle lors de la prise de Constantinople puis en musée par Atatürk lors de la proclamation de la République turque.

Nous sommes subjugués par le gigantisme de sa coupole et par le raffinement de ses peintures. Cependant, toujours en rénovation et lieu touristique par excellence, je n'y décèle pas le recueillement que j'espérais. Je le trouve finalement juste en face, dans la Mosquée Bleue. Lieu de prière de l'Islam, elle est l'un des joyaux de l'art musulman. Sa coupole est tapissée de milliers de petits carreaux de faïence bleue. Les tapis qui recouvrent intégralement le sol sont dans les mêmes tons et représentent des mihrabs[60] tournés vers la Mecque. Le silence, le fait de se déchausser et de se voiler pour les femmes invitent au calme et à la sérénité.

Nous déambulons avec plaisir dans les souks et plus particulièrement dans le Bazar égyptien où sont vendues les épices : cumin, piments, safran. Un festival de couleurs et d'odeurs. Les rues sont pleines de vie. Les maisons de thé ainsi que les maisons de jeux où les hommes jouent aux dominos, sont toutes remplies. Il y a des gargotes de döner-kebabs à chaque coin de rue, ainsi que des marchands ambulants de fruits, légumes, vêtements, loukoums…

Enfin, nous passons un après midi à visiter le superbe palais de Topkapi qui surplombe le Bosphore et la mer de Marmara. Collection de porcelaines de Chine, cuisines, bibliothèques, jardins et surtout le trésor nous laissent un souvenir… luxueux ! Bijoux, pierres précieuses, reliques comme la main de saint Jean-Baptiste ou, plus loin, des dents et cheveux de Mahomet, de quoi nous rappeler qu'Istanbul fut la capitale de l'Empire ottoman, l'un des plus grands empires du monde… Nous terminons notre visite par le fameux Harem de ce palais où vivaient le Sultan, la Sultane mais également les concubines et les eunuques chargés de la surveillance. De nombreuses

---

[60] Mihrab : niche dans le mur d'une mosquée, de forme semi-circulaire et surmontée d'une demi coupole.

pièces sont magnifiquement décorées avec des mosaïques, des hammams et cours intérieures avec des moucharabiehs composent ce cette partie du palais. Nous découvrons ainsi la réalité que cache ce mot mythique de Harem.

Istanbul, une légende… sans aucun doute !

Un pont entre l'Asie et l'Europe (par Sophie)

Dès notre entrée en Turquie, pourtant à l'extrême est du pays, nous avons l'impression d'être revenus en Europe après deux années de voyage.

Situé entre l'Asie et l'Europe, ce pays est au centre de deux cultures et de deux Histoires. Entre modernité occidentale et traditions orientales, ce pays est et souhaite surtout être le lien entre deux continents.

Les palais des sultans, avec leurs harems et hammams, les caravansérails des routes de la soie, les mosquées et leurs minarets cohabitent avec les ruines antiques gréco-romaines, les châteaux forts des croisés et les églises des premiers chrétiens.

Les souks organisés par corps de métier où tailleurs, vendeurs d'étoffes, d'épices, de fruits semblent sortir d'un autre âge sont aussi présents dans les villes que les hypermarchés. Ces derniers sont aussi bien organisés et achalandés que nos « Intermarchés » et il en va de même pour les boutiques modernes aux vitrines alléchantes...

Les femmes voilées, essentiellement par tradition paysanne côtoient les femmes sans voile habillées à l'européenne, tailleurs et talons hauts, jeans moulants et tee-shirts ajustés... Toutes ont le portable à la main...

Un pays où les imams se présentent aux élections pour participer à la direction d'un Etat laïc ! Etat laïc, sans aucun doute, mais où dans tous les lycées publics, est enseigné un cours de religion musulmane.

Des charrettes, tirées par des ânes ou des chevaux, circulent sur un excellent réseau routier croisant de très nombreuses berlines Renault, Volkswagen ou Mercedes... roulant pour beaucoup au gaz vu le prix exorbitant du pétrole.

Les toilettes, bien « qu'à la turque » comme dans le reste de l'Asie, ressemblent par leur propreté et souvent leur décoration, à nos commodités européennes.

Une capitale moderne, Ankara, située en Asie sur les hauts plateaux d'Anatolie centrale qui rivalise avec Istanbul, l'ancienne Byzance, capitale historique mais située elle, principalement, sur le continent européen.

Un pays qui nous est apparu comme bien développé, bien organisé, autosuffisant au niveau alimentaire et d'un niveau scolaire correct. Nous comprenons aujourd'hui pourquoi de Turcs s'étonnent tant du fait que la Turquie ne soit toujours pas intégrée à la CEE...

Comme nous l'a dit, Ali, un jeune Turc de 14 ans : *« Si j'étais président, je ferais en sorte que la Turquie soit un pont entre l'Europe et l'Asie »*.

Paroles d'enfants : Turquie

Cumali – 13 ans - Sanli Urfa - Kurdistan

« Je vis à Sanli Urfa au Sud-Est de la Turquie à quelques kilomètres de la frontière syrienne. Je suis Kurde comme la majorité des gens dans cette région. Je vais à pied chaque matin à l'école et j'y apprends l'anglais et le turc.

 Ce que je préfère, ce sont les mathématiques. Je suis d'un naturel heureux et je ris tous le temps ! Tous les après-midis je suis Guide-Volontaire dans le parc de Sanli Urfa. En effet, j'ai été recruté par la police touristique pour guider les pèlerins qui viennent voir ici le lieu de naissance d'Abraham. Nous sommes une dizaine de volontaires de 11 à 16 ans. Ce que j'aime dans ce travail c'est que j'apprends l'anglais avec les policiers et je peux le pratiquer avec les étrangers de passage. En plus les touristes me donnent un peu d'argent pour mes services et cela me permet de ramener de l'argent à la maison. Nous sommes 10 frères et sœurs et mes parents ne travaillent pas. Mon plat préféré c'est le chijkofte, du couscous à la sauce tomate avec de la viande crue... En ce moment, vu que c'est Ramadan, j'en mange dès que le soleil se couche.

A la maison, nous dormons tous dans la même pièce et nous n'avons ni télévision ni machine à laver.

Plus tard, je voudrais être guide touristique et rester vivre à Sanli Urfa. J'aimerais me marier vers 22 ans et avoir 2 enfants. »

Si j'étais président :

1- Je ferais en sorte que la Turquie intègre la CEE
2- J'aiderais les pauvres en leur donnant de l'argent, des maisons et de la nourriture
3- J'augmenterais la valeur de notre monnaie

Question subsidiaire : pour toi quelle différence y a-t-il entre un Kurde et un Turc ?

« Il n'y en a pas. Les Kurdes et les Turcs sont frères. Ils ont juste une langue et des vêtements différents ».

Paroles d'enfants : Turquie

Kesban - 12 ans - Avanos – Cappadoce

« Je m'appelle Kesban et j'habite à Avanos en Cappadoce. Pour aller à l'école je prends le bus pendant 15 minutes environ. Ma matière préférée est l'anglais que j'apprends depuis l'âge de 9 ans.

A la maison je vis avec mes parents, ma sœur, mon frère et mon chat. J'ai une chambre pour moi toute seule. Nous avons une télévision et une machine à laver.

Je suis très heureuse. Le matin au petit-déjeuner je mange du pain et du fromage et je bois du thé. Ce que je préfère manger ce sont les biscuits. D'ailleurs mes parents me donnent de l'argent de poche (0,7 €/jour)pour prendre le bus et acheter des biscuits dans la journée.

Pour mon anniversaire je fais des gâteaux, j'invite mes amies et je reçois des livres comme cadeaux. Je ne fais pas de sport. Quand je rentre à la maison je joue et j'étudie. Je n'ai pas de jeux vidéo ni d'ordinateur à la maison et je n'ai jamais été au cinéma car il n'y en a pas à Avanos.

J'ai déjà un peu voyagé en Turquie, je suis allée jusqu'à Antalya au bord de la mer Méditerranée. D'ailleurs, j'aimerais y vivre quand je serais grande.

Je voudrais devenir avocate mais je ne souhaite ni me marier ni avoir d'enfants. »

Si j'étais présidente :

1- J'augmenterais le nombre d'écoles.

2- J'aiderais les pauvres en leur donnant de l'argent.

3- Je construirais plus d'orphelinats.

Chapitre 10

Un hiver rigoureux en Mésopotamie

Octobre – Décembre 2003

De retour à Van (par Sophie)

D'Istanbul, nous prenons un bus pour Van. 24 heures assis dans un autocar confortable et vide. Nous traversons les hautes plaines désertiques d'Anatolie, et arrivons en milieu de matinée à Van au bord du lac du même nom. Nous filons à l'atelier où nous avons laissé les scooters. Housta, le mécanicien, est vraiment content de nous voir car le colis envoyé par Piaggio est arrivé. Il lui aura quand même fallu trois semaines. A la douane nous craignons de devoir payer une taxe d'importation, mais en racontant notre périple, le douanier nous remet gentiment le colis sans rien nous demander.

Malheureusement, la pièce la plus endommagée n'est pas dans le paquet. De retour à l'atelier nous filmons celle-ci et envoyons par Internet la vidéo au service technique de Piaggio. *« C'est normal que vous ne l'ayez pas reçue. Cette pièce n'est pas fournie séparément. Il faut changer tout le carter. Je m'occupe de la commande ! »*. Cette explication de José, nous étonne et nous inquiète. Tout changer pour une si petite pièce… et surtout comment faire venir le carter qui pèse plus de 7 kg ? Si nous passons par la poste, nous devons encore patienter trois semaines au moins et si nous passons par une société de transport express, nous cassons notre tirelire… Nous ne savons que faire et sommes vraiment découragés.

En attendant de trouver une solution, Jérôme commence à travailler sur son scooter pour remplacer les pièces d'usure reçues : amortisseur, filtre à huile, pneus, vidange… Pendant ce temps, je vais dans un cybercafé, tape le carnet de route sur l'Iran et envoie les relances pour les adhésions à l'association Globe-Reporters d'Enfants. Je réponds également aux emails. Nous apprécions beaucoup de recevoir des nouvelles de France et de nos amis. Parfois je m'étonne des longs silences de certains… La vie en France passe visiblement très vite…

D'autres avouent ne pas savoir quoi nous raconter. Comme si leur vie quotidienne ne pouvait plus nous intéresser… Cette distance, prise entre nos amis et nous, nous attriste, mais c'est aussi la conséquence de notre choix de vie. Cette aventure a éloigné certaines amitiés et en a renforcé d'autres. Le voyage joue un rôle de filtre et nous permet de mieux mesurer l'importance de la relation amicale et familiale.

A répondre aux emails, mettre à jour le site, envoyer les carnets de route et les photos, régler à distance les problèmes administratifs en lien avec notre famille, nous passons de nombreuses heures connectés. Il n'est pas rare que je reste ainsi plusieurs demi-journées de suite devant un écran d'ordinateur.

Ce jour-là, je ressors avec une nouvelle qui ne pouvait pas mieux tomber : « Salut Jérôme et Sophie, je pars dans une semaine en vacances en Turquie, je vais en Cappadoce. Et vous, où serez-vous à ce moment-là ? ».

Le message de Karine, une amie d'Orléans, ne pouvait vraiment pas mieux tomber. Je quitte le cybercafé et me précipite à l'atelier pour en informer Jérôme. Il laisse immédiatement ses outils et part répondre à Karine.

« Karine, nous serons nous aussi en Cappadoce. Mais aurais-tu un peu de place dans tes bagages ? Nous avons besoin de faire venir une grosse pièce mécanique et si tu la prenais avec toi, tu nous économiserais un envoi… ». Quelques minutes plus tard nous avons la réponse positive de notre amie et en informons Piaggio qui lui fait porter le fameux carter. Vraiment, cette coïncidence inattendue nous soulage d'un grand poids et nous remonte le moral.

Le lendemain, pendant que Jérôme termine de remonter son scooter, je fais une petite lessive au bord du lac. Il y a tellement de vent que les vêtements sèchent vite ! Je prépare aussi tous les bagages pour notre départ. Nous en laissons une partie chez Housta mais essayons d'en prendre le maximum avec nous. Au retour de Jérôme, nous chargeons donc ce seul scoot et partons à deux en direction de la Cappadoce. 1500 km à parcourir pour récupérer ce fameux carter.

Il fait très froid et à deux, nous ne pouvons aller trop vite. Les étapes sont donc assez courtes et nous en profitons pour découvrir cette partie de la Turquie, le Kurdistan.

Le sud-est de la Turquie ou le Kurdistan (par Sophie)

A l'est, le Mont Ararat sépare la Turquie de l'Arménie ; au sud la Turquie est frontalière avec l'Iran, l'Irak et la Syrie. Ici, les terres sont déjà celles des steppes d'Asie centrale, rudes et pauvres. Les montagnes dénudées sont arides en été et enneigées en hiver. Les plaines sont rendues cultivables à force d'irrigation... Mais le Kurdistan nous marque essentiellement par ses paysages magnifiques et inoubliables comme le lac de Van, le cratère du Nemrut Dag, le fameux Mont Ararat qui culmine à 5137 mètres d'altitude, et enfin la plaine mésopotamienne, avec ses champs de coton et d'oliviers à perte de vue. C'est aussi une Histoire : des églises géorgiennes et arméniennes du Xe siècle, des monastères datant des tout premiers chrétiens où la messe est encore prononcée en araméen, la langue du Christ ; des caravansérails et des lieux de pèlerinage comme Sanli Urfa, la ville de naissance d'Abraham où juifs, chrétiens et musulmans viennent prier leur patriarche...

Sur cette terre vivent Turcs, Arabes et Kurdes. Ces derniers forment la plus grande minorité de Turquie, environ dix millions de personnes. Longtemps opprimés, leur langue était interdite, leurs chanteurs également. Ils se sont révoltés. Une minorité d'entre eux a revendiqué l'autonomie du Kurdistan et a mené des actions terroristes pendant une quinzaine d'années. Depuis l'arrestation en 1998 du chef du PKK (parti des travailleurs kurdes) les attentats ont cessé et peu à peu un climat de confiance renaît, même si les postes de contrôles militaires, très fréquents dans la région, témoignent de tensions.

Grâce aux pressions européennes en 2002, les Kurdes ont acquis une reconnaissance de leur identité culturelle, peuvent parler leur langue et des cours privés sont enfin autorisés à l'enseigner. Des artistes kurdes se produisent et des chaînes de télévision en kurde sont diffusées.

Bien sûr, des hommes nous disent souvent avec fierté « Je ne suis pas turc, je suis kurde. D'ailleurs nous avons une langue et des vêtements différents... »

Au lycée de Sanli-Urfa, tous les élèves nous affirment être turcs mais à la question *« Certains d'entre vous sont-ils kurdes ? »*, les trois quart de la classe lèvent la main !

L'intégration se fait donc petit à petit. Les enfants apprennent de leur mère le kurde puis vers l'âge de 7 ans apprennent le turc en allant à l'école. Les femmes portent de longues robes de velours noir, brodées de couleurs, avec un long voile mauve ou caramel ; les hommes portent un pantalon de flanelle grise de type sarouel.

L'accueil de ce peuple, rude et pauvre, est cependant très chaleureux. Je garde le souvenir des verres de thé pris avec eux sur le trottoir, assis sur de petits tabourets en bois ; ou encore ces hommes nous offrant des « pidés[61] » pour partager avec nous la fin du jeûne tant attendu en période de Ramadan.

Nous sommes heureux d'avoir pu découvrir en toute tranquillité l'est de la Turquie et la minorité kurde. Les temps changent et la terreur d'hier fait aujourd'hui place à la paix.

Le lycée de Sanli Urfa (par Sophie)

Le long de la frontière syrienne entre la chaîne de montagne « le taurus » et la plaine mésopotamienne se trouve Sanli Urfa.

Nous sommes charmés par cette jolie ville agrémentée de jardins, d'un bazar très vivant et d'une citadelle qui domine la ville.

Nous décidons de rencontrer des élèves et comme à notre habitude, nous tentons une démarche spontanée. Le lycée de Sanli Urfa est une vieille bâtisse datant de 1947 dans laquelle nous avons l'impression de nous retrouver dans un lycée parisien. Nous sommes guidés par des élèves vers la salle des professeurs. L'un d'eux nous propose immédiatement de rester pour rencontrer une classe. Il appelle l'une de ses collègues et nous voyons arriver une jeune femme de 25 ans, au « look » moderne voire un peu aguichant… Gülsum, professeur d'anglais, très sympathique et peu conformiste, nous conduit dans sa classe au troisième étage. Les élèves ont 14 ans et la classe est mixte. Comme dans toute la Turquie, l'école est laïque et donc le port du voile interdit. Les élèves sont tous en uniforme bleu marine et blanc. Extrêmement curieux, ils n'arrêtent pas de nous poser des questions. C'est la première fois que nous ne pouvons terminer notre présentation tellement les questions fusent.

- *Etes-vous mariés ?*
- *Depuis combien de temps vous connaissez-vous ?*
- *Avez-vous des enfants ?*

---

[61] Pidé : petite pizza aux oignons, herbes et tomates

- *Qu'est ce qui fait la différence de richesse entre la France et la Turquie ?*
- *Combien gagnez-vous d'argent en France ?*
- *Combien gagne un professeur d'anglais ?*
- *L'école est-elle gratuite en France ?*
- *Pourquoi est-elle meilleure ?*
- *Quelle est votre religion ?*
- *Pourquoi n'êtes-vous pas musulmans ?*
- *Pourquoi êtes-vous catholiques alors que l'Islam est la religion parfaite ?*
- *Pourquoi n'avez-vous pas d'enfants ?*
- *Comment financez-vous votre voyage ?*
- *Pourquoi l'Europe ne veut pas que la Turquie intègre la CEE ?*

Nous essayons de répondre au mieux. La question des salaires revient souvent lors de nos visites et les yeux s'écarquillent toujours devant les sommes que nous annonçons ! Aussi, pour éviter de ne leur montrer qu'une partie de la réalité, nous mettons en parallèle quelques coûts de la vie française. Là, les yeux s'écarquillent encore plus ! *« Un thé coûte 2,5 euros ? C'est dix fois plus cher qu'ici ! »*. Nous cherchons à leur faire comprendre que si les salaires turcs sont plus faibles, le coût de la vie l'est aussi beaucoup plus qu'en France.

Nous leur parlons de notre vie, nous leur précisons que nous avons pris un appartement ensemble avant de nous marier et qu'en France il n'est pas rare de fonder une famille sans pour autant se marier. Adolescents, nous les sentons férus de toutes ces informations.

A leur tour, ils nous apprennent les mœurs de leur pays.

- *Vous savez, ici il est impossible de vivre avec sa petite amie avant le mariage.*
- *On se marie à 20 ou 22 ans pour les garçons et souvent plus jeunes pour les filles.*
- *Les femmes portent le foulard une fois qu'elles sont mariées…*

La jeune professeur d'anglais est originaire d'Ankara, la capitale. Elle a été mutée ici pour son premier poste il y a cinq ans et elle nous avoue ne pas s'habituer au conformisme des gens d'ici. N'étant pas mariée, elle vit seule ce qui ici ne donne pas une bonne image d'elle. Elle désespère de rencontrer l'homme de sa vie dans cette région et espère pouvoir être mutée dans l'ouest d'ici deux ans et retrouver ainsi la modernité.

Nous parlons également du Ramadan avec les élèves. A cet âge-là, ils sont très fiers de jeûner. Ils apportent ainsi la preuve qu'ils sont désormais grands.

Gülsum, quant à elle, nous confie à l'issue du cours, qu'elle ne fait pas le Ramadan. Par contre à l'école elle ne le dit pas et se prive de manger devant les autres. Elle a des gâteaux dans son sac qu'elle grignote dans les toilettes… Si les autres professeurs étaient au courant, elle se ferait très mal voir. Ce lycée est pourtant bien laïc !

Dans la classe, plus de la moitié des enfants sont kurdes. Ils nous expliquent les restrictions qu'a subi cette communauté mais ils sont très heureux aussi de nous apprendre que, depuis peu, les chanteurs kurdes ont le droit de passer à la télévision.

A la fin du cours, les élèves nous demandent de chanter notre hymne national. Nous voilà donc bons pour entonner la Marseillaise… En échange, ils nous chantent l'hymne turc, puis une chanson kurde et une chanson en anglais.

Matinée formidable, nous gardons un souvenir très vivant de ces élèves qui se sont exprimés dans un excellent anglais.

Deux scoots enfin (par Jérôme)

Nous quittons Sanli Urfa et remontons au nord en direction de la Cappadoce. A la douce chaleur de la plaine mésopotamienne, succède le froid, plus vigoureux, des contreforts du Taurus. Nous retrouvons des régions plus verdoyantes avec des champs d'oliviers et des forêts de conifères. Entre Karaman Maras et Kaysery, nous empruntons une voie rapide. Mais cela ne nous convenant pas, nous décidons de modifier l'itinéraire et de prendre à travers la chaîne Taktali. Cette petite route, très peu fréquentée, est recouverte de gravillons. Sur ce revêtement instable, nous roulons tranquillement… Accrochés à la montagne, des champs de blé nous entourent. Les quelques villages traversés sont constitués de maisons en terre au centre desquelles se dresse une mosquée. Les plus riches ont un toit en tôle, les autres se contentent de paille. Les rues ne sont pas goudronnées et devant certaines maisons, un tracteur atteste d'une pointe de modernisme. Nous franchissons deux cols à 1900 mètres. En haut de l'un d'eux nous faisons une pause déjeuner pour faire sécher notre tente trempée par la rosée du matin. Au loin, nous admirons les monts enneigés, signe que l'hiver approche. Sur la route qui redescend nous apercevons le volcan Ercyes. Du haut de ses 3916 mètres, il domine la plaine. Aucun relief ne vient gêner ce panorama et, comme hypnotisés, nous roulons droit sur ce cône. Peu après Bakirdagi, nous plantons notre tente pour profiter du paysage. Nous nous installons sur un terrain de foot à la sortie d'un petit village. Il n'y a personne dans les rues mais en cette période de Ramadan, l'activité est réduite et les gens sortent peu. Nous commençons à déplier la tente quand arrive un groupe d'adultes. Curieux, ils viennent également voir si nous avons besoin d'aide. Ils sont étonnés de nous voir dormir dans un si frêle abri, surtout avec des températures nocturnes si basses. Nous discutons un peu puis les voyons s'éclipser. Cinq minutes plus tard, l'appel du muezzin rompt le jeûne de la journée. Nos curieux avaient faim ! Devant un bol de thé nous nous régalons du coucher de soleil sur le volcan Ercyes. A son sommet, la teinte des neiges éternelles évoluent du blanc à l'oranger puis au rose avant de virer au pourpre. A la recherche de pain, je m'aventure dans le village. Toutes les familles sont en train de manger chez elles et il est impossible de trouver un boulanger. Par contre des dizaines de chiens déambulent. Véritables molosses, ces Kangals[62] ont un gabarit, une gueule et une force impressionnants. Ma présence ne leur plaît pas trop et je me sens vite mal à l'aise. Je redoute toujours les effets de meute. J'emprunte les grands axes, terme un peu pompeux pour ce village, qui ont l'avantage d'être illuminés. De plus en plus excités, les molosses commencent à m'angoisser. Surtout, je me demande bien qui appeler. Entre un ventre vide à rassasier et un étranger à sauver que feront les habitants de ce village ? Enfin, une porte s'ouvre et les molosses font place à un colosse dont l'autorité ne se discute pas. Je lui explique mon cas, lui demande où trouver du pain… Très sympathique, il me dit d'attendre et revient les bras chargés de galettes chaudes. Bien sûr inutile de vouloir le payer. Je rentre à la tente au grand soulagement de Sophie. *« Quel raffut ont fait les chiens ! »* me dit-elle. J'évite de lui parler des molosses pour la laisser dormir tranquille.

En arrivant à Gorëme, nous nous installons dans un camping situé au pied des cheminées de fée. Nous rencontrons Dani, un jeune suisse parti à vélo depuis trois mois avec comme objectif d'atteindre le Tibet

---

[62] Kangal : chien des bergers d'Anatolie

par le Kirghizstan, l'Ouzbékistan… A l'évocation de ces régions nos esprits s'évadent. Qui sait, peut-être un autre voyage?

Quelques jours plus tard, nous retrouvons avec plaisir Karine et Sébastien, nos livreurs spéciaux ; plaisir visiblement partagé par ces jeunes mariés, heureux de vider leurs bagages de notre encombrant carter. Leur bonne humeur et leur étonnement de nous voir dormir sous la tente à cette époque nous fait passer une agréable soirée.

Le 9 novembre, le carter dans le sac je laisse Sophie et prend un bus pour Van. Après huit heures de trajet, j'arrive le matin devant l'atelier, content de pouvoir enfin remonter le scoot. A 10 heures, je suis toujours devant une grille fermée quand Housta et son équipe arrivent. Levés à quatre heures du matin pour prendre leur petit-déjeuner avant l'apparition du soleil, ils n'ont pas la même motivation que moi. Le temps de regrouper les pièces, nous commençons enfin ! Mais à 15h30, je les vois ranger leur affaires. « *On va manger* », m'annonce Housta. « *On continuera demain* ». A ce rythme, je ne suis pas près de repartir ! Dehors, alors que le soleil se couche, les rues s'animent et les restaurants commencent à répandre des odeurs alléchantes. Ce qui m'inquiète, ce sont les montagnes autour de la ville qui, depuis le matin, se sont recouvertes d'un manteau blanc. Le lendemain, même scénario et pendant la journée, quelques flocons tombent sur la ville. Le soir sur Internet, je reçois un message de Sophie. En Cappadoce, il a neigé toute la nuit et cinq centimètres sont tombés. Ce changement climatique ne me rassure pas et quand je décris à Housta l'email de la veille il ouvre de grand yeux. « *Quoi ? Sophie, seule dans la tente sous la neige ?* » Pire qu'un électrochoc, cette nouvelle lui fait oublier le Ramadan. Finalement, toute l'équipe se met sur le scoot. A 15h30, Housta part dîner mais m'annonce revenir à 18 heures pour continuer le travail dans la soirée. A 23 heures, après deux mois de silence, le scooter de Sophie vrombit à nouveau. Je suis fou de joie. Chargé de mes sacs j'arrive le lendemain matin à l'atelier et quitte le garage, triste de laisser cette équipe qui a remis le scoot en état, mais préoccupé par le climat qui empire chaque jour. Sur la route un policier m'arrête et m'explique que le col de Kuskunkiran est fermé à cause de la neige. Il ne me reste qu'une solution pour le contourner : prendre le ferry. Coup de chance, le seul de la journée est encore à quai. Très particulier, ce ferry a été conçu pour charger des wagons de train. « *Vous pouvez embarquer votre scooter mais on ne sait pas quand on part* », m'annonce le capitaine. En effet, un vent violent déchaîne le lac. Contre le quai, des vagues viennent s'éclater et nous tremper. J'attache le scoot à un wagon et monte avec mes affaires sur le pont. Dans la salle, je suis seul. Je m'installe à mon aise et patiente. Au poste de commande, le capitaine attend. Je ne sais pas d'ailleurs ce qu'il attend le plus : la fin de cette tempête ou l'heure du dîner ! Je finis par m'assoupir et suis tiré de mon sommeil par un matelot. Il fait nuit et il me propose un repas offert par le capitaine. Une attention toute à l'image de l'hospitalité du peuple turc. Enfin, vers 21 heures, nous levons l'encre. Le bateau tangue un peu et pour éviter le mal de mer, je ferme les yeux. A une heure du matin je débarque à Tatvan. L'air est glacé et mes mains grelottent sur le guidon du scoot. Dans le centre ville, je trouve un petit hôtel minable. Tant pis, cela fera l'affaire jusqu'à demain six heures.

Excité de reprendre la route et de quitter cette région qui se tourne résolument vers l'hiver, je me lève avec le soleil. L'air est glacial et je rajoute des sacs plastiques sur mes gants. Par endroits la route brille, ce qui ne me rassure pas. Je dois passer un col avant de plonger dans la vallée, 1000 mètres plus bas. Le soleil ne parvient pas à me réchauffer et, régulièrement, je fais des pauses pour me dégourdir. Les bas-côtés sont blancs, tout comme les champs autour de moi. Tout à coup, mon scoot se met à hoqueter. Pas question de m'arrêter, le col n'est plus qu'à cinq kilomètres et, de toute façon, avec les doigts gelés je ne peux rien faire, même les croiser. Enfin le col et la descente… Un grand soulagement s'empare de moi. Je sais que même en roues libres, le scoot ne s'arrêtera que 1000 mètres plus bas. Je traverse un petit village et un embouteillage me surprend. Dans un virage, un camion a glissé sur une plaque de verglas et la cabine est venue s'encastrer dans une maison. Prudence, prudence !

Cette route, je l'ai déjà faite en camping-car et mon objectif est de réaliser le maximum de kilomètres dans la journée. A une altitude plus basse, la température se réchauffe et surtout le risque de gel disparaît. J'en profite pour regarder mon scoot et découvre que, dans la précipitation du remontage, le tuyau d'essence a été mal fixé !

Je roule ne m'accordant que des pauses pipi et une pause repas. 520 km, un record. J'arrive le soir à Golbas et trouve un petit hôtel. Je suis frigorifié et comme pour me récompenser de cette folle journée de route, je découvre dans mon lit une couverture chauffante ! Me glissant dans ces draps tièdes et la crainte de l'électrocution passée, je bénis l'inventeur de ce système. Debout à 6 heures, je reprends la route. Si je roule bien, ce soir je fais la surprise à Sophie de débarquer dans le camping. Motivé par ce challenge je limite les arrêts. Bien sûr il est inutile d'espérer voir le paysage ou la vie dans les champs. Mon attention est toute à la route et mon objectif en Cappadoce. En rentrant des courses, Sophie n'en croit pas ses yeux : je suis en train de prendre un thé devant la tente. Hier encore, je lui avais dit être bloqué à Van…

La neige a fondu et les températures plus clémentes nous incitent à rester visiter cette région, sans doute notre préférée en Turquie.

La Cappadoce (par Jérôme)

Sur un périmètre restreint se concentre une quantité de merveilles à découvrir : génie de la nature et génie humain.

La nature, tout d'abord, qui, usant du feu, de l'eau et du vent, a donné à cette zone son caractère unique. Au Pliocène (il y a 3 millions d'années), les volcans rejettent cendres et tufs au cours d'éruptions qui durent plusieurs milliers d'années. La région est noyée sous plusieurs centaines de mètres de dépôts. Les différences de températures lors des éruptions sont à l'origine des deux types de tufs qui recouvrent la Cappadoce. Les couches inférieures, composées de tuf friable et les couches supérieures, composées d'un tuf plus solide.

De l'action érosive de l'eau et du vent, combinée à cette différence de dureté entre les couches, résultent ces cheminées de fées et ces colonnes coiffées d'un chapeau pyramidal. A certains endroits, les roches ondulent et forment des plis comme si elles drapaient le relief. Une diversité de couleurs embellissent ces formes si caractéristiques et particulières.

Le génie humain, quant à lui, s'est exprimé dès le premier siècle avec la construction de villes souterraines comme celle de Derinkuyu, véritable labyrinthe, qui sur huit niveaux pouvait abriter 10000 personnes avec un stock de vivres pour tenir un siège de six mois. Nourriture, eau, évacuation des fumées de cuisines, couloirs d'aération, « portes cylindriques » pour bloquer les tunnels, animaux pour réchauffer la température... Lors de cette visite, nous sommes subjugués par tant d'ingéniosité !

Génie humain également du VII au XIIIe siècle qui amène ces moines coptes à creuser dans les cheminées de fées des églises et des monastères. Sculptures et peintures murales sont encore là pour témoigner de la ferveur de ces hommes.

Enfin, impossible de ne pas parler de ces couchers de soleil qui embrasent chaque soir cette région : un concentré de beauté qui nous envoûte !

Le Ramadan (par Jérôme)

Après deux semaines, nous quittons la Cappadoce en direction d'Antalya et surtout vers un peu plus de chaleur. A Sulthanani, nous rencontrons Rasim et sa famille. Celui-ci tient un camping-caravaning et a passé plusieurs années en France. Son fils Ahmet, très sympathique, nous invite à rester. *« Posez-vous jusqu'à lundi pour la fin du Ramadan ».* Nous acceptons volontiers, curieux de découvrir comment les musulmans vivent le Ramadan et comment ils célèbrent l'Aïd-el-fitr qui en marque la fin.

Le Ramadan a commencé il y a plus de trois semaines, alors que nous étions à Van. *« Plus que deux jours... plus qu'un jour... Ça commence demain... ».* Je revois encore Housta, le mécanicien nous en parler avec la même voix qu'un étudiant la veille d'un examen ! Anxieux d'y aller mais fier de prouver qu'il va réussir.

Avec la profession de foi, l'aumône légale, les prières journalières et le pèlerinage à la Mecque, le Ramadan fait partie des cinq piliers de l'Islam.

Pendant un cycle lunaire (28 jours), les musulmans ne peuvent ni manger, ni boire, ni fumer, ni avoir de relations avec leur(s) partenaire(s) et cela de l'aurore au coucher du soleil. Ce jeûne est censé rappeler à chacun ce qu'endurent les pauvres.

Nous constatons que, même si le Ramadan n'est pas obligatoire, la pression sociale et familiale est souvent un facteur déterminant. Ainsi, dans les villages, rares sont les personnes qui ne respectent pas le jeûne, tandis que dans les villes il semble moins pratiqué.

Il en est de même pour les enfants. Dans les écoles, les jeunes nous disent faire le Ramadan depuis l'âge de 11 ans. Réalité ou vantardise devant les copains ? Toujours est-il que nous ressentons dans leur voix la fierté de respecter ce jeûne et ainsi d'être considérés comme des grands ! Nous rencontrons cependant des parents qui interdisent à leurs enfants de suivre cette coutume trop jeune. En effet, jeûner pendant douze heures, et 28 jours d'affilés, constitue une véritable épreuve pour le corps.

Pendant le Ramadan, les journées s'organisent ainsi :
- A 3 heures du matin, dans toutes les villes, des hommes, tambours en bandoulière, réveillent les familles pour la prière et le premier repas de la journée. Bien évidemment, aucun respect pour « l'infidèle

dormeur » que je suis. Inutile de vous dire que je n'ai pas porté « ces empêcheurs de dormir tranquille » dans mon cœur.

- La journée, les activités sont ralenties et les magasins ouvrent vers 10 heures. Devant les salons de thé, les Turcs accoudés aux tables vides, semblent « désemparés ». Bien que les marchés soient ouverts, il est très difficile de trouver un restaurant qui accepte de servir, surtout dans les petits villages.

- Vers 15h30 l'animation grandit, les stores se baissent, les gens courent dans la rue et il vaut mieux éviter de rouler à ce moment là.

- 16h10, les restaurants sont bondés. Les clients sont assis devant des assiettes pleines. Ils se regardent, organisent leurs couverts, coupent leur pain…

- 16h15, « Allah O Akbar ! ». Le muezzin annonce la fin de la journée. C'est la ruée sur les assiettes. Le repas terminé et la première cigarette allumée, les discussions reprennent. Pendant ce temps, les rues sont vides contrastant avec l'activité débordante qui y régnait. Pas de voiture, ni de bus, pas un chat… Impression surréaliste que de se balader entre 16 heures et 16h30. Comme si une épidémie de peste avait été annoncée et que nous soyons les seuls non avertis.

- Dans la soirée, tandis que certains commerces ré-ouvrent, les voisins s'invitent à prendre le thé et à manger des fruits.

Chez Ahmet, nous constatons que dans les familles le même cérémonial est respecté et le soir venu chacun attend autour de la table, l'appel du muezzin. Pour compenser ces journées sans repas, les femmes préparent des mets succulents à profusion. Pourtant, à la fin du dîner, il ne reste pas grand chose dans les plats.

L'Aïd-el-fitr marque la fin de ce jeûne. Pour les musulmans c'est donc une fête importante qui dure quatre jours. Au petit matin, Ahmet et sa famille nous attendent. Sur la fenêtre, un bac rempli de friandises nous intrigue. « *C'est pour les enfants ! Ils vont de maisons en maisons et remplissent leurs sacs de bonbons* » nous informe Ahmet. En effet, à plusieurs reprises pendant le déjeuner, il se lève pour distribuer des friandises à des groupes d'enfants. « *Après le repas nous irons en ville. C'est la coutume : on doit visiter les membres de sa famille pour leur souhaiter une bonne fête et pour discuter* ». Un rituel qui, comme nous le constatons, se répète dans chaque foyer. Nous sommes conduits dans la seule pièce chauffée par un poêle à fuel et nous nous asseyons par terre sur des tapis. Un peu d'eau de Cologne sur les mains puis la maîtresse de maison nous tend l'assiette de loukoums ou de bonbons avec un thé ou un café. Là, on discute de tout : politique, famille, enfants... La rencontre n'excède pas trente minutes à chaque fois car la famille d'Ahmet est grande.

C'est une réelle chance pour nous d'entrer dans ces petites demeures en terre, aux pièces décorées de tapis et d'y découvrir ainsi la vie des Turcs que nous voyons trop souvent de l'extérieur.

Du Ramadan, nous retenons ces hommes décontenancés dans les salons de thé, ces ambiances de villes fantômes au coucher du soleil, ces « tatlis[63] » qui excitent nos narines dans les rues, cette ruée sur les assiettes déclenchée par le muezzin et surtout cette phrase prononcée par un Turc laïc sur un ton mi-humoristique, mi-sérieux : « *Le Ramadan c'est pour les riches. Car eux, quand le soleil se couche, ont les moyens de bien remplir leur assiette, alors que les pauvres... »*.

Anecdotes sur le Ramadan (par Jérôme)

Le Ramadan, nous le constatons, donne également lieu à des situations cocasses. Que ce soit à la télévision, sur la route ou dans les familles rencontrées, celles-ci n'ont pas manquées de nous faire rire.

- Vu à la TV : cette année, trois jours après le début du Ramadan a lieu la fête nationale turque. Sur l'estrade officielle, un homme appelle un serveur. Tandis que ce dernier repart, des « amis bienveillants » rappellent à notre politicien que c'est le Ramadan. Et lorsque le serveur revient une tasse de thé à la main, notre politicien la refuse. Ne pas faire le Ramadan ce n'est pas politiquement correct !

- Pendant le Ramadan, ne pas manger de 4 heures à 16 heures c'est dur. Mais lorsque, comme Ahmet et sa famille, on n'entend ni le tambour ni le réveil et qu'on rate le petit-déjeuner, la journée est longue et les crampes d'estomac plus fortes !

- Les hommes frappent leurs tambours pour réveiller les fidèles. L'occasion de gagner un peu d'argent à la fin du Ramadan en faisant le tour des maisons réveillées. Mais dans les grandes villes comme Istanbul, de petits malins passent avant nos « réveil musulmans » et récoltent les dons. Du coup, maintenant, nos tambourins doivent afficher leurs photos sous peine de se faire souffler leur recette !

- En Turquie les gens sont serviables et toujours prêts à rendre service. Sauf quand un « scoot enquiquineur » arrive à 15h45 chez un

---

[63] Tatlis : beignets imprégnés de miel

garagiste pour faire changer sa roue. *« Désolé, je pars manger »* ! En moi-même je pense : *« Est-ce la même chose aux urgences des hôpitaux ? »*.

Nous allons craquer ! (par Jérôme)

Le ventre rempli de bonbons, loukoums et autres pâtisseries, nous reprenons la route. Après la rudesse du climat anatolien, la douceur de la côte Méditerranée est appréciable. Nous ne roulons qu'avec un petit pull. Mais si nous gagnons en confort, nous perdons en paysage. La côte entre Antalya et Antioche est une succession de villes et complexes touristiques. Une multitude d'hôtels cinq étoiles se dressent entre la route et la mer et les nombreux chantiers attestent que ce rideau de béton n'est pas prêt de disparaître. Seule une partie trop escarpée semble protéger de cette folie immobilière et nous profitons doublement de cette route qui sillonne la chaîne Dakcali. Forêt de pins, horizon marin à perte de vue, nos bivouacs ont des accents méditerranéens.

En arrivant vers Antioche, la météo se gâte et nous nous retrouvons plusieurs matins totalement inondés. La tente est devenue piscine et nos matelas sont imbibés… Nous roulons sous des trombes d'eau pendant des centaines de kilomètres et allons de station essence en station essence pour nous réchauffer. Nous sommes toujours invités à nous abriter et à faire sécher nos vêtements devant le radiateur et en général l'on nous offre un thé ou un café. Un matin, après une nuit passée sur la plage, mon scoot ne démarre plus. Humidité ? A force d'essayer de lancer le moteur, ma batterie se vide. La guigne ! Sous un crachin « breton », nous déchargeons les scoots et à l'aide de câbles, j'utilise la batterie de Sophie pour démarrer. Mais rien n'y fait. Je suis bon pour enlever les carters et m'apercevoir que mon fil de bougie est déconnecté ! Bougie reconnectée, scoots redémarrés, bagages rechargés, c'est trempés et glacés que nous reprenons la route. A peine 20 km plus loin je vois Sophie rouler dans une grande flaque d'eau. Immanquablement, son scoot hoquette puis cale. La guigne encore ! Et toujours cette pluie qui n'en finit pas. A l'abri d'un arrêt de bus, nous re-déchargeons les scoots, ré-enlevons les carters et je démonte le filtre à air ainsi que le carburateur pour les nettoyer. Remontage, mise en place des carters, chargement des sacoches et nous repartons. A la pluie, vient se joindre un vent violent qui nous surprend lors du passage d'un col à 2500 mètres. Inutile de dire qu'à Antioche, transis de froid nous prenons le premier hôtel venu. Sacs déchargés, Sophie se précipite sous la douche pour se réchauffer.

« Elle est gelée ! » A son cri, je comprends que la journée n'est pas finie. Comme souvent en Turquie, les hôtels ne mettent en marche les douches chaudes qu'à partir de 20 heures… Plus que trois heures à attendre… Nous allons craquer !

Arrivée en Syrie (par Sophie)

Terminant notre périple turc dans ces conditions, nous prenons le chemin de la frontière syrienne début décembre en plein hiver.

50 km d'une petite route montagneuse très belle, nous permettent d'atteindre le petit poste de Kassab, situé au milieu des pins. Il nous faut plus de deux heures et demie pour sortir de Turquie et entrer en Syrie. Les formalités n'en finissent pas et, côté syrien, nous devons nous acquitter d'une assurance et de quelques frais administratifs. Nous rejoignons par une route très pentue, sinueuse et détrempée le château de Saladin. En traversant de petits villages, nous constatons rapidement que le niveau de vie de ce côté-ci de la frontière est nettement plus bas. Les femmes revêtent de longues robes brodées, les hommes portent le keffieh à carreaux rouges et blancs et des charrettes sont tirées par des ânes.

Trouver une épicerie ne s'avère pas aussi simple qu'en Turquie. Nous nous arrêtons devant une femme qui fabrique des galettes de pain. Immédiatement, elle me demande si nous avons des enfants. Ce genre de question m'étonne toujours. A son air ennuyé quand je lui réponds que non, je m'empresse d'ajouter que nous ne sommes mariés que depuis un an… alors là tout s'arrange ! Ici une femme est considérée comme une bonne épouse que si elle fait des enfants… Pendant cette petite conversation, la police intriguée par ces étrangers vient nous contrôler. Nous sentons très vite que les Syriens craignent ces représentant de l'ordre et l'attroupement qui s'était produit autour de nous se disperse subitement.

C'est dans un paysage sauvage de chênes verts que nous découvrons la magnifique forteresse de Saladin. Construite par les croisés au XIe siècle, elle porte le nom de son conquérant Salahaddine en 1188. Nous installons notre bivouac à l'abri d'une terrasse de restaurant fermée à cette époque de l'année mais qui surplombe cette citadelle fortifiée et la forêt environnante.

Alep et la vallée de l'Euphrate (par Sophie)

Au petit matin, alors que les températures sont bien basses nous reprenons la route à travers la montagne. Les paysages changent et nous sinuons à travers une rocaille dénudée et blanche. En prenant de l'altitude nous luttons contre le vent, le froid et la brume. De l'autre côté du col, s'étend jusqu'à l'horizon la plaine de Ghab que nous rejoignons pour prendre la direction d'Alep.

C'est par une deux voies au trafic dense que nous atteignons la deuxième ville de Syrie et l'une des plus vieilles villes au monde, encore habitée (près de 4000 ans d'Histoire).

Nous sommes immédiatement séduits par la citadelle qui trône au cœur de la ville sur un promontoire rocheux. L'ambiance de cette ville nous plaît vraiment : ruelles étroites, souks immenses organisés par corps de métiers, hommes en djellabas et en keffiehs... Nous nous régalons des spécialités locales : hoummous, la purée de pois chiches, taboulé, moutabel, la purée d'aubergine mélangée au yaourt, mouamarra, la purée de tomates et piments...

Le soir, nous trouvons un cybercafé pour nous connecter. Sachant que Yahoo était censuré dans ce pays, et notre première connexion le confirme, nous avions créé en Turquie un nouveau compte de messagerie sur un autre serveur et celui-ci fonctionne sans problème. En Iran déjà, l'hébergeur de notre site Web était censuré... Nous commençons à comprendre qu'au Moyen-Orient le mot liberté a un autre sens.

Un après-midi, nous rencontrons Martin, un jeune médecin allemand avec qui nous passons la soirée dans une maison de thé. Il revient de quelques mois passés en Israël et en Palestine. Son témoignage nous captive. Mais une question nous brûle les lèvres :

- *Comment as-tu pu aller en Israël et venir ensuite ici en Syrie ? As-tu changé de passeport entre temps ?*

- *Non, pas du tout. A la frontière israélienne, j'ai demandé un visa sur papier libre et j'ai demandé de ne pas tamponner mon passeport. Ainsi j'ai pu revenir ici sans problème.*

Depuis quelques temps nous envisagions d'aller en Israël. Etre si proche de ce pays, de Jérusalem et ne pas aller voir ce qui s'y passe, nous gênait. Cependant, nous étions bloqués par des raisons administratives et commençons ce soir-là à rêver d'un petit détour !

Nous attendons ma mère et mon frère pour les fêtes de fin d'année et avons prévu de visiter Alep et Palmyre avec eux. Nous ne nous attardons donc pas dans la ville et prenons la route vers l'est pour rejoindre la vallée de l'Euphrate.

A environ trois heures d'Alep, nous découvrons le lac Al-Assad et faisons quelques courses à proximité dans la ville de Madinah. Il y a un petit marché où je peux donc acheter des oignons, des tomates et quelques fruits secs. Nous trouvons également le boulanger facilement car c'est le seul endroit de la rue où il y a la queue sur le trottoir. Nous prenons un sac de galettes plates. A la station essence, le pompiste qui parle très bien anglais nous explique que son frère est français et qu'il serait content de discuter avec nous. Nous le suivons donc chez lui. Effectivement son frère, Assan, est syrien mais a la nationalité française suite au remariage de son père avec une Française dans l'est de la France. En prenant le thé, il nous raconte ses années passées dans notre pays où il a eu du mal à s'intégrer. Il a finalement choisi de revenir vivre ici pour ne plus se sentir étranger.

La nuit tombant, nous leur demandons de nous conseiller un coin tranquille pour camper.

« Pas de problème, suivez-nous. Nous allons vous indiquer un endroit calme. »

Ils prennent une moto et nous partons. Nous passons ainsi sur le barrage Al-Assad et, grâce à nos amis, réussissons à convaincre le garde de nous laisser passer. En effet, l'accès y est ouvert aux étrangers uniquement pendant la journée.

Après de nombreux kilomètres de nuit sur des petites routes, nous parvenons dans une forêt. Nous les suivons et, malgré le manque de visibilité, nous décidons de nous installer dans une clairière. Nos amis repartent après nous être échangés nos coordonnées et je me mets tout de suite à faire le repas. Nous n'aimons pas tellement arriver de nuit pour installer la tente et dîner car nous manquons de lumière. De plus il nous est impossible de bien repérer le coin et les voisins éventuels. Mais nous ne pouvons pas toujours tout prévoir. Je prépare des légumes et du boulgour et nous nous couchons. La nuit se passe très bien et nous sommes réveillés le matin par les galops d'un cheval puis par les braiments des ânes. Nous sommes en fait sur le chemin des paysans du coin. Ils nous observent de loin mais ne nous dérangent pas…

Après un bon petit-déjeuner et la visite des ruines d'un château datant du XIIe siècle qui se trouve sur une presqu'île avançant sur le lac, nous reprenons la route en direction de Deir ez-Zor. Nous nous arrêtons souvent pour observer la vie des villageois et des paysans et sommes, à plusieurs reprises, invités à boire le thé dans des maisons. Ces foyers ne comprennent qu'une seule pièce. Le sol est recouvert de tapis et, au centre de la pièce, trône un poêle à mazout. Tout le monde s'assoie par terre en prenant la précaution d'enlever ses chaussures à l'entrée de la maison. Il n'y a pas de chauffage et les Syriens superposent plusieurs vêtements sous leurs djellabas pour supporter le froid. Il doit faire entre 5 et 10 degrés.

Un soir nous plantons la tente à l'écart de la route, dans le désert. Il est environ 20 heures et nous préparons le repas quand le vent se lève. Jérôme se dépêche d'attacher les scooters avec des cordes pour éviter que les rafales ne les mettent à terre. Nous enfilons vêtements thermiques, polaires et bonnets. Eclairs magnifiques, tonnerre lointain qui au fur et à mesure se fait plus assourdissant… Il y a un quart d'heure le ciel était limpide et nous admirions déjà les étoiles. Je range toutes les affaires dans les sacs étanches et nous terminons le dîner dans la tente à l'abri du vent glacial. Dans la nuit, l'orage éclate et la pluie s'abat sur nous. Au petit matin, le temps est gris, les affaires sont mouillées et la tente est une piscine. Nous déjeunons à nouveau à l'intérieur. Heureusement, la veille, nous avions fait bouillir l'eau puis l'avions versée dans la thermos pour prendre rapidement notre thé au réveil.

Dehors, le bruit d'un moteur se rapproche. Ce sont deux hommes qui nous ont aperçus et qui nous proposent de venir nous abriter chez eux. Nous leur promettons de passer après avoir rangé la tente et chargé les scooters. En repartant, leur voiture s'embourbe à plusieurs reprises et Jérôme craint le pire.

Nous avons installé notre bivouac sur de la glaise. Bien sûr, de la glaise sèche cela ressemble à de la terre ordinaire mais de la glaise humide… Au fur et à mesure que je vide la tente, je m'enfonce dans le sol et la boue entre à l'intérieur. Nous chargeons les scooters et là commence une partie de glissade sans précédent. Les roues des scooters patinent, nous tombons à plusieurs reprises. Pour corser le tout, la glaise se colle aux pneus et s'accumule entre le garde-boue et la roue. A deux reprises, Jérôme doit dégager ces blocs compacts qui nous freinent. La route n'est pas très loin mais nous mettons quand même 20 minutes pour faire deux kilomètres !

1 - Scoot High tech... (Egypte)
2 - Boulanger (Pakistan)
3 - Livreur de pain (Egypte)
4 - Compteurs d'eau (Egypte)
5 - Dôme du Rocher (Jérusalem)
6 - Décor épicé (Syrie)
7 - Porte de Damas (Jérusalem)

1 - Famille Syed (Pakistan)
2 - Famille Ali (Syrie)
3 - Curiosité (Pakistan)
4 - Port du hidjab (Iran)
5 - Femme à Ispahan (Iran)
6 - Barbier à Quetta (Pakistan)
7 - Femme sous burka (Pakistan)

1 - Homme de Quetta (Pakistan)
2 - Rabin (Jérusalem)
3 - Pachtoune (Pakistan)
4 - Pachtoune (Pakistan)
5 - Femme de Cappadoce (Turquie)
6 - Homme arabe (Turquie)
7 - Femme kurde (Turquie)

1 - Vallée de Chitral (Pakistan)
2 - Passage de pont (Pakistan)
3 - Piste en construction (Pakistan)
4 - Démontage du moteur (Iran)
5 - Pyramides à Gizeh (Egypte)

1 - Chargement en Jeep (Pakistan)
2 - Boubier (Syrie)
3 - Lendemain d'orage (Syrie)
4 - Bus local (Pakistan)
5 - Jeep optimisée... (Pakistan)

1 - Bivouac dans le désert du Luth (Iran)
2 - Réveil sous la neige (Turquie)
3 - Pompage de l'eau (Inde)
4 - Village du Baloutchistan (Pakistan)
5 - Lendemain de tempête (Egypte)
6 - Douche dans le désert (Inde)

1 - Désert lybique (Egypte)
2&3 - Désert Blanc (Egypte)
4 - Karakorum Highway (Pakistan)
5 - Vallée de Chitral (Pakistan)

1 - Mousson à Lahore (Pakistan)
2 - Ecole à Hama (Syrie)
3 - Fabrication de cuivre (Turquie)
4 - Enfants à Quetta (Pakistan)
5 - Prière du soir (Pakistan)
6 - Fabrication de savon (Syrie)
7 - Timide curiosité (Pakistan)
8 - Préparation du dîner (Turquie)

Arrivés chez Abda'la Ali, sa fille nous invite immédiatement à prendre le thé. Nous sommes couverts de boue et commençons d'abord par nous nettoyer un peu pour ne pas en mettre sur leur tapis. Assis autour du poêle, Mahali, jeune fille de 16 ans nous sert un thé puis une soupe de riz aux oignons. Elle a appris un peu l'anglais quand elle allait à l'école et nous échangeons quelques mots. Elle nous explique que son père est fermier et élève des moutons. Il en a environ 300. Quant à elle, c'est la benjamine d'une famille de huit enfants. Elle ne va plus à l'école mais continue à étudier à la maison en attendant de trouver un mari.

Après cette chaleureuse matinée au sec, nous reprenons la route sous la pluie. Nous atteignons la cité Zenobia au bord du fleuve. C'est une ancienne ville fortifiée, dont l'intérêt majeur réside dans sa formidable enceinte qui part de la citadelle et descend des falaises jusqu'à l'Euphrate. Les nuages bas et la pluie ne nous permettent malheureusement pas d'en profiter pleinement. A la sortie du village, un camion arrive à une allure folle au moment où traverse un chien. Je me mets immédiatement dans le fossé pour qu'il puisse se dégager sur ma voie et éviter le chien mais il n'en a pas le temps et écrase le pauvre animal. Je suis retournée !

Nous arrivons à Deir ez-Zor, ville du bout du monde. Depuis Alep, nous n'avons traversé que quelques villages et nous nous retrouvons dans une ville de plus de 100 000 habitants. Il y a de nombreux hôtels car, à quelques kilomètres de là, ingénieurs et techniciens occidentaux oeuvrent dans des gisements de pétrole. Les beaux hôtels et quelques boutiques chics de vêtements pour hommes sont les seuls signes qui attestent du développement économique de la région. Nous ne croisons pas un seul occidental dans cette ville frontalière avec l'Irak et profitons des souks, petites échoppes de jus de fruits et boui-boui où nous nous régalons d'hoummous[64] et shawarma[65] !

Le seul monument de la ville est un pont suspendu au-dessus de l'Euphrate et construit par les Français entre 1925 et 1931. Dans la rue, nous sommes interpellés par les étudiants et les enfants qui essaient de pratiquer leur anglais. Vers 15 heures, toutes les boutiques ferment pour la sieste et la ville s'endort ainsi jusqu'à 18 heures.

Après cette halte reposante, nous reprenons la route en direction de Palmyre : 225 km à travers un désert saumon de sable, de pierres et de

---

[64] Hoummous : fine purée de pois chiches à la crème de sésame
[65] Shawarma : fines tranches d'agneau empilées et cuites à la broche

djebels recouvert de petites touffes d'herbe grise et verte. La route est agréable et nous ne croisons presque personne. Seuls quelques campements de bédouins et leurs troupeaux de moutons habitent cette région isolée. Isolés, ces bédouins ne le sont pourtant pas. En effet, derrière leur tente en poil de chèvres s'élève une antenne satellite…

Soudain, en plein milieu du désert apparaît ce joyau de l'Antiquité, dont les pierres ocres des colonnades et des temples s'enflamment au coucher du soleil : nous avons un véritable coup de cœur pour cette cité gréco-romaine.

Bien que subjugués par la beauté du site, nous sommes surtout « soufflés » par une autre réalité : dans le désert le vent peut être très violent ! Encouragés par un soleil timide nous déplions notre tente dans la vallée des tombeaux. C'est alors qu'un cousin éloigné de notre ennemi de Patagonie se lève brusquement. Tente impossible à dresser, scooters par terre… pare-brise et rétroviseurs cassés ! Nous plions nos affaires pour aller nous abriter dans la palmeraie. Et là, c'est la cerise sur le gâteau… la direction du scooter de Jérôme se grippe et le guidon ne tourne plus. La pluie commence à tomber et les rafales de vent nous déstabilisent. De nuit, nous rejoignons la palmeraie où nous croisons Mohammed dans son tuk-tuk. Il propose de venir nous abriter dans la petite maison qui lui sert d'entrepôt pour ses outils. Nous sommes très contents et passons donc la nuit en sécurité. Le lendemain, dans Tadmor, le petit village de Palmyre, nous achetons des billes pour le roulement de la direction et Jérôme remet son scoot en état. A midi nous sommes prêts pour reprendre la route.

Comme Alep, Palmyre est prévu au programme des visites avec ma mère et mon frère. Nous nous dépêchons donc de repartir vers Damas car Noël approche.

Bien que le vent n'ait point faibli, nous décidons de reprendre la route. Les rafales et la pluie battante nous font avancer à une vitesse ridiculement faible et au bout de 60 km nous sommes obligés de nous abriter dans un campement de mineurs ! Le garde du camp nous fait entrer dans sa guérite et appelle le responsable de la sécurité. Immédiatement, ce dernier nous offre de venir chez lui. Sa femme parle un peu anglais l'ayant étudié à l'université. Nous passons un après-midi au chaud en buvant du thé et en discutant. Le vent et la pluie ne cessant pas, la famille Horani nous propose de rester pour la nuit. Nous participons au dîner familial avec leurs trois enfants puis à une soirée entre amis venus regarder le match de foot à la télévision.

Malgré le froid qui nous gèle jusqu'aux os, nous sommes chaque fois réconfortés par la chaleur humaine que l'on nous témoigne dans les moments les plus difficiles. Cette solidarité nous réconforte tant physiquement que moralement, ce sont autant de pieds de nez envoyés à cette nature capricieuse !

Le lendemain, après avoir parcouru près de 1000 km dans ce désert magnifique et éprouvant, nous arrivons à Damas

Noël à Damas (par Sophie)

Le 25 décembre est un jour férié national en Syrie, tout comme Pâques afin de respecter le culte chrétien (10% de la population syrienne).

A Damas, il y a deux quartiers chrétiens. Celui de la vieille ville est celui des premiers chrétiens de notre ère. On y trouve notamment la Chapelle Saint-Ananie où saint Paul, alors Juif, se convertit au christianisme et fut baptisé par saint Ananie ; ce quartier abrite toutes sortes d'églises syriaques, arméniennes orthodoxes, grecques orthodoxes, catholiques, anglicanes…

Le deuxième quartier se trouve dans la ville nouvelle. Il a été construit autour d'une cathédrale catholique, où les immeubles modernes abritent la population chrétienne de Damas d'un bon niveau social. Pendant la période de Noël, tous les balcons des appartements des chrétiens sont illuminés de guirlandes représentant des cloches et des traîneaux… On aperçoit à travers les vitres, le sapin de Noël clignoter, et dans les cours des immeubles ainsi que sur les trottoirs sont installées les crèches. Chaque foyer rivalise d'imagination pour créer la magie de Noël.

Bien sûr, tous les chrétiens se mettent sur leur « 31 » pour assister à la messe de minuit : fourrures, paillettes, cuirs… la mode occidentale est de mise ! Le déjeuner du 25 a souvent lieu dans les restos les plus chics de la capitale. Il est amusant de voir trôner la dinde aux marrons au milieu du « mezze » traditionnel (assortiment d'entrées et de crudités orientales), suivie de la traditionnelle bûche au chocolat sur fond de derviches tourneurs !

Nous attendions ma mère et mon frère pour fêter ensemble Noël et leur faire découvrir ce pays. Malheureusement, ma mère a eu un grave problème de santé et a dû annuler son voyage. Cette nouvelle reçue la veille de Noël nous attriste fortement mais la situation ne nécessitant pas notre retour, nous essayons de faire contre mauvaise fortune bon cœur.

Heureusement, à Damas, nous rencontrons Nemir et sa famille avec qui nous passons de très agréables moments. Nemir Arab, expert géophysicien, sa femme Raïda et leurs enfants, Laïla, Samir, Lana et Basim nous permettent de découvrir la haute bourgeoisie syrienne. Amis des parents de Jérôme, ils s'attachent à nous montrer l'excellent niveau d'éducation de ce pays dans les écoles privées mais aussi à l'université. Laïla est chirurgien-dentiste, Samir est médecin en cours de spécialisation en chirurgie, Lana étudiante en médecine et Basim en classe de seconde dans un collège privé que nous allons visiter. Ils nous font comprendre l'importance sociale de suivre de très hautes études, d'ailleurs Raïda, pharmacienne, ne travaille qu'à mi-temps afin de continuer à faire réviser ses enfants, bien qu'ils poursuivent des études supérieures.

Grâce à eux, nous allons dîner et déjeuner dans les meilleures restaurants de la capitale. Cuisine fine, personnel parlant anglais et français et clientèle de la « jet-set » qui n'a rien à envier à celle de Paris. Les femmes et les hommes de cette classe aisée s'habillent à l'occidental et ces dames, bien que pratiquant la religion musulmane, ne portent pas le voile.

C'est aussi grâce à Nemir que nous sommes interviewés par deux journalistes du quotidien national de langue arabe Teshreen et du Syria Times en anglais. Ces articles sont pour nous un excellent passeport pour expliquer notre périple dans les écoles syriennes. De religion musulmane, la famille Arab nous montre pourtant avec fierté les lieux où sont célébrés Noël dans la capitale.

A quelques kilomètres de Damas, en direction du Liban, se trouve le petit village de Bloudan à majorité chrétienne. Situé en altitude il est recouvert de neige tout l'hiver. Chaque vendredi les familles de Damas vont y prendre le bon air et nous assistons à notre grand étonnement à des batailles de boules de neige entre femmes, souvent voilées de noir ainsi qu'à la confection de bonhommes de neige… sur le capot des voitures ! De la neige en Syrie, je n'y aurais pas cru. Un souvenir magnifique que cette journée où la neige tombait, à quelques pas de la frontière libanaise. Grâce à cette famille, nous découvrons un autre aspect de la vie syrienne, celle de la haute société, qui en général échappe à notre regard de nomade.

Palmyre (par Sophie)

Malgré le changement de programme, nous décidons de retourner à Palmyre afin de visiter ce site unique.

Cet oasis mythique se trouve en plein désert à 300 km à l'est de Damas. Le nom de la ville est aujourd'hui Tadmor, nom d'origine datant du deuxième millénaire avant J-C. Pendant près de 2000 ans, cette ville se trouvait sur la piste des caravanes de la soie et était un carrefour commercial entre l'Empire perse et l'Empire romain. Une situation privilégiée qui a fait la fortune de ses souverains.

Conquise par les Romains quelques décennies avant notre ère, ces derniers lui donnent alors le nom de Palmyre (palmier en latin). En effet, au milieu du désert syrien, cet oasis abrite une immense palmeraie qui approvisionne en dattes tous les souks du pays.

Palmyre connaît son apogée au IIe siècle après J-C, lorsque l'empereur romain Hadrien fait restaurer l'agora en y ajoutant 200 statues, puis construit le temple Bel (assimilé à Zeus), édifie la grande colonnade longue de plus d'un kilomètre, et bâtit le grand théâtre.

La ville de Palmyre acquiert une grande autonomie et est dirigée par la famille Odeinat. En 268, à la mort de son mari, la reine Zenobia assure la régence et gouverne. Profitant de l'anarchie de l'Empire romain, elle conquiert la Syrie, l'Egypte et une partie de l'Asie Mineure. En 271, elle se proclame impératrice ! Bien sûr, les Romains voient cette provocation d'un mauvais œil et en 273, l'empereur Aurélien met à sac et incendie Palmyre, tout en emmenant Zenobia et son fils comme prisonniers à Rome. Suite à cet enlèvement et à cette destruction, la ville perd peu à peu de son importance et tombe dans l'oubli. En 634, lors de la conquête arabe, Palmyre redevient Tadmor, un petit village du désert.

Nous passons trois jours sur ce site à découvrir ces vestiges, à nous promener dans le désert vers la vallée des tombes jusqu'à la citadelle arabe construite au XIe siècle et qui domine superbement la ville. Un site unique par sa taille, par l'état de conservation de ses monuments, par la finesse de ses sculptures et par sa position, coincé entre les djebels et la palmeraie. Enfin nous conservons l'image de ces monuments qui se parent d'une belle couleur ocre à la tombée de la nuit.

D'Alep au Krak des chevaliers (par Sophie)

Nous rejoignons en bus Alep et y retrouvons Pauline et Jean-Alexandre, des amis rencontrés à Damas. Nous passons ensemble un excellent réveillon de la Saint Sylvestre et nous nous offrons, une fois n'est pas coutume, un excellent dîner. Mets raffinés, service première classe mais surtout discussions sans fin avec nos amis sur les voyages…

Durant ces quelques jours, nous explorons le souk. Célèbre à juste titre, il regorge de boutiques et étals étonnants. Jérôme ne peut s'empêcher de filmer et photographier cette atmosphère unique. En effet, ce dédale de ruelles couvertes ou non, ne semblent pas avoir évolué depuis des siècles. La modernité n'a pas vraiment sa place ici. Nous adorons observer la fabrication de pièces de quincaillerie, les étals de boucher sanguinolents, sentir les effluves de thé ou de café fraîchement moulu. Des sacs de près de cent kilos de pistaches, cacahuètes, noix de cajou, noix, noisettes, graines de tournesol… bordent également les épiceries. Mais ce sont les vitrines de fruits confits qui m'attirent le plus car il y en a pour tous les goûts : poires, citrons, clémentines, oranges, figues, figues de barbarie, prunes…

Le spectacle se trouve également du côté des visiteurs : que ce soient les clientes, totalement voilées de noir ne laissant apparaître que leurs yeux, les enfants ou papys à dos d'âne qui livrent les boutiques ou encore ces jeunes hommes qui tirent des charrettes surchargées… la population est réellement cosmopolite. La ville est habitée par une forte communauté arménienne mais également par de nombreux Russes ou habitants de l'Europe de l'est. Chrétiens, musulmans et juifs se côtoient dans une ambiance très tolérante. Nous passons d'un quartier à l'autre et les enseignes changent, les alphabets diffèrent et les langues aussi. Ville millénaire éternellement xénophile.

Souk d'une autre époque, les mœurs le sont tout autant ! Nous longeons par hasard une savonnerie. Attirés par la forte odeur d'huile d'olive, nous entrons et assistons à la fabrication du savon d'Alep. Composé d'huile d'olive deuxième pression et d'essence de laurier, les plaques géantes de savon sont découpées en cubes par des enfants et quelques adultes. Les savons sont ensuite estampillés, puis mis à sécher pendant six mois. Nous sommes étonnés de voir ces enfants d'une dizaine d'années travailler et nous les sentons légèrement gênés de nous voir arriver. Cependant, aucun adulte ne nous demande de sortir de la pièce.

Nous quittons Alep pour rejoindre Hama au bord de l'Oronte où nous découvrons les célèbres Norias. Ce sont de grandes roues équipées de godets qui se remplissent en plongeant dans la rivière et qui irriguent, en hauteur, des canaux, distribuant ainsi l'eau dans la ville et les jardins. Aujourd'hui ces norias ne sont plus que les témoins du passé mais elles sont magnifiquement restaurées et confèrent à Hama un charme tout particulier.

Dans cette ville a réputation traditionaliste, nous décidons d'aller frapper à la porte d'une école. Nous sommes bien accueillis et en l'absence du professeur d'anglais pour traduire notre intervention, c'est la professeur de musique qui nous guide dans l'école. Il fait froid et, dans chaque classe, est installé un poêle à mazout. Mais les nombreuses vitres cassées témoignent d'un manque évident de moyens. Les élèves sont en anorak et portent souvent par-dessus leur blouse bleue d'uniforme. Nous rentrons dans une classe pour saluer les enfants mais n'y réalisons pas la présentation de la France faute de traducteur. A notre entrée, les enfants se lèvent et font le salut militaire. Réflexe étonnant ! Nous interviewons deux enfants, Worood et Homar qui se prêtent avec beaucoup d'attention au jeu des questions-réponses. Le professeur de musique essaye de leur traduire les questions simples que nous posons. Nous échangeons également avec elle sur la France et surtout sur la position de notre pays sur le port du voile à l'école. Elle ne comprend pas… Nous essayons de lui expliquer les mots liberté et laïcité. Plusieurs professeurs viennent nous saluer, nous offrir des gâteaux ou des jus de fruits. Toutes ces femmes semblent vraiment honorées de notre présence.

Nous continuons notre route vers Damas et apercevons sur une montagne à quelques kilomètres de Homs, la silhouette imposante d'un forteresse. Nous sommes au Krak des Chevaliers, le fabuleux château fort construit par les croisés au XIIe siècle pour assurer la protection des Etats latins. Nous avons l'impression d'ouvrir un livre du Moyen Age et tous nos rêves d'enfants de valeureux guerriers se mettent en scène dans ce cadre unique et bien conservé.

Berceau de notre civilisation judéo-chrétienne, la Syrie nous ouvre les portes du Proche-Orient et nous permet aussi de découvrir nos racines.

De Damas, nous reprenons les scooters et rejoignons Amman, capitale de la Jordanie. Toujours sous la pluie et avec des températures très basses, nous ne prenons aucun plaisir à rouler. Nous retrouvons Shantal, une amie de Jérôme, chez qui nous laissons nos montures.

Pour ne pas subir le mauvais temps en deux roues et pour réduire les tracasseries à la douane, nous décidons d'aller en Israël en transports en commun. A Damas comme à Amman, nous avons passé de longues journées à la bibliothèque de l'Alliance française pour chercher des informations sur Israël, la Palestine et l'Histoire du conflit.

Bien que sous le feu des projecteurs, nous ne connaissons rien de cette région ou plutôt nous avons du mal à comprendre ce qui s'y passe. Suivant les pays, les informations que nous obtenons sont soit pro-israéliennes, soit pro-palestiniennes. De chaque côté, articles, arguments, témoignages, photos viennent soutenir l'un ou l'autre camp. Alors, où est la vérité ? Et n'y en a t'il qu'une ?

Paroles d'enfants : Syrie

Omar – 11 ans - Hama

« Je vis à Hama, à environ 200 km au nord de Damas. Tous les jours, ma mère m'accompagne en voiture à l'école publique. J'aime beaucoup y aller et j'y apprends l'anglais.

Mes parents me donnent un peu d'argent pour acheter des bonbons. Le soir je mange des œufs et du lait et je bois un thé. Le midi nous mangeons de la viande et de la salade, mais mon plat préféré c'est le hamburger. A l'école, je porte un uniforme et à la maison je mets un pyjama.

Nous n'avons pas d'ordinateur chez nous mais il y a la télévision et une machine à laver. Je vis dans un appartement avec mes parents, mes deux frères et mes deux sœurs. Mon père est ingénieur en machine agricole et ma mère est professeur de géologie.

Je suis très fier de mon pays et notamment de Palmyre. D'ailleurs, j'ai déjà visité cette cité antique. Sinon je ne suis encore jamais allé à Damas.

Je suis musulman et je vais à la mosquée le vendredi avec mon père.

Plus tard, je voudrais me marier à 25 ans, avoir trois enfants et être médecin à Hama. »

Si j'étais président :

1. J'élèverais le revenu mensuel
2. Je construirais plus de machines d'équipement
3. J'améliorerais le réseau routier, les communications téléphoniques, Internet et les téléphones mobiles.

Paroles d'enfants : Syrie

Hazar - 12 ans - Damas

« Je m'appelle Hazar, j'ai 12 ans et je vis dans la banlieue chic de Damas. Chaque matin, je vais à pied au Collège privé El Alaaf. J'apprends l'anglais, le français et l'arabe à l'école mais ma matière préférée ce sont les mathématiques. J'adore l'école car j'y apprends énormément de choses et j'y ai de nombreux amis.

Je suis très heureuse car mes parents m'aiment et je m'entends bien avec eux. Je reçois chaque semaine de l'argent mais je l'économise pour plus tard.

Au petit déjeuner, je mange des sandwichs au fromage et mon plat préféré c'est la pizza. Je porte un uniforme à l'école sinon je porte des pantalons et des sweat-shirts mais uniquement de grandes marques.

Chaque année, je fête mon anniversaire chez ma grand-mère et je reçois de l'argent en cadeau.

J'aime bien la Syrie mais je préférerais que ce soit un pays propre, or aujourd'hui, c'est sale.

En dehors du collège, j'apprends à jouer du piano, je prends des cours particuliers d'anglais et je fais du basket ball.

J'ai déjà voyagé au Liban et je connais plusieurs villes et régions de la Syrie. J'ai un ordinateur avec Internet mais je ne l'utilise que pendant les vacances. Je vis dans un appartement avec mes parents et je partage ma chambre avec mon frère qui a 7 ans. Mon père est ingénieur en électronique et ma mère est femme au foyer mais elle a fait des études supérieures d'économie.

Je suis musulmane, je fais le Ramadan depuis deux ans mais je ne prie pas tous les jours. Plus tard, je voudrais faire des études scientifiques, me marier, avoir deux enfants et vivre à Damas. »

Si j'étais présidente :

1. Je nettoierais les rues des villes syriennes
2. J'augmenterais les opportunités de travail
3. Je créerais de nouvelles usines et entreprises

Chapitre 11

Un seul Dieu, une seule terre, mais...

Janvier – Février 2004

Frontière israélienne (par Sophie)

A Amman, nous nous dirigeons vers la station de bus mais nous n'en trouvons aucun se dirigeant vers la frontière israélienne. Renseignements pris, il n'y a que des taxis qui peuvent nous y emmener. Certains du contraire, nous cherchons un bon moment et trouvons enfin des « services », sorte de taxis collectifs. Nous montons donc à quatre, une palestinienne, son mari et nous deux, dans cette voiture en direction du Pont Allemby.

Nous surplombons la vallée du Jourdain, vue magnifique sur ce désert et sur la mer Morte. La route descend et nous voyons un panneau indiquant le niveau de la mer, nous continuons toujours la descente il fait de plus en plus chaud et le climat change. Nous atteignons la frontière à 400 mètres en dessous du niveau de la mer.

Au petit poste douanier côté jordanien, je stresse particulièrement car si nous avons une trace, de notre passage en Israël sur nos passeports, nous ne pourrons pas repasser par la Syrie pour rentrer en France. Ne parlant pas arabe, je crains que mon anglais ne soit pas bien compris. Une religieuse qui visiblement fait régulièrement les allers-retours entre Amman et Jérusalem me rassure et traduit au douanier notre souhait. Nous devons être cinq personnes à passer la frontière ce jour-là et nous ressentons une certaine tension. Depuis le traité de paix entre la Jordanie et Israël, la frontière est ouverte mais les passages demeurent anecdotiques.

De ce poste frontière, nous montons dans un bus officiel pour franchir le pont enjambant le Jourdain. Cette rivière si connue et dont les médias ne cessent de parler n'est qu'un petit ruisseau. Dire que c'est ce filet d'eau qui constitue la frontière naturelle entre les deux pays…

Du côté israélien, le contrôle est plus sévère. Des militaires font le tour du car avec des miroirs pour ausculter le châssis du véhicule. Ils demandent à voir nos passeports avant même de nous autoriser à descendre. Nous faisons ensuite la queue pour donner tous nos bagages. Les sacs partent sur un tapis roulant en échange d'un code barre collé sur la couverture de nos passeports. Devant cette atmosphère tendue et ne sachant que faire exactement, nous donnons tous nos sacs, y compris celui contenant la caméra et l'appareil photo !

Nous entrons ensuite dans une salle. Nous ne sommes plus seuls, des dizaines de femmes palestiniennes font la queue pour passer le contrôle. Le portique détectant les métaux étant réglé sur la sensibilité maximum, nous devons tout enlever. Ceinture, bijoux, épingles à cheveux, lunettes, chaussures, blouson… Et même avec ces précautions, le portique sonne et re-sonne. Il faut plus de cinq minutes pour que chaque personne soit autorisée à passer. La queue des femmes est trois fois plus longue que celle des hommes et trois fois plus lente… Pendant que j'attends patiemment mon tour, Jérôme a déjà franchi le portique et subit un interrogatoire de l'autre côté.

« Pourquoi avez-vous un couteau suisse ? A quoi vous sert-il ? Que venez-vous faire ici ? Avec qui voyagez-vous ? Etes-vous mariés ? Pourquoi avez-vous tant de tampons sur votre passeport ?… »

Après mon passage, nous rejoignons la file pour le contrôle des passeports et l'autorisation d'entrée. Trois jeunes femmes sont au poste. Ce sont de jeunes appelées du contingent d'une petite vingtaine d'années et qui sont très arrogantes. Elles nous interrogent séparément.

« Pourquoi ne voulez-vous pas de tampon sur votre passeport ? Pourquoi venez-vous en Israël ? Quelles villes voulez-vous visiter ? Pourquoi êtes-vous allés en Syrie ? Et en Iran et au Pakistan ? Pourquoi ? Pourquoi ?…

Vous faites un tour du monde ! Ah bon et comment ? Mais vous dites n'importe quoi, en scooters c'est impossible ! Quel est votre métier ? Donnez-moi une carte professionnelle ! Donnez-moi votre adresse en France ! »

Difficile d'expliquer, de convaincre… Nous sommes suspectés de quelque chose, mais de quoi ? Elles nous prennent nos passeports et nous demandent de patienter. Nous attendons près de trois heures que cette autorisation nous soit enfin accordée. Pendant ce temps, nous sommes régulièrement re-interrogés. Nous commençons à craindre pour nos bagages et surtout pour la caméra. Je simule un malaise et Jérôme prétexte devoir aller chercher des médicaments dans nos sacs pour passer du côté des bagages. Il revient furieux. Je ne l'ai jamais vu dans un état de colère aussi violent. Les sacs ont été balancés à terre y compris la caméra, au milieu d'une pièce où les gens les bousculent du pied pour venir récupérer les leurs. Jérôme s'approche des filles du contrôle et leur dit ce qu'il pense :

« Comment expliquez-vous que ma caméra et mon appareil photo aient été balancés à terre ? C'est la première fois depuis trois ans de voyage que nous sommes traités de cette façon-là ! Vous n'avez aucun respect. Rendez-nous nos papiers et faites-nous passer, cela fait déjà trois heures que nous attendons ! »

Les filles finissent par ramener nos passeports des différents bureaux de contrôle et nous laissent passer. Elles ne sont pas fières mais ne s'excusent même pas. Nous sommes hors de nous. Et cela continue…

Dans un bazar infernal, nous récupérons nos bagages quand une autre fille m'arrête et me demande de vider intégralement mon sac à dos. Je m'exécute avec de la mauvaise volonté et le ton monte. Je ne suis pas à prendre avec des pincettes. Il nous faut à nouveau patienter. Nous sortons du poste douanier six heures après y être entrés, complètement exaspérés.

Nous cherchons alors un bus pour rejoindre Jérusalem… Il n'y en a pas ! Nous demandons à droite, à gauche et l'on nous confirme bien qu'il n'y a aucun bus. Nous devons prendre un taxi collectif à 10 euros par personne. Nous n'avons pas le choix : ça commence bien !

Ô Jérusalem ! (par Sophie)

Considérée comme le nombril du monde par une grande partie de l'humanité, Jérusalem, est avant tout une ville sainte pour les trois grandes religions monothéistes. Première ville sainte pour les Juifs et les chrétiens, la troisième pour les musulmans.

Déclarée capitale de l'Etat israélien en 1980, elle n'est pas reconnue comme telle par l'ONU et est revendiquée par l'autorité palestinienne pour être la capitale de la future Palestine.

Nous séjournons deux semaines dans cette ville, ce qui provoque en nous l'émerveillement devant sa beauté et sa grandeur, mais également l'effroi par ses contradictions fortes et ses conflits. Une ville qui suscite la division et qui doit apprendre à se partager !

Jérusalem est vraiment la plus belle vieille ville que nous ayons jamais visitée. Nous ne nous lassons pas de l'admirer depuis le Mont des

Oliviers d'où la vue sur l'esplanade des mosquées et le Dôme du Rocher, est unique. Cette vieille ville, capitale des Hébreux depuis sa conquête par le roi David en l'an 1000 av. J-C, fut habitée par les Grecs, les Romains, les croisés et les Ottomans qui tous détruisirent, reconstruirent, et ajoutèrent leurs « touches » à cette cité.

Aujourd'hui, toujours encerclée par de très beaux remparts du XVIe siècle, édifiés par Soliman le Magnifique, elle se divise en quatre quartiers.

- Le quartier chrétien, qui abrite notamment le Saint Sépulcre, basilique fondée au IVe siècle par sainte Hélène, mère de l'Empereur romain Constantin.

- Le quartier arménien, l'une des plus anciennes communautés chrétiennes de la ville.

- Le quartier musulman, très animé par ses souks et sa population arabe en keffieh pour les hommes et en robes longues brodées avec foulard blanc pour les femmes. C'est le quartier vivant de la vieille ville qui a gardé tout son charme oriental. La porte de Damas, principale porte d'entrée de ce quartier, est néanmoins surveillée par des brigades de « Tsahal[66] » qui effectuent fréquemment des contrôles d'identité.

- Enfin, le quartier juif qui domine le mur des lamentations devant lequel les Juifs viennent se recueillir ou prier. C'est le dernier vestige du Temple construit par le Roi Salomon et détruit par Nabuchodonosor en 587 av. J-C.

Des milliers de Juifs du monde entier, les hommes d'un côté, les femmes de l'autre, s'y pressent chaque jour et l'on y entend parler toutes les langues. C'est également là que l'on assiste à une magnifique « Bar-mitsva », l'entrée de jeunes enfants de 12/13 ans dans la communauté juive.

Ce quartier, détruit en grande partie par les bombardements de 1948, a été refait dans le style ancien de la vieille ville, mais se trouve aujourd'hui être le plus propre et le mieux entretenu. L'intérieur des maisons est décoré à l'occidental. Des grilles permettent d'isoler totalement cette zone du reste de la ville et des caméras de surveillance, installées à chaque coin de rue, scrutent les allées et venues dans toute la vieille ville pour assurer la sécurité de ses habitants.

---

[66] Tsahal : armée israélienne

Ce sont essentiellement des Juifs orthodoxes qui y vivent, habillés tout de noir, coiffés d'un chapeau à large bord couvrant leurs tempes d'où se dégagent deux favoris « Péots » formées par les cheveux de leurs tempes qu'ils ne coupent jamais.

Enfin, le joyau de cette vieille ville se trouve sur l'esplanade des mosquées, construit sur les ruines de l'ancien temple hébreux, en 691 ap. J-C. Il s'agit du Dôme du Rocher, magnifique monument commémoratif qui protège un rocher laissé à nu, lieu où Abraham aurait voulu sacrifier son fils, Isaac (Ismaël pour les musulmans). De style byzantin, il est recouvert de mosaïques bleues et son dôme est recouvert de cuivre doré à l'or 24 carats !

Mais Jérusalem, c'est aussi la nouvelle ville, Jérusalem-est la palestinienne et Jérusalem-ouest l'israélienne. Dans ces deux zones vivent deux mondes.

L'une, Jérusalem-est, se situe en Orient. C'est la partie de la ville qui avant 1967, était rattachée au royaume de Jordanie. Sa population y est essentiellement musulmane. On y retrouve l'atmosphère arabe des petites épiceries, des souks, des immeubles en éternelle construction, et la saleté. Comme si les poubelles n'étaient que rarement ramassées… Y'aurait-il deux manières de gérer et d'entretenir une même ville ?

A quelques kilomètres du centre, aux limites de cette ville, juste derrière le Mont des Oliviers, se trouve aussi la « barrière de sécurité », ce mur de béton haut de huit mètres construit par Israël pour séparer la Cisjordanie du reste du territoire, à des fins sécuritaires. Des deux côtés du mur se trouvent des familles palestiniennes qui voient ainsi leurs déplacements entravés.

L'autre partie, Jérusalem-ouest, se situe en Occident, avec ses buildings modernes, ses rues piétonnes, ses avenues bien entretenues, décorées et bien signalisées avec notamment des passages piétons sonores pour « malvoyants », mais aussi avec la courtoisie des automobilistes laissant la priorité aux piétons. C'est bien sûr, le quartier où siège la Knesset (Parlement israélien) où se trouvent les grandes entreprises, les grands magasins, les Mc Donald's…

Deux univers sont ainsi réunis autour du Dôme du Rocher. Deux univers quasiment étanches. En effet, peu nombreux sont les Juifs israéliens à oser s'aventurer dans les quartiers musulmans, tellement la peur des agressions leur serre le ventre. De même, rares sont les Palestiniens musulmans à aller dans la ville ouest, par peur d'être mal perçus, d'y être arrêtés par la police ou de ne pas avoir le droit de s'y rendre…

Des deux côtés, la peur liée aux attentats suicides fréquents, paralyse cette population. Chacun reste ainsi sur ses positions sans essayer de comprendre l'autre.

Une même ville, un même Dieu et pourtant un éternel conflit…

Vie quotidienne dans la vieille ville (par Sophie)

Dans la vieille ville de Jérusalem nous logeons dans un petit hôtel pour routards situé dans le quartier musulman. Il n'y a aucune fenêtre. Seules des lucarnes au plafond permettent d'apercevoir la lueur du jour. Les maisons sont tellement imbriquées les unes dans les autres et les ruelles tellement étroites que seuls les plafonds permettent de profiter de la lumière du jour. Nous prenons deux lits dans un dortoir de vingt places et préparons nous-même nos repas dans le salon : hoummous, pita, olives, fromage frais et thé. Nous avons fait le choix de passer trois semaines dans ce pays mais le coût de la vie y est cher, très cher. Nous vivons donc avec le minimum possible : pas de resto, pas de chambre particulière, pas de bus dans la ville, nous utilisons nos jambes. Ce changement de vie est indispensable pour réduire nos dépenses et tenir notre budget mais nous ne le vivons pas très bien. Nous sommes fatigués, le soleil n'est pas là. Il pleut et il fait froid. Nous sommes enfermés dans la ville et nous manquons d'espace. Les tensions perçues à l'extérieur retombent sur nous… Mais notre volonté est de fer. Nous sommes là pour comprendre ce qui se passe ici et allons tout faire pour vivre le quotidien des habitants.

Le quartier musulman ressemble à un immense souk. Epiceries, pâtisseries orientales, pain, vêtements, cadeaux souvenirs, on trouve de tout dans ses boutiques qui se partagent les ruelles étroites et sombres de la vieille ville. Le sol est recouvert de vieux pavés, sans doute ceux que Jésus a foulés… Nous croisons des femmes voilées, des Juifs aux chapeaux noirs, des religieuses et des frères en robes de bure… Nous entendons parler arabe, hébreu, français, italien, anglais… Les cloches du Saint-Sépulcre carillonnent aux heures de messe et quelques instants plus tard le muezzin retentit… Nous sommes dans un univers unique.

Nous sillonnons la vieille ville à la découverte de ces quartiers et de leurs particularités. Sur ces murs est racontée la vie de Jésus de Nazareth. Chaque vendredi, les frères franciscains retracent le chemin de croix. Des centaines de pèlerins venus du monde entier suivent ces pères en priant. Dans chaque chapelle, chaque église, chaque lieu saint, les flashs des appareils photos crépitent, les cierges s'allument et les prières s'élèvent. Peu de ferveur dans ces visites plus touristiques que spirituelles, je suis étonnée par le commerce pratiqué autour de ces lieux saints. Le quartier chrétien n'est qu'un immense bazar où croix, statues de la Vierge, icônes, chapelets et cartes postales sont vendus au meilleur prix.

Du côté du mur des lamentations, l'ambiance est différente. Des cars de Juifs venus du monde entier affluent, déversant des milliers de pèlerins. Les femmes d'un côté, les hommes de l'autre. Tous vont pleurer la destruction du Temple il y a plus de 2500 ans. Nous sentons ici un certain recueillement et venant régulièrement pendant notre séjour, nous y retrouvons aussi les habitués, les habitants de la ville qui viennent fréquemment pour prier.

Le quotidien de cette ville fortifiée, est marquée par la présence militaire de Tsahal. Nous voyons à chaque coin de rue des bataillons de soldats et soldates armés en train de surveiller, contrôler, arrêter. Je n'ai jamais vu autant de femmes portant en bandoulière un fusil mitrailleur. Il y a même des civils qui le portent. Ce sont des Juifs qui vivent dans les kibboutz des territoires occupés, nous dit-on. Symbolique étrange que ces femmes et hommes priant avec un Uzi[67] dans le dos ! Au-dessus de la vieille ville, c'est le royaume des barbelés. L'accès par la « Porte de Damas », du côté du quartier musulman, est sans cesse contrôlé. Nous nous baladons avec appareil photo et caméra mais cela ne plaît pas toujours aux soldats qui demandent régulièrement à Jérôme de ne pas photographier, voir d'effacer sur la caméra sa dernière prise. Pour éviter tous soucis, nous déchargeons chaque soir nos photos numériques et les mettons sur notre disque de sauvegarde.

---

[67] Uzi : mitraillette israélienne

Rencontres inoubliables (par Sophie)

Un matin, nous partons à la recherche d'une école dans le quartier juif de la vieille ville de Jérusalem. Nous arrivons dans une première école où le directeur, un ultra-orthodoxe, nous reçoit et nous explique que faire rencontrer des étrangers aux élèves n'est pas dans l'esprit éducatif de l'école. Néanmoins, il nous indique, à quelques minutes de là, un collège où il est à peu près certain que notre démarche sera bien reçue.

Nous arrivons donc à l'école Mamad Harova où une jeune femme parlant français nous conduit à la salle des professeurs. Nous lui expliquons notre démarche et elle nous prie d'attendre le directeur. Nous voyons arriver Ytshac, jeune, souriant et parlant un français parfait. Il nous explique qu'il est né en France. Il y a 20 ans il est venu faire son service militaire en Israël. Depuis, il a choisi de s'y installer. Immédiatement, il nous propose d'intervenir dans sa classe. Ce sont des élèves de 6ème qui, pour les deux tiers d'entre eux, parlent anglais couramment. En effet, ils sont pour l'essentiel, des fils d'immigrants d'Angleterre ou des Etats-Unis. Les autres élèves viennent de France ou d'Ethiopie. Nous leur présentons la France et nous échangeons avec eux sur le voyage. Nous sommes très étonnés par la maturité et la spontanéité de ces élèves. Après le cours, nous interrogeons Benji et Elishaï, deux enfants de 11 ans. L'école n'étant pas mixte, nous ne rencontrons que des garçons.

Ensuite, Ytshac nous parle de sa vie, de Jérusalem et d'Israël. C'est un homme de foi qui vit sa religion au quotidien et surtout dans la modernité et l'actualité. Bien sûr il porte la kippa mais c'est le seul signe extérieur de distinction. Israël est la terre du peuple juif, il en est convaincu et en nous faisant monter sur le toit de l'école, il nous montre avec fierté cette ville unique. La conviction et la sérénité qui émanent de ses propos nous convaincraient presque. Or nous pensons qu'une terre se partage et que l'action de Tsahal envers les Palestiniens n'est pas toujours justifiée. Nous discutons simplement, il nous explique son point de vue, ses connaissances historiques et il écoute et admet que nous puissions penser différemment. Chaque année il s'engage un mois dans l'armée. C'est avec cette expérience, qu'il ne peut admettre l'image véhiculée par les médias internationaux. Il est si fier de Tsahal et de son pays. *« Dans Tsahal, il y a des brebis galeuses, comme partout ! »*, nous dit-il. Il croit néanmoins que la cohabitation des deux peuples, juif et palestinien est possible à Jérusalem et en Cisjordanie. Pour exemple de réussite de cohabitation il nous cite des villes situées en Galilée. A la question du mur de sécurité, il est néanmoins gêné et nous explique que de toute façon, ce mur est très controversé au sein même d'Israël. Nous n'arrêterions pas de discuter tellement Ytshac est passionnant mais les cours reprennent et nous le quittons… provisoirement.

En effet, quinze jours plus tard, Ytshac nous reçoit chez lui pour le dîner du Chabbath. Nous partageons donc cette soirée très particulière avec sa femme et ses cinq enfants. Nous assistons au rituel de la famille ce soir-là : chant pour invoquer la venue des anges, bénédiction des enfants puis à table, bénédiction du pain… Tout ceci se déroule dans une ambiance décontractée et le bonheur de cette famille rayonne. Nous passons la soirée à discuter de la religion juive. Nous ne la connaissons pas du tout et sommes vraiment très curieux. Myriam nous parle de la vie dans Jérusalem. Elle nous raconte la deuxième Intifada quand les Palestiniens tiraient sur sa maison. Nous y voyons malheureusement encore les traces de balles dans la salle à manger et depuis, Ytshac a dû faire poser des vitres blindées. Elle exprime aussi son angoisse quand son fils aîné va dans le centre-ville et qu'elle entend à la radio qu'un attentat suicide a fait sauter un bus. Elle avoue que quand elle est arrivée en Israël, elle espérait et croyait en la paix et que maintenant elle a du mal à ne pas considérer les Palestiniens comme ses ennemis.

Aucune violence dans leurs propos, aucun fanatisme, ils aiment leur pays, leur religion et croient que vivre là est leur destinée.

Autre lieu, autre rencontre. En nous promenant un midi sur le Mont des Oliviers, nous rencontrons Astrid, une Française, avec qui nous sympathisons. Nous la retrouvons un soir au couvent des sœurs Bénédictines où elle partage un appartement avec Marie-Noël et Caroline. Ces trois jeunes femmes font partie de la communauté de l'Emmanuel et vivent leur foi en priant et en donnant du temps aux autres. Astrid et Marie-Noël sont infirmières volontaires à l'hôpital Saint-Louis pour une mission de deux ans. Caroline, quant à elle, est professeur de français dans un collège palestinien. Nous lui parlons du projet avec les enfants et tout de suite elle nous propose de venir rencontrer ses élèves.

Nous quittons tôt notre petit hôtel et la retrouvons devant la Porte d'Hérode puis à pied nous rejoignons le collège Ibrahimieh, une école privée musulmane.

Il est 8 heures et nous assistons à la mise en rangs des élèves avant l'entrée en classe. 1800 élèves de la maternelle à Bac + 2, tous en uniformes bleus et blancs. Caroline enseigne le français et nous intervenons dans quatre de ses classes devant des élèves de 10, 12, 13 et 16 ans. Les jeunes de 13 ans ont un excellent niveau, quant aux autres, leur niveau est suffisant pour que nous fassions toute la présentation en français. Caroline ne traduira en arabe que rarement. Nous sommes impressionnés de voir dans cette école le français à l'honneur, c'est la deuxième langue étrangère enseignée. L'infrastructure du collège nous surprend également. Immeuble moderne de quatre étages avec des cours intérieures et extérieures, deux salles avec des ordinateurs connectés à Internet et mis à disposition des élèves lors des pauses, un aménagement ludique pour les petits… Nous avons la chance d'assister à la fabrication des pâtisseries aux figues préparées pour la fête de l'Aïd-el-Kébir[68] qui a lieu dans quelques jours.

Cette institution accueille sans doute l'élite de la population musulmane de Jérusalem. A plus de 90 ans, son fondateur s'attache toujours à dispenser la meilleure éducation possible à ces jeunes filles et jeunes hommes.

Enfin, deux autres rencontres nous marquent fortement pendant ce séjour. Tout d'abord Jacqueline, Xavier et Francis qui nous accueillent une semaine au bord du lac de Tibériade. Après deux semaines très intenses à Jérusalem, nous voulons découvrir la Galilée. J'ai vraiment besoin de prendre l'air. Cette ambiance de conflit à Jérusalem et en Cisjordanie commence à me peser. J'ai l'impression d'étouffer dans ce petit hôtel de la vieille ville, dans ce dortoir où nous n'avons aucune intimité, dans cette course que nous nous imposons à visiter, voir, filmer, discuter… pour comprendre. Enfin, je cherche et cherche encore la spiritualité que j'imaginais trouver dans cette ville sainte.

Je suis animée d'une foi intense depuis ma petite enfance et malgré les aléas de ma vie, malgré les doutes de l'adolescence, elle est toujours restée vivante et chaque jour de ce voyage la renforce. Or j'arrive ici et je vois des touristes dans les églises, des communautés chrétiennes qui se disputent les lieux saints au lieu de se les partager, des Juifs, des chrétiens et des musulmans qui se déchirent sur cette terre… Les doutes m'assaillent, je ne suis pas sereine et je n'arrive pas à exprimer

---

[68] l'Aïd-el-Kébir : fête du mouton en souvenir du sacrifice d'Abraham.

ce malaise. La fatigue, l'ambiance extérieure et cette sensation pénible font monter la tension dans notre couple.

Astrid nous donne l'adresse d'un centre d'hébergement de pèlerins à Tibériade. En arrivant dans la ville, nous allons d'abord à l'hôtel. Nous hésitons à frapper à la porte de l'Oasis San Francisco. Qu'allons-nous y trouver ? Allons-nous pouvoir échanger avec des chrétiens peut-être trop pratiquants à notre goût ? Jérôme et moi n'avons pas la même foi et dans cette période de doutes, je n'ose plus proposer la rencontre avec des gens qui croient. Je ne me sens plus très forte face à toutes ces querelles de clochers, face à ce cirque organisée autour de ces lieux où a vécu Jésus.

Cependant, les rencontres sont le moteur de notre voyage et nous décidons timidement d'aller sonner à l'Oasis. Jacqueline nous accueille très gentiment et nous propose de venir le lendemain. Nous rencontrons Xavier, son mari, et Francis. Ils ont tous les trois l'âge de nos parents et sont volontaires pour entretenir la maison et recevoir les pèlerins. Ils ont de grands enfants et à l'âge de la retraite, ils ont choisi de donner du temps pour les autres. Ils vivent leur foi en priant mais aussi en vivant quotidiennement la fraternité et le partage. Ils sont une présence d'Eglise dans cette ville juive.

Le temps étant à nouveau très mauvais, nous décidons de nous reposer en nous activant dans la maison. Jérôme donne un coup de main à Francis pour refaire la peinture de certaines chambres. Quant à Jacqueline et moi nous cousons des rideaux pour les chambres qui n'en ont pas. Nous partageons cette vie calme et retrouver quelques jours une vie normale dans une maison nous fait le plus grand bien.

Nos discussions avec Jacqueline et Xavier sont, en outre, très intéressantes. Ils nous parlent d'Israël, de Nazareth qui se trouve à quelques kilomètres et de l'assez bonne cohabitation des différentes communautés. Nous rencontrons Nouma, une jeune Palestinienne chrétienne mais qui a la nationalité israélienne. Elle nous explique ne pas sentir de discrimination ni à Tibériade ni à Nazareth. Elle fait des études de pâtisserie et est en stage dans un grand hôtel israélien. Elle ajoute également que si la Palestine était créée, elle resterait vivre en Israël. *« Les Juifs respectent la liberté de culte »,* ajoute t-elle pour s'expliquer. Par contre, elle nous montre sa carte d'identité israélienne où il est mentionné qu'elle est arabe…

Nous partons visiter les villes alentours, Nazareth, Saint Jean d'Acre et les sites de Capharnaüm, le mont des Béatitudes… Ces lieux sont très différents de Jérusalem et nous avons l'impression d'être dans un autre pays. Tout est propre et calme. Nous sommes dans un monde moderne, clairement au XXIe siècle et nous pourrions nous croire en Europe.

Cette semaine passée à Tibériade nous permet de faire le plein d'énergie positive et je me sens mieux. J'ai retrouvé ma sérénité. Les discussions et la vie simple avec des gens qui ont confiance en la vie nous ont fait le plus grand bien. Nous avons noué des liens d'amitié vraiment très forts avec ces volontaires qui nous ont accueillis comme leurs enfants et sommes très émus de les quitter.

Enfin, à Tibériade, nous rencontrons également le frère Olivier-Thomas. Dominicain, il étudie à l'école biblique et archéologique française de Jérusalem. Nous avons avec lui une discussion passionnante sur les différences de philosophie entre les chrétiens, les musulmans et les juifs. Il nous explique une notion capitale dans cette région. A la différence des musulmans et des juifs, les chrétiens ne peuvent pas revendiquer la Terre Sainte car Jésus a dit que peu importe que l'on soit à Jérusalem ou ailleurs, l'important c'est l'esprit ! Nous comprenons maintenant pourquoi la communauté chrétienne est très pacifiste sur ce territoire et joue un rôle de communauté neutre.

Nous retrouvons le frère Olivier-Thomas à Jérusalem où il nous fait visiter l'école biblique et archéologique. Seize frères dominicains, des élèves et des chercheurs vivent dans ce couvent. Il enseigne et travaille actuellement sur l'annotation et les commentaires historiques et théologiques à apporter à l'évangile de Matthieu. Nous découvrons un univers de travail et d'étude avec notamment une bibliothèque de renommée mondiale. En effet, ses rayons contiennent plus de 130.000 volumes la plupart traitant d'exégèse biblique et d'archéologie du Proche-Orient, sans oublier les langues et la littérature des peuples du Proche-Orient ancien. C'est ici que sont également conservés certains manuscrits de la mer Morte. Bien sûr, tout est informatisé.

Enfin, le frère Olivier-Thomas nous fait rencontrer le Prieur qui se charge notamment de scanner les 20000 photographies actuellement sur plaques de verre et datant du début du XXe siècle. Un véritable trésor !

Nous ressortons très impressionnés par la modernité de ce couvent, par la rigueur scientifique avec laquelle sont abordées l'archéologie et l'étude des écritures saintes. Nous venons d'effleurer un autre univers, celui de l'excellence…

Grâce à ces rencontres uniques et fortes, ce séjour à Jérusalem et en Israël est pour nous une expérience extraordinaire. Nous avons la sensation de vivre quelque chose de grand, quelque chose hors du commun… Et pour moi, j'ai l'impression que mes doutes des premiers jours ont été un mal nécessaire pour me révéler ensuite des certitudes désormais évidentes.

Territoires palestiniens (par Jérôme)

Les territoires palestiniens regroupent la bande de Gaza, la Cisjordanie et le Golan. Ce sont les territoires occupés par Israël depuis la guerre des six jours. Une présence que l'Etat juif tente de pérenniser par l'implantation de colonies.

Pour nous, la tentation est trop forte d'en connaître un peu plus sur cette région, sur le quotidien de ses habitants. Nous prenons le bus pour Bethléem. Celui-ci nous dépose à un check point[69] à 15 km de Jérusalem. De là, nous devons descendre et franchir ce poste à pied tandis que notre bus fait demi-tour. Abrités derrière des blocs de béton, des soldats, gilets pare-balles sur les épaules et mitraillettes en bandoulière nous regardent derrière leurs lunettes de soleil. Un simple contrôle des passeports et ils nous laissent continuer. De l'autre côté, des taxis attendent. L'un d'eux nous conduit au centre de Bethléem. Sur la route, nous notons que l'état de propreté n'est pas le même qu'à Jérusalem. A l'entrée de la ville, des militaires palestiniens dans un uniforme neuf, semblent plus faire office de présence qu'autre chose. Bethléem ressemble à ces villes arabes que nous avons croisées en Syrie et Jordanie. Rues sales, poussiéreuses, maisons aux façades non terminées, petites échoppes, souks… En face de l'église de la Nativité, sur la place Manger, une exposition sur la Corée du Sud se met en place. Nous ne ressentons aucune tension dans cette ville. Nous nous attendions à des difficultés pour circuler, à des contrôles rigoureux, à des regards hostiles… Mais rien ici qui ne traduise la réalité du conflit israélo-palestinien.

Nous continuons notre route vers Hébron. Pour cela, nous devons passer un check point dans la partie sud de la ville. Aucun soldat israélien, juste quelques plots de béton qui bloquent la route. De temps à autres, une jeep de l'armée passe. Les Palestiniens, plus nombreux à cet endroit, doivent emprunter le même chemin que

---

[69] Check point : point de contrôle de l'armée israélienne.

nous. « *Aujourd'hui c'est calme, mais parfois quand j'arrive ici pour aller travailler, les soldats me repoussent et me disent de revenir le lendemain. Et là, rien à faire d'autre que de rentrer chez soi !* », nous raconte ce père de famille qui travaille dans un restaurant du centre de Bethléem. « *Pour nous ces barrages sont aléatoires, cela peut prendre cinq minutes comme trois heures. Parfois même, le passage est impossible* ».

Du bus qui nous mène à Hébron nous distinguons sur le sommet des collines, des villes cerclées de grillagées. Telles des citadelles, ces colonies juives se développent et vivent en quasi-autarcie. Immeubles et maisons sont protégés par deux ceintures de barbelés que surveillent des gardes, du haut de leurs miradors. Malgré la distance, nous constatons le modernisme et l'organisation de ces nouvelles villes. Deux mondes qui se côtoient mais qui ne se mélangent pas.

A Hébron, nous retrouvons, tout d'abord, la même ambiance qu'à Bethléem. C'est le souk ! Nous marchons dans cette ville et plus nous nous approchons du centre plus le calme se fait, plus les rues se vident, plus l'ambiance change. Nous franchissons des blocs de bétons posés en travers de la rue et continuons notre chemin dans le « vieux Hébron ». Personne dans la rue. Les magasins ont leur portes fermées et des herbes attestent que la situation n'est pas récente. Le silence rend l'atmosphère étrange et nous ne comprenons rien. Nous progressons dans ce dédale de ruelles et croisons une patrouille de soldats israéliens. En file indienne, ceux-ci longent les murs, de part et d'autre de la rue. Ils nous dépassent mais ne nous disent rien d'autre que : « *Pas de photos !* ». Nous continuons et arrivons à une guérite. Là, un jeune soldat nous apprend que depuis la deuxième Intifada, le centre a été fermé pour éviter les conflits. En effet, situé dans le centre d'Hébron, un quartier d'ultra-nationalistes juifs domine la vielle-ville. Des provocations quotidiennes de part et d'autre ont été à l'origine de manifestations et ont abouti à la fermeture de ce quartier. Et pourtant pas question de lâcher prise. Hébron abrite le tombeau des patriarches. Ce lieu saint est donc une raison supplémentaire pour laquelle chacune des deux communautés s'accroche à cette ville. Une adoration commune pour un lieu saint, que chacun témoigne par de la haine.

Dans le bus qui nous ramène, je pense à l'écart existant entre les territoires palestiniens et Israël. Au-delà du conflit religieux et du conflit sur la possession des terres, il existe un véritable fossé entre ces deux sociétés. L'une développée à l'occidentale, l'autre en voie de développement. Même si un accord était trouvé pour les terres, comment deux sociétés aussi différentes pourraient-elles cohabiter sans susciter d'un côté l'envie et de l'autre le mépris ?

Ministère de l'Education de l'Autorité Palestinienne (par Jérôme)

Après nos visites dans des écoles juives et palestiniennes privées, nous souhaitons visiter une école publique palestinienne. C'est dans la ville de Ramallah, siège de l'autorité palestinienne, que nous décidons de pousser les portes d'une école.

« Avez-vous une autorisation du ministère de l'Education ? ». C'est par ces mots un peu secs que la directrice de l'école nous accueille. Comme nous réalisons depuis le début des démarches spontanées, nous répondons par la négative. *« Pas d'autorisation, pas de visite ! »,* conclue-t-elle notre bref entretien sans même chercher à savoir ce que nous voulons.

Bien que déçus nous décidons de profiter de l'occasion pour découvrir ce ministère dont nous ignorions l'existence. L'expérience s'est révélée très intéressante.

Nous arrivons devant un bâtiment refait à neuf. Pelouses et parterres impeccables, intérieur d'une propreté immaculée, ordinateur dans chaque bureau, spacieux et bien rangé, armoires modernes avec portes vitrées laissant apparaître des dossiers parfaitement organisés…

Tout cela dénote avec l'organisation « palestinienne » des administrations, des boutiques et des rues vues à Bethléem, Hébron et Ramallah !

Nous sommes introduits chez le secrétaire du ministre, très courtois, qui nous écoute pendant une heure lui expliquer notre projet et les raisons de notre démarche. Une heure pendant laquelle il prendra minutieusement notes de tout : *« Donc votre présentation de la France commence par : 1) Histoire, 2) géographie, 3)… »* ; Nous posant des questions sur les villes dans lesquelles nous comptons aller, le type d'écoles (garçons ou filles), le nom des écoles… Bref, nous répondons tant bien que mal et nous mettons à espérer. Au terme de cette heure, son cahier bien rempli, arrive sa supérieure hiérarchique. Après un échange en arabe, notre interlocuteur se tourne vers nous : *« Très bien, donc ! Pouvez-vous mettre par écrit les motifs de votre projet, le contenu de votre présentation, les écoles dans lesquelles vous comptez aller… et envoyer cette lettre au ministre ? »*

« *Mais c'est ce que vous venez juste de noter depuis une heure* », pensons-nous ! Décontenancés, nous jouons le jeu et lui demandons l'adresse à laquelle poster cette lettre. Il aura beau retourner toutes les feuilles de son bureau, il ne pourra nous donner l'adresse du ministère dans lequel il travaille ! « *Vous n'avez qu'à la faxer* » nous dit-il triomphant, le numéro à la main.

« *Très bien* », continuons-nous, « *Et quand aurons-nous la réponse ?* » « *Si le ministre n'y voit pas d'inconvénients, vous aurez une lettre d'ici 3 à 4 jours* ». Inutile de préciser que nous avons laissé tomber !

Nous apprenons au cours de notre séjour que l'Autorité Palestinienne est essentiellement financée par la CEE et que les ministères fonctionnent à grand renfort de conseillers venus d'Europe ! Chose que nous croyons volontiers devant l'organisation des bâtiments, leur informatisation et les méthodes des fonctionnaires. Une seule chose semble néanmoins manquer : l'efficacité !

Bien qu'ayant eu la chance de rencontrer des enfants palestiniens dans une école privée de Jérusalem, nous ne pourrons visiter aucune école publique palestinienne, faute d'autorisation du ministère d'un Etat qui n'existe pas !

Bêtise humaine (par Jérôme)

Impossible de se déplacer en Cisjordanie sans être confronté aux check points. Omniprésents sur les routes et à l'entrée des villes, ces points de passage sont des zones très sensibles où les Palestiniens sont en confrontation directe avec l'armée israélienne. Une armée composée de soldats et « soldates » jeunes, trop jeunes, qui mitraillettes à la main et lunettes de soleil sur le nez vous regardent souvent de haut, de trop haut !

Points de passages mais aussi de blocages pour ces Palestiniens qui veulent aller travailler ou faire leurs courses.

Points de contrôle tragiques pour ces Palestiniennes qui ont dû y accoucher avec parfois des conséquences dramatiques !

En Cisjordanie, ce ne sont pas uniquement les check points, c'est aussi Hébron où nous voyons au-dessus des rues de la vieille ville, ces filets chargés de déchets que les ultra-nationalistes juifs jettent du haut de leurs fenêtres dans le quartier arabe.

C'est encore ce médecin palestinien qui nous parle de « *Ces ennemis qui ont tué mon fils* » !

C'est encore cette Palestinienne enceinte, mère de dix enfants et qui est décédée sous les décombres de sa maison, détruite lors d'une opération de l'armée israélienne contre la maison voisine d'un kamikaze. C'est encore ce « mur de sécurité », dont le tracé étouffe certaines villes palestiniennes et qui n'est sécuritaire qu'aux yeux du gouvernement israélien.

Vu sous cet angle que penser des Juifs et des Israéliens ? Hommes sans cœur, assassins, meurtriers, tueurs… les qualificatifs ne manquent pas !

Mais si maintenant la caméra est tournée à 180 degrés, une autre réalité apparaît.

C'est ce check-point où des explosifs étaient cachés dans une ambulance transportant une femme enceinte. C'est encore, pendant notre séjour, cette femme qui prétexte un malaise pour se faire « exploser » avec quatre militaires dans les bâtiments d'un check-point de Gaza. C'est toujours pendant notre séjour, ce kamikaze palestinien qui tue dix personnes dans un bus israélien. C'est encore, ces bus israéliens que nous prenons et dont les vitres sont blindées. C'est encore, chez Ytshak, Myriam et leurs cinq enfants, cette porte-fenêtre qu'ils ont blindée suite à des tirs dont deux impacts sont encore visibles sur les murs de la maison. C'est encore dans le quartier d'Ytshak où un voisin a été tué froidement devant ses enfants par un Palestinien. C'est encore, c'est encore …

Sous cet angle-là que penser des Palestiniens ? Hommes sans cœur, assassins, meurtriers, tueurs… les qualificatifs ne manquent pas non plus !

Alors à qui la faute ? Celui qui a commencé le premier ? Celui qui a fait le plus de victimes ?

D'un côté, un gouvernement israélien, dont la politique en matière de paix est plus qu'ambiguë et qui malgré des promesses de retrait ou d'ouverture ne respecte pas les résolutions votées par l'ONU. De l'autre, une Autorité Palestinienne subventionnée par l'Europe mais corrompue et qui n'a d'autorité que le nom.

Il nous semble que la seule chose que ces politiciens aient en commun soient des discours prometteurs mais aucun n'a de volonté réelle d'aboutir à la Paix, du moins avec des concessions.

Ce que nous retenons ce sont, de chaque côté, ces hommes, ces femmes, ces enfants engagés dans une spirale de haine, qui les entraînent chaque jour un peu plus loin de la paix.

Si dans notre tour du monde, nous avons souvent pu apprécier la grandeur de l'Homme, nous avons également, en Cisjordanie, pu en découvrir toute sa bêtise !

Le long de la mer Morte (par Sophie)

Nous quittons Jérusalem et rejoignons Amman sans encombre cette fois-ci lors du passage-frontière. Après avoir posé nos sacs dans un petit hôtel du centre-ville, nous rejoignons Shantal, l'amie de Jérôme. Nous passons la soirée avec elle et sa mère qui est anglaise. Jérôme et Shantal se sont connus à l'université de Bristol. Depuis, Shantal est rentrée en Jordanie après avoir vécu cinq années en angleterre. Elle travaille aujourd'hui dans une agence de publicité mais à 28 ans, elle vit toujours chez ses parents. Dans ce pays, il n'est pas envisageable qu'une femme non mariée prennent un appartement. Elle nous raconte sa vie et la différence de culture entre l'Europe et le Proche-Orient.

« C'est certain, je suis beaucoup moins libre et autonome que je ne l'étais à Londres. Mais ici, j'ai une voiture, un excellent niveau de vie et surtout ici c'est chez moi. Je suis Jordanienne et même si je ne porte pas le voile et m'habille à l'occidental, je suis de culture musulmane. Les premiers mois de mon retour ont été difficiles mais je m'y suis vite habituée car toutes mes amies sont dans la même situation que moi, alors on se sert les coudes. J'espère rencontrer un homme avec une assez grande ouverture d'esprit pour me marier cependant il devra être musulman car la loi ne permet pas à une femme de se marier avec un homme d'une autre religion...»

Shantal nous fait découvrir Amman, une capitale assez moderne, tout du moins comparée à Damas. De nombreuses compagnies occidentales y ont implanté leur filiale locale, les centres commerciaux commencent à se multiplier, les résidences des quartiers chics sont splendides… La Jordanie est un état qui veut aller de l'avant et cela se sent. Bien sûr, toute la capitale n'est pas à cette image et nous découvrons dans la vieille ville, le « downtown », des quartiers très pauvres avec des souks orientaux : une capitale à deux vitesses.

Chez Shantal, nous récupérons un colis envoyé de France qui contient une paire de chaussures de marche. J'ai la réaction d'une gamine devant son plus beau cadeau de Noël. Je les essaye immédiatement et ne les quitte plus. Cela fait trois mois que mes chaussures sont percées et malgré moult réparations, mes pieds prennent l'eau et je suis gelée en permanence. Ici, je n'ai pas trouvé de chaussures de marche qui soient à un prix abordable. Ce genre de produit est importé d'Europe ou des Etats-Unis et est un produit de luxe.

Nous récupérons nos scooters et reprenons la route. Il fait toujours froid et la pluie ne cesse de tomber. Nous décidons de longer la mer Morte pour retrouver un peu de chaleur et choisissons d'aller directement en Egypte.

Nous sommes en pleine fête de l'Aïd-el-kébir et les familles jordaniennes célèbrent cet événement sur les plages. Nous nous retrouvons donc dans des embouteillages à la sortie de la capitale et constatons que les plages sont noires de monde. Nous ne nous arrêtons pas mais apprécions la vue superbe sur cette eau turquoise qui donne sur le désert. Nous bivouaquons au calme dans le désert et en tee-shirts… Les 400 mètres en dessous du niveau de la mer ont vraiment du bon !

Aqaba : traversée de la mer Rouge (par Sophie)

En fin d'après-midi, nous arrivons à Aqaba, port jordanien sur la mer Rouge. Nous allons au port nous renseigner sur les horaires pour les ferrys en partance pour l'Egypte. Il y en a un qui part trois heures plus tard. Nous n'hésitons pas et Jérôme part effectuer les démarches administratives de dédouanement et d'embarquement sur le bateau.

A 21 heures, nous sommes sur le pont et, après avoir attaché solidement nos scooters, nous nous installons confortablement. La traversée se passent parfaitement bien et nous arrivons à trois heures du matin dans le port de Nuweiba en Egypte.

Après deux heures de formalités, nous quittons le port et nous installons à la terrasse d'un café en attendant le lever du jour. Dès les première lueurs, nous prenons la route qui longe la mer et descend vers le sud. Nous nous arrêtons à Dahab, petite bourgade de bord de mer. Nous y trouvons une petite chambre très bon marché sur la plage et nous y installons pour deux jours. Au programme, mécanique pour Jérôme, tri et réorganisation des affaires dans les sacs pour moi. Après avoir changé les roulements de direction, réglé la chaîne d'arbre à came… et fixé les plaques d'immatriculation en arabe, nous piquons une tête dans la mer Rouge et nous régalons les yeux en observant les magnifiques poissons et coraux de cette côte.

Les scooters au point, les affaires bien rangées, nous prenons la route pour traverser le désert du Sinaï et découvrir le Monastère Sainte Catherine.

Le Sinaï (par Sophie)

La route est grandiose. Nous roulons seuls à travers des Wadis, des blocs rocheux sculptés par le vent et le désert à perte de vue. Couleurs ocre, rouge et sable : magique ! Nous bivouaquons et, malgré le froid, nous restons dehors à observer les étoiles et la lune. Le lendemain matin, après 90 km de route splendide, nous arrivons au Monastère Sainte Catherine. Nous avons l'impression de découvrir un château fort au milieu de nulle part… enfin presque car le nombre de touristes y est vraiment hallucinant !

Une vingtaine de moines grecs orthodoxes vivent dans ce monastère. Fondé au IVe siècle par l'impératrice byzantine Hélène, il fut construit à côté du site où s'élevait le buisson ardent d'où Dieu s'est adressé à Moïse. Lieu de pèlerinage pour les chrétiens du monde entier, ce monastère est également très respecté par les musulmans qui en sont d'ailleurs les gardiens. En effet, juifs, chrétiens et musulmans croient que c'est au sommet du mont Sinaï que Dieu révéla à Moïse les Dix Commandements.

Après cette visite, nous nous dirigeons vers le canal de Suez. Sur la côte, des raffineries, des plates-formes et des stations off-shore nous indiquent une région riche en « or noir ». Côte en plein essor touristique, les plages sont bordées de résidences en construction. Nous demandons aux gardiens de l'un des chantiers de pouvoir nous y installer pour la nuit. Aucun problème, notre tente est ainsi à l'abri du vent, des regards indiscrets…. et face à la mer !

Pour traverser le canal de Suez, nous empruntons un tunnel et faisons un aller-retour au Caire pour mettre à jour nos permis de circuler. Nous redescendons ensuite le long de la côte jusqu'au niveau de Louxor. Nous devons rouler en convoi pour traverser le désert qui relie la côte et la vallée du Nil. Depuis les attentats de 1997, aucun étranger ne peut circuler librement dans cette zone. C'est en queue d'un convoi de 80 véhicules, bus de tourisme et mini-bus que nous effectuons 120 km. Plus de 2000 touristes sont regroupés dans ce convoi qui s'étend sur deux kilomètres. Une cible parfaite !

L'arrivée dans la vallée du Nil nous surprend. Nous quittons un paysage désertique, avec comme rencontres de rares bédouins, et nous arrivons dans une vallée luxuriante d'arbres et de champs cultivés vert fluo, des hommes et des femmes partout dans les campagnes et dans les rues, des ânes, des charrettes, des motos et des voitures… la civilisation... Enfin, celle de la haute Egypte, c'est-à-dire une société rurale où les hommes sont habillés en djellabas et les femmes couvertes d'un long vêtement noir. Les maisons sont en briques de terre et paille, les routes en terre battue.

Depuis la réparation de mon scooter en Turquie, j'ai conscience de ses limites et je ne suis pas certaine qu'il veuille bien m'emmener jusqu'au bout. Depuis Amman, j'entends des bruits et je le sens vraiment diminué. Beaucoup moins de reprise, des comportements étranges... Je prie chaque jour pour que nous puissions continuer à avancer. Après ces 120 km en convoi, j'ai l'impression que je suis au bord de la panne. Je ne pense qu'à une chose : atteindre Louxor.

Dans mon esprit, cette destination est l'étape ultime du voyage. Louxor est pour moi synonyme des tombeaux des pharaons et je veux les voir. C'est un peu comme si la suite n'avait pas d'importance... Etrange réflexion. Prémonitoire !

Paroles d'enfants : Israël

Elishaï – 12 ans – Jérusalem (Vieille Ville)

« Je suis né en France et j'ai vécu jusqu'à l'âge de 8 ans dans la banlieue parisienne. Je suis Juif et avec ma famille nous sommes venus nous installer en Israël. Je vais en minibus à l'école Mamad Harova dans la vieille ville de Jérusalem. Cette école est privée et religieuse. Mes matières préférées sont  les mathématiques et l'informatique. J'apprends à parler l'hébreu et l'anglais. L'année prochaine je vais également apprendre l'arabe car cela me servira quand je ferai mon service militaire.

J'aime beaucoup l'école car j'y ai mes amis. Mais c'est vrai que ce n'est pas très facile de se faire des amis ici car je ne parle pas encore bien hébreux. Je regrette un peu les copains que j'avais en France.

Mes parents me donnent de l'argent mais je l'économise. Ce que j'aime vraiment manger ici ce sont les falafels et l'hoummous. C'est vraiment très typique et délicieux.

Je suis très fier d'Israël et pour moi le jour le plus important est celui du Yom Kippour.

Après l'école, je regarde la télévision ou je joue sur l'ordinateur mais je n'ai pas Internet. Je fais aussi du karaté et du judo.

Mon père est commercial pour plusieurs sociétés et ma mère reste au foyer. J'ai un frère et une sœur et nous vivons dans un appartement.

Je pratique le jour du Shabbat. Le vendredi soir et le samedi, je vais à la synagogue et nous invitons des amis à manger à la maison.

J'ai déjà visité tout Israël et je suis allé aussi en Martinique.

Plus tard je voudrais être militaire dans l'aviation ou la marine, me marier et avoir des enfants. »

Si j'étais président :

1.   Je mettrais fin aux attentats entre Israël et les Arabes.
2.   Je ferais intervenir l'armée en cas d'attentat.

Paroles d'enfants : Territoires Palestiniens

Shada – 12 ans – Jérusalem est

« Je vis dans la banlieue nord de Jérusalem. Chaque matin mon père m'emmène en voiture au Collège Ibrahimieh. Nous mettons 50 minutes alors qu'avant la construction du mur de sécurité, le bus mettait 15 minutes.

Mes matières préférées sont le français et les mathématiques. J'apprends l'arabe (ma langue maternelle), l'hébreux, l'anglais et le français. Je suis très heureuse car tout va bien pour moi et ma famille. Mes parents me donnent de l'argent de poche tous les matins pour que je m'achète du chocolat. Je mange principalement des légumes comme des aubergines farcies, des courgettes et du riz ; mais mon plat préféré c'est le sandwich au Labné avec des tomates.

Je porte un uniforme pour l'école mais en dehors je m'habille en pantalon. Pour mon anniversaire, je reçois comme cadeaux des vêtements et des jouets (Barbie, peluches…). Mon père est pharmacien et ma mère ne travaille pas. Nous vivons dans une maison avec mes trois frères et sœurs. Je partage ma chambre avec ma sœur. Nous avons une télévision, un ordinateur, une machine à laver.

J'ai déjà visité la Palestine et la Jordanie. Plus tard, je souhaiterais être médecin en Palestine, me marier et avoir trois enfants. Je suis musulmane et je vais de temps en temps à la mosquée. Je ne me sens pas vraiment en sécurité dans Jérusalem et j'aimerais que cela change. »

Si j'étais présidente :
1. Je ferais la paix.
2. Je me conduirais bien avec les gens. Aujourd'hui, les dirigeants tuent des civils et ne font pas la paix.

Chapitre 12

La boucle est bouclée !

Février – Mai 2004

Retour imprévu sur la terre natale… (par Sophie)

Nous rejoignons à Louxor, Karl, un Français avec qui nous avons rendez-vous au camping situé près de Karnak. Nous partageons le déjeuner et racontons nos voyages puis nous filons faire un tour de la ville et de la Vallée des Rois. De quoi nous allécher pour les visites des temples de Karnak, Louxor…

Après cette première visite rapide, à la tombée de la nuit, nous allons dans un cybercafé pour envoyer des messages et là nous apprenons par un email de mon frère que ma mère se trouve en réanimation à la Pitié Salpetrière dans un état grave, suite à une rupture d'anévrisme.

Bouleversés nous filons dans une agence de voyage pour que je prenne le premier avion pour Paris. Ne pouvant laisser les scooters seuls, nous décidons que Jérôme reste pour m'attendre ou pour faire rapatrier les scooters en temps utile.

Un billet Le Caire - Paris en poche pour le lendemain, nous filons à la gare acheter un ticket Louxor - Le Caire pour le soir-même. Le train est complet ! Je reste donc dormir au camping et le lendemain matin Jérôme m'accompagne à l'aéroport où je persuade les employés d'Air-Egypte de m'accorder une place en dernière minute sur leur premier avion. Aucun problème.

A 21 heures, j'atterris à Paris. Première réelle séparation avec Jérôme depuis le début du voyage, c'est assez dur. Mais les événements prennent vite le dessus dans ces cas-là, et c'est auprès de ma mère et au côté de mon frère que je dois être.

Thibault m'attend à l'aéroport, les premiers kilomètres entre Roissy et Paris m'apparaissent comme dans un rêve. Un monde irréel. Je viens de quitter la chaleur de l'Egypte, sa saleté, les femmes voilées, les taxis qui foncent dans tous les sens et klaxonnent pour un rien… J'arrive dans un aéroport neuf, impeccable, peut être un peu trop aseptisé à mon goût d'ailleurs. Je redécouvre des autoroutes éclairées, entretenues, des automobilistes raisonnables et courtois, des panneaux publicitaires géants avec des filles dénudées dessus. Ce ne sont que mes premières impressions.

En effet le lendemain, après être allée à l'hôpital voir notre mère en réanimation, j'ai besoin de me changer les idées. Thibault se propose de m'accompagner pour que je puisse m'acheter des chaussures de ville. Les chaussures de randonnée dans Paris cela fait désordre ! Et là, c'est vraiment la stupéfaction. Je n'ai pas vu autant de beaux magasins si bien achalandés, de gens si bien habillés et de monde dans les boutiques depuis près de trois ans. Je n'en reviens pas !

Malgré la difficulté de la situation, je reste sereine et ne suis pas angoissée. La vie parisienne est cependant dure à supporter surtout avec quatre heures de métro par jour pour aller à l'hôpital. Quatre heures en sous-sol. Quatre heures par jour en service de réanimation dans un univers blanc et bleu où les patients du service de neurochirurgie ont des pertes de lucidité, voir pas de lucidité du tout… Où tout est possible, le pire comme le meilleur, où chaque jour, le discours des médecins change et finalement rien n'est prévisible.

Mes amis et ma famille sont très proches et m'aident dans ce moment difficile. Cependant, je reste persuadée que je vais repartir bientôt. L'état de ma mère s'améliore très vite et je vais chercher mon visa pour l'Egypte. Je suis sur le point d'acheter mon billet d'avion quand elle se retrouve à nouveau en réanimation et là le constat est implacable.

« Son état est extrêmement grave et nous ne pouvons pas nous prononcer. Ses jours sont vraiment en danger ! », nous annoncent les médecins.

Le soir, je contacte Jérôme sur Internet et en lui annonçant la nouvelle, il décide de rentrer. La décision est facile à prendre et nous semble naturelle. Le seul souci que nous avons est de sortir mon scooter d'Egypte alors que je ne suis pas sur place pour signer les papiers. Le lendemain, je demande au service de réanimation si un médecin peut rédiger une lettre expliquant que je suis obligée de rester ici. Le Docteur Abdennour rédige alors un certificat en arabe expliquant la situation et je le fais parvenir à Jérôme avec mon passeport par le biais de la valise diplomatique.

La route des oasis (par Jérôme)

Après le départ de Sophie, la tente me paraît deux fois trop grande et il me faut faire tout seul ces tâches que nous nous partagions : laver le linge, faire la cuisine, faire la vaisselle… Heureusement, la présence de Karl (Français parti à vélo depuis 2 ans) me réconforte. L'occasion de discuter et d'échanger sur le voyage, mais aussi sur cet imprévu. A Louxor, avec Karl, nous visitons les temples de Karnak, Louxor, la Vallée des Rois. Impressions grandioses que ces monuments couverts de sculptures, de hiéroglyphes… Ces colonnes aux pieds desquelles je me sens si petit, ces tombeaux aux parois couvertes de dessins colorés et d'une si grande finesse. Des monuments qui témoignent de la grandeur de cette civilisation qui dura plus de 2000 ans.

Au bout de 15 jours, sans évolution de la situation en France, je décide de rejoindre Le Caire par la route des oasis. 1400 km à flirter avec le désert libyque. En une journée de scooter, je rejoins Karl pourtant partis deux jours avant moi. Je me rends compte de l'écart de rythme entre nos deux modes de locomotion. 15 km/h à vélo, c'est une bonne moyenne ! Nous nous organisons et, tandis que les matins Karl est déjà sur la route, je profite de mon privilège de « motorisé » pour faire la grasse matinée ! A midi, il fait plus de 50 degrés et le léger vent chaud n'est pas là pour nous rafraîchir ! Pour Karl, c'est en moyenne 6 litres d'eau par jour ! Une consommation énorme, surtout sur cette route où les points de ravitaillement sont éloignés. 15 à 20 km/h, ce n'est pas assez pour mon scoot. Pas de stabilité et surtout un moteur qui chauffe. Nous bricolons donc une sangle avec des cordes et des tendeurs ce qui propulse Karl de 15 à 35 km/h ! Moins d'effort, plus d'air, sa consommation d'eau diminue et le soir nous pouvons prendre des « douches » plus longues. Nos bivouacs sont exceptionnels aux pieds des dunes, dans ce désert où règne un silence d'or et scintille un ciel étoilé, voûte céleste au-dessus de nos têtes.

Mais au bout de 5 jours tout bascule. Un soir, alors que nous finissons de dîner, un bruit anormal se rapproche de nous. C'est comme un mur qui avance ! Une tempête de sable (le khamsim) s'abat sur nous !

Nos tentes mal fixées bougent dans tous les sens, des sacs plastiques et des sacoches s'envolent… Nous nous agrippons à nos frêles abris et plantons des piquets supplémentaires. Les casseroles, les couverts et le réchaud sont regroupés tant bien que mal et, sans aucun autre recours face à cette nature capricieuse, nous nous réfugions chacun sous notre toile. A l'intérieur, déjà une fine pellicule de sable recouvre duvet, matelas et sacs ! Sous les coups répétés de ce rugissant, je dois même réveiller Karl en pleine nuit pour qu'il m'aide à re-fixer la toile de ma tente. Malgré le vacarme, je trouve le sommeil grâce à mes *boules Quiès*.

Le lendemain cette fine pellicule s'est épaissie, et à l'extérieur de la tente des mini-dunes se sont formées en l'espace de seulement 10 heures ! Le vent n'a pas faibli, la visibilité est mauvaise, les températures ont chuté et notre petit-déjeuner « croque » sous la dent ! Nous plions bagages et nous rendons sur la route. Avec un tel vent de face, impossible de tracter Karl, c'est trop dangereux. Du coup il atteint péniblement six kilomètres par heure de moyenne !

Heureusement, un 4x4 providentiel s'arrête à notre hauteur et propose de charger Karl et sa petite reine. Nous acceptons et mon ami d'infortune retrouve le confort d'un véhicule tandis que derrière, en scoot, je profite pleinement de cette tempête… jusqu'au prochain village.

Deux jours plus tard le vent n'a pas faibli, mais la visibilité est à nouveau bonne. Nous reprenons donc la route et nous dirigeons vers le désert Blanc.

Ces formations de craie, érodées par le vent, sont d'une blancheur éclatante. Nous plantons nos tentes au milieu de ces sculptures naturelles et partons à leur découverte. Tortue, champignon, … notre imagination n'est que peu sollicitée devant la diversité de ces blocs sculptés naturellement. A l'aube comme à l'aurore, c'est un véritable spectacle qui s'offre à nous. Un somptueux jeu de lumières colore d'orange, de rose… ces rochers, tandis qu'en arrière-plan, le ciel prend des teintes violettes, bleu profond… Et cette nuit, avec la pleine lune, nous nous croyons sur la mer, entourés d'icebergs. Tout simplement féerique !

Nous reprenons notre chemin et comme pour clôturer en beauté cette route, arrivons à Gizeh.

Au pied des Pyramides en scoot ! Un rêve supplémentaire se réalise, même si cette fois, je ne le savoure qu'à moitié !

Ville et oasis

Après 10 jours de désert, nous avons l'impression d'être victimes d'hallucinations. Buildings de verre et d'acier, stations-essence modernes, parcs de loisirs, grands hôtels… Cette périphérie sud-ouest du Caire est en plein développement et des constructions modernes fleurissent partout. La population se densifie et, à l'approche du Nil, nous mesurons mieux le problème démographique de l'Egypte. Quel contraste entre les étendues vides que nous venons de traverser, les oasis où règne un calme absolu et cette capitale où tout n'est que bruit, mouvement, pollution. Avec une population de 17 millions de Cairotes, cette capitale étouffe.

Dans les oasis, la vie est régie par le calme, le pas tranquille des ânes dans les rues en terre, le pépiement des oiseaux dans les palmiers. Une ambiance tout juste interrompue par les appels à la prière du muezzin. Au Caire, les muezzins ne sont pas trop dérangeant. Leurs appels se confondent avec le bruit des véhicules, le couinement des machines, les cris des marchands…

De mon arrivée dans cette capitale, je garde l'image de ce mouchoir avec lequel je m'éponge le front. Blanc à l'origine, en quelques heures ce n'est plus qu'un morceau de tissu noir que je tiens entre les mains. Le halo grisâtre qui recouvre cette capitale n'est pas dû aux brumes matinales. Il n'y a qu'à rouler au Caire pour comprendre que les contrôles anti-pollution relèvent ici de la fiction.

Rouler au Caire ! Plus que de la conduite, c'est à chaque fois une véritable épreuve. Dans les oasis, même les plus grands comme El Kharga ou Mout, l'on traverse la ville avec au pire le risque de croiser une personne ou un chien. Dans la métropole cairote, même si le scooter s'avère un moyen de transport idéal, rouler dans cette folle circulation relève du défi. C'est une attention de chaque instant, une anticipation permanente et un sens de l'évitement digne des plus grands toréadors. Sur les axes à six ou huit voies, les Egyptiens, tous sexes et tous âges confondus, n'hésitent pas à traverser. Ils procèdent par étapes et se retrouvent donc souvent en plein milieu de la chaussée. Une ouverture et c'est une voie de gagnée. Ils avancent ainsi, au mépris du danger que représentent ces motos, voitures ou camions qui les frôlent à plus de 40 km/h.

Impossible de relâcher son attention, surtout quand un taxi ou un mini-bus roule près de vous. Au moindre signe d'un client, ceux-ci se jettent sur le trottoir, quitte à couper la route. Et quand ce n'est pas ces fous du volant, ce sont les trous, non signalés, qui ne demandent qu'à engloutir la roue avant de mon scoot.

Une circulation folle et anarchique qui, à ma grande surprise, ne provoque que peu d'embouteillages. Aux heures d'affluence, les feux rouges, les stops et autres signaux sont méprisés. C'est la loi du chacun pour soi. Un désordre que regardent, résignés, les policiers mais qui, contre toute attente, semble plus bénéfique à la fluidité de la circulation.

Ma décision est prise (par Jérôme)

Cela fait plus d'un mois que Sophie est au chevet de sa mère. La situation n'évolue pas, les médecins ne se prononcent pas et nous vivons dans une incertitude quotidienne qui nous ronge. Pour faire passer le temps, et par anticipation je décide de repartir à Louxor chercher le scooter de Sophie. Ayant obtenu son visa pour la Libye, Karl reprend la route et je dois donc mettre mon scooter en sécurité. Des Bordelais rencontrés en Syrie nous avaient laissé les coordonnées d'un foyer à Héliopolis, un quartier chic du Caire. Je contacte Mère Benoît, qui s'occupe de cette maison pour personnes âgées et avec toute la gentillesse et la générosité qui la caractérise, elle me propose de venir. *« Vous pouvez laisser votre scooter ici. Et à votre retour vous n'aurez qu'à dormir dans le foyer. ».* Elles sont huit sœurs à consacrer leur vie à aider leur prochain. Huit sœurs, aidées d'assistantes pour plus de 150 personnes. Malgré leur âge avancé, chacune possède une vitalité, une endurance et une joie de vivre qui forcent le respect. Avec leurs attentions, les repas qu'elles m'offrent, ces sœurs seront pour moi une véritable bouffée d'oxygène. Avant de prendre le train pour Louxor, Mère Benoît me propose de téléphoner en France. *« Ma mère vient d'être ré-opérée, elle a eu une méningite »,* m'annonce Sophie, la voix en larmes. Après la rupture d'anévrisme et cette méningite les médecins sont très pessimistes. C'est une question d'heures ou de jours. En raccrochant je m'effondre sans trop réaliser ce qui se passe. Le réconfort de Mère Benoît me fait du bien et je prends le train le soir pour Louxor. Cette fois plus de doute : je rentre en France ! Une décision qui signifie également que le tour du monde se termine. Pourtant cette décision s'impose comme une évidence. Pour moi, piétiner sur place, ne pas savoir où je vais est pire que tout. C'est donc serein que je fais mon choix.

Après une nuit de train, je récupère le scoot à Louxor et prend la route immédiatement. Au check point, le militaire me dit que je dois attendre le convoi. *« Il passe dans cinq heures ! »* m'annonce le garde. Je n'ai pas le temps. Je lui explique la situation et lui dis que de toute façon le convoi roule trop vite pour moi ! Mon histoire lui pose un cas de conscience. Finalement, son côté humain l'emporte : *« Faites demi-tour et prenez une route qui contourne le poste. Je ne vous ai pas vu et je ne vous ai rien dit. Maasalama [70] et bonne route. ».* Son geste me touche. Sur la route je ne peux retenir mes larmes. Impossible de me résoudre à ce fatalisme, impossible de me dire qu'on ne peut rien faire. Devant moi, des ombres circulent sur le sol. Je lève la tête et découvre des centaines de cigognes qui virevoltent au dessus de moi. J'arrête le scoot et contemple ce spectacle. Ces migrateurs, dans un balai aérien, prennent le même chemin que moi, comme pour me guider, comme pour m'encourager. Un calme s'empare de moi et je reprends la route plus serein, confiant dans ce signe que vient de m'adresser ma bonne étoile.

Arrivé au Caire, les sœurs me reçoivent et fort de leur soutien je commence les démarches pour renvoyer les scooters par cargo. Je prends contact avec des agences maritimes et finis par réserver un container sur un bateau qui part d'Alexandrie. J'emmène donc successivement les deux scoots dans cette ville méditerranéenne. J'y suis hébergé dans un foyer de la même congrégation et accueilli avec la même gentillesse.

Le soir, je m'endors, mais à l'idée de ce qui m'attend le lendemain au port, j'ai une boule dans le ventre.

La douane égyptienne… suite (par Jérôme)

Prendre la décision de rentrer en France ce n'est pas évident ! Mais me dire que je dois ré-embarquer les deux scoots et donc passer la douane portuaire, cela m'angoisse. Une angoisse qui remonte à notre arrivée en Egypte et aux différentes formalités que nous avons dû réaliser.

- Flash-back…-

Une heure du matin, le ferry qui nous amène d'Aqaba (Jordanie) accoste à Nuweiba. Nous chargeons les scoots et débarquons sur le quai, les paupières lourdes.

Direction le bureau des douanes. Douanes où un officier nous prend en charge. Première étape, à la banque pour payer taxes et plaques minéralogiques égyptiennes. Deuxième étape, contrôle technique ! Malgré l'obscurité, normale à 2 heures du matin, l'officier se met en tête de relever nos numéros de châssis et de moteur. Je lui indique un

---

[70] Au revoir

autocollant sous la selle qui comporte les infos demandées. Mais non ! Ce fonctionnaire zélé, veut les relever directement sur le véhicule. Au moins il est compétent ! Mais à 2 heures du matin, sa compétence m'irrite ! Surtout que je n'ai pas la moindre idée d'où se trouvent ces numéros… Bref, une demi-heure plus tard, mission accomplie, notre « zélé » repart les mains pleines de cambouis, mais satisfait !

Troisième étape, les plaques minéralogiques égyptiennes, écrites en arabe et que nous devons mettre sur les scoots. Assurances et permis de circuler en poche, c'est à 4 heures du matin que les grilles du port se referment derrière nous. Nous sommes en Egypte !

Il faut leur reconnaître ce mérite, les douaniers de Nuweiba ont été les plus rapides et les plus efficaces d'Egypte.

En effet, le permis de circuler n'étant valable qu'un mois, nous devons le faire prolonger. C'est ainsi que nous avons affaire aux douanes du Caire. Bâtiments défraîchis, bureaux avec armoires métalliques brinquebalantes sur lesquelles s'entassent des dossiers ficelés et poussiéreux et dont les feuilles qui dépassent ont été rongées par les rats… Des fonctionnaires avec pour seuls outils de travail, un stylo, un tampon et une agrafeuse. Pas la peine de parler d'informatique, ici on n'aime pas ce qui facilite la tâche !

Et d'ailleurs pourquoi investir dans des ordinateurs quand une population essentiellement jeune et des facultés gratuites déversent chaque année un nombre important de jeunes diplômés que l'Etat se doit d'employer pour aplanir les courbes du chômage !

Du coup, dans les bureaux, beaucoup de personnel. Trop d'ailleurs ! Fichiers à renseigner, tampons, signatures, compléments d'infos, re-signatures, re-tampons, re-compléments, re-re-signatures, re-re-tampons… Les documents cheminent de l'un à l'autre avec une lenteur qui ronge mes nerfs ! Et évidemment, si un responsable n'est pas là pour signer, le processus s'arrête… jusqu'au retour dudit responsable !

Je vois mon dossier se gonfler de feuilles au fur et à mesure, puis, tout à coup et comme par miracle on me tend le document signé et tamponné qui me libère de ces cinq heures marathon de paperasserie. Ouf, c'est bon pour trois mois !

-…-

A Alexandrie mon angoisse redouble. Avec Sophie en France et donc deux scoots à embarquer j'imagine déjà les questions et tracasseries de cette administration tatillonne.

Erreur. Devant la situation et grâce à une lettre en arabe expliquant la raison de mon retour, l'agence chargée du fret a mis à ma disposition une personne qui s'est occupée de tout. Je n'avais qu'à attendre et signer. Le rêve ! L'occasion pour moi de remarquer qu'à Alexandrie, les douaniers, plus futés, ont investi dans des tapettes à rats, disposées dans les bureaux. Certainement l'idée lumineuse d'un consultant face au problème des feuilles rongées !

Bref, après deux aller-retours à l'autre bout du port, une noria de feuilles à signer, des « bakchichs » payés par l'agent et sept heures passées dans le port, les scoots sont dans un conteneur scellé.

Que le lecteur ne s'y trompe pas ! Après avoir vu leurs conditions de travail, leur organisation, leurs moyens de travail et leur motivation, je quitte ce pays plein d'admiration pour ces agents qui malgré tout réussissent à remplir leur fonction !

De retour au Caire, c'est la course. Je fais mes affaires et quitte le foyer. Je ne sais qui des sœurs ou de moi a le plus de larmes aux yeux. *« Au revoir mes sœurs et merci ! »* L'avion décolle et je contemple l'Egypte derrière le hublot. C'est notre dernier pays mais le tour du monde n'est pas encore bouclé.

Les dockers (par Jérôme)

Embarqués à Alexandrie, nos scooters arrivent une semaine plus tard à Marseille. Contraints par une opération que doit subir la maman de Sophie, c'est pressés et sans préparation que nous débarquons à Marseille un vendredi matin. Notre objectif : récupérer les scoots avant le week-end.

- *Vous êtes optimistes »,* nous annonce le transitaire, qui délivre les autorisations d'enlèvement !

- *Pour la douane, pas de problème, mais avec les dockers… il aurait mieux valu prévenir deux jours avant !*

- *De plus, avec le plan Vigipirate, certaines portes du port sont fermées ,* nous lance-t-il l'air peu convaincu.

Nous filons donc à la douane et sommes surpris de pouvoir sortir 15 minutes plus tard, avec nos documents signés et tamponnés. La douane la plus rapide du monde ai-je envie de crier, surtout après mon expérience égyptienne !

Le temps de prendre un bus jusqu'à l'une des portes « ouvertes », c'est à pied et chargés de nos sacs à dos, que nous pénétrons dans le port, sans avoir été ni fouillés ni contrôlés ! Vigipirate c'est quoi ?

Toujours à pied, nous parcourons sous un soleil de plomb, les deux kilomètres jusqu'à l'entrepôt.

La porte fermée nous rappelle que les dockers eux aussi, ont le droit de manger. Sur le quai, nous attendons donc, essayant de chercher parmi les conteneurs, celui qui abrite nos scooters.

13h30, une « armoire à glace » ouvre les bureaux. Alors que je lui présente mes documents, il me demande : *« Vous avez le bon de dépotage*[71] *? »*. Je réponds par la négative et lui explique la raison de notre précipitation et surtout pourquoi nous devons récupérer les scooters et remonter à Paris avant lundi. *« Sans bon, je ne peux rien faire. Appelez le chef ! »* Je saisis le papier sur lequel il a griffonné le numéro de son supérieur. Ce dernier ne répond pas ! J'appelle différentes personnes, frappe à différentes portes, mais rien. Dans ces moments-là, le temps semble toujours passer trop vite. Surtout qu'aujourd'hui, vendredi, les dockers terminent à 16h30 !

Alors que j'explique mon cas à une énième personne, j'entends Sophie m'appeler ! *« Descends, ils vont chercher le conteneur ! »*.

Le cœur battant, je dévale les escaliers et me retrouve dans le bureau de mon premier interlocuteur. *« Le chef a appelé, on va vous le chercher votre conteneur »*. Puis se saisissant de son talkie-walkie, il appelle le grutier : *« Lionel, tu laisses tomber ce que tu fais et tu vas chercher le conteneur XYZ en priorité ! »*. Je suis stupéfait et n'en crois pas mes oreilles. Quel retournement de situation ? Qui ? Pourquoi ?...

Je suis encore dans mes réflexions, lorsque le Lionel en question, débarque : *« Quoi ?, qu'est-ce que c'est que cette histoire ? On me dit de décharger les camions, maintenant un conteneur à chercher et puis quoi encore ? On me prend pour une girouette ? »*. Son chef, visiblement habitué à ses sautes d'humeur tente de le calmer et lui dit que c'est pour le client, ici présent. *« Le client, je m'en bats les c....... »*, lui rétorque Lionel avec son accent chantant du sud (je dis accent chantant pour ajouter un peu de poésie à ce langage...). *« Y en a marre, je suis débordé de boulot, on est surexploité... et puis tiens, je prends une cigarette et je vais me la fumer tranquille »*, dit-il en s'asseyant devant nous, une cigarette à la main.

---

[71] Mise à disposition du conteneur

Bien qu'amusé par ce spectacle insolite, je m'abstiens de tout commentaire pour éviter d'envenimer la situation. Après tout, ce que je veux ce sont les scoots ! Mais au fond de moi, devant une telle attitude, je pense que si les armateurs vont maintenant en Corée du sud ou en Chine réparer leurs bateaux, ce n'est peut-être pas uniquement pour une question d'économie !

Enfin, après cinq interminables minutes, Lionel se lève et comme si de rien n'était demande : « *Bon, il est où son conteneur ?* » Et c'est ainsi que nous récupérons les scoots !

Au moment de payer le dépotage, le chef me présente une facture de 150 euros ! Je trouve la somme exagérée et le lui fais remarquer. « *C'est 150 avec facture ou 100 euros sans facture* », me répond-il alors ! No Comment…

Quitter le port n'a plus été qu'une formalité, qui n'en a pas été une d'ailleurs. Bien qu'avec deux scooters chargés de sacoches, nous passons les grilles du port sans aucun contrôle. Vigipirate, dites-vous ?

Cinq heures après être descendus du TGV, nous nous retrouvons en route pour la capitale. Précipitation et économie faisant rarement bon ménage, cet exploit n'aura pas été, comme on dit sur la canebière, « peu cher » !

La boucle est bouclée (par Jérôme)

Marseille - Paris, quatre jours à sillonner notre pays par les routes départementales, sous un soleil radieux. Plaisir de remonter les gorges de l'Ardèche, de traverser ces villages si propres, organisés et fleuris, de planter la tente au milieu de champs de colza. Que la France est belle ! Mais qu'elle est vide ! Dans les champs, dans les villages… personne ! Quel contraste avec ces pays visités où la vie grouille, où hommes, femmes et enfants vivent dehors avec souvent le sourire aux lèvres !

La modernisation et la mécanisation ont libéré l'homme des tâches avilissantes. Mais si cette liberté est mise à profit devant un tube cathodique, peut-on parler de progrès ?

« *12 euros, s'il vous plaît.* » Devant mon air ahuri la caissière ne comprend pas. Elle ne peut deviner qu'en moyenne, nous payions tout au long de notre tour du monde un plein d'essence moitié moins cher. Nous avons du mal à nous habituer au coût de la vie en France.

Fruits, légumes, pâtes… tout est démesurément plus cher. Pour voyager ici, il faut être un globe-trotter de luxe !

Samedi 15 mai 2004, une boule dans le ventre, nous roulons vers Suresnes. Perdus dans nos pensées, nous le sommes également avec nos scoots et avons du mal à trouver la mairie… Dire qu'il y a presque trois ans, nous roulions ici avec nos scooters tout neufs. Que de moments vécus, que de rencontres faites, que de paysages contemplés, et que de rêves réalisés. Epreuve pour notre couple, épreuve pour nous-mêmes, cette vie nomade nous a mis à nu. Et pourtant, elle nous a apporté une richesse que nous ne pouvions soupçonner. Elle nous a donné confiance, en nous et en la vie.

Enfin, le parvis de l'hôtel de ville ! Plus de cinquante personnes, familles, amis, rencontres, sont là pour nous accueillir, nous témoigner leur soutien et leurs encouragements : notre boucle est bouclée.

Le lendemain, la mère de Sophie subit une opération qui lui redonne sa mémoire et sa lucidité…

La vie est merveilleuse !

Annexes

Les chiffres clés du tour du monde

✓ 980 jours

✓ 70 000 km

✓ 20 pays

✓ 21 écoles visitées

✓ 50 enfants interviewés

✓ 2 transits en avion (Pérou - Thaïlande & Thaïlande - Népal)

✓ 2 transits en bateau (France - Venezuela & Egypte – France)

✓ 15 crevaisons

✓ 16 paires de pneus

✓ 13 pannes mineures (bougie cassée, carburateur sale, amortisseur qui fuit…)

✓ 8 pannes majeures (ressort de soupape cassé, perte d'étanchéité de soupape)

✓ 4800 m : altitude la plus haute en scooter (Bolivie – Altiplano)

✓ - 400 m : altitude la plus basse en scooter   (Jordanie - mer Morte)

✓ - 10 °C : température mini (Bolivie - Salar d'Uyuni)

✓ 55°C : température maxi   (Pakistan – Baloutchistan)

✓ 2 disputes

✓ 2 réconciliations

✓ 1 mariage : Pérou, le 19 septembre 2002

Le parcours en détail

Pays	Nb de jours	Dates	Nb de km en scooters
France			2500
Venezuela	45	Sept - Oct. 2001	2200
Brésil	75	Oct. 2001 – Janv. 2002	9500
Argentine	90	Janv. - Mars 2002	7900
Chili	47	Avril – Mai 2002	6500
Bolivie	20	Août 2002	2000
Pérou	126	Mai – Oct. 2002	2500
Etats-Unis	5	Oct. 2002	0
Thaïlande	122	Oct. – Nov 2002 / Fév – Avril 2003	8500
Cambodge	30	Déc. 2002	2500
Malaisie	19	Janv. 2003	1800
Laos	30	Mars 2003	1500
Népal	31	Mai 2003	500
Inde	41	Juin – Juillet 2003	4100
Pakistan	35	Août 2003	4300
Iran	24	Sept. 2003	2000
Turquie	82	Oct. – Déc. 2003	4000
Syrie	30	Déc. 2003 – Janv. 2004	1400
Israël	20	Janv. 2004	0
Jordanie	7	Fév. 2004	600
Egypte	56	Fév. – Avril 2004	4500
France	45	Avril – Mai 2004	900
TOTAL	**980**		**69 700**

Le budget

DEPENSES	€
2 scooters Liberty Piaggio + équipement + entretien	6000
Matériel de camping + vêtements	2200
Visas, frais de douane, assurances, carnets de passage en douane…	4500
Transport aérien et maritime	8000
Carburant	2300
Alimentation	6500
Hébergement	4000
Pellicules photo et K7 vidéo	500
Entrées musées et parcs nationaux + guides de voyage	600
Internet et courrier postal	1800
TOTAL	**36400**

Le matériel

Scoot Sophie

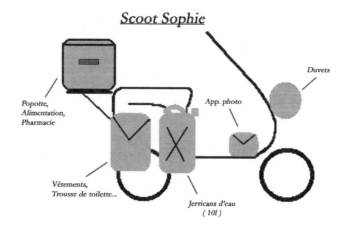

Popotte,
Alimentation,
Pharmacie

Duvets

App. photo

Vêtements,
Trousse de toilette...

Jerricans d'eau
(10l)

Scoot Jérôme

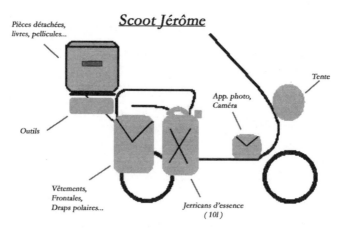

Pièces détachées,
livres, pellicules...

Tente

App. photo,
Caméra

Outils

Vêtements,
Frontales,
Draps polaires...

Jerricans d'essence
(10l)

Cuisine : 1 réchaud à pétrole, 1 popote, 2 tasses, 2 couteaux suisses, 2 cuillères, 2 fourchettes, sacs plastiques étanches (congélation), 1 bouteille isotherme incassable 75cl, 1 petite grille, huile, sel, poivre, sucre.

Toilette : 2 serviettes de toilette, 1 poche à eau de 10 litres pour la douche, savon, shampoing, brosses à dents et dentifrice.

Lavage : Corde et pinces à linge, 2 torchons, 1 flacon de produit vaisselle, 1 éponge, 1 bassine souple.

Couchage : Tente 3 places, 2 duvets -7°C, 2 matelas autogonflants, 2 mini oreillers, 1 moustiquaire double.

Vêtements : 2 vestes en Gore Tex, 2 vestes polaires, 2 caleçons chauds, 2 T-shirts thermiques chauds à manches longues, 2 chemises à manches longues, 2 x 2 pantalons, 2 x 3 T-shirts, 2 x 3 paires de chaussettes, 2 paires de chaussures de marche, 2 paires de sandales, 2 cagoules, 2 foulards, 2 paires de sous-gants en soie, 2 maillots de bain, 2 paires de lunettes de soleil, 2 casquettes, 6 paires de sous-vêtements.

Bagages : 2 paires de sacoches vélos étanches, 2 sacs à dos type canyoning, 1 sacoche appareil photo et 1 sacoche guidon.

Reportage : 1 appareil photo Reflex, 1 appareil Compact 24x36, 1 caméra numérique, pellicules diapositives couleurs, K7 mini DV, piles, 1 trépied télescopique, 1 dictaphone, 8 piles rechargeables.

Ustensiles divers : 1 GPS/Altimètre, 2 paires de jumelles, kit réparation réchaud, kit réparation sacs étanches, kit réparation matelas, adaptateur universel de prises électriques, 2 lampes frontales, 2 couvertures de survie, 4 cadenas, 1 pelle pliante, 2 jerricans plastique pour l'eau et 2 jerricans en métal pour le carburant, 3 guides de voyages et 4 livres de poche.

Trousse à pharmacie : Spray anti-moustique, antibiotique à large spectre, paracétamol, anti-diarrhéique, anti-inflammatoire, anti-histaminique, antiseptique, compresses, sparadrap, sterilstrips, seringues et aiguilles stériles, thermomètre, purificateur d'eau.

Outillage : Jeux de clefs, pompe à air, Kit Tube Less, multimètre, tournevis, pinces, démontes pneus, ruban adhésif…

Pièces détachées emportées : Bougies, filtres à huile, ampoules, courroies, galets, câbles de frein, câbles d'accélérateur, câbles de compteur, chambre à air.

Les partenaires

Nous tenons à remercier l'ensemble de nos partenaires et surtout les personnes qui, au delà de l'intérêt médiatique, ont cru en ce projet, en notre motivation et l'ont défendu auprès de leur société.

A tous, merci !

PIAGGIO

BRIME

LA MAIRIE DE SURESNES

SURESNES ANIMATION

DEFI - JEUNES

REYDMART

NTL

AVA

LABORATOIRES FUJIFILM

ORTLIEB

VEE RUBBER

LONELY PLANET

JULIE

PHOTOGRAPHE ROUSSEL

KODAK

ANDASKA

Un grand merci !

Laurence Pouille de Piaggio-France et **Franck Pinon** de Suresnes Animation pour votre soutien permanent avant, pendant et après le voyage.

Laurence Cavé pour tes critiques, corrections et conseils dans la rédaction du livre et pour ton suivi pendant ces trois ans dans Suresnes Magazine.

Aële Aucouturier, Sophie Garriazo, Frédérique Rossi et Séverin Grisard pour votre relecture attentive et vos conseils.

Yves et Dominique Maurice, pour avoir relu, corrigé, enrichi et envoyé pendant le voyage tous nos carnets de route. Merci également d'avoir accepté de garder nos cartons bien au chaud pendant trois ans. Enfin et surtout pour la confiance que vous nous avez témoigné et votre soutien.

Annie Servat et Jean-Charles Lepeuve, pour votre soutien infaillible, la confiance que vous nous avez toujours accordée et pour vos coups de pouce pendant le voyage.

Fabien Maurice et Valérie Lefranc, pour nous avoir précédés dans l'aventure et nous avoir montré qu'il suffisait d'y croire ! Mais aussi pour avoir été le relais avec nos sponsors et avoir classé nos diapositives.

Thibault Lepeuve, pour la gestion administrative, le suivi de nos comptes, le classement des diapositives mais surtout pour ta disponibilité pour les 1001 choses que nous t'avons demandées.

Martial et Sandrine Robert, pour votre soutien inconditionnel mais aussi pour le relais avec l'équipe Piaggio et le renouvellement de nos carnets de passage en douane.

Georges Lepeuve, pour ton soutien du premier jour et ta joie de vivre communicative. Mais surtout pour, avec **Jean-Charles**, nous avoir permis de recommencer une vie en France dans des conditions inespérées.

Madame Magnier, Monsieur Belfort et Monsieur Guilhaumon, du collège Jean Macé de Suresnes pour nous avoir fait confiance et avoir permis aux élèves de monter ce projet avec nous.

Les élèves du Collège Jean Macé pour avoir réalisé la présentation de la France et le questionnaire aux enfants du monde, mais aussi et surtout pour nous avoir suivis et écrit régulièrement.

Tous les membres de l'association Globe-Reporters d'Enfants pour votre soutien et votre suivi pendant ces trois ans.

Nos amis et familles venus nous rejoindre à Cuzco pour célébrer notre mariage :

Annie, Jean-Charles, Yves, Dominique, Thibault, Fabien, Martial, Sandrine, Gilbert, Nicole, Karine, Gilles, Valérie, Benoist, Stéphane et Magali.

Les personnes rencontrées sur la route et qui ont rapporté en France nos diapositives.

Nos amis et amis d'amis qui ont transporté dans leurs bagages nos pièces détachées.

Les familles et personnes qui nous ont accueillis pendant ces trois ans sur la route :

Venezuela : Guilhermo et Luisa Santana, Estella, Olga et Cipriano Roso, Jean Lichou.

Brésil : Lee, Baia et Karin, Carmen, Fernando Silva, Gisèle Limo, Octavio Nogueira, famille Christofari, famille Desvallées, Laurindo Tasca, Jean-Pierre Le Bourlegat.

Argentine : famille Zigenbein et Vich, Roberto Christiani, Gustavo Dumon, famille Pavlovic, Julio Rahn, Mariella Arienti, famille Dos Santos.

Chili : famille Foster Ruiz, Patricio et Roberto Cornejo, Enzo Fantinati, Miguel Martines.

Pérou : Eric Droulez, Eneko Saint André, Pilar del Carpio, Irene et José De Velasco.

Etats-Unis : Steven Mahe.

Thaïlande : Aële Aucouturier, Sophie Garrizzo, Pauline Saint Raymond, Pajintra Boonchan, Claire Borelli, Ariane Manset, Père Auguste Tenaud, Pi Tiou, Lin Varung Rang.

Cambodge : Sybille Renaud, Hugues, Grégoire de Montgolfier, Claire Pitacco.

Laos : Pères Antoine et Philippe, Stéphanie Dubois.

Malaisie : Aïda et Yves Cheze, Abdul Jamil Hasan, Ahmad Razali.

Népal : Satya Naravan et Subhadra Manandhar.

Inde : Odette et Francis Widmer, Asish et Neelima Ganju, famille Pravin Sing Rathour.

Pakistan : Shamsad Ali, famille Akbar Nawab, Jean Demange, Marc de Grossouvre, famille Syed, famille Mahsood.

Iran : Sheida et Shahla Simin.

Turquie : Ahmet Unsal, Rasim et Ahmet Aytac, Housta Sabri Kilimcarslan.

Syrie : famille Arab, famille Horani, Mohammed, Abda'la Ali et Mahali.

Jordanie : Shantal Abusharar.

Israël : Myriam et Ytshac Grunwald, Xavier et Jacqueline de Solages, Francis Couiba, Astrid Becquey, Marie-Noël Simon, Caroline Alsac, frère Olivier Thomas Venard.

Egypte : Les sœurs du Foyer de la Vierge Marie et plus particulièrement Mère Benoît.

Adresses utiles

ABM : Aventure du Bout du Monde
11, rue de Coulmier
75014 Paris
Tél. : 01-45-45-29-29
(🌐) : www.abm.fr

EDM : Enfants du Mékong
5, rue de la Comète
92600 Asnières
Tél. : 01-47-91-00-84
(🌐) : www.enfantsdumekong.com

PSE : Pour un Sourire d'Enfant
c/o M. & Mme Guy d'Amonville
41. rue Saint-Honoré – 78000 Versailles
Tél. : 01.39.67.17.25
(🌐) : www.pse.asso.fr

Poursuivre l'aventure...

Pour revivre avec nous ce voyage, vous pouvez également assister à une conférence projection relatant en images ces trois années.

Pour toutes informations complémentaires :

🌐 : **www.2globe-reporters.com**

Pour nous écrire :

Jérôme et Sophie Maurice
Route de la Gare - RD 911
73250 Saint-Pierre-d'Albigny

✉ : **globe_reporters@yahoo.fr**

Achevé d'imprimer en novembre 2005
Sur les presses de JOUVE
Pour le compte de Jérôme et Sophie Maurice

N° d'impression : 385236D
Dépôt légal : novembre 2005
ISBN : : 2-9522841-0-5
Imprimé en France